실패한 정책들
정책학습의 관점에서

서울대학교 행정대학원 한국정책지식센터 편

임도빈 고길곤 구민교 권혁주
변창흠 엄석진 이수영 이종수
이혁우 조선일 하연섭

서 문

　세월호가 온 국민의 가슴을 쓸어내리게 하고, 멍들게 하였다. 대통령이 안전을 최고로 하겠다고 불호령을 하였는데도 하루가 멀게 대형사고가 난다. 여기에는 항상 정부가 잘못한 것이 있다. 그러면서도 비슷한 사고를 예방하지 못한다. 도대체 왜 이럴까.

　국가적으로 성장통을 앓고 있다고도 할 수 있다. 행복보다는 외형적 성장만 중시하였다. 통계에 의하면 1990년대 초와 비교해 지난 20년 동안 우리나라의 자살률이 약 3배 증가했다고 한다. 2012년 한해에만 1만 4천여 명이 스스로 목숨을 끊었는데, 이것을 평균으로 계산하면 하루에 약 38명이 자살한 것으로, 37분마다 1명꼴로 세상을 등진 셈이 된다.

　더욱이 우리나라가 OECD 회원국 중 자살률 1위, 그것도 9년을 연달아 1위를 하고 있다는 사실은 이것이 세계적으로도 매우 예외적인 현상이라는 것을 보여준다. 인명을 중시하는 유교적 전통이 큰 우리나라의 특수성을 생각하면 더욱 그렇다.

　이러한 자살을 단순히 개인의 잘못된 선택으로만 치부할 수는 없다. 1997년 IMF 외환위기 다음 해, 그리고 2008년 미국발 금융위기 이듬해에 자살자가 급증한 사실에서 볼 수 있듯 자살은 외부의 영향을 크게 받는 사회적 차원의 문제이기 때문이다.

　그런데 여기서 한 가지 눈여겨 볼 점이 있다. 1990년대 후반의 외환위기는 홍콩, 일본 등 여러 아시아 국가에서 비슷한 시기에 경험하였지만 유독 우리나라만 자살률이 급증하였고 또한 그 추세가 지속적으로 유지되고 있는 점이다. 또한 2008년 금융위기의 경우 정작 그 발원지인 미국의 경우 이로 인해 전년 대비 인구 10만 명당 약 0.5명의 자살자가 추가 발생한 것으로 보고된 반면, 우리나라는 금융위기로 이전 연도에 비해 인구 10만 명당 약 5명의 자살자 증가가 관찰된 것이다. 스웨덴 같은 나라는 같은 시기에 초과 자살자가 전혀 관찰되지 않기도 하였다. 이러한 사실로부터 자살자의 급증은 경제위기와 같은 외부 충격뿐 아니라 그러한 충격으로부터 국민을 보호할 수 있는 사회적 안전망이나 사회복지정책이 얼마나 잘 갖추어져 있느냐도 중요한 영향을 미친다는 점을 알 수 있다. 그리고 우리나라의 자살률 급증은 우리 사회가 다른 국가와 달리 외부의 충격으로부터 국민을 지켜낼 수 있는 안전장치가 부족했고, 이러한 장치 마련을 위한 사회정책을 제대로 수립하지 못한 결과라고 할 수 있다. 우리나라 사회복지정책의 총체적 실패가 원인이었던 것이다.

우리가 경험한 실패를 찾아 반면교사로 삼고 싶었다. 이 책의 의도는 원래 이러한 정책실패 사례를 찾아서 그 원인을 규명하려고 하였다. 그러나 이 경우 과연 정책실패정책이 무엇인가를 정하는 문제가 존재한다. 이것이 그리 자명한 것이 아니라는 것이다. 이 문제를 지적해 주신 최병선, 김영평 교수님께 감사드린다. 2011년 봄 학기 정책실패를 주제로 기획세미나를 하는 첫 번째 세미나에서이다. 그래서 제목도 정책실패에서 '정책실패와 정책학습의 사이에서'로 바뀌었다. 정책실패는 잠정적인 정의이다. 이 책에 선정된 사례가 시간이 지난 후에 성공사례로 뒤바뀔 수도 있다. 끝으로 이 기획시리즈를 위해, 매주 사회와 토론을 맡아주신 분들께 감사드린다.

이 책이 나오기까지는 2011년 당시 정책 센터 연구원이었던 최동훈 박사 과정생의 헌신적이 노력이 크게 기여되었다.

아울러 원고가 지연되어 출판이 계속 연기되다가 이번에 한병훈 연구원이 다시 고생하여 빛을 보게 되었다.

마지막으로 2011년 정책포럼 시 지원을 아끼지 않았던 최종원 당시 원장님, 그리고 이번에 다시 출판을 할 수 있도록 지원해주신 김준기 전 원장님과 김동욱 현 원장님께 감사드린다.

차 례

제 1 편   SOC/지역개발 정책

제 2 편 금융/경제/산업 정책

제 3 편　교육정책

서론: 정책실패와 학습의 사이에서

서울대학교 행정대학원 교수 _ 임도빈

I. 왜 정책실패인가

정책(policy)이란 당면한 사회 문제를 해결하기 위해 또는 더 나은 사회를 만들기 위해 정부가 결정한 행동지침을 말한다. 요즘은 기업이나 개인도 앞으로 나아갈 바를 정한 지침을 정책으로 부르는 경우가 많아 전자를 공공정책(public policy)으로 구분하여 부르기도 한다.

이러한 정책은 단순한 계획이 아닌 구체적인 행동지침으로서 그것이 실행에 옮겨지는 순간부터 다수의 국민들에게 유무형의 영향을 미치게 된다. 그중에는 국방정책이나 원자력 정책 같이 국민의 생명과 안전에 직결되는 정책도 있고, 막대한 국가 예산을 소모하는 정책들도 있다.

그러므로 이처럼 중요한 정책을 잘 실행하기 위해 정부는 최선의 노력을 기울여야 한다. 당면한 문제를 잘 파악하여 정책 내용을 제대로 구성해야 하고, 결정된 정책을 온전히 집행하여 목표로 하는 바를 달성하기 위해 전력해야 한다.

그런데 정부는 언제나 성공을 확신하며 정책을 실행하지만 실제로는 많은 정책들이 여러 이유들로 인해 실패하게 된다. 정책 결정 단계에서 통찰력 없는 즉흥적 결정이나, 정책 결정자들 사이의 갈등으로 실패하기도 하며, 정책 집행 단계에서 집행자의 무사안일이나 복지부동, 집행자들 간의 불화로, 정책 대상 집단의 비협조로 실패하는 경우도 있다. 때로는 천재지변, 전쟁과 같이 예측 불가능한 요인으로 정책이 실패하기도 한다(김형렬, 1999).

이유가 무엇이든 정부 정책이 실패로 돌아갈 경우 그로 인해 치러야 할 대가는 적지 않다. 시화호 개발 사례를 보자. 정부는 1986년부터 대규모 간척 사업인 시화호 개발 사업을 추진하였다. 대규모 공업단지와 농업용지 조성, 도시개발 등이 개발의 목적이었다. 그런데 시화 방조제 공사가 끝난 1994년 부터 시화호 수질이 급격히 악화되는 의도하지 않은 문제가 나타났다. 이에 정부는 1996년부터 시화호 종합관리계획을 세워 수질개선 사업을 추진하게 되었다. 처음에는 1996년부터 1999년까지 총 4천 4백억 원을 투입해 수질을 개선하겠다는 목표를 세웠으나 2007년 현재까지 그 3배를 초과하는 1조 2천억 원이 투입되었다. 이 비용은 시화 방조제 공사에 소요된 약 5천억 원을 배이상 초과하는 금액이다. 그리고 그러한 막대한 지출에도 불구하고 아직까지도 수질에 대한 논란은 지속되고 있다.

이처럼 많은 예산이 투입되는 정책의 경우 그것이 실패로 돌아갈 경우 그 자체가 예산 낭비가 될 뿐 아니라 그 예산을 다른 목적에 사용함으로써 얻을 수 있는 편익도 얻지 못하는 기회비용 문제까지 초래하게 된다. 그리고 이러한 금전적 비용 외에 정책 실패로 인해 참여자들 간에 벌어지는 책임 공방, 사회의 갈등 등으로 인해 발생하는 사회적 비용도 적지 않다. 무엇보다 이러한 정책실패는 국민의 정부와 정치에 대한 효능감을 떨어뜨리고 정부에 대한 불신을 초래하게 되는데, 이렇게 정부 신뢰가 낮아지면 이는 다시 정부 정책의 효과성을 저하시켜 정책이 실패하게 만드는 이른바 '정책실패의 악순환'에 빠질 수 있다는 점에서 더욱 문제이다.[1]

이러한 차원에서 우리는 정책실패를 이해하기 위한 노력을 기울여야 할 필요가 있다. 정책실패의 원인을 분석하고 대안을 탐색하는 노력을 통해 지식과 교훈을 축적한다면 그러한 실패를 반복하는 것은 줄여나갈 수 있을 것이기 때문이다.[2] 흔히들 '실패는 성공의 어머니'라는 격언을 이야기하곤 하지만

---

1) 한국정책지식센터의 2012년도 시민인식조사 결과에 의하면 13개 주요 정책분야별 평가에서 100점 만점으로 환산한 정책평가 점수가 50점 이상인 정책은 보건의료정책과 여성정책 등 2개에 불과한 것으로 나타났다. 그런데 이 50점이라는 점수도 보통에 해당하기 때문에 결국 우리 국민들은 대체로 정부 정책의 성과에 대해 상당히 낮은 점수를 주고 있다고 판단할 수 있다.

2) Chelimsky(1997, 정익재(2002: 277)에서 재인용)는 정책실패를 연구하는 이유를 세 가지 관점으로 나누어 설명하였다. 첫째는 지식의 관점으로, 정부가 당면한 문제를 처리하기 위한 효과적인 전략을 수립하는 데 필요한 새로운 지식과 자료를 수집, 관리하기 위해

실패가 왜 발생했는지, 어떻게 하면 그런 실패를 되풀이 하지 않을 수 있을지 반성하고 고민하는 노력이 뒤따를 때만 그러한 실패 경험이 다음 번의 성공을 위한 디딤돌이 될 수 있는 것이다.

이 책은 이러한 인식의 연장선상에서 기획되었다. 다양한 분야에 걸친 여러 정책실패 사례에 관한 지식과 교훈을 공유함으로써 전문 연구자와 전공학생, 일반 대중과 정책실무가의 정책실패에 대한 이해의 폭을 넓히는 데 기여하고자 하는 것이 이 책의 기획의도인 것이다.

그런 이유로 이 책은 정책, 정책실패에 대한 이해도가 낮은 일반 시민들도 쉽게 이해할 수 있도록 쉬운 용어로 서술하고자 노력하였다. 그리고 엄격한 방법론에 입각한 아카데믹한 논의보다는 일반국민과 실무자의 눈높이에서 궁금해할 만한 부분에 대한 친절한 설명이 될 수 있도록 노력하였다.

Ⅱ. 정책실패 사례의 선정

이 책은 일반인의 상식으로 볼 때, 명백히 실패한 정책이라고 할 수 있는 것을 대상으로 그 공통점과 차이점이 있는 분석하고자하는 의도에서 기획되었다. 즉, 그 정책이 어떠한 과정을 거쳐 실패에 이르게 되었는지 기술하고, 왜 실패했는가를 분석함으로써 궁극적으로 앞으로의 정책설계와 집행에 교훈을 얻고자 하는 목적을 지니고 있다.

그런데 이른바 '명백히 실패한 정책'을 선정하는 것은 간단한 일이 아니다. 우선 실패한 정책의 의미에 대해 학자들 간에 견해가 다양하기 때문에 실패한 정책을 규정짓기가 곤란한 측면이 있다. 안병철·이계만(2009)은 국·내

정책실패를 연구해야 한다는 시각이다. 정책실패에 대한 연구를 통해 사회문제에 대한 새로운 지식을 축적하고 장기적으로 이를 정책개발과 문제해결에 활용할 수 있다는 것이다. 둘째는 관리의 관점으로, 정책이나 공공사업의 효과성 평가, 대안의 선택과 개선, 운영상의 능률성을 증진시키기 위한 지원시스템으로서 정책실패 연구를 해야 한다는 것이다. 정책 집행결과가 실제 국민생활에 미친 영향, 목적 달성에 기여한 상대적인 효과 및 능률성 등에 대한 정보를 산출하여 정책과정에 환류시킴으로써 사업의 수정, 보완, 종결 등 합리적인 결정을 내리는 데 객관적인 판단 근거를 제공할 수 있다는 것이다. 셋째는 책임성의 관점으로, 정책담당자에게 정책의 가치와 결과에 대한 책임을 지도록 하여 공공자원을 합리적으로 활용할 수 있도록 유도하기 위해 정책실패 연구가 필요하다는 것이다.

표 1 정책실패의 다양한 개념 정의

정 의	내 용
목표달성도	• 결정된 정책이 원래 의도한 정책목표를 달성하지 못한 상태
파급효과	• 정책목표가 달성되더라도 정책파급효과가 부정적인 경우
집행실패	• 정책집행 전에 정책내용이 변화되어 새로운 정책으로 대치되는 경우 • 서로 상이한 정향성을 지닌 정책행위의 공존상태 • 정책폐기 및 중단되는 경우 • 정책집행의 지연 • 집행비용의 증가 • 의도한 집행기간이 지속되지 않는 경우 • 정책대상집단이 불응하는 경우

자료: 안병철·이계만(2009: 6).

외 주요 연구들의 정책실패 개념을 분석하여 기존 연구들에서는 정책실패 개념을 목표 달성 실패, 부정적 파급효과, 집행과정에서의 실패 등 크게 세 가지 의미 중 하나로 파악하고 있음을 밝힌 바 있다(〈표 1〉 참조). 즉, 누군가는 정책이 의도한 목적을 달성하지 못했을 때만을 실패로 보지만, 다른 누군가는 목표는 달성했더라도 시간이 예정된 기한을 넘겼거나, 투입된 예산이 예상을 초과하였거나, 집행상에 문제가 있었던 경우도 실패로 보고 있는 것이다.

이러한 정책실패 개념의 다의성 또는 모호성은 어떠한 정책을 실패한 정책으로 볼 것인지 판단하기가 쉽지 않다는 데에서 비롯된다. 정광호(2005, 안병철·이계만(2009: 5)에서 재인용)는 정책성패의 평가가 어려운 이유로 ① 정책의 성공과 실패를 판단할 객관적 기준 설정의 어려움, ② 정책 대상 집단의 이해관계의 영향(정책이해집단에 따라 어떤 것은 성공한 것을 다른 것은 실패한 것으로 판단될 때 종합적으로 그 정책을 어떻게 평가할 것인가의 문제), ③ 주관적 만족도와 객관화된 효과 간의 괴리 가능성(정책 실시에 따라 객관적 관점에서의 개선이 발생하였더라도 정책대상집단이 계속해서 불만을 제기할 경우 그 정책을 성공했다고 평가할 수 있는지의 문제) 등을 제시하였다. 이러한 이유들뿐 아니라 언제 평가를 하느냐 즉, 평가시점에 따라 평가결과가 달라질 수 있다는 점도 정책 성패의 판단을 어렵게 만들고 있다.

여기에다 정책의 수준을 고려해야 하기 때문에 문제는 더 복잡해진다.

사실 대부분의 정책은 수단－목적의 계층제(means－ends hierarchy) 관계를 맺고 있다고 할 수 있다(정정길, 1997: 56-57). 하나의 정책은 그 정책이 추구하는 바를 달성하기 위해 다수의 하위 정책을 포괄하고 있는 경우가 많고, 반대로 그 정책은 다른 상위 정책의 목표 달성을 위한 수단이 되기도 하는 것이다. 이를테면 EBS 수능방송은 사교육 절감 대책(정책)의 하나라 할 수 있는데, 사교육 절감 대책은 다시 그보다 상위인 교육정책의 하위 정책인 식이다.

이런 이유들 때문에 무엇을 '명백히 실패한 정책'으로 볼 것인가를 두고 참여 연구진들 간 수차례 회의가 이루어졌다. 다양한 논의가 오고 간 후 다소 실용적인 차원에서 접근하자는 합의에 도달할 수 있었다. 즉, 정책 수준의 높고 낮음에 상관없이 또 어떠한 명칭으로 불리는지에 관계없이 정책실패에 대한 다양한 개념범주와 관점에 의할 때 적어도 한 가지 이상의 범주에서 실패한 것으로 판단할 수 있는 그리고 그러한 판단이 틀리지 않았음을 보여줄 수 있는 충분한 근거가 있는 정책을 이 책에서 다루는 실패한 정책의 범주에 포함시키기로 한 것이다.

이후의 사례 선정 과정은 비교적 수월하게 이루어졌다. 구체적으로 사례 선정은 두 단계로 나누어 우선 실패한 정책으로 간주되는 사례들을 수집한 뒤(1단계) 참여 연구진들이 그 중에서 자신이 분석할 정책실패 사례를 선정하는 식으로 진행되었다(2단계). 합의된 사례 선정 원칙에 따라 각 정책분야의 전문가들인 참여 연구진들은 각자 자신의 기준에 따라 명백히 실패한 것으로 판단되는 정책을 최종 사례로 선정하였다. 그리고 수집된 사례들 외에 연구진 개인이 실패한 것으로 판단하는 사례를 선정하는 것도 허용하였다.

정책실패 사례의 수집은 한국정책지식센터에서 맡았다. 이 과정은 주로 언론 보도 분석을 통해 이루어졌다. 즉, 한국정책지식센터 연구원이 기사검색을 통해 언론에서 실패한 것으로 평가한 정책을 수집하는 식으로 이루어졌다. 이때 기사 검색에는 종합뉴스DB인 kinds.or.kr을 이용하였으며, 검색기간은 1990년부터 2011년 사이로 한정하였다. 이러한 과정을 통해 수집된 정책들은 9개 분야 총 41가지로 다음 〈표 2〉와 같다.

표 2 정책실패 사례 수집 결과

분 야	정책실패 사례	합 계
경제	IMF 사태, 카드 대란, 중소기업육성정책, 경제력 집중 억제제도, 외환은행 매각, 경제자유구역청	6
노동/고용	비정규직보호법, 쌍용자동차 사태, 장애인 고용 정책, 청년실업 정책	4
주택/부동산	뉴타운 개발 난립, 미분양주택해소정책(이명박 정부), 참여정부 부동산 정책, 전세대책	4
교육	교육행정정보시스템(NEIS) 구축, 영어마을, 사교육비 경감 정책, 자율형 사립고 정책	4
보건/복지/여성	의약분업, 의약정보시스템의 구축, 구제역 살처분, 2008년 광우병 파동, 연금 고갈, 약값 본인 부담률 차등제도, 성매매 금지 정책	7
과학기술/정보통신	나로호 발사 실패, WIPI(위피)	2
지역/SOC	지방공항건설, 지방청사(지방호화청사), 부산-김해 경전철, 용인경전철, 국토(지역)균형발전 정책, 수도권억제정책, 시화지구 개발사업, 방폐장 입지 선정	8
안보	천안함 사태 대응, 연평도 사태	2
행정/기타	도로명 사업 정책, 9·15 정전 사태, 반부패 정책, 바다이야기	4
합계		41

　　한편 한국정책지식센터는 시민들의 정부와 정부정책에 대한 인식을 조사하여 관련 분야 연구 수행의 기초자료로 삼기 위해 2006년부터 해마다 전국의 성인 남녀 1,000여 명을 대상으로 시민 인식조사를 실시해 오고 있다. 이 중 2011년도 조사에서는 특별히 실패한 정책에 대한 시민들의 인식을 조사하였는데, 그 결과를 참여 연구진들에게 제공하여 주제 선정에 참고하도록 하였다.

　　조사는 응답자로 하여금 응답 범주 목록3)에 포함된 정부 정책 중에서 가장 실패하였다고 생각하는 순서대로 5가지를 선정하도록 하는 다항선택법 (multiple choice) 방식으로 이루어졌는데, 조사 결과 응답자들이 정부정책 중에서 실패하였다고 생각하는 정책은 부동산 정책(61.3%), 사교육비 경감정책 (57.0%), 비정규직 보호정책(53.1%) 순으로 나타났다.4)

---

3) 여기서 실패한 정책 목록은 주로 앞의 언론 보도 조사에서 높은 기사에서 빈도수가 높은 정책들로 구성하였다.

4) 한편 이 조사에서는 〈표 3〉에서 열거된 정책들 이외에 응답자가 실패하였다고 판단하는

표 3 2011년도 한국정책지식센터 시민인식조사 결과 : 정책실패 관련

문) 정부 정책 중에 가장 실패하였다고 생각되는 정책은 무엇이라고 생각하십니까?

응답 항목	1+5순위(%)	1 순위(%)
부동산 정책	61.3	15.9
사교육비 경감정책	57.0	12.6
비정규직보호정책	53.1	9.5
뉴타운개발난립	48.9	8.3
구제역 살처분	48.3	17.7
중소기업육성정책	47.2	9.4
신용카드 대란	27.2	3.1
나로호 발사실패	25.4	5.2
외환은행 매각	21.5	3.3
성매매 금지정책	21.2	2.8
도로명 변경 사업	20.3	2.2
교통신호체계변경(좌회전3색신호등변경)	18.2	2.1
바다이야기(사행성도박게임사태)	17.5	2.5
지방공항(울진, 양양공항 등) 건설정책	16.8	3.3
영어마을	15.4	2.3

이러한 과정을 거쳐 최종적으로 SOC·지역개발 분야의 용인경전철 사업, 오투리조트 조성사업, 뉴타운 사업, 금융·경제·산업 분야의 외환은행 매각, 저축은행 파산, 중소기업 고유업종제, 시티폰 정책, 발전차액지원제도, 바다 이야기 사례, 교육정책 분야의 두뇌한국21사업, 사교육비 경감 정책 등이 선정되었다.

정책에는 무엇이 있는지를 살펴보기 위해 개방형 질문 문항도 포함시켰다. 그 결과 응답자들은 4대강 사업(48.8%), FTA(28.4), 대북정책(13.4%), 물가 안정대책(11.7%), 복지정책(8.7%), 세금정책(부자감세)(8.0%) 등을 실패한 정책으로 인식하고 있는 것으로 나타났다.

Ⅲ. 각 장의 내용 소개

이 책에서는 독자들의 이해를 돕기 위해 각 장을 가급적 통일된 서술 체계에 따라 구성하고자 하였다. 즉, 1) 도입, 2) 정책사례의 전개과정 및 평가, 3) 실패의 원인 분석, 4) 정책적 시사점 순으로 서술될 수 있도록 노력하였다. '도입' 부분에서는 해당 정책의 의의, 해당 정책사례에 대한 논의의 중요성, 정책사례로 선정한 이유 등이 제시되도록 하였다. 다음 '정책사례의 전개과정 및 평가' 부분에서는 정책의 전개과정에 대한 자세한 기술과 함께 해당 정책이 실패하였다고 판단할 수 있는 근거가 충분히 제시되도록 하였다. '실패의 원인 분석' 부분에서는 다각적인 정책실패 원인이 제시될 수 있도록 하였다. 정책실패 원인을 단순 나열하는 것보다 가급적 정책단계, 정책변수 등 몇 가지 분석 차원을 나누어서 종합적으로 분석될 수 있도록 하였다. 마지막 '정책적 시사점' 부분에서는 정책학습 가능성의 차원에서 시사점이 기술될 수 있도록 하였다. 사례 분석을 통해 발견된 각각의 실패요인별로 사후에 학습 가능한 조치들을 탐색하여 제시할 수 있도록 하였다.

이렇게 서술된 각 장들의 주요 내용을 간략히 제시하면 다음과 같다. 먼저 제1편에서는 사회간접자본(SOC)과 지역개발 분야에서의 정책실패 사례들을 다루어 보았다. 제2장에서 고길곤 교수는 사회간접자본 투자 실패의 대표적인 사례로 꼽히고 있는 용인경전철 사업에 대해 살펴보았다. 경전철은 지하철이나 버스와 같은 기존의 대중교통수단이 도시혼잡문제를 해결하기에 비용이 효과적이지 못하다는 비판에 따라 그 해결책으로 제시되었던 대안적 교통수단이다. 그런데 용인경전철은 무려 1조 127억 원의 사업비가 투자되었으면서도 그것이 목표로 한 도시혼잡문제 해결과 비용효과성 모두에서 좋은 평가를 얻지 못하고 있다. 본문에서는 먼저 용인경전철사업의 개요와 사례의 특징을 설명한 후 정책실패를 연구하는 논리를 블랙박스, 투명상자, 그리고 복잡성 논리 구분하여 이론적인 측면을 살펴보았다. 이후 기존 연구에서 제시된 용인경전철사업의 실패 원인을 각각 검토하고 이에 대한 반례(counter example)를 제시하였다. 마지막으로 용인경전철사업의 실패여부에 대한 새로운 해석을 복잡성 논리의 관점에서 제시하였다.

제3장에서 임도빈 교수는 강원도 태백시의 오투리조트 조성사업에 대해 살펴보았다. 대체로 지방자치단체가 추진하는 각종 개발 사업은 지역경제성장과 지역경제 활성화를 목표로 내걸고 이루어진다. 오투리조트 조성사업 역시 국내의 대표적인 폐광지역 중 하나인 태백시가 지역산업이었던 석탄 산업을 대체할 새로운 지역산업 육성 및 지역경제 회생을 목적으로 추진한 대규모 건설 사업이었다. 태백시 1년 예산의 2배에 가까운 4천여 억 원이 투입된 이 사업은 그러나 경영부실로 파산위기에 처해 있다. 여기서는 먼저 태백시와 오투리조트 조성사업을 개관한 후 이 사업의 실패 원인을 분석하였다. 이때 실패의 원인을 분석하기 위한 틀로 '악순환 모형'을 고려하였다. 이 모형은 자신의 이익을 극대화하기 위한 각 행위자의 전략적 행동, 자원 확보 문턱의 존재, 중앙정부의 미흡한 통제가 지역개발정책의 실패를 끊임없이 유발시킨다는 내용을 담고 있다. 이 모형이 오투리조트 조성사업에도 그대로 적용될 수 있음을 밝힌 후 결론에서는 그에 따른 시사점을 제시하였다.

변창흠 교수는 제4장에서 서울시의 지역균형발전사업인 뉴타운 사업에 대해 살펴보았다. 이 사업은 주거, 교육여건, 생활편익시설 등 여러 분야에서 나타나고 있는 서울의 강남북 지역 간 격차를 해소하고 서울의 균형 있는 발전을 촉진하기 위하여 추진된 것인데 그 결과에 대한 평가는 엇갈리고 있다. 여기서 변창흠 교수는 정책의 결정과 집행 과정을 선순환구조와 악순환구조로 구분할 경우 뉴타운사업은 전형적인 악순환 구조에 빠져 있기 때문에 교정하기 힘든 문제점을 유발하고 있다고 보았다. 그리고 이러한 관점 아래 본문에서 정책분석의 각 단계별로 어떠한 정책실패가 발생하였는지, 어떻게 정책실패가 진행되었는지를 확인하여 제시하였다. 그리고 마지막 결론 부분에서는 앞으로 고민해야 할 과제들을 제시하고 있다.

제2편에서는 금융, 경제, 산업 분야에서의 정책실패 사례들에 대해 논의하였다. 먼저 제5장에서는 조선일 교수가 외환은행 매각 사례에 대한 분석을 시도하였다. 사실상 정부가 소유하고 있던 외환은행을 2003년 외국계 사모펀드에 매각한 이 사례는 당시 경제상황을 금융위기가 발생할 가능성이 큰 것으로 판단한 정책당국이 외환은행을 해외에 매각함으로써 금융시장을 안정시키고 국제적 신인도를 높이려는 의도에서 비롯된 것이었다. 그러나 이 정책은 이후 해외자본에 대한 특혜 논란, 외국계 펀드의 거대한 이익실현, 감사원감

사 및 검찰 수사에서 드러난 충분한 노력의 부족과 비리 등으로 인해 많은 비판의 대상이 되었다. 본문에서는 먼저 외환은행 매각사례의 개요를 살펴본 후, 관료적 책임성 확보 측면에서 제기된 감사원감사와 사법적 판결을 검토하고, 정책학적 관점에서 제기될 수 있는 쟁점에 대해 논의를 하였다.

제6장에서 이종수 교수는 저축은행 파산 문제를 금융정책의 실패 관점에서 살펴보았다. 서민과 중소기업 대상으로 한 금융 중개를 목적으로 1972년부터 설립되어 오늘에 이르고 있는 저축은행은 최근에 경영부실과 각종 위법행위로 금융당국이 제재조치를 단행함으로써 파산이 잇따르고 있다. 이종수 교수는 이러한 연쇄 파산 사태의 원인을 금융 당국의 정책학습 실패에서 찾고 있다. 정책학습은 변화된 정책환경에서 새로운 정책목표를 발견하고, 기존의 정책을 더욱 바람직한 정책으로 발전시키는 순환적 과정으로 볼 수 있는데, 이러한 과정이 작동하지 않는 학습 무능력(learning disability)이 정책실패의 중요한 원인이고, 이것이 저축은행의 연쇄 파산 사태에서 발견된다는 것이다. 본문은 저축은행 파산의 원인 검토, 금융정책 실패와의 연관성, 정책학습이라는 측면에서의 문제점 순으로 논의가 이루어지고 있다.

제7장에서는 이혁우 교수가 중소기업 고유업종제 사례를 살펴보았다. 중소기업 고유업종제는 특정품목에 있어 대기업의 진입을 규제함으로써 중소기업의 사업영역을 보호하는 제도로서 1978년부터 시행되어 2006년에 폐지되었다. 이혁우 교수는 이 제도가 폐지된 근본 원인으로 지원의 대상인 중소기업을 보호의 대상으로 오인한 점, 그리고 그로 인해 타당한 정책수단의 판단에 오류가 발생한 점을 지적하고 있다. 이 제도로 인해 지원대상인 중소기업이 보호대상으로 전락해 자력경쟁력을 갖는 것이 요원해졌고, 품질경쟁 대신과다출혈을 부르는 가격경쟁을 하게 만들었으며, 소비자 선택권을 제한해 소비자의 불만을 야기시켰다는 것이다. 본문에서는 이에 대한 자세한 분석과 함께 바람직한 중소기업 '지원' 방안에 대해서도 논의하고 있다.

엄석진 교수는 제8장에서 시티폰 정책을 살펴보았다. 시티폰은 유선전화망을 이용해 근거리 무선통신을 하는 발신전용 무선전화를 말한다. 이 시티폰 서비스는 1997년에 상용서비스가 시작되었으나 불과 4년 만인 2000년 전면 폐지되어 시장에서 사라져 버렸다. 이 서비스가 실패한 원인에 대해 기존 논의에서는 주로 시티폰 자체가 지니고 있던 기술적 한계에서 찾는 경향이 있었으나, 엄석진 교수는 정보통신서비스 시장 차원에서의 실패 원인에 더 주목하고 있다. 즉, 당시 정보통신부의 정책결정자들과 시티폰 사업자들이 PCS의 등장과 그 특성, 시티폰의 한계를 이해하고 있었음에도 불구하고 그들이 시티폰 사업을 추진했던 이유는 무엇이었는지, 그리고 그 과정에서 정보통신부의 정책결정자들이 간과했던 부분은 무엇이었는지에 대한 해답을 탐색하고 있다. 본문은 먼저 정보통신 서비스의 구성요소와 정보통신서비스 정책 및 정책 실패에 대한 이론적 배경을 검토하고, 이어서 시티폰 서비스의 개요와 사업의 전개과정을 살펴본 후, 시티폰의 실패 요인을 정보통신서비스 정책의 기술적 측면과 시장 측면으로 구분하여 분석하는 순서로 구성되어 있다. 결론에서는 이 사례가 주는 정책적 함의를 제시하고 있다.

제9장에서는 구민교 교수가 발전차액지원제도 실패 사례를 분석하였다. 발전차액지원제도(또는 고정가격구매제도(Feed in Tariffs))는 태양광, 풍력과 같은 신재생에너지원으로 공급된 전력에 대해 그 생산가격과 전력거래가격 간의 차액을 정부의 전력산업기반기금으로 보전해주는 제도를 말한다. 이 제도는 우리나라의 대표적인 신재생에너지 보급사업으로서 신재생에너지의 보급과 인식의 확산에 상당한 기여를 하였으나 제도 시행 10년 만인 2011년에 퇴출되었다. 여기서는 이 제도가 퇴출, 즉 실패하게 된 원인을 산업정책적인 관점에서 탐색하고 있다. 신산업정책 제도설계의 구성요소인 정치적 리더십, 정책조정 및 숙의, 책임성 및 투명성의 관점에서 FIT 제도의 도입부터 폐지까지의 과정을 체계적으로 분석하고 그 정책적 함의를 살펴보았다. 아울러 이 제도의 후속 조치인 신재생에너지 의무할당제(Renewable Portfolio Standard)의 성공적 시행을 위한 요소들도 제안하고 있다.

제10장에서 이수영 교수는 바다이야기라는 사행성 게임에 대한 관리정책 실패 사례를 살펴보고 있다. 2000년대 중반 전국적인 붐을 일으키며 대한민국을 도박 공화국으로 몰아넣은 이 사행성 게임은 게임 산업 진흥 정책, 게임장의 등록제 실시, 사행성 게임 등급 부실 심사, 게임의 경품으로 상품권 사용 가능, 부처 간 관할권 다툼, 국회 및 감사원 등의 임무 해태, 사행성 게임 정책에 대한 컨트롤 타워 부재 등 다양한 원인에 의해 비롯된 것이라 할 수 있다. 여기서는 그러한 각 원인별로 그와 관련된 행위자들을 중심으로 자세한 실패 요인 분석을 시도하였다. 그리고 그를 통해 추후 성공적인 사행성

게임 관련 정책을 실현하기 위해 유용한 시사점을 도출하고 있다.

마지막 제3편에서는 교육 분야에서의 정책실패 사례를 다루고 있다. 먼저 권혁주 교수가 제11장에서 두뇌한국21사업(Brain Korea 21) 사례를 살펴보았다. 세계적인 수준의 대학원 육성과 우수한 학문후속 세대 양성을 위하여 석·박사과정생 및 신진연구인력(박사후 연구원 및 계약교수)을 집중적으로 지원하는 학문후속세대 양성 사업인 두뇌한국21사업은 1999년부터 시작되어 1단계(1999-2005), 2단계(2006-2012년) 사업을 거쳐 현재는 BK21플러스 사업이 시행되고 있다. 권혁주 교수는 이 중에서 사업이 종료한 1, 2단계 사업을 대상으로 그 성과를 평가하였다. 그는 이 사업이 정책의 일차적 산출인 외형적 성과를 꾸준히 산출하고 있음에도 불구하고 궁극적인 정책목표인 학문발전과 학문후속세대 양성에는 크게 기여하지 못하고 있다고 보고 그 근거를 제시하고 있다.

마지막 제12장에서는 하연섭 교수가 사교육비 경감 정책에 대해 살펴보았다. 역대 거의 모든 정권이 과외 축소 혹은 사교육비 경감을 주요 정책목표로 내걸고 다양한 정책수단들을 동원하였으나 사교육은 계속해서 팽창해 온 것이 현실이다. 하연섭 교수는 이처럼 사교육비 경감 대책들이 소기의 성과를 내지 못했던 이유를 교육이 갖는 지위재(positional good)의 특성을 이해하지 못한 데서 찾고 있다. 사교육비는 단순히 공교육의 부족한 점을 보완하기 위한 것이라기보다는 지위재를 확보하기 위한 상대적 경쟁에서 우위를 점하기 위한 노력의 산물로서 한국 사회의 정치·경제적 환경 요인과 밀접하게 관련된 문제임에도 불구하고 지금까지 사교육비 경감 대책은 이를 간과한 채 교육영역을 다른 정치·경제·사회영역과 완전히 분리시켜 놓은 상태에서 문제의 원인을 진단하였기 때문에 잘못된 처방이 나오게 되었다고 주장한다. 본문에서는 먼저 사교육비의 현황을 살펴본 후, 지위재와 지위경쟁의 개념을 소개하고 교육이 갖는 지위재적 특성을 이해하지 못한 데서 나타난 정책적 오류와 그로부터 연원한 사교육비 팽창 현상을 설명하고 있다. 이어서 왜 우리나라에서 교육을 둘러싼 지위경쟁이 심할 수밖에 없는지를 자본주의 다양성 논의의 개념을 중심으로 설명하였다.

참고문헌

김형렬(1999). "정책실패 요인에 관한 고찰", 「사회과학논집」 30.

송하진·김영평(2006). 「정책 성공과 실패의 대위법」 서울: 도서출판 나남.

안병철·이계만(2009). "정책실패에 관한 연구경향 분석", 「한국정책과학학회보」 13(2): 1~20.

이원희(1999). "시화호 개발 정책실패의 정책학적 교훈", 「정책분석평가학회보」 9(1)

정익재(2002). "정보화정책 실패사례분석과 정책교훈―반면교사의 여섯 가지 이야기", 「한국정책학회보」 11(4).

정정길(1997). 「정책학원론」 서울: 대명출판사.

McConnell, A. (2010). "Policy Success, Policy Failure and Grey Areas In-Between", *Journal of Public Policy*, 30(3): 345~362.

SOC/지역개발 정책

제1편

용인경전철 사업의 사례를 통해 바라본 정책실패에 대한 새로운 접근

서울대학교 행정대학원 부교수 _ 고길곤

Ⅰ. 들어가며

어떤 정책이 명백한 실패라고 판단되는 일은 흔치 않다. 이것은 정책이 실패하지 않기 때문이 아니라 정책에 대한 평가가 잘 이루어지 않고 실패를 감추려는 경향 때문이다. 실제로 정책기획(policy planning)에 참여한 관련자들은 사후평가를 통해 정책실패가 부각되는 것을 원하지 않는다. 더군다나 하나의 정책이 집행되었다는 것은 이 정책을 해당 부처뿐만 아니라 국회 또는 관련 지방자치단체에서 이를 승인하였다는 것을 의미하기 때문에 정책 자체의 절차적 정당성이 높다고 할 수 있다. 이러한 상황에서 정책실패를 정치인이나 공무원이 쉽게 인정하기는 어렵다. 오히려 정책실패에 대한 책임을 회피하기 위해 정책실패를 부인하거나 혹은 이를 은폐하려 하려는 노력이 일반적이다.

이론적으로도 정책실패는 모호한 개념이다. 정책실패가 무엇인지에 대한 판단기준이 명확하지 않기 때문이다. 정책실패와 성공은 판단(judgement)의 문제이며 시간, 문화, 대중의 인식, 정치적 판단, 그리고 분석상의 여러 편의(bias)에 따라 이 판단이 주관적일 수밖에 없다(Boven and 't Hart, 1996). 예를 들면, 이명박 정부의 4대강 사업에 대해 환경단체는 정책실패라고 주장하지만 해당 정책을 추진한 정부에서는 성공적인 정책이라고 주장한다. 각각이 다른 관점에서 정책을 바라보기 때문에 정책성공과 실패의 판단이 다른 것이다.

---

* 이 글 내용의 일부는 "고길곤 외(2015). 종합적 접근으로서의 정책실패 사례연구: 경전철 사업 사례를 중심으로. 행정논총, 53(1), pp. 129~163."에 사용되었다.

이런 이유로 정책실패에 대한 연구는 인식론적인 상대주의(epistemological relativism)의 함정에 빠질 가능성이 있다(Majone 1989).

용인경전철사례는 언론과 정치권에 의해 잘못된 사회간접자본투자 사업으로 신속하게 정책실패로 규정되었다는 점에서 흥미롭다.[1] 이 사업은 1조 127억 원의 사업비가 투자되었으면서도 사업이 채 준공되기도 전에 정책실패의 사례로 알려졌다. 과거의 사회기반시설투자사업(이하 SOC 사업)의 경우 전경유착에 따른 비리, 부실공사, 사업비의 대폭 증가, 환경문제 등이 문제가 되는 경우가 대부분이었지만 용인경전철 사업은 이러한 유형의 실패사례는 아니었다. 또한 유사한 문제를 가지고 있던 부산-김해경전철 사업이나 의정부 경전철 사업에 비해 실패사례로 더 널리 알려졌다는 점도 주목할 만하다.

2010년 현재 용인경전철사업과 같은 유사한 경전철 사업이 100여 개 이상의 지방자치단체에서 추진되고 있다. 예를 들면 인천시의 경우 용인경전철 사업의 문제점이 표면적으로 들어난 2010년 시점에서도 오류동~운연동까지 29.3km 구간의 경전철 사업을 착공하였고[2](한국개발연구원, 2006), 서울 여의도와 서울대를 연결하는 신림선(7.8km) 및 왕십리와 중계동을 오가는 동북선 경전철(12.3km) 사업 역시 2011년 및 2012년에 착공계획을 하고 있었으나 신임 시장의 취임으로 현재 추진이 보류중인 상황이다.

본 논문의 구성은 다음과 같다. 먼저 용인경전철사업의 개요 및 사례의 특징을 설명한 후 정책실패를 연구하는 논리를 블랙박스, 투명상자, 그리고 복잡성 논리 구분하여 이론적인 측면을 살펴보았다. 이후 기존의 연구에서 제시된 용인경전철사업의 실패 원인을 각각 검토하고 이에 대한 반례(counter example)를 제시하였다. 마지막으로 용인경전철사업의 실패여부에 대한 새로운 해석을 복잡성 논리의 관점에서 제시하면서 결론을 제시하였다.

---

1) 이에 대해서는 중앙공무원교육원, 2011.『용인 경전철 건설 사례』학습용 행정사례 교재와 국무총리실 정책분석 평가실(2011. 3)『지자체 경전철 사업 분석·평가 결과』자료를 참고.

2) 인천도시철도2호선 건설사업은 한국개발연구원의 예비타당성조사 결과 경제적 타당성이 있는 것으로 판명되어 추진되고 있다. 분석결과는 한국개발연구원, 2006.『2005년도 예비타당성조사보고서: 인천도시철도2호선건설사업』참고.

Ⅱ. 사례의 개요: 용인경전철 사업추진과정

정책실패는 계획(plan)에서 의도한 결과(intended outcome)와 실제 결과(actual outcome)와의 차이를 나타내는 개념이다. 그러나 Wildavsky(1973)의 주장처럼 계획이 의도한 미래의 상황을 통제하는 것은 거의 불가능하며, 따라서 계획은 오직 미래상황을 통제할 수 있는 충분한 이론과 지식, 권력을 가지고 있는 비현실적 상황에서만 가능한 것이다. 즉, 계획은 언제나 의도하지 않은 결과에 노출되어 있으며 본질적으로 실패할 수밖에 없는 것이다. 따라서 정책실패 여부의 판단은 현재 시점에서의 판단이 아니라 정책이 역사적으로 변화하는 과정을 분석하는 과정에서 명확해질 수 있다.

용인경전철사업은 경기도 기흥 구갈~포곡 전대리(에버랜드) 구간에 18.143km의 경전철을 건설하는 사업으로 15개소의 정거장과 1개의 차량기지를 1조 127억 원이 투자된 사업이다(김형진, 2012: 17). 용인경전철사업의 추진은 독자적으로 이루어진 것이라기보다는 우리나라의 경전철사업의 추진과정과 깊은 관련이 있으므로 이를 구체적으로 살펴보도록 하자.

1. 경전철 사업의 일반현황

경전철 사업은 기존의 대중교통수단(지하철·버스)이 도시혼잡문제를 해결하기에 비용효과적이지 못하다는 비판에 대한 해결책으로 제시되었다. 지하철 건설에는 대규모 재정이 소요되어 추가적인 건설이 어려웠고 버스 등의 대중교통서비스는 만성적 적자운영의 문제를 가지고 있던 것이 1990년대 초반의 현실이었다. 추가적인 대중교통시설 공급이 어렵게 되자 1990년대 자가용 이용자들이 증가하는 추세를 보였고, 자가용 이용자의 증가는 도시혼잡의 문제를 초래하기 시작했다. 이러한 배경에서 정부차원에서 '신개념 교통수단'을 찾는 노력이 이루어지기 시작했다. 그 결과 1992년 8월 국무회의에서 부산~김해경전철과 서울~하남 경전철 사업을 시범사업으로 선정하면서(한국개발연구원, 2004) 경전철 사업이 본격적으로 추진되기 시작하였다.

이런 배경하에서 1990년대 중반부터 지자체가 경전철이 녹색교통수단임을 부각시키고 저렴한 건설비를 지불하면서도 도심 내 교통혼잡문제를 해결할 수 있는 대안임을 내세우면서 사업을 적극 추진하기 시작하였다. 그 결과 2010년 말 기준 11개 지자체, 17개 노선(총연장: 243km)에서 사업을 추진 중이며(총사업비: 15조 5백억원) 36개 지자체에서 84개 노선(총연장: 1,175km)이 계획 중이다(총사업비 51조 5천억)(국무총리실, 2011).

표 1 지방자치단체별 경전철 건설사업 계획현황

구 분	노선수	노선연장(km)	총사업비(억 원)
서울	21	203.78	107,793
인천, 경기도	29	398.41	184,093
경남	22	325.80	141,352
경북	17	225.25	101,138
충남	12	268.97	122,805
합계	101	1,422.21	657,181

출처: 김형진, 2011, 경전철 사업의 문제점과 개선방안, 이슈와 논점, 제317호.

진행 중인 17개 사업을 보더라도 '10년 현재 완공단계(4개 노선),[3] '09년 착공(2개),[4] '10년 착공,[5] 민간투자 협상단계(3개),[6] 그리고 기본계획 수립 및 검토단계(7개)[7] 등이며 사업들도 정부재정사업(3개 노선), 민간투자사업(BTO 12개 노선), 미정(2개노 선) 등 다양한 방식으로 추진되고 있다.

경전철은 세계적으로 다양한 시스템으로 운행되고 있으며, 그 종류에는 노면전차(Light Rail Transit: LRT)[8]와 무인자동운전교통수단(Automated Guideway Transit: AGT)[9] 모노레일, 자기부상열차, LIM 방식 등이 있다. 일반적으로 이들 경전철의 속도는 20~40km로 지하철보다는 느리고 그 크기도 작지만 적은 비용으로 도심교통 수요를 처리할 수 있다는 장점이 있다.

---

3) 부산 4호선, 용인, 부산~김해, 의정부 경전철.

4) 서울 우이~신설, 대구3호선.

5) 인천 2호선.

6) 광명~안양, 서울 왕십리~중계동, 서울 여의도~서울대.

7) 천안, 김포, 서울 4개 노선.

8) 가공선으로 전력을 공급받아 구동되며 용량이 일반버스나 과거의 전차보다 크고 1량에서 3량으로 열차 구성

9) 주행바퀴의 종류에 따라 철제차륜 AGT, 고무차륜 AGT 등이 있다.

사업추진방식은 2012년 현재 재정사업, 민간투자정부고시사업, 민간제안사업 등으로 구분할 수 있는데 정부재정으로 진행되는 사업과, 정부의 건설보조금이 민간투자사업의 형태로 진행이 되었다. 현재 완공된 부산－김해, 의정부, 용인 경전철은 모두 수익형 민자사업(Build－Transfer－Operating: BTO) 형식으로 추진되었다. 재정사업의 경우에도 국고와 지방자치단체의 부담비율이 「도시철도의 건설과 지원에 관한 기준」에 따라 정해져 있으며, 민간투자사업에 대한 정부의 건설보조금 비율도 일정 기준에 따라 사업비의 50% 이내 범위에서 지원되도록 되어 있다.

2. 용인경전철사업의 추진과정

용인경전철사업은 1995년 추진되기 시작하였다. 1995년 이인제 경기도지사로부터 사업추진지시가 용인시에 시달되었고[10] 1996년 12월 용인경량전철건설 및 운영기본계획이 교통개발연구원에 의해 수립되었다. 당시 교통개발연구원의 연구용역결과에 따르면 B/C비율이 1.73으로 경제성이 높은 것으로 나타났다(김형진 2012: 18). 이후 1997년에는 민자유치대상사업 선정되었다가, 사업이 표류하였지만 보궐선거로 당선된 예광환 시장이 본격적으로 사업을 재추진하면서 1999년 12월 기획예산처는 용인경전철사업을 민간투자대상사업 재지정하였다. 2004년 민간사업자와 실시협약이 체결되었고 2005년 공사가 착공하였다. 하지만 분당선 개통지연, 그리고 최소수입보장 문제 때문에 2010년 시험운전에도 불구하고 준공이 지연되었다. 이에 2011년 1월 용인경전철 사업 시행사는 소음시설 미미 등 부실시공을 이유로 준공확인을 거부하고 있는 용인시에 사업 해지를 통보하였다. 2011년 11월 국제중재원의 1차 판정으로 용인시는 5,159억 원의 채무변제 이행 의무를 이행해야 하는 실정이며 실시협약도 해지된 상태이다.

사업은 BTO(build－transfer－operate) 방식으로 추진되어 소유권은 용인시가 사업시행 및 관리운영권은 민간컨소시엄인 ㈜용인경전철이 갖는 형식으로 진행되었다. 이때 민간 컨소시움에는 일반적으로 차량을 공급하는 공급자와

---

10) http://etv.donga.com/view.php?code=&idxno=201106050044530&category=003001&page=3

건설회사, 금융회사 등이 참여하였으며 민자사업의 위험을 줄여주기 위해서
최소수입보장(minimum revenue guarantee: MRG)(초기에는 90% 이후 80%) 제도를
적용하였다.

3. 용인경전철사업의 문제점의 표면화

일반적인 도로나 철도사업의 경우 사업의 실패가 직접적으로 표면화되는
것은 흔하지 않다. 주된 이유는 사후평가 제도가 제대로 활성화되고 있지 못
하기 때문이다. 2001년『건설기술관리법』에 의거 총 공사비 500억 원 이상의
건설사업에 대해 준공 후 3년 이내 계획단계와 공사완료 후 단계의 공사비,
공사기간, 교통수요 등을 비교평가하는 공공건설사업 사후평가제도가 마련되
었다. 또한 2006년에는 건설공사사후평가 지침 등이 마련되었으나 아직도 활
성화되고 있지 못한 실정이다.

그럼에도 불구하고 용인경전철 사업이 정책실패로 주목을 받게 된 이유
는 다음과 같다. 첫째, MRG제도와 관련된 민간투자사업의 특징이다. 이 MRG
제도는 시장을 통해 수요를 투명하게 공개할 유인을 민간사업자가 갖게 한다.
만일 계획된 수요보다 낮은 수요가 발생하는 경우 지자체가 민간사업자의 적
자를 보전해주도록 되어 있기 때문에 수요가 투명하게 공개된다. 그 결과 언
론과 전문가들이 경전철 사업에서 재정손실이 발생했음을 손쉽게 파악할 수
있었다. 실제로 연구에 따라 적자의 규모는 약간씩 다르지만 부산~김해 경전
철은 20년 동안 1.6조 원의 적자가 예상되며, 용인경전철은 30년 동안 2.5조
원의 적자가 예상되고 있다(국회입법조사처, 2011).

또 하나의 설명은 용인시의 취약한 재정이다. 국제중제법원의 판결에 따
르면 용인시는 실시협약 해지 이전까지의 사업비 5천 159억 원을 ㈜용인경전
철에 배상을 하도록 되어있는데(2011년 10월 7일) 이것은 용인시의 2011년 예
산 1조 3천억 원의 약 40%에 달하는 금액이다. 한편 30년 동안 2.5조 원의 적
자가 예상된다는 국회입법조사처의 결과에 따른다면 민간사업자가 운영을 하
더라도 약 833억 원을 매년 용인시가 부담해야 되는 상황에 처하게 된다. 용
인시는 미래에 확실히 발생할 이러한 비용을 감당하기 어렵기 때문에 경전철
사업의 문제를 표면화시킬 수밖에 없는 상황에 처했다고 할 수 있다.

　　마지막으로 용인시의 적극적인 정책수정노력이다. 부산~김해 경전철의 경우도 적자의 규모가 매우 큼에도 불구하고 용인시와 달리 준공을 연기하거나 실시협약을 해지하는 적극적인 조치를 취하지 않았다. 최근 준공되어 운행 중인 의정부 경전철 역시 실제 수요가 예측수요의 15%에도 못 미치는데도 의정부시는 사전에 이 문제를 적극적으로 해결하려는 노력을 제대로 하지 않았다. 이러한 부산－김해나 의정부 경전철과 달리 용인 경전철이 대표적인 정책실패 사례로 등장하게 된 것은 용인시가 법적 분쟁까지 가는 정책수정 노력을 시도했기 때문이다.

Ⅲ. 정책실패의 판단기준에 대한 이론적인 논의

　　정책실패 사례연구는 정책평가의 여러 유형 중 사후평가에 해당한다. 이 사후평가의 핵심적인 목적은 정책이 원래 의도한 정책목표를 달성하였는가 하는 효과성 평가에 있는 것은 아니다. 완료된 정책의 경우 기투자된 비용이 매몰비용(sunk cost)이 되기 때문에 효과성 여부 자체가 사업의 효율화에 직접 도움이 되지는 않는다. 또한 정책실패라는 용어 자체가 이미 정책의 효과가 만족스럽지 못하다는 것을 의미하고 있기 때문에 효과성 평가의 결과 역시 해당 사업 자체에는 큰 의미를 갖지 못한다.

　　정책실패의 판단의 기준으로 널리 사용되는 것은 계획된 목표와 달성된 목표의 차이이다. 흔히 블랙박스 논리라고 불리는 이 접근은 정책이 어떠한 과정을 통해서 산출을 달성하는지에 대해 관심을 기울이지 않는다.[11] 대신 정책계획과 산출변수간의 연관성을 가정을 하고 그 연관성을 인과적으로 해석하는 것이다. 이 접근은 '사후적' 결과를 가지고 사전 계획의 목표 달성도를 해석하기 때문에 사전 계획의 상황이나 의도에 대한 잘못된 해석을 할 가능성이 크다. 만일 정책평가결과 정책의 효과성 낮은 것으로 나타났다면 왜 이 정책의 효과가 떨어졌는지 원인은 모른 채 정책의사결정자에게 책임을 묻거나 정책을 폐기하거나 수정하려고 할 것이다. 이런 식으로 정책평가를 활용하

---

11) 물론 블랙박스 논리도 과정에 대한 관심을 기울이기도 하지만 평가의 핵심은 산출 달성도에 있다.

게 되면 확실한 산출이 나오지 않는 정책은 지속되기 어렵게 된다. 반대로 과거에 반복적으로 집행되어 효과가 확인된 정책만이 살아남게 되는 보수적인 정책결정의 결과를 초래하게 된다. 또한 정책의 설계나 계획이 옳다는 전제하에서 정책실패 여부의 판단이 가능하지만 실제 계획된 정책은 불확실성하에서의 의사결정의 결과이므로 근본적인 한계(Wildavsky, 1973)를 갖고 있다. 따라서 계획-결과의 차이로 실패를 규정하는 것은 많은 한계를 갖고 있다고 할 수 있다.

또 하나의 정책집행과정에 초점을 맞추는 투명상자의 논리이다. 이 접근은 정책집행과정의 문제점을 가지고 정책실패를 판단한다. 즉 계획-결과의 중간에 위치하는 집행과정들을 체계적으로 분석함으로써 정책실패를 판단해야 된다는 것이다. 집행평가(implementation evaluation) 혹은 과정평가(process evaluation)는 이런 접근의 대표적인 예이고 전략적 관리, 집행, 산출을 평가하는 정부업무평가도 이러한 투명상자의 논리를 따른다.

투명상자 논리에 따르면 정책실패는 잘못된 정책설계에 때문이 아니라 정책형성 단계에서 예측할 수 없는 각종 불확실성, 정책집행 단계에서 여러 조직과 개인의 상호작용에 따라 변화하는 정책목표, 수단, 집행체계의 변동, 그리고 정치·경제·사회적 환경과 같은 정책외부 환경의 변화의 결과로 이해를 한다. 따라서 정책실패의 책임은 정책을 설계하고 계획한 사람들에게 있는 것이 아니라 집행을 하는 사람들에게 있거나 혹은 통제할 수 없는 환경에 그 책임이 있다고 본다.

마지막으로 정책의 복잡성에 초점을 맞추어서 정책실패를 이해하는 복잡성의 논리이다. 이 복잡성의 논리는 정책실패를 특정 행위자나 정책단계에서 찾기 보다는 정책 고유의 복잡성에서 찾는 접근 방식이다.

복잡성 논리는 많은 정책학자들이 오랫동안 주장해왔음에도 불구[12]하고 기존 정책평가 기법들이 지나치게 선형적 계량적인 방법론에 의존을 하게 됨에 따라 소홀히 되어온 논리이다. 이 복잡성 논리에서는 정책효과에 영향을

---

12) 인식론의 관점에서 정책의 복잡성을 논의한 것은 Lejano, R. P. 2006. *Frameworks for policy analysis : merging text and context.* New York, Routledge. 참고. 정책과정 전반에서의 복잡성 논리에 대해서는 노화준, 2012. 정책학원론-복잡성과학과의 융합학문적 시각, 박영사 2장 및 14장 참고.

주는 내부 및 외부 변수간의 상호작용을 중시한다. 특히 정책의 초기조건에 따라 변수간의 양의 되먹임과정(positive feedback) 등을 통해 정책결과가 매우 크게 변화될 수 있다는 점에서 주목한다. 따라서 정책실패의 원인을 가시적으로 관찰되는 특정 변수에서 찾는 것을 경계한다. 대신 복잡성 논리는 평균적인 정책효과에 관심을 기울이기보다는 다양한 목표와 정책효과의 양태를 기술하는 데 초점을 맞춘다. 왜냐하면 정책실패에 관심이 되는 것은 평균에 벗어난 정책효과를 가진 즉 극단값에 가까운 정책들이 될 가능성이 크기 때문이다. 이러한 관점에서 정책실패 연구는 의도한 정책효과를 달성했는지 여부뿐 아니라 의도하지 않은 정책의 영향이 무엇인지를 밝혀내는데 노력을 기울일 필요가 있다.

결론적으로 블랙박스, 투명상자, 복잡성 논리 등 정책실패를 이해하는 다양한 접근 방법이 있기 때문에 정책실패의 사례연구에서는 어느 하나의 단순한 논리를 이용하여 분석해서는 안 된다.

Ⅳ. 용인경전철 사업 실패원인에 대한 비판적 분석

용인경전철 사업의 정책실패 문제가 표면화 되면서 실패원인에 대한 다양한 분석이 제기되었다. 이하에서는 제시된 실패원인별로 그 논거를 살펴보고 그 논거의 한계를 살펴보았다. 각 논거의 한계를 비교론적 관점에서 판단하기 위해 본 연구에서는 부산~김해 경전철과 전주경전철은 실패한 사례와 실패하지 않은 사례의 예로 사용하였다. 전자는 용인경전철과 같이 과대수요 추정에 따른 문제와 MRG에 따라 발생하는 재정적자의 문제를 그대로 가지고 있으며 후자는 사전에 사업이 승인되었지만 이후 경전철 사업의 문제를 인식하고 사업을 포기한 사례이다.

1. 선행연구에서 제시된 문제의 진단

용인경전철사업에 대한 정부의 평가결과(김형진, 2012; 국무총리실, 2011; 감사원, 2005; 중앙공무원교육원 2011), 그리고 언론보도의 내용분석을 해보면 지방

자치단체의 무분별한 선심성공약, 지방자치단체의 전문성 부족, 민자사업의
운영수입보장 제도의 문제, 적합한 차량 시스템 선정상의 문제, 건설업체의
로비 등이 공통적으로 제시되고 있음을 알 수 있다.

2. 합리적 정책분석의 부재?

합리적인 정책분석이 사전에 제대로 이루어지지 못해서 정책실패가 일어
난다는 주장이 용인경전철 사업 실패원인의 분석에서도 제기되고 있다(국무총
리실 2011, 김형진 2012). 그런데 그러한 주장이 타당성을 확보하려면 실패한
사업으로 인정되는 용인경전철은 합리적 정책분석이 없었고 실패하지 않은
사업으로 인정되는 전주경전철은 합리적 정책분석이 있다는 증거를 발견해야
한다.

전주경전철 사업 추진사례를 보면 합리적 정책분석이 진행되고 있음을
알 수 있다. 전주 경전철 사업은 1992년 전주시교통정비기본계획 수립단계에
서 도시철도 건설 방안이 처음 제기되고 이후 학계와 교통전문가에 의해 본격
거론이 되면서 전주시가 99년 3월부터 12월까지 교통개발연구원에게 타당성
조사를 의뢰하면서 시작된다. 그 결과 해당 사업의 사업성이 인정되자 2000
년에는 기획예산처의 예비타당성조사에서 다시 사업성이 있는 것으로 판단되
었다. 2년에 걸친 기본계획과 그 결과에 대한 의견 수렴을 거친 후 다시 국토
연구원 민간투자지원센터에 민간투자 사업성 검토를 의뢰하고 추진가능하다
는 결론을 얻게 된다. 하지만 분석결과는 사업추진이었으나 결과적으로는 전
주경전철 사업은 사업이 추진되지 않았다.

한편 용인경전철 사업도 기존의 비판처럼 합리적 정책분석이 완전히 부
재했던 것이라고 보기 어렵다. 실제로는 오랜 기간 동안 전문가의 분석을 통
해 사업이 계획되고 승인되었다. 용인경전철 사업의 경우 1996년 교통개발연
구원에 의해 용인경전철건설 및 운영기본계획이 수립되었고 기술적·경제적
타당성 분석이 수행되었다. 또 20002년에는 교통개발연구원이 민간투자 사업
계획서 평가를 완료했으며, 2003년에는 국토연구원의 민간투자지원센터가 사
업검토가 수행하였다. 또한 2004년 용인시 및 중앙 민간투자사업 심의위원회
를 거쳤다. 8년에 거친 이러한 분석과정을 고려한다면 최소한의 절차적 합리

성을 충족시키는 정책분석은 이루어졌다고 할 수 있을 것이다.

물론 이러한 절차적 합리성 자체가 실질적 합리성을 확보하는 것이라고 보기는 어렵다. 실제 여러 사업타당성 분석과정에서 일부 전문가들은 경전철 사업의 계획 및 결정단계에서 여러 문제를 제기하였다. 이들은 경전철의 건설비가 결코 작지 않고, 수요를 확보할 수 있는 충분한 인구가 없는 도시에 건설이 되고 있으며, 건설완료 이후에도 운영적자가 발생할 것을 지적하고 있다 (한국개발연구원, 2004). 물론 이러한 지적들은 사업의 타당성을 뒷받침하는 여러 분석결과에 대해 보조적으로 제시된 것이다. 이런 점을 종합적으로 고려한다면 합리적 정책분석이 부재해서 용인경전철 사업이 실패했다고 주장하는 것은 지나친 단순화 논리라고 할 수 있다.

3. 합리적인 수요추정 노력의 부재?

앞에서 용인경전철 사업이 여러 연구용역과 심의위원회를 통해 절차적 합리성을 거쳤음을 확인하였다. 그러나 일부에서는 분석의 수요추정 결과가 잘못되었다는 주장이 제기되고 있다. 경전철과 같은 교통시설 투자 사업에서 수요추정은 사업의 경제성 판단에 핵심적인 요인이다. 정책실패의 원인을 합리적 수요추정에서 찾는 입장에서는 계획단계에서 합리적 수요추정이 가능하고 이에 따라 설계된 정책은 기대된 효과를 얻을 수 있다고 가정한다. 전주경전철과 용인경전철 사업의 사례를 살펴보면 나름대로 합리적 수요추정의 노력이 진행되었음을 알 수 있다. 그러나 수요추정의 결과를 보면 전주와 용인 모두 과대 수요추정이 된 것으로 나타났다. 그렇다면 왜 합리적 수요추정이 용인경전철 사업과 전주경전철 사업에서 모두 실패한 것일까?

수요추정의 핵심이 되는 인구증가와 교통량 증가, 관련 교통계획을 중심으로 살펴보자. 전주시의 2004년 자료에 따르면 '01년 612,000명의 인구가 2011년 760,000명으로 증가하고 2021년에는 850,000명으로 증가할 것으로 예상하고 있다. 이것은 2001~2011년 사이 매년 2.18%씩, 2011~2021년 사이에는 매년 1.13%의 증가한다는 가정을 바탕으로 한 수치이다. 인구가 지속적으로 증가할 것이라는 이러한 가정은 과거의 추세를 미래에 그대로 적용한 것으로 실제 2010년 전주시의 인구는 646,535에 불과하였다.[13] 이것은 2001

년부터 매년 0.56% 밖에 인구가 증가하지 않았음을 의미한다. 이 증가율을 적용하여 2012년 인구를 예측한다면 2021년에는 약 683,000명이 되고 이것은 전주시가 원래 예측한 850,000의 80%에 불과한 수준이다.

자동차 대수를 살펴보더라도 전주시의 예측에 따르면 2001년도 169,000 대에서 2011년 280,000대 그리고 2021년에는 355,000대로 증가할 것으로 예측하고 있다. 그러나 실제 2010년 전주시의 자동차등록대수는 238,000대에 불과하다. 20년이라는 장기예측을 하면서 인구와 자동차 대수가 단조증가의 패턴을 그대로 유지될 것이라는 단순한 가정을 한 것이다. 이러한 방법에 기초를 두어 전주시는 평균 주행속도가 2001년에 24.0kph이던 것이 2011년에는 8.0kph로 떨어지고 2021년에는 5.2kph로 떨어질 것으로 예측하고 있다. 가장 혼잡하다고 하는 서울의 도심지역의 평균주행속도가 2006년의 경우 14.4kph에 달하고 있다는 것을 고려한다면 전주시의 예측이 얼마나 비현실적인 것인지 알 수 있다.

이렇게 비현실적 수요추정을 수행하였음에도 불구하고 전주경전철 사업은 계속 추진이 되다가 2007년에서 최종적으로 보류되었다. 2007년 10월 송하진 전주시장은 1) 2000억 원에 이르는 건설비 부담금, 2) 경전철 개통 후 적자가 나면 시가 추가적 재정보조를 해야 되며, 3) "대중교통수단인 시내버스 업계에 지원되는 예산이 한해 64억 원인 데 비해 경전철 건설에 따라 준공영제를 도입하면 현재의 3배가 넘는 200억 원의 예산을 투입해야 하며, 4) 경전철 공사기간인 6년 동안 시민들은 교통난을 감수해야 된다는 점을 지적하면서 사업포기를 선언하게 된다. 또한 "타당성 용역의 근간인 인구수요 예측이 잘못된 용역을 놓고 논의하는 것 자체가 오류"라며 경전철 사업의 시급성이 크지 않다고 주장하였다. 이것은 전주경전철 사업의 포기가 분석적 합리성에 의한 결과라고 보기 어렵다는 점을 보여준다.

용인경전철 사업 역시 지속적인 수요추정이 이루어졌으나 합리적인 수요추정치를 얻은 것은 아니다. 전주경전철 사업처럼 용인경전철 사업의 수요추정은 한 번에 결정된 것이 아니다. 아래 〈표 2〉에서처럼 2001년 민간투자시설사업 기본계획이 고시되었을 때부터 2010년 용인경전철 활성화 방안 용역

---

13) 전주시 인구통계, http://www.jeonju.go.kr/open_content/download_file/life_statistics/
   01.pdf

에 이르기까지 수요추정은 여러 번 변경되어 실시되었다. 아래 〈표 2〉에서 살펴볼 수 있듯이 새롭게 수요추정을 할 때마다 수요 추정치가 변화하고 있음을 알 수 있고 그 규모도 최초 실행플랜 단계에 대비하여 2010년 활성화방안 용역결과에서 2010년도 수요는 70%나 줄어들고 있다.

표 2 용인경전철 수요추정   (단위: 년, 천명/일)

구 분	2008	2009	2010	2011	2016	2021	2026	2031	2036	2037	2038	2039
실행플랜 (2001)	164	171	177	183	197	204	212	220	228			
사업신청자 제시(2002)	148	156	163	171	190	199	206	211	217	218		
실시협약 (2004)	139	146	153	161	179	188	194	200	204	205	205	205
변경특약 (2009)			146	153	161	179	188	194	200	204	205	205
활성화 방안 용역(2010)			53	65	93	100	111	122	134	136	139	141

출처: 정윤세, "용인경전철 어디로 가나". 김채만, 지우석, 2010. 용인경전철 활성화방안 수립, 경기개발연구원

이 결과는 용인경전철에만 해당하지 않는다. 2005년 감사원은 부산-김해경전철 추진사업에 대한 감사를 벌여 개통초기 수요는 사업자가 원래 예측된 수요(17만 6,000명)의 40%(7만 명) 정도가 최대 예상 승객수라고 분석하였다. 2011년 국무총리실 보도 자료에 따르면 부산~김해 경전철의 예상 승객 수는 최소 5만 명 이상이 될 것으로 추정하고 있다(국무총리실, 2011). 하지만 실제 승객 수는 이와는 큰 차이가 난다. 2011년 9월에 개통된 후 한 달간 하루 평균이용 승객 수는 3만 1,000명에 불과하였다. 그리고 그 승객 수는 계속 감소하여 2011년 12월에는 2만 명대까지 떨어졌다. 민자사업자나, 김해시, 감사원 모두 수요추정을 시도하였으나 이들의 추정과 실제 수요는 매우 큰 격차를 보이고 있다. 이러한 결과들을 종합하면 단지 합리적 수요추정의 노력이 없어서 용인경전철의 실패가 발생한 일이라고 보기는 어렵다.[14] 용인, 전주, 부산~김해 경전철 사업 모두 합리적 수요추정의 노력을 시도하였지만 현실

---

14) 노컷뉴스, 2011년 12월자.

에 맞는 정확한 수요추정치를 얻지 못했다. 그러나 전주경전철 사업은 시장의 결단으로 인해 사업추진이 중단되었고, 부산~김해 경전철 사업은 사업이 완공 운영되는 상황에 이르렀으며, 용인경전철 사업은 최종 준공단계에서 보류하는 상황에 이른 것이다.

4. 오류수정 노력이 없었다는 주장에 대해

정책은 처음부터 완벽할 수 없기 때문에 오류가능성이 높으며(error-prone) 따라서 지속적인 수정이 필요하다. 따라서 경인경전철사업의 실패는 이러한 오류수정이 없었기 때문이라는 주장도 가능하다. 하지만 용인경전철 사례분석을 수행해보면 실제로는 지속적인 오류수정의 노력이 존재하고 있음을 알 수 있다. 용인시는 2007년 4월부터 2008년 1월까지 8개월간 41차례의 협상을 통해 MRG 비율을 90%에서 80%로 낮추었을 뿐 아니라 준공 시기를 1년가량 늦추고 공기 연장에 따른 사업관리비, 감리비, 부대비용 등 간접비 109억 원도 전액 민간자본이 조달하도록 투자협약을 변경하였다.[15] 이것은 이미 용인시가 경전철의 경제성 문제를 인지하고 있었으며 이를 수정하려는 노력을 하고 있었음을 보여준다.

물론 이 수정노력이 완벽한 것은 아니었다. 2007년 시점에 용인시는 용인경전철의 경제성 문제는 분당선 연장노선 완공지연의 문제로 인식을 하고 있었을 뿐이다. 따라서 용인시의 오류시정 전략은 개통을 2010년 시점을 늦추어 적자폭을 줄이는 것이었다. 그러나 분당선 연장구간이 개통된 2012년 시점에서도 경제성은 여전히 확보되고 있지 못해 준공조차 하지 못하고 있는 상황이다. 즉 오류시정 노력이 부재한 것이 문제가 아니라 제대로 이루어지지 못했기 때문이다.

오류시정 노력은 지자체뿐 아니라 중앙정부차원에서도 진행이 되었다. 2005년 부산~김해 경전철 사업에 대해 국회, 건설교통부 및 시민들이 감사원에 감사를 청구하여 이에 대한 감사가 진행되었다.[16] 감사원 보고서는 이미

---

15) 경향신문 2009년1월19일 4면.

16) 감사청구의 이유는 주체에 따라 다르다. 국회의 감사청구는 "해당 지역주민들이 경전철보다는 지하철을 원하고 있다는 점", 건설교통부는 "도시미관 저해 및 김해시의 과다한

과대수요추정의 문제를 충분히 인지하고 있었음에도 불구하고 정부정책의 신뢰성 확보의 관점을 강조하면서 "위와 같은 제반 상황을 종합 고려할 때 경전철사업을 계속 추진하는 것이 바람직하다고 판단되나 경전철사업을 계속 추진할 경우 건설교통부장관은 부산광역시장, 김해시장과 협의하여 교통수요 부족에 따른 지방재정 부담 문제 등에 대한 합리적인 해결방안을 마련하여 위 사업을 시행하시기 바랍니다"라고 결론을 내리고 있다(감사원, 2005). 이것은 부산~김해 경전철에만 적용된 것은 아니다. 감사원은 용인경전철에 대해서는 2007년에는 '공공시설 민간투자사업 추진실태' 감사결과를 발표하면서 분당선과의 연계지연에 따른 재정부담의 가중의 문제를 지적하고 있다. 결론적으로 감사원의 오류시정 노력 역시 존재하였으나 효과가 없었던 것이다. 이것은 경전철 사업의 실패가 정부가 오류를 인지하지 못했기 때문이라는 주장이 불충분함을 보여준다.

물론 오류를 인지하였다고 하더라도 이를 시정하지 못했기 때문에 정책실패가 발생했다고 주장할 수 있다. 그러나 이러한 주장은 지나치게 사후적인 순환논리다. 이미 오류를 수정했다면 정책실패가 되지 않았을 것이므로 오류를 수정하지 않아서 발생한 정책실패의 원인을 오류수정의 부재에서 찾는 것은 정책개선에 큰 도움이 되지 못한다. 오류를 확인하더라도 실제로 어떻게 오류를 시정할 것인가의 문제는 실패가능성이 적은 새로운 정책을 만드는 만큼 쉽지 않다.

5. 건설업체와 차량업체의 로비?

용인경전철 사업에 대한 비판 중의 하나는 차량시스템 업체나 건설업체의 로비에 의해 사업이 추진되었다는 점이다. 용인경전철 사업의 경우 입찰단계에서 캐나다의 봄바디사가 단독 입찰하였고 이것이 입찰비리와 관련 있을 것이라고 주장할 수 있을 것이다. 하지만 민자사업들의 경우 아래 〈표 3〉에서 확

재정부담 및 수요추정의 적정성"을 고려해 부산 지하철 3호선과의 연결을 고려해야 하는지, 시민 등은 "민간사업자에게 과다한 수입을 보장하는 점과, 차량시스템 변경문제" 등을 청구 이유로 제시하고 있다. 감사원, 2005. 『감사결과보고서: 부산~김해 경전철사업 추진실태』.

표 3 민자고속도로 응모업체수

사 업 명	주무관청	응모업체 수	대표출자자
인천국제공항 고속도로	건교부	1	삼성물산
천안~논산 고속도로	건교부	2	LG건설
대구~부산 고속도로	건교부	1	현대산업개발
서울 외곽 순환도로	건교부	1	LG건설
서울~춘천 고속도로	건교부	1	현대산업개발
인천 공항 제 2연육교	건교부	1	AMEC(영국)

자료: 국회예산 정책처(2005), 『민자 유치 사업의 문제점과 개선방안』.

인할 수 있듯이 단독입찰이 되는 경우가 많다는 것을 보면 입찰의 문제가 용인경전철의 경우에만 해당한다고 보기도 어렵다.

한편 컨소시움의 참여자들을 보면 건설업체(대림산업, 한일건설, 고려개발) 등이 25% 정도의 지분을 갖고 있지만, 삼성생명, 교원공제회, 대한생명, 교보생명 등의 금융업체 역시 49%의 지분을 갖고 있었다. 이것은 단순하게 건설업체의 이익 때문에 사업이 추진되었다는 주장의 한계를 보여준다. 실제 2000년대에 프로젝트 파이낸싱(PF)의 이름으로 민간투자사업이 황금알을 낳는 거위라는 인식이 팽배해 있었다. 이 점을 고려한다면 시장의 비리나 이익집단의 단순한 로비에 의해 사업이 추진되었다고 보기 어렵다. 물론 건설비를 부풀리거나 봄바디사가 경전철 한량의 가격을 높게 책정하여 판매한 것은[17] 업체들의 이익극대화 행동이라고 볼 수 있다. 〈표 4〉는 완공 상태인 3개 경전철 사업의 건설출자자와 재무출자자의 사업지분율 현황과 차량 및 신호시스템의 현황이다. 〈표 4〉에서 살펴볼 수 있듯이 프로젝트 파이낸싱에 의한 재무출자자의 비율이 적지 않음을 알 수 있다. 따라서 단순히 건설업체나 차량업체들의 로비만으로 경전철에 대한 실패를 설명하기 어렵다.

또 하나의 쟁점은 최소수입보장제도이다. 1994년 부족한 SOC 시설의 조기 확충을 위해 민간투자제도를 도입하였으나 민간참여가 매우 저조하자

---

17) "용인경전철에 투입되는 열차는 봄바디사의 제품으로 1량당 23억 5,000만 원이다. 총 30대가 도입돼 전체 매입가는 705억 원에 달한다." 국회일보, 2011년 10월 15일. http://www.ighnews.com/news/articleView.html?idxno=7293

표 4 경전철 사업 출자구조 및 차량 및 신호시스템 제공회사

	건설출자자	재무출자자	신호시스템	차량시스템
용인	대림산업 등 4개사 51%	교보생명보험 등 49%	Bombardier (캐나다)	Bombardier
부산~김해	현대산업개발 등 3개사 50.8%	발해인프라금융 등 3개사 49.2%	Thales (캐나다)	현대 로템
의정부	GS 건설 등 7개사 62.9%	발해인프라금융 등 3개사 37.1%	Simens (독일)	Simens

출처: 국무총리실, 2011, 『정책현환과제분석Case Study – 지자체 경전철사업 분석과정 및 결과』, p. 107.

1999년 사업협약에 명시된 예측수요에 미치지 못하는 경우 예상운영수입의 80~90%를 보조해주는 최소수입보장제도(minimum revenue guarantee: MRG)가 도입되었다. 용인경전철 역시 MRG 제도에 따라 원래 계획한 수요의 90% 이하인 경우 용인시가 적자를 보전해주는 것으로 되어있었다. 용인경전철의 정책실패를 주장하는 입장에서는 90%에 달하는 보존률이 높은 것에 대한 문제제기를 하고 있다. 그러나 1990년대 말부터 본격적으로 시작된 민자도로의 경우 광주2순환 고속도로(85%), 부산백양터널(90%), 부산 수정산 터널(90%)[18] 등의 수입보장이 이루어졌다. 또한 하남시의 경전철 사업 계획에서도 90% 수준에서 MRG를 제시하고 있다. 따라서, 90% 수준에서 MRG를 체결한 것은 용인시만의 문제라고 보기 어려우며 MRG 제도가 용인경전철 사업의 수익성을 악화시킨 주범이라고 보기도 어렵다.

한편 운영수입보장기간이 30년이나 되는 것에 대해서도 비판이 제기되고 있으나 2000년대 경전철 이외의 민자사업이 추진될 때도 운영수입보장기간이 왜 30년이 되어야 하는지에 대한 근거를 정부가 명확히 갖고 있지 못한 실정이었다.[19] 실제로 부산~김해 경전철은 20년의 MRG 보장기간을 갖고 있는데 비해 의정부는 10년에 불과하다.

---

18) 자료출처: 한겨레신문, 2012. 4월 29일자. http://www.hani.co.kr/arti/society/area/530466.html, 부산수정산 터널의 경우는 미달액의 100%가 아니라 91.5%만 보장.

19) 2012년 2월 16일 한국개발연구원에서 제12회 공공투자정책포럼에서 민자사업 추진에 대한 전문가토론 내용.

6. 지자체 단체장의 독단적인 결정의 결과?

용인경전철 건설 사업은 1995년 윤병희 시장을 거쳐 예강환 시장(1999. 7~
2002. 6), 이정문 시장(2002. 7~2006. 6), 서정석 시장(2006. 7~2010. 6), 김학규 시
장(2010. 7~)에 걸쳐 5명의 시장이 해당 사업을 추진해왔다. 1996년 계획수립
단계에서부터 살펴보면, 재정경제원이 민자유치대상 사업을 고시하였고, 건
설교통부가 도시철도 기본계획을 확정하였으며(2001) 중앙 민간투자 사업 심
위위원회의 심의를 통과하였다(2004). 이러한 행정절차를 단순한 요식절차로
보기 어려울 뿐 아니라 단지 지방자치단체장의 독단적인 판단으로 용인경전
철 사업이 최종 결정 및 집행되었다고 하기에는 많은 단계와 오랜 기간을 거
쳐 사업이 추진이 되었다. 만일 지자체 단체장의 독단적인 결정이라면 왜 이
후에 무수히 많은 중앙행정부처와 국회, 지방공무원, 그리고 후임 시장들이
잘못된 정책을 폐기하지 못했는지를 설명하지 못한다. 실제로 전주경전철 사
업은 전임 시장들의 결정에 의한 것이지만 신임 시장은 폐기를 하였기 때문
에 지자체 단체장의 독단적인 결정은 성공의 원인이 될 수 있고 실패의 원인
도 될 수 있을 뿐 정책실패의 충분조건은 아니다.

7. 시민참여가 없었기 때문이라는 주장

고양 시민들이 고양경전철을 반대하여 사업을 백지화한 사례를 들면서 시
민감시활동이 용인경전철과 같은 정책실패를 막을 수 있다는 견해도 있다.[20]
그러나 전주경전철의 사례처럼 시민들의 의견을 수렴한다고 해서 정책실패를
모두 예방할 수 있는 것은 아니다. 실제 전주경전철 사업의 경우 2004년 12회
에 거친 교통정책자문위원회를 거치고 시민의견을 반영하기 위해 사업추진여
부여에 대한 시민여론조사를(한국갤럽) 실시하였다. 그 결과 유효표본 1,559명
중 찬성 67.9%에 달하였다.[21] 전주경전철은 무려 12년간의 정책심의기간을

---

20) 고양경전철 사업의 경우 2007년 2월 지에스(GS)건설이 민간투자 사업으로 제안하면서
   고양시는 한국개발연구원의 공공투자관리센터에 조사를 의뢰했고, 적격 판정을 받았다.
21) 여론조사는 1999년 12월, 2000년 2월, 2000년 9월, 2004년 5월에 걸쳐 시행되었으나 모두
   경전철 사업에 대한 찬성이 우세한 것으로 나타났다.

거쳤으며 3개의 유수의 연구기관의 용역을 받았고, 각종 공청회와 시민여론 조사까지 거친 후 사업 추진이 결정된 것이다. 하지만, 이러한 사업 추진 결정이 3년 후 신임 시장에 의해 전격 보류되었다. 즉 시민은 찬성하였지만 오히려 시장의 결단에 의해 전주경전철 사업이 보류되었던 것이다.

또 하나 주목할 것은 경전철에 대한 시민들의 환상이다. 아래 기사는 그 사례 중의 하나다.

> *"얼마나 기다려온 경전철인데 한낱 버스 몇대로 때우려 들다니." 서울시가 최근 미아동·수유동 일대를 관통하도록 계획된 경전철 구상을 급행버스시스템(BRT·Bus Rapid Transit)으로 대체하려는 움직임을 보이자 강북구와 구민들이 집단적으로 들고 일어섰다. 강북구는 15일까지 20여 일간 '미아·삼양선 지하경전철의 조속한 추진을 촉구'하는 서명을 받은 결과 전체 구민의 3분의 1이 넘는 13만 3,000여 명이 동참했다고 27일 밝혔다.*
>
> *– 한국일보 2004년 1월 28일 12면 –*

2004년 1월부터 2005년 12월 말 공사 착공까지 용인경전철에 대한 반대 의사를 표명한 것은 전체 184건의 용인경전철 기사 가운데 진보신문으로 간주할 수 있는 내일신문의 아래 기사뿐이다.[22]

> *그러나 수지시민연대와 용인시의회 박순옥(죽전2동) 의원은 "교통분담률이 8%밖에 안 되는 경전철에 하루 15만여 명이 타고 내린다는 수요예측은 잘못된 것"이라고 주장했다. 박 의원은 "용인시가 수요예측을 과다하게 산정해 1년에 400억 원 이상의 적자를 봄바디사에 보전해 주어야 할 형편"이라고 비판했다.*
>
> *이에 대해 용인경전철 사업타당성 연구용역을 맡았던 한국교통연구원 철도교통연구실 김연규 연구위원은 "수요예측에는 용인 동남부지역 택지개발에 따른 인구증가가 가장 많이 반영됐으며 동남부지역 주민들의 통행패턴을 분석해 내린 결론"이라며 문제가 없다는 입장을 밝혔다.*
>
> *– 내일신문 2005년 7월 25일 5면 –*

---

22) 분석은 한국언론재단의 KINDS 데이터베이스를 이용하였으며 키워드는 '용인경전철'을 사용하였다.

용인경전철이 착공되기 이전의 대부분 기사들은 부동산 개발과 교통난 해소라는 관점에서 서술된 기사들임은 주목할 만하다. 언론기사 분석의 한계를 인정하더라도 시민들이 적극적으로 반대했다는 것을 찾기는 힘들며[23] 용인시가 시민의 목소리를 억눌렀다고 보기도 어렵다.

한편 의정부경전철에 대한 반대의 경우를 보면 재정상의 문제라기보다는 소음과 진동, 안전문제, 고가 설치에 따른 미관문제, 노선변경의 문제에 대부분 초점이 맞추어지고 있음을 알 수 있다.[24] 실제 시민단체에 의해 경전철 계획이 무산되었다고 주장되는 고양경전철의 경우도 "흉물스런 경전철의 고가 구조물이 일산 중심부를 관통하면 호수공원과 백마로 등 녹지대가 파괴되고 소음·분진 피해가 일어날 것"이며 "고가 위 경전철에서 주변 아파트 안이 훤히 들여다보여 사생활도 침해받을 것"을 주장하며 경전철 자체를 반대하기보다는 모노레일 대신 노면전차를 도입하자는 주장을 하고 있음을 알 수 있다.[25]

V. 경전철 사업의 실패에 대한 새로운 해석

복잡성은 정책이 가지고 있는 고유의 특징이다. 정책과정에 다수의 참여자가 존재하고 정책환경이 끊임없이 변하는 상황에서 정책계획과 정책효과 사이에는 무수히 많은 매개변수와 조절변수들 그리고 제3의 변수들이 존재한다. 앞에서 검토한 용인경전철 사업 실패 원인에 대한 설명들은 정책실패가 정부의 잘못된 계획이나 공무원이나 정치인의 사익추구 행위에서 정책실패가 기인한다고 가정을 하고 있다. 하지만 용인경전철 사업 실패의 원인을 분석하면 정책의 불확실성과 정책수정을 위한 제약들이 더 중요한 문제임을 알 수 있다.

---

23) 이에 대해서는 용인경전철을 찬성하던 YMCA 간사의 글을 참고.
   http://yiinews.co.kr/ArticleView.asp?intNum=12736&ASection=001014
24) 서울신문, 2009년 2월 16일 10면.
25) 한겨레신문, 2008년 9월 5일 13면. 또한 고양시의 경우에는 반대 주민뿐만 아니라 찬성 주민의 의견도 공존하고 있었다.

정책계획의 정확성을 높이는데 핵심적인 역할을 하는 사회경제지표 요인들의 불확실성이다. 2000년대 우리나라의 인구는 낮은 출산율과 고령화 사회로 대표되는 구조적 변화를 경험했다. 또한 수도권지역을 비롯하여 각종 부동산개발 사업이 정점을 찍고 2000년 후반에 들어서는 부동산산업이 안정기 내지는 침체기로 접어들기 시작하였다. 주5일 근무제가 정착되면서 통행패턴에서도 변화가 일어나기 시작하였다. 실제로 자동차등록대수의 증가에도 불구하고 〈표 5〉에서 살펴볼 수 있듯이 도로의 여객수송은 큰 증가추세를 보이지 않고 있다. 이러한 사회경제지표들의 변화는 상호의존적으로 경전철 사업에 영향을 주었으며 이 영향을 사전 계획단계에서 모두 예측하는 것은 불가능했다고 할 수 있다.

표 5 도로종류별 평균 일 교통량   (단위: 대)

	고속국도	일반국도	국가지원지방도	지방도
2006	44,661	11,171	9,514	4,567
2007	43,060	11,592	9,715	4,808
2008	41,745	11,146	9,773	4,830
2009	41,241	11,728	7,184	4,852

출처: 2010 국토해양통계연보, http://stat.mltm.go.kr/portal/stat/yearReport.do

용인경전철 사업 실패에 대한 기존의 주장들은 대부분 사업이 실패한 시점에서 정책실패를 판단하고 있다. 그러나 정책이 집행되고 있는 과정에서 정책을 이해하는 경우 다른 설명이 가능하다. 현실의 많은 정책은 합리적 미래예측이 불가능함에도 불구하더라도 모두 실패하는 것은 아니다. 일반적으로 자기교정기제(self-correction mechanism)나 정책수정을 통해 계획단계의 불확실성을 집행단계에서 줄여나가기 때문이다. 용인경전철의 사례분석에서 우리는 용인시가 최소수입보장 비율의 재조정이라든지, 개통시기 지연전략 등을 통해 정책수정노력을 해 왔음을 알 수 있다. 결국 정책의 불확실성을 고려한다면 정책실패는 왜 정책수정 노력이 제대로 이루어지고 있는지의 문제로 귀결된다.

정책수정 노력이 제대로 이루어지지 못한 원인은 정책집행에서 발생하는 안정과 변화의 긴장관계에서 찾을 수 있다. 정책은 시민들의 기대가능성을 충족하기 위해 일관될 필요가 있으며, 한편으로는 변화하는 환경에 따라 끊임없이 수정되어야 한다(Mankiw, 1997).26) 먼저 안정의 관점에서 주목해야 할 것은 제도적 측면과 정책참여자의 신념체계(belief system)이다. 정책은 각종 계획과 법률 및 행정절차에 따라 진행이 되기 때문에 공식화된 수준이 매우 높은 제도속의 활동이다. 경전철과 같은 사회간접자본 투자 사업은 오랜 기간 동안 중장기 계획을 통해 검토되고 이러한 과정에서 다양한 이해관계자들의 승인을 받게 된다. 또한 계획과정에서 '합리적 분석'의 절차를 거치도록 되어 있기 때문에 절차적 정당성(procedural legitimacy)뿐 아니라 내용적 정당성(substantiative legitimacy)도 확보하게 된다. 따라서 공식화된 계획은 상당한 권위를 획득한다. 경전철 사업이 지방자치단체 및 중앙정부의 중장기 교통망계획에 포함되는 순간 이 계획은 구속력을 갖게 되고 이것을 바꾸는 것은 쉽지 않게 된다. 경전철사업의 경우 각 지방자치단체의 교통정비기본계획을 비롯하여 교통망중장기계획을 통해 구체화되고 지방 및 중앙정부의 타당성조사과정을 통해 내용적 정당성을 획득하는 과정을 거쳤다. 이렇게 공식적으로 제도화된 경전철 사업 계획은 환경의 변화에 따라 유연하게 변화시키기가 어렵게 된다. 따라서 비록 정책수정의 필요성이 확인되더라도 정책수정 자체가 매우 어렵게 된다.

한편 잘 변하지 않는 정책참여자 집단들의 신념체계도 정책수정을 어렵게 한다. 특정 정책을 지지하는 정책연합(policy coalition)의 참여자(Sabatier & Jenkins-Smith, 1993)27)는 해당 정책에 규범적(normative)이고 존재론적 (ontological) 정당성을 부여하는 심층핵심신념(deep core belief)과 정책핵심신념(policy core belief) 등은 공유한다. 비록 새로운 정보가 이 집단에 제공되더라도 이들의 신념체계(belief system)는 쉽게 변하지 않는다. 경전철 사업의 경우 도심교통 혼잡문제의 심각성에 대해 정책참여자들이 모두 공유하고 있었고 버스나 지하철이 이 대안이 되기 어렵다는 정책신념들이 공유되고 있었다. 여기에 경전철이 신개념의 교통수단이며 미래지향적인 교통수단이라는 점이 정책참여자들

---

26) 정책의 일관성에 대한 가장 영향력 있는 주장중의 하나는 Lucas 비판이다. 신뢰를 바탕으로 준칙에 의한 경제정책이 재량에 따른 경제정책보다 우월하다는 것이다.

27) 정책연합에서의 신념체계의 중요성에 대해서는 Sabatier, P. A. and H. C. Jenkins-Smith (1993). Policy change and learning: an advocacy coalition approach. Boulder, Colo., Westview Press 참고.

에게 깊게 각인되고 있는 상황이었다. 또한 민자사업이 재정사업보다 친시장적이며 더 효율적이라는 심층핵심신념이 2000년대에 들어 확산·강화되었다. 지방자치단체의 입장에서는 정부의 재정지원과 민자 유치를 통한 사업은 부족한 사회간접자본을 확충할 수 있는 기회라는 신념이 자리 잡고 있었다. 한편 일반시민 입장에서는 경전철사업을 부동산 가치를 높이는 사업이라는 신념체계를 강하게 갖고 있었다. 실제 2004~2010년의 경전철을 키워드로 언론보도를 검색한 결과 대부분은 경전철과 지역개발 그리고 부동산 가치 상승과 관련된 내용이었다. 이러한 각 주체별 신념체계들은 지속적으로 유지되어 왔고 이를 근본적으로 재검토하려는 노력이 제대로 시도되지 않아 정책수정이 더욱 어렵게 된 것이다.

　이러한 제도화되고 안정적인 신념체계 하에서 지지된 경전철 사업을 수정하는 노력들은 근본적 수정보다는 부분적인 조정에 그치는 경우가 많았다. 실제로 용인경전철의 경우 최소수입 보장비율을 90%에서 80% 수준으로 낮추거나 공기를 조정하는 부분적인 수정이 이루어졌지만 이러한 부분적 수정은 근본적 수정으로까지 이루어지지는 못했다. 그 배경에는 여러 가지가 있지만 대안이 부재했다는 점, 민자사업으로 추진되었다는 점에 주목할 필요가 있다. 도심 교통 혼잡을 해결해야 한다는 정책수요에 대한 정책수단은 매우 제한적이었다. 추가적 도로건설이 쉽지 않고 버스와 같은 대중교통수단에 대한 보조금 정책에 대한 부정적인 견해가 여전히 존재하고 있었고 또한 지하철과 같은 수단은 경제성이 낮은 상황이었다. 또한 아무것도 하지 않는(do-nothing) 대안은 부분적 혹은 점증적 수정을 선호하는 정책의사결정자들에게는 바람직한 대안으로 인식되지 않았다.

　또 정책수정이 어렵게 된 중요한 원인 중의 하나는 민자사업이 갖고 있는 경직성이다. 용인경전철 사업이 민자사업으로 추진되면서 정부는 계약내용의 근본적인 수정을 할 수 있는 재량권을 상실하게 되었다. 실제로 용인시의 경전철 준공거부와 계약해지 처분을 내리자 용인경전철(주)이 용인시를 상대로 '경전철 준공확인 거부취소 가처분신청'을 제기하였고 용인시는 패소를 하게 되었다. 이미 상당한 수준의 매몰비용(sunk cost)이 발생한 상황에서 민자사업자와의 계약을 근본적으로 수정하는 것 역시 어렵게 된 것이다. 한편 민자사업자의 입장에서는 최소수입보장이 되어 있기 때문에 사업내용을 수정할 유인이 적을 뿐 아니라 요금인상과 같은 방법을 통해 적자보전을 시도하게 된다. 따라서 사업의 문제가 인지되더라도 정부가 이를 근본적으로 수정할 정책도구가 적었던 것이다.

그러나 위와 같은 설명에 대한 반례(counter example)도 존재한다. 전주 경전철 사업이 바로 그것이다. 전주 경전철 사업의 경우 사업추진이 확정되었음에도 불구하고 신임 시장의 근본적인 문제제기, 즉 사업의 경제성과 효과성이 낮을 수 있다는 점 때문에 사업추진을 중단하였다. 제도화되고 강한 신념체계 내에서 추진되는 사업도 신임시장이라는 새로운 변수에 따라 근본적으로 수정된 것이다. 이러한 변화를 단지 정치적 리더십이라는 것만으로 설명하기는 어렵다. 신임시장의 정치적 결단의 배경에는 전주시장이 경전철이 경제성이 있는 교통수단이라는 기존의 신념체계에 대한 근본적인 반론을 제기하면서 가능한 것이었다. 이 새로운 신념체계는 단순히 경제성이 낮다는 문제에 초점을 둔 것이 아니다. 지방재정악화는 궁극적으로 시민의 직접적인 부담이 된다는 점을 설득력 있게 보여준 것이다. 최근 많은 지방자치단체가 경전철 사업의 경제성을 근본적으로 재검토하여 사업추진에 신중해진 것도 새로운 신념체계가 경전철 사업 의사결정에 반영되었음을 보여준다.[28] 이 점은 용인이나 김해경전철 사업실패의 경험이 정책 생태계에게 궁극적으로 긍정적인 기여를 한 측면이 있음을 보여준다.

종합해 보면, 정책의 복잡성과 정책수정의 어려움을 고려할 때, 경전철 사업을 단순히 실패라고 단정하기 어렵다는 점을 확인할 수 있다. 사업의 문제점이 표면적으로 드러난 현재 시점에서 끊임없이 경전철 사업을 합리화하고자 하는 오류 수정노력이 진행되고 있기 때문이다. 용인시의 경우도 최소수입보장률을 다시 재조정하거나, 용인시가 경전철을 인수하는 방안, 연계 KTX나 GTX와 연계 수송체계 개선 등을 통한 수요증대방안, 부대사업 개발을 통한 수요 증대방안 등 새로운 대안이 정책담장자들에 의해 제시되고 있다(김채만, 지우석, 2010).[29] 경부고속도로나, 경부고속전철, 우리나라의 각종 지하철

---

28) 물론 다른 경전철 사업도 경제성을 중요한 변수로 고려하였지만 실제 사업결과에 대한 정보가 없었기 때문에 지방재정악화의 심각성에 대한 인식이 낮았다. 하지만 용인이나 부산‒김해경전철 사업의 결과가 나타나면서 정책결정자들이 적극적으로 이 문제를 고려하기 시작한 것이다.

29) 용인경전철 합리화 방안에 대한 시도는 김채만, 지우석, 2010. 용인경전철 활성화방안 수

사업 등이 초기에 정책실패로 간주되었음에도 불구하고 점차 운영과정에서 그 오류수정 노력을 통해 문제점을 최소화 하려는 노력이 진행되었던 것처럼 이러한 노력의 효과성 여부에 따라 경전철 사업의 실패여부에 대한 최종판단 이 앞으로 이루어질 것이다.

VI. 결 론

경전철과 같은 사회간접자본 투자사업의 경우 그 계획기간이 매우 길고 그 효과 역시 장기적으로 나타난다. 따라서 계획－결과의 인과관계를 가시적 으로 확인하는 것은 매우 어렵다. 이러한 문제 때문에 그동안 많은 사회간접 자본투자 사업에 대한 사후적인 정책평가는 제대로 이루어지지 못했다. 이러 한 기존 사업들과 달리 용인경전철 사업은 민자사업으로 추진됨으로써 정책 의 가시적 효과가 시장을 통해 직접 나타면서 정책실패로 인식되었다.

본 논문에서는 정책실패라고 하는 개념은 정책－결과의 기계적인 인과 관계를 가정하는 단순한 블랙박스 논리를 이용해서 평가하기 어렵다는 점을 제시하였다. 정책의 복잡성이라는 근본적인 문제를 고려한다면 정책실패의 원 인을 계획의 문제, 집행의사결정자의 문제, 절차상의 문제 등으로 단순화하는 것은 또 다른 오류를 초래할 수 있다.

정책은 근본적으로 복잡한 정책환경 속에서 계획되고 집행되며 또한 평 가가 되기 때문에 끊임없이 안정과 변화의 요구에 반응하는 복잡반응시스템 (complex response system)이 되어야 한다. 이 복잡반응시스템이 작동하기 위해 서는 새로운 환경변화를 반영할 수 있도록 제도적인 유연성이 확보되어야 할 뿐 아니라 다양한 신념체계를 갖고 있는 새로운 참여자들이 시스템 속으로 받아들여야 한다. 단기적으로는 용인경전철 사업은 정책환경의 변화에 능동 적으로 반응할 수 없는 유연성을 확보하지 못했다는 점에서 실패라고 볼 수 있다. 그러나 이러한 오류는 정책이 갖고 있는 위험의 한 부분일 수 있다. 오 히려 처음으로 시도되는 경전철 사업의 경험을 통해서 다른 지방자치단체가

립, 경기개발연구원 및 박준선 의원 주최, "용인경전철 정상운행을 위한 정책토론회" http://cafe.daum.net/ygtx/90Gz/10?docid=1KEvU90Gz1020110510095736 등 참고.

반복적인 오류를 수정할 수 있는 기회를 제공하였다는 점에서 용인경전철 사업의 경험은 실패라기보다는 학습비용으로 간주할 수 있다. 실제로 2000년대 적극 추진되었던 민자교통시설사업과 용인경전철 사업에서 나타난 문제점 때문에 2008년 최소수입보장제도는 폐지되었으며 민자사업 추진에 대한 정부의 관리는 더욱 강화되었다.

　　정책평가의 역할은 정책에 따라 달라질 수 있음을 보여준다. 정책평가는 단순히 '사전'에 계획된 사업목표를 달성했는지 여부를 목적으로 해서는 안 된다. 사전에 정한 정책목표가 복잡한 정책과정 속에 지속적으로 변화하는 것은 자연스러운 것이기 때문에 '현재' 시점에서 사업의 효과성을 평가하기 위해서는 변화된 정책환경에 대한 충분한 고려가 전제되어야 한다. 또한 정책평가의 역할은 단순히 합리적인 계획수립이나 의사결정자들의 책임을 강조하는 것에 머물러서는 안 된다. 그리고 본 사례연구가 예시하는 것처럼 정책에 대해 이해관계자들이 어떤 신념체계를 갖고 있으며 그 신념체계가 어떻게 정책에 영향을 주는지와 같은 근본문제를 정책평가에서 다룰 필요가 있다. 정책의 복잡성과 정책수정과정의 많은 제약들을 충분히 고려하지 않고 정책평가를 한다면 정책을 실패라고 단정해서 또 다른 정책실패를 초래하게 되기 때문이다. 결국 학습을 통한 정책개선에 도움이 되기 위한 정책실패 연구의 출발은 실패의 원인을 단순하게 규정하는 오류를 극복하는 데서 찾아야 할 것이다.

참고문헌

감사원(2005). 「부산~김해 경전철사업 추진실태」 감사결과보고서.

고길곤 외(2011). 「사회간접자본투자 사업 예산낭비 요인의 심층분석」 기획예산처 연구 용역보고서.

국무총리실(2011). 「정책현안과제분석 Case Study: 지자체 경전철사업 분석과정 및 결과」.

국회입법조사처(2011). "경전철 사업의 문제점과 개선방안", 「이슈와 논점」 제311호.

김채만, 지우석(2010). 「용인경전철 활성화방안 수립」 경기개발연구원.

김형진(2012). "경전철 사업의 문제점과 개선방안", 「국회입법조사처 현안보고서」 제150호.

노화준(2012). 「정책학원론-복잡성과학과의 융합학문적 시각」 박영사.

설재훈. (1999). 교통칼럼: 경전철은 신중히 추진해야 한다. 도시문제. pp. 57-59.

하타무라 요타로. (2004). 나와 조직을 살리는 실패학의 법칙. 들녘미디어.

한국개발연구원(2006). 「2005년도 예비타당성조사보고서: 인천도시철도2호선건설 사업」.

한국개발연구원(2004). 「하남 경전철 민자사업 타당성 재검증」.

Holland, P. W. (1986). "Statistics and Causal Inference", *Journal of the American Statistical Association* 81(396): 945~960.

Lejano, R. P. (2006). *Frameworks for policy analysis: merging text and context*, New York: Routledge.

Mankiw, N. G. (1997). *Macroeconomics*, New York: Worth Publishers.

McDavid, J. C. and L. R. L. Hawthorn. (2006). *Program evaluation & performance measurement: an introduction to practice*, Thousand Oaks: SAGE Publications.

Prigogine, I. and I. Stengers. (1984). *Order out of chaos: Man's new dialogue with nature*, New York: Bantam Books.

Rogers, J. M. (1988). *The Impact of Policy Analysis*, Pittsburgh: University of Pittsburgh Press.

Sabatier, P. A. and H. C. Jenkins-Smith. (1993). *Policy change and learning: an advocacy coalition approach*, Boulder, Colo.: Westview Press.

Sheth, J. N. (2007). *The Self-Destructive Habits of Good Companies: And How to*

Break Them, Pearson Education Publishing.

Wildavsky, Aaron, (1973)."If planing is everything, Maybe it is nothing", *Policy Sciences*. 4(2): 127~153

공약(空約)과 돈쓰기 경쟁: 지방개발 정책의 실패사례

서울대학교 행정대학원 교수 _ 임도빈

Ⅰ. 서 론

지방자치단체는 대규모 개발 사업을 통해 지역경제성장을 이루고자 하며, 이를 위해 매 지방선거 때마다 개발사업의 유치와 재원확보를 공약으로 내세워 지역주민들의 표심을 이끌어내고 있다. 하지만 실제 이러한 개발 사업이 성공으로 이어지는 경우는 많지 않다. 지방자치단체는 지역주민에게 가시적인 성과를 보여주기 위해서는 대규모의 예산이 투입되는 개발 사업을 추진하게 되는데, 대부분의 경우 이러한 개발 사업이 목표달성에 실패하고, 나아가 지방자치단체의 재정에 큰 타격을 주고 있다.

이러한 현상은 지방자치단체의 대규모 개발 사업이 명확한 평가기준이나 정책타당도 분석에 의해 이루어지기보다는 정치이벤트성 전시행정으로 일관되고 있는 현상에 기인한 바가 크다. 얼마 전 건설 사업이 중지된 인천 영종도 밀라노디자인시티 조성사업이나, 인천 월미도 모노레일 사업, 용인 경전철 사업 등을 이러한 선심성 행정의 사례로 들 수 있다. 지역개발사업의 실패는 해당 지역의 재정위기에 큰 영향을 미치게 되며, 중앙정부에 대한 재정지원 요구로 이어지고 있다.[1]

---

* 이 글은 "임도빈(2015). 공약(空約)과 돈쓰기 경쟁: 지방개발정책의 실패사례. 행정논총. 제53권 제3호"에 수정되어 게제되었다.

1) 인천광역시나 경기도 시흥시는 태백시와 함께 최근 지방재정위기사례로 자주 언급되고 있다. 세 도시 모두 지역 인프라 구축 및 지역발전을 위한 대규모 건설 사업을 추진하면서 시의 부채를 키워나간 것으로 보여 지역의 대규모 예산이 투입되는 개발 정책의 위험

이 글에서 다룰 오투리조트 조성사업은 국내의 대표적인 폐광지역 중 하나인 태백시가 지역산업이었던 석탄 산업을 대체할 새로운 지역산업 육성 및 지역경제 회생을 목적으로 추진한 대규모 건설 사업이다. 특히 기초자치단체 수준으로는 태백시 1년 예산을 훌쩍 뛰어 넘는 막대한 정부 예산을 투입[2]한 사업으로서 2001년에 지방공기업인 태백관광개발공사의 설립과 함께 본격 추진되었다. 본 연구는 이 사업의 진행과정을 살펴보면서 이와 같은 지방자치단체의 지역개발사업이 실패로 끝날 수밖에 없는 이유를 분석하고자 한다.

Ⅱ. 오투리조트 조성사업: 개관

1. 지방자치단체 개발사업의 환경과 사례선정

지방자치단체의 각종 개발 사업은 지역경제성장과 지역경제 활성화를 목표로 이루어진다. 이러한 개발 사업의 재원은 각종 법률에 의해 중앙정부의 지원을 받는다. 〈국가균형발전특별법〉, 〈지역균형개발 및 지방중소기업육성에관한법률〉이 지방자치단체의 지역개발에 관한 일반적인 법률이며, 특수한 지역에 정부가 재원을 제공해주는 관련법으로는 〈폐광지역개발지원에 관한 특별법〉, 〈2018평창동계올림픽및장애인동계올림픽대회지원등에 관한 특별법〉, 〈제주특별자치도 설치 및 국제자유도시조성을위한특별법〉 등이 있다. 특별법의 경우는 보다 안정적인 지원 및 혜택을 받을 수 있다는 점에서 차이가 있다.

한편 최근 이슈가 된 주요 지역개발사업을 살펴보면, 상당수가 관광개발 정책임을 알 수 있다. 여전히 카지노·리조트를 활용한 관광개발정책은 많은 수의 지방자치단체에서 관심을 갖는 지역개발 수단인 것이다. 부산시는 2011년 10월 카지노 유치 등을 포함한 '가덕도 복합관광단지' 계획을 발표하였으며, 전라북도도 새만금 남단 관광특구에 카지노리조트를 개발할 계획을 가지고 있고, 이와 유사한 사업내용을 전라남도도 구상하고 있다.[3] 특히 인천광역

성을 보여주고 있다.

2) 태백시의 1년 예산은 2011년 예산총계를 기준으로 234,424백만 원인데 오투리조트 조성 사업에 들어간 사업비는 최종적으로 440,300백만 원 가량이다.

3) 김봉수, "지자체들 너도나도 카지노 … '태백시 꼴 못 봤니?'", 아시아경제, 2011. 12. 14.

표 1 주요 지역개발사업

지방자치단체	사업명	진행상황 및 결과
인천광역시	인천 영종도 밀라노디자인시티 조성사업	시행사의 법인 파산 및 시 재정난으로 사업 무산
인천광역시	인천 월미은하레일	안전성 문제로 운행 중지, 추후 보수 및 철거 여부는 미정
강원도	알펜시아 리조트 사업	현재 부채가 약 1조 원에 이르는 것으로 알려졌으며, 원활한 운영을 위해 도 차원에서 노력중
경상남도	거북선 복원 사업	엉터리 복원으로 사실상 관광상품 활용 불발
양평군	백운테마파크	1차 조성공사가 끝났지만, 진입로 공사 등을 이유로 방치중
태백시	오투리조트 조성사업	행정안전부에서 리조트 조성 및 운영 담당자인 태백관광개발공사에 민영화 명령이 내려짐

시의 경우에는 오래전부터 영종하늘도시를 중심으로 카지노, 호텔, 테마파크 등과 같은 각종 관광개발 사업을 추진 및 진행하고 있다.

이처럼 다양한 지역개발사업 중에서 태백시의 오투리조트 조성사업을 본 연구의 사례로 선정한 것은 정책실패 개념에 따른 이론적 의의와 함께 본 사례만의 차별성이 있다고 판단하였기 때문이다.

우선 정책실패 개념에 따른 이론적 의의를 중심으로 살펴보면 다음과 같다. 첫째, 정책성패를 가늠하는 가장 본질적인 개념이라 할 수 있는 목표달성도와 파급효과 측면에서 도리어 역효과를 초래하였다는 점(김영평, 2012)을 가장 눈여겨 볼 만하다. 오투리조트의 경영을 담당하는 태백관광개발공사의 설립목적은 지역개발 및 민자 유치 사업을 촉진시키고 주민복리의 증진에 기여하는 것과 태백시를 전국 제일의 고원 관광레저·휴양도시로 육성하는 것이다.[4] 하지만 오투리조트 사업의 실패로 시는 재정위기에 이르렀고, 이로 인해 시에서는 긴축재정을 하게 되는 상황이 발생하여 지역주민의 경제적 생활 향상 및 주민복리 증진이라는 목표는 물론이고, '고원 관광레저·휴양도시'라는 궁극적 목표의 달성도 부정적이다. 태백시청 관계자도 오투리조트 조성사업

(http://www.asiae.co.kr/news/view.htm?idxno=2011121410105553341)

4) 태백관광개발공사 2008년 경영목표 이행실적 보고서.
(출처: http://www.o2resort.com/COR/cleanEyeCeo.jsp)

을 통한 지역의 고용효과 등을 살펴볼 때, 오투리조트 조성사업이 원만히 이루어졌다면 충분한 고용효과가 이루어졌을 가능성도 있지만 사업 자체의 존속이 어려운 현 상황에서는 이에 걸맞는 적절한 고용효과를 보지 못했다고 언급하며, 부정적 해석에 힘을 실었다.

둘째, 정책집행이 지연되면서 오투리조트의 고객 및 지역주민들의 신뢰가 떨어지고, 심리적 불안감을 주었다. 먼저 골프장의 경우, 2008년 6월 말 개장을 홍보하였으나, 중앙정부에서 지방의 골프장에 대한 세금 감면 정책을 도입하려 하자, 절세를 위해 같은 해 10월로 개장을 미뤘다. 아울러 콘도는 2008년 9월 말 개장 예정에서 실제는 2008년 10월로 바뀌었으며, 스키장은 2008년 12월 8일에서 12일로 변경되었다. 콘도와 스키장의 개장이 미뤄진 이유는 모두 공사 지연 때문이라고 발표하였다. 하지만 스키장의 경우 개장 이후에도 잦은 설계 변경으로 인한 추가 공사와 부족 시공된 공사 등으로 인해 각종 공사가 계속 진행되었다. 이로 인해 예정된 슬로프를 축소해서 오픈하는 등 실질적으로는 개장이라고 보기 어려운 상황이 되었다. 오투리조트로서는 고객들과 약속한 날짜가 다가오자 이전에 골프장 등을 지연 개장한 전력이 있어 부담감을 느껴서인지 미처 완공되지 않은 시설을 가지고 스키장을 조기 개장한 것이라 볼 수 있다. 이로 인해 스키장 시즌권을 구매한 고객들에게 불편을 끼치게 되어 시즌권 환불 등이 이루어졌고,[5][6] 리조트 회원권을 분양한 고객들의 경우에게도 불안요소가 되었다. 특히 미완성된 골프장·스키장의 조기 개장에 따른 초기 이미지 하락은 개장 초기 홍보 및 인지도 확보가 중요한 리조트 사업에 있어서 매우 큰 타격이 되었다.[7] 또한 지역주민들에게는 기대감이 상실감으로 이어졌으며, 오투리조트에 근무하는 상당수의 태백시민들의 고용이 불안정해지는 등의 문제점이 나타나고 있다.

셋째, 집행비용의 측면에서 잦은 설계 변경으로 인해 사업비가 증가하였다는 점이다. 총 여섯 번에 걸쳐 이루어진 설계변경과 사업 초기 재원조달 계

5) 정민정, "태백 오투리조트 고객들 뿔났다", 서울경제, 2008. 12. 30.
   (http://economy.hankooki.com/lpage/entv/200812/e2008123017445594240.htm)

6) 송세혁, "스키장은 공사중 … 이용객 불만 고조", YTN, 2009. 1. 9.
   (http://www.ytn.co.kr/_ln/0103_200901090324424350)

7) 리조트의 초기 이미지는 개장 전후 회원권 분양에 영향을 미치는 주요 요인이라 할 수 있다.

획의 오류 및 부실경영으로 인한 손실, 대출금 이자 등으로 인해 총 151,800 (백만원)의 사업비를 증액시켰다.[8] 그리고 이러한 사업비의 증가는 태백시가 대규모 공사채를 발행하게 된 원인이 되었다.

다음으로 본 사례만의 차별성을 살펴보면 다음과 같다. 첫째, 오투리조트 조성사업은 지방자치단체에서 시행하는 각종 관광개발사업 중에서 특별법의 지원을 받는 태백시로 인해 해마다 안정적으로 국고지원을 받았다. 물론 대부분의 지역개발사업이 사업 특성에 따라 다양한 방식으로 중앙정부의 지원을 받는다. 하지만 특별법하에서 안정적으로 지원을 받는 경우는 평창동계올림픽과 관련하여 지원을 받는 평창의 알펜시아 리조트 사업과 태백시 오투리조트 사업 정도로 그다지 많지 않다.

둘째, 언론매체에 자주 언급된 주요 지역개발 정책 사례 중에서 최근 완공에서부터 민영화 명령까지 행정적 차원의 결론이 내려진 사업이라는 점이다. 정책실패 사례를 분석함에 있어서 정책과정상 진행중인 것을 실패로 규정하기는 어렵기 때문에 이를 고려하는 것은 중요하다.[9] 또한 여타 대규모 지역개발사업이 2004년에서 2008년경에 추진된 것에 비해 2001년 공사 설립과 함께 시작된 오투리조트 조성사업은 10년이 넘는 사업 추진 기간을 통해 정책목표 달성 및 파급효과 등을 비교적 폭넓게 살필 수 있다는 장점이 있다.

마지막으로 태백시의 오투리조트는 기초자치단체와 민간이 결합한 제3섹터 형식으로 설립되는 전국 최초의 리조트 개발 사업이라는 상징성이 있다. 이러한 점은 다른 개발 사업에서는 찾아볼 수 없는 오투리조트 조성사업 고유의 차별점이라 할 수 있다.

---

8) 태백시의회 제5대 제166회 제7차 행정사무감사특별위원회(2009. 12. 4.)에서 시의회의원인 김정식위원은 계속 증가한 오투리조트 조성사업의 비용을 다음과 같이 지적하고 있다. "참 아쉬운 게 조금 전에 우리 사장님께서 시설을 보완해야 된다라고 말씀하셨는데 요즘 쌍둥이도 세대차이가 난다고 하는 판에 설계변경을 네 번씩이나 하면서도 이런 것을 보완을 못했다면 이것은 공사로서 자격이 없는 것입니다."

9) 오투리조트 조성사업과 같이 사실상 결론이 내려진 사업은 최근 시행사의 파업으로 사업 무산이 확실시된 인천 영종도 밀라노디자인시티 조성사업과 엉터리 복원에 대해 법적으로 책임소재를 파악하고 있는 경상남도의 거북선 복원 사업 정도이다. 예시의 다른 사업들은 행정적 차원의 최종 결론은 아직 미정인 상태라고 할 수 있다.

2. 오투리조트 조성사업의 추진과정

1) 태백시 개관

태백시는 강원도 동부에 위치한 도시로서, 북측과 동측은 삼척시, 서측은 정선군·영월군, 남측은 경상북도 봉화군과 접한 고원 분지형 도시이다.[10] 태백시는 1981년 4월 13일 〈태백시 설치에 관한 법률(제3425호)〉이 공포되면서 1981년 7월 1일 삼척군 장성읍과 황지읍을 합하여 태백시로 승격되었다. 태백시의 면적은 303.57㎢로 1981년 7월 태백시 개청 당시의 면적에 1994년 12월 삼척군 하장면 4개리(원동리, 상사미리, 하사미리, 조탄리)를 편입한 면적이며, 행정적으로는 8개 동으로 구분되어 있다. 현재 태백시의 인구는 2012년 1월 기준 50,082명이다. 마지막으로 태백시는 남한 최대의 탄전지대로서 일찍이 개발이 시작되어 경제적으로 발전하였으나, 이후 석탄 산업이 하향세에 접어들면서 현재는 새로운 대체산업을 찾기 위해 노력하고 있다.

태백시가 지역발전의 역점사업으로서 관광개발 사업을 추진한 것은 1989년부터 시행된 '석탄산업 합리화 정책'에 의해서다. 태백시는 일제시대부터 석탄 개발이 시작되어 1960~1970년대에는 석탄증산정책으로 인해 큰 호

그림 1   태백시의 위치

출처: 네이버 지도(http://map.naver.com/).

---

10) 출처: 태백시 홈페이지(http://www.taebaek.go.kr/site/home/page/sub01/sub01_01_02_01.asp)

황을 누린 대표적인 탄광 지역이었다. 하지만 이후 1980년대 중반부터 석탄
에 대한 수요 감소로 인해 침체가 시작되었고, 1989년에 본격 시행된 정부의
석탄산업 합리화 정책은 태백시를 비롯한 인근 탄광 지역의 생존권의 위협으
로 이어졌다. 특히 태백시의 경우 지역의 대표적인 탄광인 '함태탄광'과 '강원
탄광'이 1993년에 폐쇄되자, 지역경제를 회생시키기 위한 본격적인 주민운동
이 시작되었다. 이후 탄광지역의 주민들은 세를 모아 대정부 투쟁을 진행하였
고, 결과적으로 정부와 합의가 이루어지면서 탄생하게 된 것이 바로 1995년
에 제정 및 공포된 '폐광지역 개발지원에 관한 특별법'이다.

하지만 특별법의 제정과 중앙정부의 지원도 태백시를 비롯한 강원도의
대표적 폐광지역인 영월군, 정선군의 인구감소를 막지 못했다.[11] 태백시의 경
우 시로 승격된 해인 1981년 114,095명 이래, 1987년 120,208명으로 정점을
찍고 이후에는 지속적으로 감소 추세를 보이고 있다. 특히 석탄합리화 정책이
시행된 1989년 이후에는 인구가 급격히 감소하여, 2009년을 기준으로 51,170
명이다. 태백시의 경제적 위기가 급격한 인구감소를 통해서 나타나고 있는 것
이다. 최근에는 시의 재정 위기에 따른 불안감 등으로 인해 조만간 5만 명 선
밑으로 떨어질 것으로 예측되고 있다.[12] 경제활동에 주로 참여하는 20~49세
까지의 인구 감소의 경우 태백관광개발공사의 설립으로 리조트 개발이 시작
된 2000년에서 2002년 사이에 3%(682명)의 감소율에서 민자 유치가 확정된
2004년에는 2002년 대비 5%(1,383명)의 감소율을 보였다. 리조트가 한창 공사
중인 2006년에는 2004년 대비 6%(1,544명)를 보였고, 오투리조트가 정식 개장
한 2008년에는 2006년 대비 6%(1,342명)의 감소율로 약간 정체된 모습을 보였
지만 해마다 감소율이 꾸준히 늘어난 데다가 향후 시 재정위기의 향방에 따
라 급락할 위험성은 여전하다. 특히 태백시의 전체 인구 대비 경제활동에 참
여하는 20~49세까지의 인구구성비율이 2004년 이래 꾸준히 하락하고 있다는
점은 주목할 만하다.[13]

---

11) 강원도의 폐광지역으로서 특별법의 혜택을 받는 지역은 태백시, 삼척시, 영월군, 정선군
이다. 이 중 삼척시의 경우 예외적으로 최근에 인구가 더디지만 조금씩 증가하고 있는
추세이다.

12) 장성일, "[태백] 태백 인구 5만 명 선 이달 중 붕괴 위기", 강원일보 2012. 2. 13.
(http://www.kwnews.co.kr/nview.asp?s=501&aid=212021200006)

13) 태백시의 20~49세의 인구구성비율은 2004년 48.34%, 2005년 47.81%, 2006년 46.93%,

폐광지역 개발지원에 관한 특별법에 명시된 지역주민 등에 대한 지원(제 13조), 지역주민 등의 고용지원(제17조) 등의 조항이 있음에도 불구하고 지역 주민에 대한 실질적 혜택이 이루어지지 않은 것이다. 이는 오투리조트 사업의 특성상 관광서비스업 혹은 공사기간의 작업노동력 등에 고용이 한정되어 나 타난 것으로도 볼 수 있을 것이다. 또한 외부사람들에게 태백시로 이주하게 할 만한 유인수단으로서도 미흡했음을 알 수 있다.

2) 오투리조트 설립 개요

태백관광개발공사는 스키장·골프장 등 체육시설업과 휴양콘도미니엄업, 관광호텔업 등과 같은 사업을 행하기 위해 설립된 지방공기업으로서,[14] 기본 적으로 태백시의 관광 레저 산업을 육성하기 위해 조성된 오투리조트(구 서학 레저단지)의 개발 및 운영을 위해 2001년 12월에 설립된 제3섹터형[15] 공기업 이다. 이후 2004년에 코오롱건설 컨소시엄이 민간참여업체로 선정되면서, 태 백시 510억 원, 코오롱건설 컨소시엄 490억 원 등 총 1,000억 원을 출자하여 이듬해인 2005년 7월 사업 착공에 나서며 본격적으로 서학레저단지, 즉 오투 리조트 건설에 착수하였다.[16] 이후 2008년 12월에 정식으로 개장하여 본격적 인 운영을 하게 되었다.

2007년 45.80%, 2008년 44.81%, 2009년 44.79%로 지속적으로 감소하고 있다.

14) [태백관광개발공사설치조례 제19조] 공사는 제1조의 규정에 의한 목적을 달성하기 위하 여 다음 각 호의 사업을 행한다. "스키장·골프장 등 체육시설업, 휴양콘도미니엄업, 관광 호텔업, 관광객 이용시설업, 부동산 매매 및 임대업, 오토레이스 및 경견업, 유원시설업 및 복합유통·제공업, 여행업, 지방자치단체 관광마케팅 및 홍보사업, 지역개발 및 경제 진흥을 위한 조사·개발 지원사업, 경영수익사업 및 지방재정확충 지원사업, 지역특산품 생산 및 판매사업, 국가·지방자치단체 및 기타 위탁자의 대행사업, 교육·문화 관련사업, 위 각호의 사업을 수행하기 위한 부대사업"

15) 제3섹터는 광의의 개념으로서는 공공섹터와 민간섹터가 상호 이익의 추구를 위해 서로 협력하는 조직 혹은 과정이라 할 수 있으며, 협의의 개념으로는 지방자치단체와 민간부 문이 함께 사업을 하는 것으로 파악할 수 있다(김길수, 2001: 160-162). 행정안전부 (2011)에 따르면 제3섹터형 지방공기업은 "지방자치단체가 자본금 또는 재산의 2분의 1 미만을 출자·출연한 주식회사 또는 재단법인"을 말한다. 여기서 지방자치단체의 출자비 율이 50% 이상인 경우를 광의의 제3섹터로 명시하고 있으며, 50% 미만인 경우는 협의의 제3섹터이다.

16) 오투리조트는 2010년 12월 31일 기준으로 태백시(56.44%)를 대주주로 하고 있으며, 코오 롱 컨소시엄(코오롱건설(주), 금호산업(주), (주)대양, (주)우영종합건설)이 주주로 참여 하고 있다.

하지만 이러한 개발 과정에서 잦은 설계 변경 등으로 사업비가 증대되면서 사업비 조달에 난항을 겪었다. 태백시의회의 회의록 및 각종 언론 보도 자료와 공사의 경영공시를 통해 보고된 바에 따르면 2001년 『태백관광개발공사 설립타당성 검토 보고서』에서 171,300백만 원으로 예상되던 사업비는 사업이 발주될 무렵인 2004년 288,500백만 원이 되었고, 이후 설계변경을 비롯하여 각종 공사비 증가, 사업 확장 등으로 인해 151,800백만 원의 사업비가 증액되어 최종적으로 약 440,400백만 원의 사업비가 소요되었다.[17] 이러한 사업비 내역을 표로 정리하여 살펴보면 다음과 같다.

표 2 오투리조트 조성사업의 사업비 내역

사업비 사용 내역	사업비
서학레저단지조성사업 발주 (착공 당시 사업비)	288,500(백만 원)
발주처 요구에 따른 대폭적인 설계변경	66,810(백만 원)
리프트 및 곤돌라 설치공사비 별도산정	15,352(백만 원)
보상비 등 기타사업비	17,144(백만 원)
자산취득비, 기타운영비	52,494(백만 원)
최종 사업비	440,300(백만 원)

이러한 사업비 증액에다가 애초 기대했던 것보다 회원권 분양도 저조하여 결국 태백관광개발공사는 2007년 이후부터 행정안전부의 경영개선명령을 시달 받았으며, 이로 인해 행정안전부가 2010년에 발표한 '2009 지방공기업 평가'에서 3개년도 연속적자 기업이자 재무상태가 불안정한 것으로 평가받았다. 결국 2010년 4월에는 행정안전부로부터 지분매각 등 민영화 명령이 내려졌다.

3) 오투리조트 조성사업의 추진 연혁

오투리조트 조성사업에 있어서 간략한 사업 연혁 및 주요 쟁점 사항을 정리하여 살펴보면, 다음의 〈그림 2〉와 같다.

---

17) 태백시는 공사를 설립한 2001년 당시 143,288(백만 원)의 예산총계를 운영하고, 본격적인 사업 착공에 들어선 2005년에는 233,882(백만 원)의 예산을 가진 기초자치단체였다. 따라서 오투리조트 조성사업과 같은 대규모 공사는 매우 큰 모험이었을 것이다.

그림 2 오투리조트 조성사업의 추진 연혁

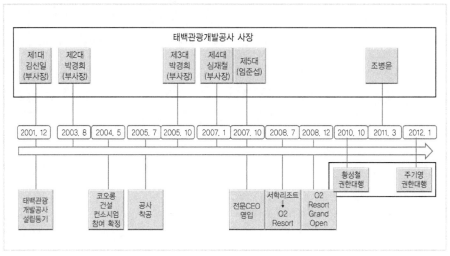

오투리조트 조성사업 과정에서 주목할 만한 사안으로는 2012년까지 6명의 정식 사장과 2명의 사장권한대행이 있었다는 점과, 제1대에서 제4대까지는 태백시 부시장이 공사 사장을 겸임하여 사업을 추진하였다는 점이다. 오투리조트는 정식 개장까지 약 1년을 앞둔 2007년 10월이 되어서야 전문 CEO를 영입하였다. 다음으로 주목할 내용은 태백관광개발공사 민간출자자 1차 모집(2002년 10월 7일 – 2002년 10월 26일)에 있어서, 입찰 참여자가 전무하여 이후에 재모집 과정을 거친 끝에 코오롱 건설 컨소시엄이 참여 업체로 결정되었다는 점이다. 이때 당시 태백시는 민간자본을 유치하여 공동으로 건설하는 방안을 추진하면서도 만약 민간투자자가 나오지 않는다면 독자 개발할 계획도 고려하고 있었다.[18] 따라서 공사가 설립되고 민간출자자가 2004년 5월 코오롱 건설 컨소시엄으로 확정되기까지의 기간 동안 사업계획 구상 및 행정적·법적인 사안에 대해서는 계속해서 사업을 진행하였다.

---

18) 홍성배, "희망자 없어 사업 장기화", 강원도민일보, 2002. 11. 7.
  (http://www.kado.net/news/articleView.html?idxno=69980)

3. 논의의 분석틀

1) 악순환 모형

본 연구에서 중심적인 문제의식은 현 한국의 지방자치단체가 시행하는 대규모 개발 사업이 사업의 주요 목표인 지역경제발전을 이루지 못한 채 빈번하게 실패로 귀결되고 있다는 점이다. 특히 다음과 같은 가설적 명제들로 구성된 악순환 과정이 지방자치단체의 대규모 지역개발사업을 실패로 이끄는 큰 구조를 이룬다고 본다. 첫째, 지방자치단체의 대규모 지역개발정책이 실패하는 것은 행위자들이 각자의 현실인식과 필요에 따라 자신의 이익을 극대화하기 위한 전략을 구사하기 때문이다. 지방행정체제에 참여하는 고위층의 경우에는 상징성을 중시하기 때문에 단기적 시계를 가지고 개발 사업을 추구한다. 중위층과 하위층의 경우에도 자리를 중시하기 때문에 고위층에서 제시한 정책의 구체화 작업에만 몰두한다. 또한 정책대상집단인 지역주민들은 경제생활의 향상을 최우선으로 하기 때문에 가시적인 사업을 제시하는 정치인을 선호한다. 이러한 지역주민의 성향은 지방행정체제의 행위자들에게 제약조건으로 작용한다고 할 수 있다.

둘째, 지방자치단체의 대규모 지역개발정책이 실패하는 것은 자원 확보의 문턱이 존재하기 때문이다. 지방자치단체의 자체 예산은 어떤 사업을 진행하는 데 한계가 있기 때문에 중앙정부나 광역자치단체의 예산과 같은 공적 재원을 얼마만큼 끌어낼 수 있는지가 사업성패의 중요한 열쇠가 된다. 그리고 인적 자원은 재원을 끌어내는 것도 결국 사람이 하는 일이고, 사업의 진행도 해당 담당자의 전문성을 통해 이루어지는 일이기 때문에 개발 정책에 있어서 중요한 자원이라 할 수 있다.

셋째, 지방자치단체의 대규모 지역개발정책이 실패하는 것은 악순환 과정에 빠졌기 때문이다. 지방자치단체에서는 개발 사업으로 인해 가시적인 지역 경제력 향상이 나타나기 전까지 끊임없이 대규모 지역개발사업을 추진해 나간다. 하지만 이러한 악순환을 끊어줄 수 있는 주요 행위자 중 하나인 중앙정부는 제대로 된 역할을 수행하지 못하고 있다.

2) 분석의 대상과 범위

본 연구에서는 대규모 지역개발사업의 실패 원인 분석을 위해 지방자치단체의 주요 행위자들을 설정하고, 이러한 행위자들의 행태와 지역경제발전 게임에서의 개발 논리를 활용하여 설명하고자 한다.

지역행정체제에 참여하는 행위자로는 크게 행정체제의 외부에서 활동하는 행위자로서의 주민과 행정체제의 내부에서 활동하는 행위자로서 지방정부 조직 내의 행위자인 각 기관들을 들 수 있다. 우선 지역주민은 지방자치단체가 고려해야 할 행정의 환경이자 대상이다. 또한 행정체제의 내부에서 활동하는 행위자로서 계서제적 구조를 가지고 있는 행정조직 각 계층의 특성을 좀 더 자세히 살펴보면 다음과 같다(임도빈, 2004: 438-442; 2007: 7-9).

첫째, 고위층은 정치적 요소를 고려하고 환경과 상호작용하는 특성을 가진 계층으로서 지방자치단체 수준에서는 단체장, 지방의회 의원, 산하기관 장으로서 지방공기업 장을 들 수 있다. 본 연구에서는 태백시장, 태백관광개발공사 사장, 사업추진단, 태백시의회 의원을 분석하고 있다. 둘째, 중위층은 고위층을 보좌하고, 고위층과 하위층을 연결하는 역할을 수행하는 계층으로서 태백시 수준에서 국·과장급, 실장급, 단장급의 직원을 분석한다. 셋째, 하위층은 일선공무원으로서 지방자치단체 수준에서는 9급과 같은 최하위직 공무원이나, 지방공기업에서 일하는 직원들을 포함하며, 본 연구에서는 중위층과 함께 분석하도록 한다. 덧붙여, 태백시 내부의 행위자들에게 영향을 미치는 상위정부인 강원도와 중앙정부도 함께 살펴본다.

사례를 분석함에 있어 시간적 범위는 오투리조트 조성사업을 수행하기 위해 태백관광개발공사의 설립이 본격 추진된 2001년에서부터 2011년까지를 연구범위로 두고 살펴보고자 한다.

또한 본 연구에 사용된 자료는 대표적으로 태백시의 오투리조트 조성사업과 관련하여 외부에 공개된 각종 자료들이다. 특히 오투리조트 조성사업의 전신인 서학레저단지 조성사업과 본 사업의 조성책임자이자 운영자인 태백관광개발공사와 관련된 자료를 포괄한다. 따라서 '오투리조트', '서학레저단지', '태백관광개발공사'를 주요 키워드로 태백시의회의 회의록, 지역신문을 포함한 각종 언론 보도 자료를 사용하였다. 또한 결과물로 외부에 공개되지 않은 내용을 파악하기 위해 태백시청 내 관계자와 대면인터뷰를 진행하였다. 마지막으로 관련 상급기관인 지식경제부, 행정안전부와 강원도청의 해당 업무 담당자와 전화인터뷰를 하였다.

IV. 오투리조트 조성사업의 실패 원인 분석

1. 각 행위자의 전략적 행동

1) 고위층의 상징정치

지역행정체제의 고위층이라 할 수 있는 단체장과 지방의회의원의 궁극적인 목적이란 행정적인 비용을 가능한 한 줄이고 주민들이 관심을 가지는 사업을 많이 추진하는 것이라 할 수 있다(임도빈, 2004: 125). 그리고 지역주민들은 특히 낙후된 경제 상황하에 있다면 가시적이면서 단기적인 효과를 지닌 지역개발정책을 선호한다(임도빈, 2004: 93; 정문기·오수길, 2008: 222; Feiock & Clingermayer, 1992). 따라서 지역행정체제의 고위층은 이른바 상징정치라 할 만한 정책의제에 관심을 갖게 된다. 여기서 이야기하는 지방차원의 상징정치라 함은 단체장이나 지방의회의원과 같은 지역정치인들이 선거에서 승리하거나 상위 정치인으로의 성장과 같은 정치적 이익을 위해 유권자인 지역주민들에게 획기적이고 가시적 성과를 낼 수 있는 정책을 제시하는 것으로서 지역개발정책과 밀접한 관련을 가지고 있다(정문기·오수길, 2008: 218).

태백시의 오투리조트 조성사업을 분석함에 있어서 주요 고위층 행위자로서 태백시장 및 태백관광개발공사 사장, 그리고 이와 밀접하게 연결된 시청 내 사업추진단과 함께 태백시의회 의원을 살펴보고자 한다. 단체장이나 의회의원과 같은 지역정치인 이외에 공사 사장이나 사업추진단을 함께 분석하는 것은 이들이 지역정치인들과 밀접한 관계를 맺으며 개발 사업 추진체계의 핵심요소로서 기능하기 때문이다.

(1) 태백시장

태백시와 같은 산간지역 및 농어촌 지역의 경우, 적은 인구수에 매우 협소한 네트워크를 가진 지역인 만큼 특정 학교 및 관계를 중심으로 수직적 네트워크가 형성되기 쉬우며, 이로 인해 재선, 3선의 시장은 그 지역사회에서 막대한 권력을 행사할 수 있다(정정화, 2012: 36). 이른바 단체장을 정점으로 한 피라미드형 지방정치구조가 확연하게 성립된다고 할 수 있다.

초창기 오투리조트의 전신인 서학레저단지 조성사업을 구상하고 추진하였던 홍순일 전임 시장은 마지막 관선 시장인 9대 시장을 거쳐 민선 1기, 2기, 3기 등 내리 4선을 하면서 태백시정을 이끌었다. 이와 같이 연이어 선출직 지방공무원에 나서는 후보자의 경우 어떻게든 당선되는 데에 가장 강력한 유인을 가지게 된다(Frant, 1996). 홍순일 시장의 경우에도 관선 1회 이후에 3번의 지방선거를 치르면서 유권자에게 호소할 수 있는 지역경제회생 대안을 요구받았고, 이에 태백시가 보유한 풍부한 자연자원 및 문화자원에 바탕을 둔 고원레저도시로의 변모에 강력한 의지를 가지게 된 것으로 보인다. 홍순일 시장은 민선 1기에서 3기 내내 지역경제의 대체산업으로서 관광산업을 강조하면서 리조트 개발의 당위성을 역설하였다. 특히 사업이 본격 추진된 민선 3기에서는 강원도 리조트 시장의 공급과잉을 우려할만한 외부환경요인에도 불구하고 오투리조트 조성사업의 강력한 추진 의지를 표명하였다. 그리고 이러한 단독결정은 홍순일 시장의 가장 큰 실책이자, 오투리조트 조성사업의 실패의 가장 큰 원인이라 할 수 있다.

당시의 주변 환경을 살펴보면 태백관광개발공사 설립 무렵 강원랜드에서는 2001년 8월부터 골프장 및 스키장[19]을 건설 및 기획 중이었으며, 삼척시에서도 석탄산업합리화사업단이 강원랜드와 공동투자 한 골프장이 2004년 10월 착공을 목표로 용역을 진행 중이었다. 아울러 비슷한 시기에 강원도 지역에 다양한 규모의 리조트 사업이 추진되었으며, 이러한 사업들은 대부분 광해관리공단, 강원랜드, 해당 지방자치단체 등에서 공동출자하여 진행하였다. 요컨대, 공급과잉으로 인해 강원도 지역의 리조트 시장의 경쟁이 매우 치열해졌

---

19) 강원랜드의 골프장 및 스키장은 2001년 당시부터 기획 중이었으며, 이후 하이원리조트로 최종 명명이 이루어졌다. 골프장의 경우, 일찌감치 건설에 들어가 2005년 전체 개장하였다. 스키장 역시 2003년 말 기공식을 갖고 2006년 겨울에 최종 개장을 하였다. 강원랜드는 1998년 설립하여 2000년 스몰카지노호텔 개장, 2003년 강원랜드 호텔 및 카지노, 테마파크를 연이어 개장하면서 골프장 및 스키장에 대한 계획을 함께 구상하고 진행하여 현재와 같은 강원랜드 및 하이원리조트의 형식을 2006년에 이미 갖추었다.

음을 알 수 있다. 따라서 2002년 사업구상 당시, 태백관광개발공사의 사업 추진방향과 관련하여 태백시가 독자적으로 추진하는 것에 대하여 우려가 제기되었다.[20] 태백시의 독자 추진이 아닌 여타 지방자치단체의 사업 추진과 같이 광해방지사업단이나 강원랜드 등이 참여한 공동사업 방식을 권유하였으나,[21] 당시 홍순일 태백시장은 대체재원을 마련해서라도 독자적으로 갈 것이라고 밝혔다. 그리고 실제 당초 태백관광개발공사 설립 타당성검토 보고서에서 계획했던 것보다 1,172억 원의 투자비가 증가한 2,885억 원으로 공사를 발주한 것이다.

특히 홍순일 시장은 17대 총선 및 18대 총선에서 지역 내 유력 후보로 연일 언론에 거론되었는데,[22] 이러한 주변 환경 속에서 실제 총선에 관심이

표 3 1990년대 이후 태백시의 역대 시장과 재임기간

대 수	성 명	재임기간	시정구호
14 민선5	김연식	2010.07.01-2014.06.30	인간중심 자연중심, 산소도시 태백
13 민선4	박종기	2006.07.01-2010.06.30	레저스포츠의 중심, 고원휴양도시 태백
12 민선3	홍순일	2002.07.01-2006.06.30	21C 고원레저스포츠의 도시 신태백 건설
11 민선2	홍순일	1998.07.01-2002.06.30	21C 고원레저스포츠의 도시 신태백 건설
10 민선1	홍순일	1995.07.01-1998.06.30	고원관광휴양도시 신태백 건설
9 관선	홍순일	1993.08.16-1995.03.28	10만 시민 다함께 신태백 건설
8 관선	장재현	1989.01.01-1993.07.19	미래의 태백에 정주심을 심자

출처: 태백시 홈페이지.

---

20) 이에 관한 내용은 2002. 6. 9.일자 전후 동아일보, 강원도민일보 등에서 언급하고 있다. 구체적 예시로서 (1) "[지방선거 현장] 태백시장 후보 토론회", 동아일보, 2002. 6. 4. (http://news.donga.com/3/all/20020604/7827106/1), (2) 홍성배, "[쟁점] 태백관광개발공사 추진", 강원도민일보, 2002. 6. 9. (http://www.kado.net/news/articleView.html?idxno=59173)를 들 수 있다.

21) 이에 대해서 태백시청 관계자는 본 사업의 전신인 서학레저단지의 경우에도 1998년에 지역 국회의원에 의해 처음 제안되어, 광해관리공단과 강원랜드의 출자를 바탕으로 하는 대안이었다고 언급하였다. 즉, 태백시의 자체예산의 투입을 최소한으로 하는 방식이었다고 한다.

22) 구체적 예시로서, (1) "17대 총선 대혼전 예고", 연합뉴스, 2003. 9. 8.(http://news.naver.com/main/read.nhn?mode=LSD&mid=sec&sid1=100&oid=001&aid=0000454551), (2) 정병철, "총선무대 '뉴페이스' 속속 등장", 강원일보, 2007. 9. 3. (http://www.kwnews.co.kr/nview.asp?s=101&aid=207090200109), (3) 정병철, "제18

있었다면 기존에 쌓아온 치적을 더욱 부각시키기 위한 하나의 방안으로서 오투리조트 조성사업을 더욱 적극적으로 추진해 나갔을 가능성도 무시할 수 없을 것이다.

게다가 민선 4기 시장에 당선된 박종기 시장은 홍순일 시장이 민선 3기를 수행하고 있던 시기에 태백시 부시장 및 태백관광개발공사 사장을 역임하였다. 또한 홍순일 시장과 같은 고등학교 동문이자 고위 행정관료 출신이었다. 따라서 최소한 태백관광개발공사가 수행하는 업무에 대해서는 홍순일 전 시장의 연장선상의 시정운영을 하였을 가능성이 농후하다. 3선 단체장은 장기간 재임하였던 만큼 조직력과 인지도가 막강하기 때문에 이러한 정치적 영향력은 충분히 설득력이 있다고 할 수 있다.23) 결과적으로 박종기 시장은 홍순일 시장과 함께 추진한 대형 개발 사업에 정치적 위신이 크게 영향을 받을 수밖에 없는 환경 속에 있다는 것이다. 따라서 박종기 시장은 오투리조트 조성사업 전체를 재점검할 정치적 여력이 없었을 가능성이 있다.

아울러 박종기 시장 개인으로서는 법적으로 연임 가능한 3선의 임기 중에서 첫 번째 임기를 시작한 것으로서 오투리조트 사업의 가시적 성과를 시장 연임 도전의 기반으로 활용하고자 하였을 것이다. 즉, 민선 3기 당시 리조트 개발에 적극 개입한 고위 공무원으로서 오투리조트 개발 사업은 박종기 시장에게 있어서 정치적으로 매우 중요한 정책이었을 것이라 추론할 수 있다. 이후 시장임기를 포함한 43년의 공직생활을 마무리하는 박종기 시장의 주요 업적으로 '오투리조트와 국민안전체험테마파크 등 신성장동력산업의 성공적인 개장 및 추진'을 들고 있다24)는 점에서도 그 중요성을 알 수 있다.

(2) 태백관광개발공사 사장

태백관광개발공사는 오투리조트 조성사업의 개발초기단계에서는 대부분 인허가 사업 및 환경영향평가 등 정부업무가 주를 이루고, 또한 자체 수익이

대 총선 도내 물밑전쟁 시작", 강원일보, 2007. 9. 3.(http://www.kwnews.co.kr/nview.asp?s=101&aid=207090200108) 등의 언론보도가 있다.

23) 김연식, "3선단체장 地選 입김 넣나", 강원일보, 2005. 8. 24.
(http://www.kwnews.co.kr/nview.asp?s=101&aid=205082300086)

24) 황만진, "박종기 태백시장 43년 공직생활 마무리", 강원일보, 2010. 6. 25.
(http://www.kwnews.co.kr/nview.asp?s=501&aid=210062400074)

없다는 이유로 비용절감 차원에서 부시장이 공사 사장을 겸임하였다.25) 그리고 태백시청 내 현안대책추진단장을 본부장으로 임명하고, 이어 직원 3명을 겸임 발령하여 5명의 공무원이 공사업무를 추진하는 시스템이었다. 태백관광개발공사의 사장은 시장이 임명하게 되어 있으며, 초창기에는 이마저도 부시장이 겸임을 하였기 때문에 태백시장을 비롯한 고위층의 영향력은 상당했을 것이다. 이후 전문 경영인 및 직원들을 영입하였다고는 하나, 개발기획단계에서부터 단체장 주도였다는 점은 충분히 추론가능하다. 태백관광개발공사의 역대 사장을 살펴보더라도 사업이 대부분 완공된 이후인 2007년에야 전문 경영인이 영입되었다. 게다가 외부에서 영입된 인사의 경우, 리조트 사업에 대한 전문성과 상관없이 영입되어 전문 경영인의 개념이 제대로 적용되지 못한 경우도 있었다.

하지만 전문 CEO가 영입되었다 하더라도 관련 업무에 대한 책임감이 담보되지 않는다면, 전문 CEO 영입의 최대 장점인 전문성이 발휘되기는 매우 어렵다. 태백시청 관계자는 태백관광개발공사 사장을 역임한 외부 인사들의 책임감 결여로 인한 부실 경영 역시 오투리조트 조성사업을 실패에 이르게

표 4 태백관광개발공사의 역대 사장과 특이사항

성명	부임 연월	특이사항	임명권자
김신일	2001. 12	태백시 부시장 겸임	민선2기 홍순일 시장
박종기	2003. 8	태백시 부시장 겸임 민선4기 태백시 시장	민선3기 홍순일 시장
박경희	2005. 10	태백시 부시장 겸임	민선3기 홍순일 시장
심재철	2007. 1	태백시 부시장 겸임	민선4기 박종기 시장
엄준섭	2007. 10	원래 임기는 2010년 10월 1일 (전)현대시멘트 부사장(성우리조트 총괄)	민선4기 박종기 시장
황성철	2010. 10	• 태백관광개발공사 이사 겸 지원본부장 • 사장권한대행	민선5기 김연식 시장
조병윤	2011. 3	(전)명지대학교 부총장 명지대학교 법학과 교수	민선5기 김연식 시장
주기영	2012. 1	• 태백시 회계과장 • 사장권한대행	민선5기 김연식 시장

25) 제4대 제101회 제2차 본회의 회의록(2002년 12월 9일 월요일 자).

한 가장 큰 원인이라고 지적하였다. 최근 완료된 '태백관광개발공사 경영 특별조사' 결과에 따르면, 전문성이 전혀 활용되지 못한 부실한 경영으로 인해 발생한 손실액만 해도 무려 287억 원에 달하고 있다. 이러한 부실 경영에 대하여 태백시청 관계자는 공사를 비롯하여 시행사 및 하도급업체도 알고 있는 규정들을 무시하여 남겨진 돈이 사적으로 소모되었다고 지적하였다.

(3) 사업추진단

오투리조트 조성사업은 애초에 태백시의 미래 대체산업을 찾는 와중에 시장을 중심으로 결정하게 된 사안인데다가 외부 경제 환경의 어려움으로 태백시 자체 재원이 대거 투자된 사업이기 때문에 단체장 주도의 강한 영향력 발휘가 가능했던 것으로도 볼 수 있다. 따라서 단체장의 손발이라 할 수 있는 태백시청 공무원들을 중심으로 오투리조트 조성사업이 구체화 되었다. 특히 사채 발행의 경우, 시의회의 승인을 위한 과정에서도 기획감사실을 비롯한 태백시 공무원들이 참여한 것을 태백시의회 회의록에서 찾아볼 수 있다.

공사 초창기부터 참여하여 오투리조트 사업을 구체화 시킨 부서는 당시 태백관광개발공사 본부장을 겸임한 현안대책추진단장을 비롯한 해당 부서였다. 태백시의 현안을 해결하고 관련 정책을 집행하기 위해 설립된 현안대책추진단은 1999년 12월에 현재의 '폐광지역개발지원에 관한 특별법'의 추진을 위한 태스크포스형태로 구성된 조직이었다. 이러한 현안대책추진단의 업무는 '현안대책, 대체산업, 공사지원'으로서 태백관광개발공사의 설립에 관여하는 등 오투리조트 조성사업에 있어서 핵심적인 역할을 수행한 것으로 보인다.

이러한 현안대책추진단의 업무는 추후 기획감사실의 '기획' 부문과 투자사업과의 '전략개발' 부문 및 '대체산업' 부문으로 업무가 분산된 것으로 추론할 수 있다. 기획감사실의'기획' 부문에서 시장이 관심을 가지는 주요 현안에 대한 업무를 담당하고, 투자사업과의 '전략개발' 부문 및 '대체산업' 부문에서는 지역 내부의 각종 개발 관련 사안 및 대체산업에 관한 업무를 담당하게 되었기 때문이다. 또한 업무분장에서는 명시되어 있지 않지만 기획감사실 소속 공사협력팀에서 태백관광개발공사(O_2 Resort) 관련 업무를 수행하고 있다.

즉, 초창기 오투리조트 사업을 구체화시킨 현안대책추진단이라는 태스크포스 조직은 추후 4개 부문의 업무분장으로 나누어질 만큼 폭넓은 업무를 수행하고 있었다는 것을 알 수 있다. 이러한 '기획' 부문과 '전략개발' 부문 및 '대체산업' 부문의 지역발전 관련 주요 업무를 정리하면 다음과 같다.

표 5 태백시청의 지역현안사업에 대한 업무분장

부 서	업무분장
기획감사실 – 기획 –	• 시정의 종합기획 및 중장기 종합개발계획의 수립 조정
	• 주요투자사업, 역점·특수시책 종합관리
	지역전략사업의 육성
	도 및 중앙부처와의 업무(광역행정) 협의에 관한 사항
	시장 공약사항 및 주요현안사항에 관한 사항
투자사업과 – 전략개발 –	• 정부합의사항 종합관리 및 기획 조정
	• 지역현안대책 합의사항 종합시행계획 수립추진 및 평가
	• 지역현안대책위원회 운영 지원
	• 중앙현안대책 차관(실무)회의 관련업무 추진
	• 탄광지역종합개발 및 지원대책 종합 기획 조정
	• 진흥지구사업비, 탄광지역개발사업비, 폐광지역개발기금관리에 관한 사항
	• 지역개발사업 국비 지원에 대한 중앙부처 협의 및 조정
	• 「폐광지역개발지원에 관한 특별법」 및 「지역균형개발 및 지방중소기업 육성에 관한 법률」관련 업무
	• 「폐광지역진흥지구 지정」 및 「탄광지역개발촉진지구 지정」에 관한 사항
	• 탄광지역 개발사업 종합관리
	• 개발사업 시행자 지정에 관한 사항
	• 지역개발사업 실시계획의 승인 및 준공인가 처리에 관한 사항
	• 민자유치계획의 수립 및 시행에 관한 사항
	민자유치사업의 상담 및 홍보활동, 지원
투자사업과 –대체산업–	현안대책관련 대체산업육성계획 추진
	현안대책관련 대체산업육성계획의 부처협의 및 확정
	온천개발사업의 추진
	공공 및 민간연수원 유치 추진
	안전체험테마파크 사업추진 및 관리 운영
	안전엑스포 관련업무 추진

출처: 태백시 홈페이지(http://www.taebaek.go.kr/site/home/page/main.asp).

(4) 태백시의회 의원

지방의회 의원들은 지역행정체제의 고위층에 해당되며, 본질적으로 단체장을 비롯한 지방 행정부를 감시·감독 및 심의를 할 권리를 가지고 있다. 지방의회의 경우 광역의회와 마찬가지로 조례제정권과 예산심의권 등을 중심으로 의원들이 권한을 가지고 있는데, 전반적으로 광역의회에 비해 의원들의 전문성과 재량권이 낮은 편이다(임도빈, 2004: 199). 게다가 행정조직 내부적으로 단체장을 비롯한 공무원들에 비해 관련 정보들을 적게 소유하고 있기 때문에(임도빈, 2004: 121), 정보비대칭 측면에서도 실질적으로 행정부를 관리 감독하는 데 본질적인 한계가 있다. 태백관광개발공사가 설립된 초창기부터 태백시의회의 의원으로 활동한 사람이 3명이나 됨에도 불구하고 이들이 10년에 가까운 사업진행단계에서 근본적인 문제의 소지를 파악하지 못하였다는 것은 지방의회 의원들이 가지는 본질적인 한계를 단적으로 보여준다 하겠다.

표 6 태백시 의회의 주요 의원 분석

대 수	재임기간	주요 의원
제3대	1998. 7. 1. – 2002. 6. 30	이문근, 이우영,
제4대	2002. 7. 1. – 2006. 6. 30	이문근, 김천수, 정용화, 이우영, 김정식
제5대	2006. 7. 1. – 2010. 6. 30	이문근, 김천수, 정용화, 고재창, 이한영, 김정식
제6대	2010. 7. 1. – 2014. 6. 30	이문근, 김천수, 정용화, 고재창, 이한영

이러한 본질적인 한계는 지방의회의 의원들이 우월한 정보와 전문성을 가진 단체장 및 공무원들에게 끌려가거나 본인들의 재선을 위해서 당시의 상황에 맞는 상징적 언행으로 지역주민들에게 지속적으로 관심을 얻고자 하는 행태를 보이게 한다. 즉, 태백시의 경우 오투리조트 조성사업을 추진하는 당시에는 지역주민들의 기대감에 맞추어 행정부의 분발을 촉구하였다면 이후 문제가 드러나자 행정부의 무능함에 대해서 맹렬하게 공격을 한다.

특히 2011년 7월 13일자 의회 회의록에 주목하여 보면, 오투리조트 조성사업이 사업구상단계에서부터 문제가 분명하였다는 점이 드러남과 동시에, 사업 진행기간 동안 의회에서 이러한 부분을 잡아내지 못한 데 대한 한계가 동시에 드러났다고 볼 수 있다.

김천수 위원: 요즘 언론 매체 계속 보시면 알지만 최근에 들어와서 우리 6월달에는 사실 서학레저 개발에 대해서는 아주 언론매체에서 많은 홍보를 해주고 있습니다. 곧 태백이 내일 아침이면 진짜 금빛 찬란한 도시로 변화하는 것처럼 계속 방송을 했고 했습니다. 그래서 시민들의 기대라든지 전국적으로 언론 매체를 보시는 분들한테 기대가 무너지지 않도록 최대한 노력을 해 주십시오.

(제4대 제117회 제4차 주요업무추진상황점검특별위원회, 2004년 7월 9일 금요일)

김천수 위원: 애시당초 기획서부터 했던 우리 이전 지자체 장님서부터 여기에 관련 됐던 모든 사람들은 빨리 퇴직금 등등 내놓고 떠나셔야 되요. 분양 100% 했을 때 건설비용 120% 나오는데 다 팔아도 2,700억 짜리를 다 팔아도 4,400억 만들어 놓았단 말입니다. 어이없는 얘기죠. 우리는 기 2,000억 정도는 부채를 안고 갈 수밖에 없는 리조트 사업을 한 자체부터가 이것은 운영에 문제가 아니라는 것, ―(중략)― 계획을 하고 당초부터 시작해 가는 부분에서 이렇게 2,000억 원을 빚질 수밖에 없는 사업을 만들어 놓은 착안자들, 그리고 이러한 부분이 채무가 되는 줄 알면서 변경 내지는 사업을 진행 시켜준 아주 나쁜 사람들 …

(제6대 제177회 제6차 주요업무보고특별위원회, 2011년 7월 13일 수요일)

게다가 공사채 발행 및 이에 대한 지급보증을 승인하는 과정에서 면밀히 분석하고 살펴보지 않았다는 점은 시의회의 가장 큰 직무유기라고 할 수 있다. 태백시청 관계자는 2008년 당시 시의회가 900억 원의 지급보증을 승인하는 과정에서 이전에 지급보증을 한 560억 원에 대해서 마땅한 채무변제능력 및 계획이 미비하였음에도 추가로 승인해 준 것은 문제가 있었다고 지적하였다. 또한 시의회는 6차례나 이루어진 설계변경에 대해서도 제대로 분석하고 물어보지 못하였다. 이는 의회 본연의 감독 및 심의 기능을 제대로 발휘하지 않은 것이라고 할 수 있다.

또한 태백시의회 의원들의 경우, 전임시장 및 의원들 간에 인적 네트워크가 다양하게 연결되어 있을 것이라 추론가능하다는 점도 주목할 필요가 있다.[26] 우선 홍순일 시장과 박종기 시장은 같은 북평고등학교 출신에 고위 행정공무원이었으며, 이후 한나라당 공천을 받아 시장에 당선되었다. 시의회 의원의 경우, 정당공천이 아니라고는 하나, 상기의 표에 언급된 의원들 중 김천

---

26) 태백시의회 의원들의 인적 네트워크에 관한 추론은 각 의원들의 홈페이지에 소개된 약력 및 언론보도를 바탕으로 구성하였다.

수·정용화·고재창 의원은 두 시장과 같은 한나라당 소속이다. 또한 오투리조트가 들어서는 황지동 일대를 지역기반으로 두고 있는 시의원들이 주로 2대 이상 연임을 하였던 것으로 보인다. 이문근·김천수·고재창·이한영 의원들은 황지 초·중·고등학교와 2개 이상의 공통된 학연을 가지고 있다. 비록 홍순일 시장과 박종기 시장과는 학연의 고리는 없으나, 오투리조트 개발이 구 탄광지역인 황지동 일대를 중심으로 개발되었다는 점에서 상호 이익이 형성되었을 것이다. 한편, 상기의 표에 언급된 의원들 중 이문근·이우영·김천수·정용화·이한영 의원은 태백시지역현안대책위원회의 전·현직 위원 및 위원장 등을 역임한 경력이 있다. 같은 시기에 활동하지 않았을지라도 위원회 활동을 통해 상호 연결된 네트워크가 다수일 확률이 크다. 이와 같이 전임 시장들과 오투리조트 조성사업 기간 동안 시의회를 역임한 의원들 간의 지역 내부의 인적 네트워크는 사업의 추진에 지속적인 영향을 주었을 것이다.

요컨대 태백시의 경우, 지역행정체제의 고위층인 단체장, 지방의회 의원, 공사 사장이 상징정치의 일환으로 오투리조트 조성사업을 추진하였으며, 해당 사업이 진행되는 중간에 다양한 문제가 발생하였음에도 불구하고 상징성 때문에 다시 판단할 기회를 스스로 상실하였다고 할 수 있다. 이는 책임회피를 통해서라도 해당 문제를 피하겠다는 생각하에 행동하는 사람들이 비교적 그 자리에서 장수하기 때문에 나타나는 것이라고 볼 수 있다(임도빈, 2004: 441).

2) 중·하위층과 내부 감사의 한계

지역행정체제에 참여하는 중·하위층에 해당하는 공무원은 신분이 보장되어 있으며, 분류상 하위층에 속하는 지방공사 직원의 경우 신분보장까지는 아니어도 공기업 직원으로서 일반 사기업보다 안정적인 것이 특징이다. 특히 지역정책을 집행하는 공무원의 경우, 신분이 보장되어 있는 데다가 과중한 업무에 대한 부담을 항상 느끼고 있기 때문에 새로운 아이디어를 개발하고 혁신적인 업무를 수행하려 하기보다는 일상적이고 고정된 업무를 처리하는 데 기본적인 관심을 두고 있다(박호숙, 2000: 100). 또한 단체장의 주도하에 본인들이 직접 기획하고 집행하는 정책의 경우, 적극적인 감사가 이루어지기란 쉽지 않다. 문제를 파헤치고 책임 소재를 가리는 업무의 특성상 본인의 과실은 물론 동료들의 과실을 가리는 일은 조직 내부에서 쉽지 않기 때문이다. 따라

서 실제 업무가 본질적으로 내포하고 있는 문제나 정책 집행 과정에서 문제
가 발생한다고 하더라도 내부의 자체 감사 시스템이 적절하게 운용되기란 쉬
운 일이 아니며, 설사 감사 차원에서 문제가 지적된다 하더라도 중·하위층은
책임을 회피하거나 전가하는 등의 전략적 행동을 활용하여 상황을 모면하기
도 한다.

태백시의 오투리조트 조성사업에서도 이러한 공무원의 전략적 행동을 살
펴볼 수 있다. 실제 오투리조트 조성사업에 대한 감사의 문제가 연이어 제기
되자, 이를 담당하는 중위층 행위자인 기획감사실장은 "제대로 정례 감사를 할
여건이 되지 않았다"고 답한다. 인력 측면에서 오투리조트 조성사업과 같은
대규모 사업 혹은 관련 조직을 감사하기에는 지방자치단체 내부의 감사 여력
으로는 힘들다는 것이다.

> *기획감사실장 김교복: 이제 우리 체제부터 말씀을 드려야 되는데 오투 제가 기획*
> *감사실장이기 전에 제가 오투에 당연직 감사로 되어 있습니다. −(중략)− 다만, 감*
> *사원에서 감사할 수 있다. 지방공기업법에는 그렇게 되어 있습니다. 그래서 저희들이*
> *없다고도 단정은 못하겠지만 반드시 있다고도 답을 못합니다. 다만, 제가 오투에 당연*
> *직 이사이기 때문에 저 혼자의 자격은 있습니다. 감사할 자격은 있는데 실제로 정례*
> *감사를 하려면 사실 인원이 오투 정도만 되어도 한 10명이 가서 한 1주일씩 10일씩 감*
> *사를 해야 됨에도 불구하고 그러한 여건이 지금 조성되지는 못했습니다. −(중략)−*
> *법령상에 보면 공기업법에 보면 감사원에서 할 수 있는데 태백시가 없게 되어 있어*
> *요. 그래서 그것을 담보하기 위해서 기획실장을 당연직 이사로 되었기 때문에 감사*
> *는 할 수 있습니다.*
> *(제5대 제166회 제7차 행정사무감사특별위원회, 2009년 12월 4일 금요일)*

또한 이들의 발언내용을 보면 감사 기능 및 회계 부분의 문제에 있어서
는 전적으로 태백시청 내부의 공무원들의 문제만이 아니라는 주장을 펼치기
도 한다.

> *김교복 기획감사실장: 그리고 지금 재무실에 계셨던 분들도 다 공무원 출신들이고*
> *그래서 국가계약법이 익숙지 않아서 안 됐다 라는 점은 사실 조금 회의를 느낍니다.*
> *다만, 사내에서 조직의 분위기, 조직의 활성화 이런 것이 조금 미흡했다는 것은 조금*

아쉽습니다.

(출처: 제5대 제166회 제7차 행정사무감사특별위원회, 2009년 12월 4일 금요일)

이와 같이 담당공무원이나 공사 직원들의 전문성의 문제가 아니라 해당 업무를 수행함에 있어서 조직의 분위기, 문화 등과 같은 현실적 제약이 문제의 원인이 되고 있다는 것을 주장을 하고 있는 것이다. 이는 우리나라의 행정 문화상 내부감사는 치명적인 한계가 있다는 점을 드러내는 발언이라 할 수 있다. 또한 한편으로는 지방자치단체 내부의 자체 감사 시스템이 원활하게 작동하지 못한 데 대한 담당 공무원 개인의 변명이라고도 할 수 있다.

기본적으로 중위층은 고위층이 제시한 각종 정책을 구체화시키는 작업을 담당한다. 오투리조트 조성사업에 있어서도 시장을 비롯한 고위층이 제시한 정책을 구체화시킨 것은 태백시청 내부의 고위 관료들일 것이다. 따라서 담당 공무원들은 해당 사업의 가장 본질적인 문제를 파악하고 있다고 추론할 수 있으며, 하위층에서 문제가 발생하게 되면 상당 부분 눈치를 챌 수 있는 위치에 있다고 할 수 있다.

하지만 현실적인 한계를 빗대어 굳이 나서서 같이 일하는 다른 공무원들의 문제를 지적하거나, 나아가 상위 인사권자의 문제를 보고하는 것과 같은 행동은 하려고 하지 않을 것이다. 실제로 태백시청 관계자는 2008년부터 2010년까지 태백관광개발공사에 대한 감사가 전무한 상황에 대하여 2010년 당시 시장이 감사를 제의하였음에도 불구하고 감사실장을 비롯한 참모들이 이를 거부하였다고 설명하였다. 태백관광개발공사의 당연직 이사로 기획감사실장이 지정된 이유가 대주주이자 감독관청인 태백시의 감사 의무를 수행하기 위해서라는 점을 감안한다면, 이는 감사 담당자의 명백한 직무유기라고 할 수 있을 것이다. 또한 애초에 사업이 타당성 측면에 문제가 있다고 하여도 기획 단계에서 부정적인 보고를 고위층에 올린다는 것은 매우 어려운 일이다(임도빈, 2004: 442).

이러한 제약조건하에서 중위층은 지역주민을 위한 정책 구체화가 아닌 자신들의 인사권을 가지고 있는 고위층을 위한 정책 구체화에 집중할 가능성이 크다. 그리고 이러한 환경하에서는 지방자치단체의 자체 감사가 제대로 작동하지 못할 가능성이 매우 크다. 자체 감사로 인해 문제를 파헤치게 된다면 감사를 하는 당사자 및 동료들의 잘잘못을 파악하고 책임소재를 가려내야 하기 때문이다. 본 정책에 대해 가장 많은 정보를 가지고 있는 중·하위층에서 조용히 자리를 지키고 있다면 중간에 문제를 수정하거나 정책의 방향을 바꾸는 등의 해결조치를 하는 것은 어려운 일일 것이다.

3) 정책대상집단의 기대수준과 언론의 부채질

농어촌 및 산촌 지역에 거주하는 주민들은 도시 지역에 거주하는 주민들에 비해 상대적 박탈감에 시달리는 경우가 많기 때문에, 이와 같이 경제적으로 낙후된 지역에 거주하는 농어촌 및 산촌 지역주민들이 가장 중요하게 생각하는 것은 경제생활의 향상이다(임도빈, 2004: 93).

태백시의 경우, 주도적으로 〈폐광지역개발지원에 관한 특별법〉을 이끌어 냈다는 자부심과 함께, 동법의 핵심인 강원랜드(카지노)가 정선군 사북·고한읍 지역에 위치하면서 상대적으로 큰 박탈감 및 위기의식, 피해의식 등을 느끼고 있었다.[27] 따라서 태백시 주민들은 오투리조트 조성사업을 중심으로 태백시에서 이루어지는 각종 관광 개발 사업이 석탄 산업을 대신하고, 나아가 강원랜드에 버금가는 대체산업이 되기를 크게 기대했던 것으로 보인다. 지역주민들이 가장 쉽게 접하는 정보원인 언론매체에서도 사업 기획 단계에서부터 연일 긍정적인 내용의 보도를 함으로써 이러한 주민들의 기대를 더욱 크게 만들었다고 할 수 있다.[28]

---

[27] 강원랜드를 둘러싼 지역갈등은 강원랜드가 들어선 정선과 바로 인근 지역에 위치한 태백 간의 갈등이다. 즉, 상대적 박탈감을 느끼며 강원랜드의 추가 사업계획에 대하여 균형개발을 주장하는 태백과 파생되는 이익을 자기 지역에 최대한 묶어두고자 하는 정선 간의 갈등인 것이다. 태백시의 입장에서는 강원랜드가 잘 되면 잘 될수록 정선이 부러울 수밖에 없는 형국이라 할 수 있다. 이에 대해서는 김원동(2010), 정성호(2005), 강원도민일보 2005년 3월 7일 자에 소개된 "폐특법과 강원랜드" 등에서 관련 내용을 살펴볼 수 있다.

[28] 각종 언론에서는 태백시와 태백관광개발공사의 오투리조트(O2 리조트, 서학레저단지) 건설과 관련하여 "태백 탄광촌 관광지로 바뀐다"(서울신문 2001년 6월 8일 자), "태백 관광공사 설립 순풍"(강원도민일보 2001년 20월 25일 자), "고원도시 태백 레저메카로 부활"(강원도민일보 2002년 4월 12일 자), "태백 서학단지 개발 급물살"(강원도민일보 2002년 7월 18일 자), "서학레저단지 조성사업 청신호"(강원도민일보 2002년 10월 10일 자), "폐광지 낙후 이미지 탈피 관광지 부활 기폭제"(강원도민일보 2003년 12월 31일 자), "서학리조트 'O2 리조트'로 BI 변경, 국내최고원의 자연명품 리조트로 비상"(동아일보 2008년 7월 15일 자), "태백의 장밋빛 미래를 예고하는 오투 리조트"(태백인터넷뉴스 2008년 8월 6일 자), "오투리조트의 성공열쇠"(강원일보 2008년 9월 25일 자), "태백,

언론보도에 따른 홍보효과와 함께 탄광지역에서 관광메카로 부상할 수 있다는 시의 비전은 지역민들에게 큰 기대로 작용하게 되었다. 지역주민들의 기대감이 커지는 것에 비례하여 주민들의 여론 향방에 민감한 지방의회 의원들도 동조하게 되었다. 또한 이러한 지역주민들의 기대감은 기초단체장 선거를 통해서도 간접적으로 추론해 볼 수 있다. 실제 태백시의 기초자치단체장 선거 결과를 살펴보면 오투리조트 조성사업을 추진한 홍순일 시장은 제3회 지방선거에서 56.52%라는 비교적 높은 득표율로 당선되었다.[29]

또한 태백시 내에서도 지역주민들의 큰 기대감이 사업성에 대한 일부의 우려를 묻어버리고 장밋빛 전망만을 외치게 하는 데 큰 영향을 미쳤다는 의견이 제시되었다. 태백시민연대의 장연철 위원장은 중앙일보[30]와의 인터뷰에서 "강원랜드를 정선군에 빼앗겼다는 지역정서와, 어떻게든 관광도시로 일어서야 한다는 조바심이 공무원뿐 아니라 시민들 사이에서도 팽배했다. 반대의견을 가진 시민들이 적절한 문제제기를 못한 것은 이 때문"이라고 답하였다.

요컨대, 지역주민들의 자발적인 감시 기능이 경제생활의 향상을 목표로 지지 및 반대를 표명하는 전략적 행동에 따라 제대로 작동하지 않았음을 알 수 있다. 혹은 감시 기능이 일부 작동하였다 하더라도 이러한 소수의 반대의견은 전반적인 장밋빛 기대감이 충분히 누를 수 있기 때문에 있더라도 가시적으로 드러나진 않았을 것이다.

고원 휴양·관광지 발돋움"(서울신문 2008년 10월 8일 자), "태백 스키시즌 앞두고 지역 상권 기대감"(강원일보 2008년 11월 7일 자), "오투리조트 경영상태 양호"(강원일보 2009년 4월 9일 자) 등을 제목으로 장밋빛 미래와 기대감을 홍보하였다.

29) 홍순일 시장은 지방선거에서 다음과 같은 득표율을 기록하며, 지역 내에서 꾸준한 지지를 받아왔다. 제1회 지방선거(총8명의 후보자 등록)에서는 37.99%를 기록, 2위 후보자(19.90%)와 약 18%p의 격차를 나타내었고, 제2회 지방선거(총2명의 후보자)에서는 53.90%를 기록하여 2위(44.42%)와의 격차는 9.48%p였다. 마지막인 제3회 지방선거(총3명의 후보자)에서는 56.52%의 득표율을 기록하여, 2위(37.42%) 및 3위(4.91%) 후보자를 가볍게 눌렀다(출처: 중앙선거관리위원회 역대선거정보시스템 http://info.nec.go.kr/).

30) 이승녕, "시 전체가 집단최면 걸린 듯 … 장밋빛 보고서 '덥석'", 중앙일보, 2012. 1. 14. (http://sunday.joins.com/article/view.asp?aid=24547)

2. '자원의 문턱' 넘기

1) 제3섹터 방식

제3섹터는 태백시와 같은 공공부문에 있어서 민간자본을 도입하고, 민간의 경영능력을 활용하여 재정수요의 감소를 통해 정부의 재정력을 강화시킬 수 있다는 점에서 각광받고 있다(김길수, 2001: 162-164; 임승빈, 1995: 119). 이러한 경향은 특히 신공공관리론의 물결 이후 더욱 대두되었다. 하지만 이와 같은 자치 '행정'이 아닌 자치 '경영'의 강조는 지방자치단체로 하여금 도덕적 해이를 갖게 하였다. 자치 '경영'의 도입이 공공부문의 한계를 보완해주는 차원을 넘어서서 각종 경영 기법들의 무분별한 도입과 함께 지나치게 강조되었기 때문일 것이다.

태백관광개발공사는 태백시가 51%를 출자하였기 때문에 행정안전부의 기준에 따를 경우 '제3섹터형 지방공사'에 해당한다.31) 그러나 이러한 태백시 출자의 대부분은, 아래의 회의록에서 홍순일 전임 시장에 발언한 바와 같이, 태백시 자체자금이 아닌 중앙정부에서 나오는 지원금이었으며 이를 기반으로 태백관광개발공사를 설립하였다. 게다가 태백시는 오투리조트의 전신인 서학레저단지를 준비하던 당시부터 국내 기업의 투자를 유치하기 위해 노력하였다. 그러나 당시 국내의 경제 환경이 좋지 않아 투자가 원만하게 이루어지지는 않았다.

홍순일 시장: 그동안 우리 시에서는 폐광지역개발지원에관한특별법을 근간으로 해서 고원관광휴양레저산업개발에 전행정력을 집중해 왔습니다. 그러나 IMF 등으로

---

31) **지방공기업의 경영형태**

경영형태	지방공기업의 유형		지방자치단체 출자비율	비고
직접경영	지방직영기업		100%	정부조직 형태
간접경영	지방공단		100%	민간출자 불허
	지방공사	전액출자형	100%	
		제3섹터형	50% 이상	광의의 제3섹터
	지방공사·공단 외의 출자·출연법인 (제3섹터)		50% 미만	협의의 제3섹터 (주식회사 형태)

출처: 행정안전부. (2011). 지방공기업 현황: 지방공사·공단.

인해서 기업들의 신규투자 기피로 대규모 투자비가 소요되는 리조트 사업 민자유치
에 많은 어려움을 겪어 왔습니다. 또한 최근의 국내경제 역시 매우 어려운 시기로 국
내기업의 신규사업 투자분위기가 크게 위축되어 우리 시가 역점사업으로 추진 중인
관광레저분야의 민자유치 사업이 수년째 답보상태에 있습니다. 이에 우리 시에서는
민자유치 사업의 새로운 전환기를 마련하기 위해서 태백관광개발공사를 설립하고 민
관공동추자로 민간기업, 다시 말해서 대기업이 안전하게 우리 지역에 투자를 할 수
있도록 하고, 사업파급효과가 가장 높은 관광레저 사업을 선정해서 사업을 주도할
그런 계획을 세워서 현재 추진중입니다.

(출처: 제3대 제89회 제2차 본회의 2001년 7월 12일 목요일)

　　오투리조트 조성사업은 상술한 바와 같이 계획 초기에서부터 태백시의
한 해 예산[32]을 뛰어넘는 막대한 공사비를 감당해야 하는 사업이었다. 또한
투자한 사업비의 절반 이상인 1,100억 원 가량을 리조트 완공 이후 각종 회원
권 분양수익으로 충당한다는 계획이었기 때문에 근본적으로 재원 확보에 문
제가 있었다고 할 수 있다. 그런데 더 큰 문제는 잦은 설계변경 및 사업 확장
으로 인해 2004년 발주 당시 계획한 사업비만 가지고도 리조트 건설을 완공
할 수 없었다는데 있다. 이로 인해 태백관광개발공사는 2006년 560억 원,
2009년 900억 원의 공사채를 발행하였고, 태백시는 이에 대해 지급보증을 하
게 된다.

　　이와 같이 제3섹터 방식으로 설립된 태백관광개발공사의 재무상태를 살
펴보면 '배보다 배꼽이 더 큰'이 사업의 문제점과 함께 그러한 문제점이 시간
이 갈수록 지속적으로 누적되어 커져갔다는 점을 파악할 수 있다. 일반적으로
재무안정성을 살펴볼 수 있는 지표로는 부채비율, 유동비율, 자기자본구성비
율, 당기순이익 및 이익배당 지표 등을 꼽을 수 있다(정성호·정창훈, 2011: 8).
그 중에서도 부채비율과 유동비율, 자기자본구성비율은 태백관광개발공사에
서 직접 '안정성비율'항목으로 구분하여 공개하고 있는 항목이다.

---

32) 태백시의 예산은 예산총계의 최종예산을 기준으로 2001년 162,591(백만 원)에서 최근 10
　　여 년간 최대치를 기록한 2009년에는 281,799(백만 원)였다. 2001년에서 2010년까지의
　　예산을 평균하여 보면, 약 235,699(백만 원)이다.

표 7 태백관광개발공사의 재무상태   (단위: 백만원, %)

	2007	2008	2009	2010
자산	180,776	327,212	392,499	376,465
부채	111,117	247,434	333,664	336,180
자본	85,481	79,778	58,835	40,285
당기순이익	-8,028	-11,639	-26,643	-24,550
부채비율 (%)	159.52	310.16	567.12	835.50
유동비율 (%)	320.77	39.73	4.92	3.60
자기자본구성비율 (%)	38.53	24.38	14.99	10.70

출처: 지방공기업경영정보공개시스템.

우선 태백관광개발공사의 부채비율은 지속적으로 증가추세에 있다. 2010
년(835.50%)에는 2007년(159.52%)에 비해 무려 5배 이상 증가하였으며, 이는
〈지방재정위기 사전경보시스템 운영 규정〉 제3조에 명시된 기준에 따라 "심
각" 수준에 해당된다.[33] 특히 태백관광개발공사의 부채는 2010년도를 기준으
로 태백시 예산(2,348억)의 1.4배에 달하고 있다. 반면 태백관광개발공사의 유
동비율은 지속적으로 감소 추세에 있다. 유동비율이란 해당 기업의 재무유동
성을 판단하는 지표로서, 일반적인 기업의 경우에는 유동비율이 200% 이상이
면 안정적이라 판단한다(정성호·정창훈, 2011: 8; 조기현·신두섭, 2008: 131). 이러
한 기준에 근거하여 살펴보았을 때, 2010년 기준 3.60%로 태백관광개발공사

---

[33] **지방재정위기 사전경보시스템 운영 규정**
제3조(모니터링 기준) ① 행정안전부 장관은 지방재정법 시행령 제65조의2 제1항 각 호
의 지표에 대하여 다음과 같은 기준에 따라 모니터링을 실시한다.

시행령	지 표	"주의" 기준	"심각" 기준
제65조의2 제1항 제1호	통합재정수지적자비율	25% 초과	30% 초과
제65조의2 제1항 제2호	예산대비 채무비율	25% 초과	40% 초과
제65조의2 제1항 제3호	채무상환비 비율	12% 초과	17% 초과
제65조의2 제1항 제4호	지방세 징수액 현황	50% 미만	0% 미만
제65조의2 제1항 제5호	금고잔액 현황	20% 미만	10% 미만
제65조의2 제1항 제6호	공기업 부채비율	400% 초과	600% 초과

② 행정안전부 장관은 제1항의 기준에 따라 분기별로 재정지표를 모니터링한다. 다만, 필
요한 경우 수시로 모니터링을 실시할 수 있다.

의 재무유동성은 심각한 수준에 처해있다고 판단할 수 있다. 한편 태백관광개발공사가 순수하게 벌어들인 이익을 파악하기 위해 당기순이익을 살펴볼 필요가 있는데, 이를 보면 지속적으로 증가하고 있는 부채와 함께 당기순이익 역시 (-) 상태를 벗어나지 못하고 있다는 점을 발견할 수 있다.

태백관광개발공사의 경우 상당수 부채가 사채발행 및 그에 따른 이자 등으로 구성되어 있는데, 이러한 사채발행에 대하여 태백시가 지급보증을 하였기 때문에 태백시 자체의 재정운용에도 심각한 영향을 미치게 되었다. 이와 같은 사채발행의 이유는 부족한 공사비에 기인하고 있다. 당시 원자재 가격 및 유류가격이 인상되는 등 전반적인 물가인상이 발생하였고, 여기에 국내경기가 침체되면서 회원권 분양이 계획대로 진행되지 않았기 때문에 추후 공사비 및 운영비 조달에 있어서 문제가 생겨난 것이다.[34]

이러한 개별 지방자치단체의 제3섹터 방식 공사 설립 및 개발 사업의 가장 큰 문제점 중 하나는 바로 오투리조트 조성사업과 같은 문제가 발생하였을 때, 책임 분담이 이루어지기 힘들다는 점이다. 이로 인해 본 연구사례와 같이 지방자치단체가 과중한 부담을 떠안게 되는 경우가 발생하게 된다. 기본적으로 공동으로 투자한 사업에 문제가 생겼을 경우, 출자지분에 따라 그 책임을 분담하는 것은 논리적으로 타당하다고 할 것이다. 하지만 이러한 책임 분담 문제가 법적으로 제대로 명시되어 있지 않기 때문에 민간 사업자의 책임감을 확실히 담보할 수 없다는 한계가 있다. 이에 대해 태백시청 관계자는 "시공사 측의 요구로 이루어진 설계변경에 따른 전체 사업비 증대에 대해 출자지분에 따라 그 책임을 분담하려고 하지만, 관련법에서 명확하게 명시하고 있지 않아 법적 구속력이 없다는 점이 어렵다"고 언급하였다.

2) 사업타당성 분석

오투리조트 조성사업과 같은 지역개발 사업에서 자원의 문턱을 넘기 위해서는 제3섹터 방식을 통해 재원 및 인적 자원을 조달하는 방식과 함께 사업타당성 분석을 통한 합리적 설득 과정이 요구된다. 이 과정에서 발생할 수

---

34) 행정안전부의 결산지침에 따른 2008년도 회계감사 결과에 의하면, 한정의견으로서 '공사의 계속적 기업으로서의 존속능력에 불확실성'이 언급되었다(출처: 태백관광개발공사(2009), 2008년 경영목표 이행실적).

있는 문제로는 우선 사업타당성 분석이 현실을 모두 반영할 수 없기 때문에 그 결과가 왜곡될 수 있다는 점을 들 수 있다. 또한 사업타당성 분석 용역이 주로 지역개발 사업의 이익과 관련 있는 당사자의 요청에 의한 것일 뿐만 아니라, 이들의 요구에 부합하는 용역 결과를 만들어내는 정책분석가가 결합되어 그 결과가 왜곡될 수 있다는 것이다.

실제 오투리조트 조성사업의 타당성 분석도 태백시가 직접 타당성 분석 의뢰를 하였다. 이처럼 태백시가 오투리조트 조성사업을 위해 외부에 사업타당성 분석을 포함한 관련 연구용역을 맡긴 것은 크게 두 번이며, 이에 대한 내용 및 쟁점을 정리하면 다음과 같다.

첫째는 공사 설립과 관련하여 당시 한국자치경영협회(현 지방공기업평가원)에 맡긴 '태백관광개발공사 설립타당성 검토 용역'이다. 용역 결과에 따르면, 태백관광개발공사의 사업계획은 지역 경제 파급효과가 큰 사업으로서 공기업 설립은 타당하며, 또한 서학지구의 스키장과 골프장 사업의 사업타당성이 비교적 높은 것으로 나왔다.[35]

둘째는 ㈜도화종합기술공사와 ㈜도시연이 맡은 '리조트 기본계획용역'이다. 2003년 8월에 있었던 조성사업 기본 계획 용역 중간 보고회에서 용역을 맡은 두 업체에는 단순한 관광레저 리조트를 넘어 지역의 기후·문화·산업 등이 어우러진 종합관광레저단지를 조성하겠다는 구상을 밝혔다.[36] 하지만 이러한 구상과 별도로 경제성 분석에 있어서는 사업성이 떨어진다는 보고서가 나왔던 것으로 보인다.[37] 그러자 태백시에서 이 보고서를 토대로 사업성을 다시 따진 수정 보고서를 만들었는데, 기존의 결과와 상반되게 사업성이

---

35) 제3대 제89회 제2차 본회의 회의록(2001년 7월 12일 목요일 자).

36) 홍성배, "태백 서학레저단지 윤곽", 강원도민일보, 2003. 8. 6.
   (http://www.kado.net/news/articleView.html?idxno=102320)

37) 중앙일보 2012년 1월 14일 자(출처: 이승녕, "시 전체가 집단최면 걸린 듯 … 장밋빛 보고서 '덥석'", 중앙일보, 2012. 1. 14. (http://sunday.joins.com/article/view.asp?aid=24547))에 따르면 태백시가 경제성 분석 용역을 당시 국내에서 잘 알려진 토목설계·감리회사인 D 사에 맡겼는데 216억 원의 적자가 발생한다는 보고서가 나왔다고 한다. 이에 태백시에서 이 보고서를 기반으로 수정 보고서를 만들었는데 여기서는 441억 원의 순현재가치가 발생하는 것으로 도출되었다. 이는 미래 수익을 추산하는 과정에서 그 방식에 따라 각기 다른 결과가 도출될 수 있다는 경제성 분석 용역의 한계에 의해 발생한 문제라고 할 수 있다. 즉, 이는 요구에 맞춘 용역 결과를 도출해 내는 것이 현실적으로 가능하다는 점을 증명하는 것이다.

높다는 결론이 도출되었다.

이와 같이 오투리조트 조성사업에 직접적인 이해관계가 얽힌 태백시가 의뢰하고 수행한 사업타당성 분석에 의하여 해당 사업이 진행되었고, 이로 인해 '자원의 문턱'에 대한 세밀한 검토가 미흡했을 가능성을 추론할 수 있다. 태백시청 관계자 역시 오투리조트 조성사업을 시작함에 있어서 이러한 사업 타당성 분석 용역의 한계를 인정하면서, 입맛에 맞는 용역을 받아들이는 당시 고위층 관계자와 본 용역을 수행한 분석가의 책임을 지적하였다.

3. 중앙정부의 무책임

1997년부터 2010년까지 강원도 폐광지역에의 투자 내역은 총 4조 847억 원(공공 1조 7,568억, 민자 2조 2,343억, 폐광기금 797억 원)이며, 이 중에서 태백시는 1조 726억 원을 지난 13년간 사용하였다. 전체 투자내역을 보다 구체적으로 살펴보면, 기반시설 조성 사업에 22%, 도시정비 및 복지사업에 48.7%, 지역특화사업에 13%, 관광휴양시설 조성사업에 12%, 기타 4.3%를 사용하였다. 기반시설 조성사업과 도시정비 및 복지사업이 전체의 70%를 차지하고 있는데, 폐광지역이 다른 도시에 비해 상대적으로 낙후된 지역임을 감안할 때 이러한 기반시설 조성사업에 대부분의 예산이 사용된 것은 불가피한 측면이 있다. 하지만 폐광지역특별법의 취지가 "낙후된 폐광지역의 경제를 진흥시켜 지역 간의 균형 있는 발전과 주민의 생활 향상을 도모함"임을 감안할 때, 장기적인 관점에서 사업이 추진되기보다는 단기적이고 가시적인 사업에 재원사용이 집중된 측면이 있다.

특히 본 연구에서 문제로 지적한 것이 태백시가 사용한 전체 사업비의 25%가 투입된 지역특화사업과 관광휴양시설 조성사업이다.[38] 이 중 오투리조트 조성사업은 현재 누적된 적자로 운영조차 제대로 하지 못하고 있는 실정이다.[39] 이는 상술한 행위자 측면의 원인과 복합적으로 작용한 제도적 차

---

38) 태백시에서 추진한 지역특화 및 관광휴양시설 조성사업은 서학레저단지, 황지연못테마공원, 대체산업단지, 국민안전체험테마파크, 고원스포츠타운, 오투리조트 등이다.

39) 현재는 삭제되었지만 지난 2012년 2월 21일 강원도청 홈페이지 민원란에는 강원도지사에게 "오투리조트 회원권을 구매한 사람이다. 현재 운영이 되지 않아서 회원권이 있어서 이용을 할 수 없다. 이럴 거면 회원권을 판매하지 말던지 …"라는 내용이 올라와 있었다.

원의 문제에도 그 원인이 있다. 특별법을 제정하면서까지 지원한 지역발전정책에는 당연히 막대한 공공부문의 예산지원에 따른 중앙차원의 감독·감시가 있어야 하며, 기획·정책 수립단계에서 협조가 뒷받침되어야 한다. 하지만 태백시의 오투리조트 사례에서는 관리, 감독 및 협조체제가 유기적으로 이뤄지지 않았다.

　현재의 결과가 나타난 것은 폐광지역 특별법 자체에서도 그 원인을 찾을 수 있다. 폐광지역 특별법 제4조(개발계획)에는 도지사 및 지식경제부 장관의 역할에 대한 설명이 있다. "제4조(개발계획) ① … 둘 이상의 시·군에 걸쳐 진흥지구가 지정된 경우에는 도지사가 해당 시장·군수와 협의하여 개발계획을 작성하여야 한다. ② 도지사는 폐광지역의 경제 진흥을 위하여 필요하다고 인정하는 경우에는 지식경제부장관과 협의하여 다음 각 호의 사항을 포함하는 폐광지역별 중장기 종합개발계획을 수립할 수 있다." 여기서 문제가 될 수 있는 부분이 바로 '협의'라는 용어이다. 조문자체에 협조의 범위와 수준을 명기하지 않았기 때문에 협의당사자는 게임이론에 입각한 결정을 내려왔다.

　개발계획에 있어서 최상위 협의당사자인 지식경제부 에너지자원실 석탄산업과의 김○○ 사무관은 "법조문에 나타나 있는 것처럼 지식경제부 장관은 태백시에서 수립되어 강원도지사와 협의하여 보고된 개발계획에 대해서 협의를 하게 되어있습니다. 문제가 있는 계획에 대해서는 지식경제부에서 어렵다고 할 수 있겠지만 대부분의 경우는 보고된 계획이 통과되는 경우가 많습니다. 특히 현재는 폐광지역 특별법에 근거하여 강원랜드에서 조성된 폐광기금으로 재원이 조달되는데, 이 폐광기금은 강원도청에서 관리하고 분배합니다. 감사의 경우는 감사원에서 실시하는 지방정부에 대한 일반감사와 유사한 형태로 진행하는 것으로 알고 있습니다. 지식경제부에서는 감사는 하지 않습니다"라고 응답하였다. 이는 '협의'라는 용어를 최소한의 의미로 해석하여 어려움이 있을 때 요청할 경우에 한해서 도움을 줄 수는 있다는 식으로 해당조문을 이해하고 있는 것 같다.

　한편 공기업 정책을 담당하는 행정안전부는 오투리조트 사업을 총괄한 태백관광개발공사의 부채누적과 운영의 어려움으로 사업전망이 불투명하다고 판단하여 2010년 4월 지분매각 등 민영화 명령을 내렸다. 해당부서인 공기업과 오○○ 주무관과의 인터뷰에서는 "행정안전부는 보고된 결과를 바탕으로 지방공기업 결산 및 경영분석을 통해 공기업 매각, 민영화의 여부를 결정할 뿐이다"라고 응답하였다. 이것은 결국 중앙정부가 막대한 예산을 투입하면서 잘못될 경우 누가 감독의 책임을 지는지 알 수 없게 되어 있다는 뜻이다. 즉, 행정안전부가 결정만을 담당한다고 해도 매년 수많은 페이지의 보고서를 작성하고, 현지 실사까지 가는 상황에서 이를 방치한 책임을 면하기는 어려울 것이다.

이러한 행태는 중앙정부에 한하지 않는다. 태백시와 중앙정부의 중간에 위치하여 폐광지원정책의 핵심적 역할을 해야 할 강원도청에서도 기획, 정책, 감사가 제대로 이뤄지지 않았다. 강원도청 산업경제국 탄광지역개발과의 김○○ 직원은 "현재 폐광지역 특별법의 개정으로 재정지원이 10년 연장되었습니다. 지적하신 것처럼 지난 폐광지역 개발정책은 단기적이고 가시적 성과를 나타내는 사업이 많았습니다. 그래서 강원개발연구원에 용역을 의뢰하여 향후 10년간의 장기 발전계획을 수립하고 있습니다. 또한 우리나라와 유사한 일본 탄광지역을 방문하여, 탄광지역을 단순하게 접근하기보다는 역사문화를 보존할 수 있는 다른 개념을 적용하는 것도 고려하고 있습니다. 기획의 경우 현재처럼 각 시에서 결정되는 정책을 다른 시의 정책과 비교하여 종합적으로 검토하려고 하고 있습니다. 관광개발사업이 도에서 조율되지 않고 모든 시에서 추진하다보니 현재처럼 운영상의 어려움이 나타나고 있다고 생각합니다. 또한 감사기능을 강화하여 문제가 있는 정책에 대해서 보다 적극적인 개입을 검토하고 있습니다"라고 응답하였다.

이상에서 알 수 있는 것은 정책기획과 수립, 예산집행, 감사 등의 주요업무에 대해서 가장 하위정부인 태백시에서 거의 모든 결정을 내리고 있다는 것이다. 상술한 행위자 분석에서도 나타난 것처럼 태백시장과 부시장, 핵심부서인 사업추진단의 소수에 의해서 태백시의 정책이 추진되었다고 볼 수 있다.

지방정부의 정책결정과 예산집행·감사의 기능을 상위정부인 강원도청과 중앙정부에서 지나치게 개입할 경우, 지방정부의 자율성 침해라는 측면이 상존한다. 하지만 그동안 지방자치단체에 대한 자율성의 증대라는 측면만 강조하여 법이 정한 틀 내에서 최소한의 감시마저 적어지는 것은 문제로 지적하지 않을 수 없다. 예를 들어 감사원의 지방정부에 대한 일반감사 이외에도 주무부처와 강원도청은 사업의 타당성과 효과성, 장기계획에 대한 연구용역을 진행하여 간접적 감사를 할 수도 있다.

하지만 지난 13년간 폐광지역 특별법에 근거하여 예산지원을 받아왔음에도 불구하고 사업의 효과성과 타당성에 대한 분석은 많지 않다.[40] 2012년 2월에 폐광지역 특별법에 근거한 예산지원이 10년 연장되는 법안이 통과되면서 이제야 앞으로 10년간 개발계획을 수립하거나, 지난 13년간의 사업을 평가하고 있는 것이다. 지난 13년간의 평가결과는 본 연구에서 분석한 오투리조트 조성사업의 실패 사례처럼 부정적인 것으로 보인다. 한국광해관리공단에서는 2011년 말 "'폐광지역개발 지원에 관한 특별법' 효과분석 및 연장 타당성 검토 용역"을 실시했고 현재 결과가 보고된 상황이다. 한국광해관리공단 담당과장에게 결과에 대한 정보제공을 요청하였으나 회의를 거쳐 공개를 거부한 것으로 비춰보면 부정적 해석에 무게가 실린다.

한편 재원 측면에서는 현재 중앙정부에서 관리·감독할 수 있는 제도가 존재함에도 불구하고 형식적으로 운영되고 있다는 점 역시 문제로 지적할 수 있다. 우선 오투리조트 조성사업과 같은 대규모 사업은 중앙정부의 투·융자 심사를 통과해야 가능한데, 오투리조트 조성사업은 별다른 이견 없이 손쉽게 통과하였다. 기본적으로 제출해야 하는 서류에 큰 하자가 없으면 그냥 통과되는 등 본 제도가 부실하게 운영되었을 가능성을 시사한다. 실제 심사를 담당하는 투자심사위원회는 대부분 서면심사를 통해 주관적인 판단하에 심사가 이루어지며, 재원조달능력에 대한 부분과 심사결과의견이 일치하지 않는 경우가 많아 심사하는데 있어 혼란이 발생할 수 있다(이용환, 2010: 89).

또한 태백시는 어떻게든 사업을 완수해야 한다는 것을 전제로 빚을 내서라도 부족한 재원을 충당하는 방식을 택하였다. 지방채는 미래에 부담을 지우는 것이기 때문에 이를 반영한 면밀한 재정영향분석과 같은 실질적 고려가 필요한데(이용환, 2010: 102-103), 이를 기획하고 결정하는 권한을 가진 태백시의 고위층 및 중위층 기관에서는 단기적 시계에 사로잡혀 이마저도 제대로 수행하지 못한 것으로 보인다. 그리고 이러한 지방채에 대하여 중앙정부 차원

---

40) 강원도청 산업경제국 탄광지역개발과의 김○○ 직원은 "사업초기 지식경제부의 용역을 받아서 현대경제연구원, 에너지개발연구원 등의 연구용역이 있었다. 2005년에 강원발전연구원의 연구용역이 있었고 2012년 현재 강원발전연구원이 향후 10년을 내다보는 정책기획 용역을 진행중이다"라고 밝혔다.

에서도 재정 책임성(fiscal accountability)을 담보할 수 있는 제도적 장치를 마련하지 못하여, 문제를 가중시켰다고 할 수 있다(임성일 외, 2011).

V. 결 론

본 연구의 결과 태백시의 오투리조트 조성사업이 결국 국민의 세금을 축내는데 민·관이 합동했고, 누구도 책임을 지지 않았다는 점을 발견할 수 있었다. 그런데 이와 같이 국민의 세금으로 조성된 자원의 투입이 많은 사업일수록, 긴 시간동안 여러 행위자가 연관되어 있어 나중에는 누가 실패의 책임을 져야 하는지 애매하다. 오투리조트 조성사업 역시 하위정부인 태백시에서부터 강원도, 중앙정부까지 연관되어 있어 특정 이유만으로 특정의 기관에게만 실패를 귀속시키기에는 어려움이 있다.

임도빈(2004: 193-198)의 악순환모델대로 원래 우리나라 지방자치제도는 도입 시부터 이미 이런 실패가 나올 수 있는 여지를 제도화하고 있다. 현실적으로 재선이 가장 중요한 목표인 정치인들은 단체장 및 지방의회 선거에 나서게 되면서 지역경제를 발전시키기 위한 정책을 공약으로 내세운다. 특히 낙후된 지역일수록 더욱 획기적인 사업을 추진하려고 하며, 이런 지역일수록 지방자치단체가 보유한 재정능력에 비해 더욱 많은 재원이 요구된다(임도빈, 2004: 196). 또한 성과달성을 위해 임기 중에 대규모 개발 사업을 추진하고자 하며, 가시적으로 드러나는 대규모 개발사업의 경우 지역 주민들이 큰 기대감을 안고 전폭적인 지지를 보내는 것이 일반적인 경향이다.

문제는 지방자치단체 수준에서는 지역경제의 사활이 걸린 지역개발정책의 중요한 자원인 재원과 인적자원의 확보가 어렵기 때문에 대규모 지역개발사업의 실패확률이 높아진다는 점이다. 또한 소위 행정의 '경영화'라는 시각에서는 보수적으로 투자를 하는 관료들을 비하하고, 각종 경영기법들이 마치 위험도 감소시켜 주는 마술방망이로 착각하게 만들기도 한다. 태백시의 경우처럼 '제3섹터형' 지방공기업 설립이 바로 그러한 마술방망이 중 하나인 것이다. 더구나 어느 순간, 이런 정책의 오류를 발견하더라도 빨리 정책을 수정하거나, 현실에 맞게 목표를 하향 조정하는 것이 아니라, 다른 수단을 동원해서라도 개발정책을 끝까지 포기하지 않아 실기(失期)하게 되는 것이 현실이다.

그렇다면 지역의 NGO나 똑똑한 주민들이 이런 허황된 장밋빛 공약을 하는 후보를 선출되지 않도록 하면 되지 않는가? 이에 대한 현실적인 답은 '아니오'일 수밖에 없다. Ap(1992: 668)은 지역주민은 지각된 편익이 비용보다 크다면, 관광개발을 찬성한다고 하였고, Allen et al.(1993)과 Liu and Var (1986)은 관광개발의 정도가 낮은 농촌지역 내에서 경제활동 수준이 낮은 지역주민들이 높은 지역주민들에 비해 관광개발에 대해서 과대평가를 한다고 지적하였다. 국내 폐광지역의 관광개발에 대한 주민인식에 대한 연구에서도 경제적 상태 및 지각된 혜택 등이 관광개발정책이라는 개발수단에 대해 유의하게 나타났다(이승구·최규성, 2006; 최규성·신철호·정승환, 2004).

태백시 오투리조트 조성사업의 경우를 보면 이렇게 대규모로 일을 벌이기만 하였을 뿐, 누구도 확실한 책임을 지도록 만들어지지 않았다는 점을 알 수 있다.41) 일반적으로 오투리조트와 같이 장기간이 소요되는 지역개발 정책의 경우, 일이 벌어지고 난 후에 이루어지는 사법적 조사에 있어서 책임자와 관련 자료를 확보하는 것이 매우 어렵다. 태백시청 내부의 공무원뿐만 아니라 시공사 및 하도급업체에 근무하는 관련 직원들도 조사 시점까지 근무하고 있는 경우가 매우 드물다. 심지어 소규모 업체의 경우에는 아예 회사의 존재 자체가 없어지는 사례도 있어 해당 문제의 원인을 파악하고 책임을 지우기에는 현실적인 한계가 있는 것이다. 그리고 이러한 점이 지역개발정책의 악순환모델을 구성하는 핵심 내용이 된다. 그렇다면 여기서 가장 중요한 문제는 어떻게 하면 이런 정책실패의 악순환모델을 근절시킬 수 있을 것인가이다. 이에

---

41) 태백시의회 제6대 제180회 제8차 행정사무감사특별위원회(2011. 12. 7.)에서 기획감사실장인 심상보는 다음과 같이 책임 부담에 관하여 발언하였다.
"공기업 부채의 원인이 누구냐? 책임을 누가 져야 되느냐하는 법적인 검토도 했습니다. 그런데 도의적인 책임은 지울 수 있을지 몰라도 법적인 책임을 묻기는 어렵다. 예를 들어 준공검사를 허위로 해줬다. 그렇게 되면 혼내줘야 되는데 그 기한이 2년이에요. 그럼 처벌을 못해요. 그런 규정도 이미 선택할 수 있는 방법도 아니고 물론 1,490억에 대해서는 잘못한 사람이 있죠. 그런데 판단의 기준을 법적으로 정의를 할 수 있겠느냐? 어느 쪽으로 가야 되겠나 하는 고민입니다. 이번 조사에서도 느꼈지만, 이런 부분들을 있는 그대로 정리를 했으면 좋겠는데 그렇지 못한 부분, 과연 태백시에서 이런데 왜 투자를 했느냐 이런 정책결정도 저는 잘못 되었다고 판단하고 있습니다. 그렇지만, 법적인 책임을 지우기에는 한계가 있습니다. 상급기관 하고도 상의를 해봤습니다. 이걸 과연 법적으로 해서 고발할 수 있겠느냐?"

본 연구에서 찾을 수 있는 몇 가지 함의를 정리하면 다음과 같다.

첫째, 지역에서 막강한 권력을 가진 지방자치단체 단체장의 문제이다. 우선 우리나라는 지방자치단체의 단체장에게 3선을 허용하고 있다. 태백시의 경우에는 실질적으로 4선 째까지 영향을 미친 셈이 된다. 단체장이 재임하는 동안, 공무원들은 현실성도 없는 사업을 성공시키겠다고 월급을 꼬박 챙긴 셈이 된다. 이런 상황에서 시청에서 이뤄지는 감사도 적절성을 기대하기 어렵다. 단체장은 지역 내의 주요 정책을 좌지우지 할 수 있는 강력한 위치에 있는 만큼 3선 허용 제도에 대한 재논의 및 감시·감독 체계를 강화할 수 있는 방안이 함께 논의되어야 할 것이다.

둘째, 지방자치단체의 사업을 감시·감독할 수 있는 권한을 가진 행위자의 문제이다. 지방의회의 의원들은 소수일 뿐만 아니라, 개발 지역에 이해관계를 가진 사람들이기 때문에 엄격한 감시·감독 기능을 수행하기 어렵다는 현실적 제약이 있다. 그렇다면 여기서 이들을 보완하기 위해 도의원·국회의원들이 충분한 견제기능을 발휘하였느냐가 문제로 제기된다. 아무리 지방의 문제라고 하더라도 국비가 들어가는 사업이고, 국회국정감사와 감사원 감사가 매년 이뤄짐에도 불구하고 태백시의 경우 이들이 적절한 견제 역할을 하지 못했다는 것은 놀라운 일이다. 즉, 오투리조트 조성사업 계획이 가시화되었던 2001년에서부터 문제가 크게 드러난 2011년까지의 긴 시간동안 상위정부 차원의 견제가 효과적이지 못했다는 것이다. 이러한 점은 법·제도의 당위적 차원을 넘어서 실질적인 운용에 미흡한 점이 있다는 것을 보여준다. 관련 상위기관인 기획재정부, 지식경제부, 행정안전부,[42] 감사원 및 강원도청 등의 무책임성을 면할 수 있는 방법이 고안되어야 할 것이다. 특히 투·융자 심사 및 지방채 승인과정 등에서 중앙정부를 비롯한 상위기관은 사업 진행과정에서 적절한 통제를 할 수 있는 위치에 있었다. 하지만 이들 기관 모두 제대로 분석하고 필요한 통제를 하지 못하였다는 점은 제도적 차원의 한계를 핑계로 대기 이전에 상위기관으로서 근본적인 직무유기가 될 수 있음을 인지하여야 할 것이다. 우리나라에서는 지방자치단체의 파산에 대한 규정이 없어 태백시 오투

---

42) 행정안전부에서 2001년이 되어서야 훈령을 제정하여 경고를 하는 것은 이미 이루어질 대로 이루어진 지역별 대규모 지역개발사업과 이로 인해 발생한 지방자치단체 재정위기에 대한 사후약방문(死後藥方文)이라 할 수 있다.

리조트 조성사업 사례와 같이 시 재정에 위기를 주는 문제가 발생할 경우, 중앙정부 차원에서 해결해 주어야 하기 때문에 더욱 필요하다고 할 수 있다.

셋째, 사실 애초에 오투리조트와 같은 지역개발정책의 실패를 없애려면, 사전에 충분히 검토가 되어 너무 위험이 큰 것은 아예 시작하지 말아야 한다. 혹은 여러 예측결과를 도출하되, 가장 부정적으로 나온 결과에 근거하여 해당 사업을 재검토하는 방안을 생각해 볼 필요도 있다. 일반적으로 장래를 예측하여 분석하는 사업타당성 분석은 조사 당시 경제활동이 활발하거나, 정책결정자의 바람이 강하게 들어간다면 지나치게 긍정적으로 미래 수익을 추산하는 단점이 있다. 따라서 예비타당성 조사의 담당기관이나 방법이 달라져야 한다. 그리고 사업이 진행 중에도 상황이 악화된 적절한 시점에서 중단하고 정리할 수 있는 상시 혹은 주기적 감시체제도 마련되어야 한다. 예를 들어, 처음 발주한 지방자치단체의 개발 사업이 진행과정에 따라 일정 수준 이상의 사업비 증액이 이루어질 때, 상위기관에서 투·융자 심사 및 사업진행과정에 대한 감사 등을 재요구하는 형식의 방안도 고려해 볼 만하다(손희준, 2012: 40).

넷째, 소위 제 3섹터와 같은 민간경영기법의 도입문제이다. 이것은 관료제의 역기능문제를 거꾸로 악용하여 결과적으로 국민세금을 축내는 결과를 가져오게 하는 것이기도 한다. 상술한 바와 같이 법·제도적 차원에서 민간의 책임을 담보할 수 있는 명확한 규정이 없는 것이 현실이다. 하지만 지방자치단체와 함께 투자한 민간이 재정적 책임을 나누어지지 않는 한, 불필요하게 잦은 설계변경으로 사업비도 늘리고, 나아가서는 회사의 부를 늘리고자 하는 유인을 강제할 수 있는 방법이 전무하다. 요컨대, 민간의 도덕적 해이를 줄이기 위해 최소한 출자비율만큼 서로 책임을 분담할 수 있는 분명한 법적 장치를 마련하는 것이 필요하다는 것이다. 또한 민간경영기법의 도입으로 외견상 자원의 문턱을 쉽게 넘어갈 수 있는 것처럼 만들 수 있다는 점은 정책과정에 참여하는 모든 행위자가 경계해야 할 부분이다. 이를 위해 특히 기초자치단체가 자체적으로 민간기업과 일정 규모 이상의 제3섹터를 형성하는 경우, 중앙정부에서 일정한 조건 아래 이루어질 수 있도록 강제하는 방안도 생각해 볼 필요가 있다.

태백시는 하나의 사례에 불과하다. 하지만 이미 이와 유사한 사례도 많거니와, 아직도 계속 양산될 가능성이 크다. 이런 메커니즘은 지방자치단체는 물론이고, 대선을 앞두고 공약을 남발하는 중앙정부에도 적용가능하다. 따라서 개발정책에 대한 책임성을 다루는 연구 및 정책 개발이 적극적으로 이루어져야 한다. 태백시 오투리조트 조성사업의 실패는 기본적으로 각 행위자에 대한 책임성 확보에 실패하여 시의적절한 정책수정이 이루어지지 못했다는 데 있다. 지방자치가 정착되고 발전해 나가는 현 추세에 맞추어 이를 보완하기 위한 노력이 더욱 요구된다고 할 수 있다.

참고문헌

김길수(2001). "제3섹터 방식에 의한 지역관광개발에 관한 연구: K시의 M랜드 조성사
　례를 중심으로", 「한국지방자치학회보」 13(3): 159~177.

김원동(2010). "강원도 폐광지역의 쟁점과 미래 전망 그리고 대응전략: '강원랜드'와 '폐
　특법'을 중심으로", 「사회과학연구」 49(2): 133~181.

손희준(2012). "공약과 세금축내기 경쟁 -개발정책의 무책임성-", 한국정책지식센터·
　한국행정연구소 「정책&지식 포럼」 토론문: 39~41.

이승구·최규성(2006). "강원도 폐광지역 관광개발에 대한 주민태도", 「관광연구저널」
　20(2): 189~200.

이용환(2010). 「사전적 지방재정관리제도 선진화 방안 연구」 경기개발연구원.

임도빈(2004). 『한국지방조직론 -행위자, 전략, 게임-』 서울: 박영사.

임도빈(2007). "한국 행정현상에 대한 설명모델을 찾아서: 악순환 모델", 「한국거버넌스
　학회보」 14(1): 1~30.

임성일·서정섭·이창균 외(2011). 「지방자치 선진화를 위한 지방재정 건전성 강화 방안」
　한국지방행정연구원.

임승빈(1995). "지방자치단체경영에 있어 제3섹터론에 대한 고찰", 「지방행정연구」 10
　(2): 109~133.

정문기·오수길(2008). "지역개발의제 채택의 상징정치: 민선4기 광역자치단체장 후보들
　의 공약 분석을 중심으로", 「한국행정학보」 42(2): 217~238.

정성호(2005). "강원남부 폐광지역의 개발 현황과 과제", "지역개발연구」 13: 149~168.

성성화(2012). "공약과 세금축내기 경쟁 -개발정책의 부책임성-", 한국정책지식센터·
　한국행정연구소「정책&지식 포럼」 토론문: 36~38.

최규성·신철호·정승환(2004). "지역주민의 관광개발 지지에 관한 연구-강원도 폐광지
　역을 중심으로-",「호텔·리조트연구」 3(2): 255~269.

태백시 의회 회의록(2001년~2011년).

행정안전부(2011). 「지방공기업 현황: 지방공사·공단」.

Allen, Lawrence R., Harry R. Haffer, Patrick T. Long, and Richard R. Perdue. (1993).
　"Rural residents' attitudes toward recreation and tourism development", *Journal of
　Travel Research*. 31(4): 27~33.

Ap, J. (1992). "Residents' perception on tourism impact. *Annals of Tourism*

Research", 19(4).

Feiock, R. and James C. (1992). "Development Policy Choice: Four Explanations for City Implementation of Economic Development Policies", *American Review of Public Administration*. 22(1): 363~388.

Frant, H. (1996). "High-power and Low-power Incentives in the Public Sector", *Journal of Public Administration Research and Theory*. 6(3): 365~381.

Liu, J. C., and T. Var. (1986). "Residents attitudes toward tourism impact in Hawaii", *Annals of Tourism Research*. 14: 202~226.

뉴타운사업을 통해 본 정책실패의 악순환 구조 분석

세종대학교 행정학과 교수 _ 변창흠

I. 서 론

'뉴타운'(New Town) 사업은 이름과 달리 신도시 건설사업이 아닌 기성시가지 정비사업이다. 2002년 7월에 출범한 민선 3기 이명박 서울시장은 선거공약으로 강남북 불균형 발전의 시정을 내걸고 압도적인 지지로 당선된 이후 강북지역에 대한 새로운 정비방식을 발표하면서 '뉴타운'사업이라 이름 붙였다. 이 지역에서 뉴타운은 수도권 신도시를 연상시켜 지역주민들에게 기대와 환상을 불러일으키는 용어가 되기에 충분하였다.

뉴타운사업은 출범과 함께 언론의 집중적인 조명 속에 불량주택지구 주민들의 로망이 되었고, 이 사업은 구청장들이나 국회의원들이 앞다투어 추진해야 할 사업이 되었다. 그러나 그동안 뉴타운사업에 대한 언론이나 전문가의 평가는 주로 뉴타운사업의 부정적인 측면에 맞추어져 있었다. 뉴타운사업은 지구 지정 직후부터 주택가격의 급등 때문에 많은 비판을 받았으며, 본격적으로 기존 주택이 철거되면서부터는 원주민들의 이주수요 증가 때문에 주변지역의 주택가격과 전세가격까지 상승시킨다는 비판을 받게 되었다. 또한 뉴타운 사업은 서울에서 저렴한 중소형 주택을 대량으로 멸실시키는 반면, 중대형 아파트를 대량으로 공급함에 따라 원주민들이 재정착하기 어렵게 만든다는 점도 자주 지적되는 뉴타운사업의 문제점이었다.

* 이 논문은 한국공간환경학회 학회지 [공간과사회] 2013년 제23권 2호(통권 44호)에 게재되었다.

  부동산 시장이 침체되기 시작한 2007년부터는 뉴타운사업은 새로운 비판의 대상이 되었다. 사업성 부족으로 주민들의 분담금이 커지면서 주민들의 반대가 심해졌으며, 사업추진을 둘러싼 갈등이 사회적인 문제가 되었다. 마침내 정부와 지자체뿐만 아니라 국회에서도 뉴타운사업에 대한 재검토와 체계적인 개선방안이 마련되기 시작하였다. 과도한 뉴타운지구의 지정으로 인해 유발된 문제에 대해 김황식 국무총리뿐만 아니라 김문수 경기도 지사, 박원순 서울시장이 공식적으로 사과하였다.

  마침내 2011년 12월 30일 국회는 여야 간의 치열한 대립 속에서도 뉴타운사업의 중단과 지구지정의 최소, 추진위원회와 조합의 해산을 가능하게 하는 도시 및 주거환경정비법과 도시재정비촉진법 개정안을 합의를 거쳐 통과시켰다. 이로써 수많은 주민들과 수도권 지자체들이 요청했던 뉴타운사업의 출구전략과 개선방안이 제도화되었다. 이것은 기존방식의 뉴타운사업이 유발하는 문제와 대안에 대해 충분한 공감이 있었으며, 이를 바탕으로 뉴타운사업을 취소하거나 중단할 수 있도록 하는 제도적 장치가 마침내 마련된 것이다.

  그동안 뉴타운사업이 엄청난 문제점을 유발해 왔으며, 중앙정부, 지자체, 정치권뿐만 아니라 주민에게도 엄청난 부담을 주어왔음을 확인하였다. 그렇다면 이 정책은 과연 실패했다고 할 수 있는가? 뉴타운정책이 실패한 정책이라면 어떤 점에서 실패라 할 수 있는가? 처음부터 잘못 기획된 것인가? 아니면 당초 설정한 목표를 달성하지 못한 것뿐인가? 정책추진 과정에서 많은 부작용을 유발했기 때문에 실패한 정책이라고 할 수 있는가?

  모든 정책에는 긍정적인 측면과 부정적인 측면이 동시에 존재하고 있기 때문에 어떤 측면을 중심으로 평가할 것인가에 따라 정책실패와 성공이 나눠질 수 있다. 또한 그동안 뉴타운사업의 구조와 추진상의 문제점에서 대해서도 수많은 연구가 수행되어 왔으며, 이 연구에 기초하여 제도적으로 많은 부분이 개선되기도 하였다. 때문에 어디까지를 뉴타운사업의 변화하지 않는 고유의 정책으로 볼 것인지에 따라 뉴타운사업에 대한 평가도 달라질 수 있다.

  이 연구는 뉴타운정책을 어떤 관점에서 정책실패로 규정할 수 있는가를 분석하는 데 목적이 있다. 이를 위해 정책분석의 각 단계별로 뉴타운사업의 기본적인 문제인식과 정책수단 선택, 집행 및 평가 과정에서 어떠한 문제점이 확인되는지를 확인하고자 한다. 본 연구에서는 정책의 결정과 집행 과정을 선순환구조와 악순환구조로 구분하고, 뉴타운사업은 전형적인 악순환 구조에 빠져 있었기 때문에 교정하기 힘든 문제점을 유발하고 있음을 확인하고자 한다.

Ⅱ. 뉴타운사업의 성격과 현황

1. 뉴타운 사업의 기본 개념과 사업방식

뉴타운 사업은 주거, 교육여건, 생활편익시설 등 여러 분야에서 나타나고 있는 서울의 강남북 지역 간 격차를 해소하고 서울의 균형 있는 발전을 촉진하기 위하여 서울특별시 지역균형발전조례에 의거하여 지구가 지정되고 사업시행이 이루어지는 지역균형발전사업의 하나이다(장남종, 2006). 서울시는 동일 생활권 지역 전체를 대상으로 도시기반시설을 충분히 확보하면서 지역특성에 부합하고 주민의 의사를 존중하는 새로운 커뮤니티 개발(community development) 방식을 새롭게 도입하였다(서울특별시, 2004; 김병일, 2004). 뉴타운사업은 기존의 민간주도 개발사업과 달리 동일한 생활권(광역)을 대상으로 공공이 먼저 정비계획을 수립하고 이에 맞추어 주민들이 단계적으로 개발하되, 난개발 방지를 위해 여러 개의 정비사업구역(재개발, 재건축, 도시환경, 시장정비 지구단위, 도시개발 등)을 하나의 촉진지구로 묶어 추진한다.

이 사업은 종전의 정비방식과는 크게 세 가지 점에서 다르다. 첫째, 지금까지의 정비사업은 소규모 정비사업단위로 추진되었으나, 뉴타운사업은 광역단위로 계획적으로 개발한다. 둘째, 지금까지의 정비사업에서는 민간사업시행자가 직접 도시기반시설을 확보해 왔으나, 뉴타운사업에서는 서울시가 재정투자를 통해 기반시설의 정비를 지원한다. 셋째, 종전의 뉴타운사업은 주로 주택재개발사업 위주로 추진해 왔으나, 뉴타운사업은 다양한 정비방식을 동시에 활용한다.

표 1 기존 사업과 뉴타운사업의 비교

기존 정비사업(주택재개발사업)	뉴타운 사업
소규모 단위 재개발사업	광역단위(생활권) 계획적 개발
민간의존 기반시설 확보	공공부문 역할 증대(계획 수립 주도, 기반시설 지원)
주택재개발 방식 의존	다양한 사업방식 혼용 주변연계 개발

출처: 서울특별시(2010).

　　기존의 정비사업은 개별정비구역 단위로 추진되었기 때문에 여러 개의 정비사업을 생활권 단위에서 종합적으로 고려할 필요가 있었으며, 그에 맞는 기반시설을 충분히 확충할 필요가 있었다. 또한 기존의 정비사업은 조합이 이윤극대화를 목적으로 추진하기 때문에 좀 더 광역적인 차원에서 정비구역의 위상과 사업내용을 조정해주는 계획이 필요하였다. 뉴타운사업은 외형적으로는 광역적인 개발과 공공부문의 주도적인 역할을 강조하기 때문에 기존의 정비사업이 지닌 이러한 한계점을 잘 보완해 줄 수 있는 사업방식으로 받아들여지게 되었다.

　　제도 도입 당시 강북지역은 강남지역에 비해 상대적으로 낙후되어 두 지역간의 주택가격 상승의 격차, 재산가치의 격차, 주거환경의 차이, 재정적인 격차 등이 심각한 상태였다. 강북지역 주민들은 강남지역에 대해 상대적인 박탈감을 지니고 있었기 때문에 이러한 격차를 해소하기 위해 강북지역의 정비사업에 대해 서울시가 주도적으로 참여하여 기반시설 확충하기 위해 재정투자를 하는 뉴타운 사업은 쉽게 받아들여질 수 있었다.

2. 뉴타운사업의 변천과정

　　뉴타운사업은 2002년 10월부터 서울시가 추진계획을 발표하면서 법적인 근거 없이 시작된 사업이었으나, 2005년 12월 도시재정비촉진법이 제정되면서 전국을 대상으로 하는 공식 재정비사업방식으로 채택되었다. 뉴타운사업이 제도화되어 온 과정을 사업의 내용, 제도적인 근거와 추진주체를 기준으로 유형화하면 크게 6개 시기로 구분할 수 있다.

제1기는 민선 3기 서울시장이 취임한 2002년 7월 이후부터로 뉴타운사업을 추진하기 위한 기반을 마련한 시기이다. 이명박 시장은 취임 직후인 2002년 7월 지역균형발전추진단을 구성하고 운영하기 시작하였으며, 2002년 10월 23일 '뉴타운 개발계획'과 '균형발전촉진지구사업'을 중심으로 하는 '지역균형발전 추진계획'을 발표하였다. 이 계획은 그 달에 발표된 시정운영 4개년계획에 청계천 복원사업, 재래시장 활성화, 대중교통체계 개편 사업과 함께 포함되어 새로운 시장의 중점사업이 되었다. 이 시기에는 지역균형발전지원단을 중심으로 사업이 추진되었으며 2002년 10월 은평, 왕십리, 길음지역을 뉴타운사업의 시범사업지구로 지정하였다. 그러나 이 시기에는 사업시행을 위한 별도의 제도적인 근거도 없이 기존의 도시개발법과 도시 및 주거환경정비법에 근거하여 도시개발사업, 재개발 및 재건축사업을 행정적인 절차에 따라 추진하였다.

제2기는 균형발전조례를 제정하여 제도화된 틀 속에서 시범사업을 실시한 시기이다. 2003년 1월 뉴타운개발계획 수립 평가·자문단을 구성하여 운영하였고 3월에는 서울시의회에서 지역균형발전조례가 제정되어 비로소 뉴타운사업이 제도적인 기반을 갖추게 되었다.

제3기는 뉴타운사업이 서울시 전역으로 확대시행된 시기이다. 2004년 1월 뉴타운사업본부가 구성되어 2차 뉴타운지구가 발표되었고 은평, 왕십리 등 시범사업이 마침내 착공되었다. 2005년 12월에는 3차 뉴타운 지구 10개가 추가 지정되었다. 한편 뉴타운사업이 본격화됨에 따라 발생하는 문제점을 해소하기 위해 정부의 지원을 확보하기 위해 2005년부터 서울시의 요청에 따라 뉴타운특별법 제정 논의가 본격화되기 시작하였고 마침내 2005년 12월에는 도시재정비촉진법이 제정되었다.

제4기는 2006년 7월부터 도시재정비촉진법이 시행되면서 법률적 기반을 갖추면서 뉴타운 사업이 추진되던 시기이다. 서울시에서는 종전의 뉴타운지구와 지역균형발전촉진지구를 재정비촉진지구로 재지정하였으며 다른 도시에서는 신규로 도시재정비촉진지구가 경쟁적으로 지정되기 시작하였다.

제5기는 뉴타운사업의 문제점이 노출되면서 뉴타운사업에 대한 재검토

표 2 뉴타운사업의 시기구분

시기 구분	제1기	제2기	제3기	제4기	제5기	제6기
기간	2002.7.~	2003.1.~	2004.1.~	2006.7.~	2008. 4.~	2012. 1.~
추진 내용	지역균형발전 사업으로 뉴 타운 사업추 진기반 마련	지역균형발전 촉진 조례에 의한 시범사 업 실시	2,3차 뉴타 운사업 확대 지정	재정비촉진지 구의 지정 및 지방도시확산 시기	뉴 타 운 사 업 재검토 시기	뉴타운사업의 출구 및 대안 착수시기
법적 근거	없음	균형발전촉진 조례	균형발전촉진 조례	도시재정비촉 진법	도시재정비촉 진법	도시재정비촉 진법 개정
추진 주체	지역균형발전 추진단	지역균형발전 추진단	뉴타운사업본 부	시·도지사, 시장·구청장	시·도지사, 시장·구청장	시·도지사, 시장·구청장
심의 기구	지역균형발전 위원회	지역균형발전 위원회	지역균형발전 위원회	도시재정비위 원회	도시재정비위 원회	도시재정비위 원회

가 시작된 시기이다. 뉴타운사업은 출범 초기부터 사업대상지역의 주택가격
이 폭등하면서 사회적인 문제가 되었으며, 특히 2006년 9월 은평뉴타운의 높
은 분양가격 발표로 뉴타운사업의 문제점이 노출되었으나 뉴타운사업에 대한
재검토 논의로까지는 아어지지 않았다. 그러나 제18대 총선을 거치면서 제4
차 뉴타운사업 추가지정 공약에 따른 부동산가격의 폭등, 원주민의 재정착률
부족 등의 문제가 노정되면서 뉴타운사업을 전면 재검토하여야 한다는 주장
이 본격적으로 등장하기 시작하였다.

　　제6기는 뉴타운사업에 대한 출구와 대안마련이 시작된 시기이다. 도시재
정비촉진법이 개정되면서 뉴타운사업을 중단하거나 지구를 해제할 수 있는
근거가 마련되었고, 대안적 정비방식을 도입한 시기이다.

3. 뉴타운사업의 추진 현황과 문제점

　　뉴타운사업은 2002년 10월 은평, 길음, 왕십리 등 3개 지구가 시범뉴타
운으로 지정된 이래 2차 뉴타운 12개, 3차 뉴타운 11개, 시범균형발전촉진지
구 5개, 2차 균형발전촉진지구 3개 등 총 34개가 지정되었다. 2006년 7월 도
시재정비촉진법이 시행되면서 전국적으로 확대되어 서울 외에도 경기도 19

표 3 전국의 뉴타운사업 지구 현황

시·도	지구수	총면적	유형별 지구수
서울시	31	25,848	주거지(22), 중심지(9)
부산시	4	4,597	주거지(3), 중심지(1)
대구시	2	1,774	주거지(2)
인천시	2	1,585	주거지(1), 중심지(1)
대전시	9	11,325	주거지(4), 중심지(5)
경기도	19	24,842	주거지(16), 중심지(3)
강원도	2	1,507	주거지(2)
충남도	1	404	중심지(1)
전남도	1	388	주거지(1)
경북도	1	591	주거지(1)
제주도	1	453	중심지(1)
계	73	73,314	주거지(52), 중심지(21)

출처: 이창호(2011).

개, 부산 4개 등 전국적으로 73개 지구가 지정되었다.

그러나 뉴타운사업이 당초 서울시가 내걸었던 강남북간의 격차해소나 지역주민의 참여를 통한 커뮤니티 단위의 종합적인 개발이라는 목적을 달성하였는가에 대해서는 회의적인 시각이 많다(장남종, 2006; 김선웅, 2005). 뉴타운사업의 문제는 뉴타운 사업 제도 자체의 문제와 시행과정상의 문제, 사업시행 결과의 문제 등이 동시에 결합된 것이다.

우선, 뉴타운사업에 대한 제도상의 문제는 이 사업이 출범할 당시부터 제기된 사항이었다. 기존의 도시재정비사업 방식과 무관하게 추진됨에 따라 도시관리의 통일성을 훼손하게 된다는 점이다. 당초 제시한 생활권 단위의 사업추진이라는 슬로건과는 달리 실제 사업은 여전히 개별적인 사업지구별로 이루어져 사업 간의 연계나 통합이 부족한 문제점을 낳았다.

둘째, 사업시행 과정의 문제이다. 사업을 관리하는 시장·구청장이 성장주의를 지향하고 있고, 사업시행자인 조합과 구성원인 조합원이 부동산 가치의 극대화를 추구하고 있는 상황에서 사업의 공공성을 실현하기가 어렵다는

표 4 서울시와 경기도의 단계별 뉴타운사업 추진 현황

구 분	구역현황				구역 지정	추진위 구 성	조합 설립	사업 시행	관리 처분	착공	준공
	계	촉진	존치 정비	존치 관리							
서울시 (35개 지구)	370	241	62	67	241 (100%)	171 (71%)	121 (50%)	63 (26%)	42 (17%)	32 (13%)	19 (8%)
경기도 (19개 지구)	233	146	24	63	71 (100%)	58 (82%)	12 (17%)	0 (0%)	0 (0%)	0 (0%)	1 (1%)

출처: 서울특별시, 2011, "뉴타운·정비사업 일반 현황". 내부자료.
　　　이상대, 2012, "뉴타운정책의 전환과 남아 있는 과제들", 도시정책포럼 발표자료.

점이 가장 심각한 문제이다. 뉴타운사업 추진 과정에서 발생하는 개발이익의
배분을 둘러싼 갈등 때문에 뉴타운사업은 개별적인 정비방식보다 사업기간이
길어질 수밖에 없다. 사업의 공공성을 내세우고 있지만 세입자 보호장치도 거
의 마련되어 있지 않았다. 때문에 뉴타운사업에서는 사익을 극대화하고자 하
는 조합과 조합원, 지역 내 이익을 극대화하고자 하는 시장·구청장의 주장이
그대로 관철되었다.

셋째, 사업시행 결과, 뉴타운 지구에서는 개발에 대한 기대로 인한 부동
산 가격 상승, 저렴주택의 멸실과 원주민의 재정착률 부족, 세입자 수용 주택
의 부족 등의 문제가 나타나게 되었다. 결국 뉴타운 대상지역은 상업적 가치
가 있는 부동산 투자자산의 형성에는 성공할 수 있었지만 공동체로서의 장소
는 파괴되고 말았다.

Ⅲ. 정책형성과 실패의 순환구조 관점에서 본 뉴타운 사업: 연구의 설계

1. 정책형성과 실패의 순환 구조

정책과정은 정책의제의 설정과정, 정책결정 과정, 정책집행과정 및 정책
평가와 피드백 과정으로 구성된다(노화준, 2006). 이 중 정책분석은 정책창도
자가 정책결정 과정에서 합리적인 판단을 내리도록 적합한 정보를 제공해주

는 작업이지만, 정책문제의 정의와 정책목표 설정, 정책수단의 선택과정에서 현재 상황과 미래 전망에 대한 정보가 충분하지 않기 때문에 정책결정 과정에서의 오류는 필연적이다. 마찬가지로 정책의 집행이나 평가 과정에서도 예측하지 못한 여건 변화와 통제할 수 없는 상황의 발생, 정책집행자의 자의성 때문에 정책오류는 발생할 수밖에 없다. 그런 점에서 실패한 정책이란 오차수정이 옳게 이루어지지 못한 정책이라는 주장(김영평, 2012)은 매우 설득력이 있다.

그러나 정책실패의 문제를 판단의 모호성이나 정치성, 이후의 오류 수정 여부에 맡기게 되면, 초기에 잘못된 정책문제인식에서부터 비롯된 근본적인 문제를 간과할 수 있다. 따라서 정책실패에 대한 평가는 가능한 한 정책분석의 각 단계별로 분해하여 어떤 정책주체가 정책오류를 유발하였는지를 명확하게 분석하는 데서 출발하여야 한다. 정책분석 과정을 고려한다면 정책실패는 정책문제 인식의 실패, 정책설계의 실패, 정책집행의 실패, 정책평가와 관리의 실패 등으로 구분할 수 있다.

정책실패 중에서 가장 중요한 것은 정책분석의 첫 단계인 정책문제 인식에서의 실패이다. 정책문제 인식의 실패는 이후 단계의 오류를 회복할 수 없는 수준으로 만들 수 있기 때문이다. 올바른 정책문제 인식은 올바른 정책비전과 정책목표를 낳으며, 이 목표를 달성할 수 있는 효과적인 정책수단을 쉽게 합의를 통해 채택할 수 있다. 이러한 정책분석 과정을 정책성공의 선순환 구조라 할 수 있다.

반면, 정책문제 인식 단계에서의 실패는 잘못된 정책목표를 낳고, 이 목표를 달성하기 위하여 잘못된 정책수단을 선택하도록 강요하고 그 결과 당초 기대와는 다른 정책효과를 산출하게 된다. 더 큰 문제는 정책문제 인식에서의 실패를 교정하지 않은 채 정책목표나 집행체계를 수정하는 경우에 발생하게 된다. 잘못된 문제인식과 정책목표로부터 비롯된 문제를 교정하기 위하여 새로운 정책수단을 사용하는 경우 부분적으로 정책목표를 달성할 수는 있지만 또 다른 정책문제를 유발하기 때문에 상황을 더욱 악화시키게 된다. 이를 정책실패의 악순환 구조라 할 수 있다.

정책실패의 악순환 구조에 빠지게 되면 정책오류를 교정하려고 하지 않기 때문에 정책실패를 더욱 확대시키게 된다. 정책실패의 악순환 구조에서는 정책실패의 오류를 노출시킴으로써 정책을 교정하기보다는 정책실패를 은폐한 채 또 다른 정책수단을 통해 정책실패를 보완하려고 한다. 때로는 정책실패의 정치성이나 모호성을 정책실패를 은폐하는 수단으로 활용하기도 한다. 따라서 정책실패의 악순환 구조를 탈피하기 위해서는 정책실패가 나타났을 때 정책문제 인식에서부터 정책목표와 정책수단 설정에 이르는 과정을 개방하여 비판을 제도화하여야 한다.

그동안 정책실패에 대한 연구에서는 정책실패에 대한 개념정의와 정책실패의 원인분석을 구분해 왔다. 안병철·이계만(2009)는 정책실패에 대한 연구경향을 분석하면서 일반적으로 정책실패를 목표달성도, 파급효과, 집행실패로 정의하고 있다고 보고하였다. 반면, 정책실패의 요인은 정책의제 설정단계, 정책결정단계, 정책집행단계, 정책평가 및 환류단계로 구분하고 있다. 안병철·강인호(2009)도 정책실패를 목표달성도, 파생된 외부효과, 정책변동 등으로 유형화하고, 정책실패의 원인을 인간의 차원, 구조의 차원, 환경의 차원으로 구분하고 있다. 김종범(2009)도 정책실패의 원인을 인간적인 요인, 자원적인 요인, 절차적인 요인, 기타 가변적인 요인 등으로 구분하여 정리하고 있다.

본 연구에서는 그동안 정책실패의 원인으로 분석되었던 정책분석 단계의 실패를 정책실패의 개념으로 채택하고자 한다. 정책실패란 정책분석의 각 단계 중 하나의 실패인 단일 단계 실패와 여러 단계의 실패가 연계된 연속단계의 실패로 구분될 수 있다고 본다. 단일 단계의 실패는 그 단계의 문제점을 보완함으로써 쉽게 교정이 이루어지는 반면, 연속단계의 실패는 단일 단계의 보완을 통해 해결하기 어렵고 총체적인 방향 전환이 필요하게 된다. 그 중에서도 문제인식의 실패는 실패의 악순환을 유발하기 때문에 구조 자체를 전환하지 않는 한 수정되기 어렵게 된다.

본 연구에서는 뉴타운사업이 연속단계의 실패 문제로 보고, 정책분석의 각 단계에서 어떠한 실패가 연속적으로 발생하게 되었는지를 분석하고자 한다. 이를 통해 뉴타운사업은 정책실패의 악순환 구조에 빠져있기 때문에 일부의 사업성 보완이나 규제 완화와 같은 처방으로는 해결할 수 없고, 근본적인 구조전환이 필요함을 보여주고자 한다.

2. 뉴타운 정책실패에 대한 연구 설계

1) 연구문제의 설정

본 연구에서는 뉴타운정책을 사례로 정책분석의 각 단계별로 어떠한 정책실패가 발생하였는지, 어떻게 정책실패가 진행되었는지를 확인하고자 한다. 특히 뉴타운정책에서 정책실패의 악순환 구조가 나타나고 있는지를 확인하고자 한다. 본 연구에서 설정한 연구문제는 다음과 같다.

첫째, 뉴타운정책에서 정책문제의 설정이 올바르게 된 것인지를 확인하고자 한다. 정책문제와 정책목표 설정은 제대로 되었지만 정책수단 선택이나 집행상의 오류 때문에 정책목표를 달성하지 못한 것인지, 아니면 처음부터 잘못된 문제인식을 하고 있었기 때문에 정책실패는 내재되어 있었는지를 확인하고자 한다.

둘째, 뉴타운정책에서 정책수단의 선택이 제대로 된 것인지를 확인하고자 한다. 뉴타운사업에서는 광역적인 계획, 재정비사업의 촉진을 위한 건축 및 도시계획적 지원제도 채택, 정부의 재정지원을 통한 기반시설 확충 등을 주된 정책수단으로 활용하고 있다. 이 정책수단은 가능한 것인지, 당초부터 동원하기 어려운 수단이었는지를 확인할 필요가 있다.

셋째, 뉴타운정책에서는 당초 설정하였던 목표를 달성하였는지를 확인하고자 한다. 또한 뉴타운정책의 실패가 목표달성의 실패라 한다면, 뉴타운정책이 설정한 목표를 달성했다면 정책의 성공이라 할 수 있는지도 함께 평가해 보고자 한다.

넷째, 뉴타운정책은 집행상의 오류나 실수 때문에 정책자체가 실패한 것인지를 확인하고자 한다. 아무리 훌륭한 정책이더라도 집행 과정에서 시점과 입지, 수단 등을 잘못 사용하는 경우 성공적인 정책으로 평가받기 어렵게 되는 것이다. 예를 들면 뉴타운정책은 서울시에서는 충분히 타당성을 지니고 있는 정책이었지만, 여건이 다른 지역에서 적용하는 데 한계가 나타날 수 있다. 때문에 서울시에서 성공적인 정책이 전국적인 제도로 정착하는 과정에서의 실패인지를 확인하고자 한다.

다섯째, 뉴타운정책은 당초 설정한 정책목표 외에 어떠한 파급효과를 유발했는지를 확인하고자 한다. 비록 정책목표를 달성했다고 하더라도 부정적인 파급효과가 지나치게 크게 나타난다면 성공적인 정책으로 평가할 수 없기 때문이다. 뉴타운 정책이 서울시 주택문제 해결이나 공간구조, 주민통합 측면에서 어떠한 영향을 미쳤는지를 확인하고자 한다.

여섯째, 뉴타운정책은 적정한 평가와 환류체계를 갖추고 있었는지를 확인하고자 한다. 어떤 정책도 출발부터 완벽할 수 없고 지속적인 평가와 수정을 통해 완성도를 높여갈 수 있다면 성공적인 정책이 될 수 있다. 뉴타운사업은 그동안 지속적인 관심과 평가를 거치면서 변화해 왔다. 사업 추진 과정에서 사업목표나 정책수단을 수정하기 위하여 어떠한 노력을 하였는지를 확인하고자 한다.

2) 연구범위

뉴타운사업은 좁게 보면 2002년 10월부터 시작하여 2006년 7월 1일 도시재정비촉진법이 시행되기 전까지 서울시가 시행하였던 재정비계획과 사업방식으로 한정할 수 있다. 그러나 도시재정비촉진법이 제정된 이후 뉴타운지구는 도시재정비촉진지구로, 뉴타운사업은 도시재정비촉진사업으로 명칭이 변경되었음에도 불구하고 여전히 뉴타운지구와 뉴타운사업으로 통칭되고 있다. 따라서 본 연구에서는 서울시에서 추진했던 뉴타운사업뿐만 아니라 도시재정비촉진법에 의해 추진되었거나 추진되고 있는 재정비사업과 재정비촉진계획을 통칭하는 것으로 설정하고자 한다.

뉴타운사업의 범위를 서울시뿐만 아니라 중앙정부의 사업까지 확대하면 정책결정 및 추진 주체의 폭이 대폭 확대된다. 최초 뉴타운사업을 시작한 서울시뿐만 아니라 사업이 본격적으로 추진된 이후 뉴타운 사업에 대해 적극적으로 지원해 온 건설교통부(현재의 국토해양부), 경기도나 인천, 지방도시 등 재정비촉진사업을 추진하고 있는 지방자치단체까지 포함되기 때문이다. 다만, 본 연구에서는 정책주체를 서울시로 한정하되, 제한적으로 건설교통부(현 국토해양부 포함)나 경기도 등에 대해서도 검토하기로 한다.

3) 연구자료

뉴타운정책에 대한 자료는 각종 발표자료, 보고서, 연구논문 등을 활용하였다. 인쇄자료에서 잘 드러나지 않는 사업의 목적이나 추진구조와 관련된 자료는 국회와 서울시의회의 속기록 자료를 활용하기로 하였다. 뉴타운사업은 2002년 7월에 출범한 민선3기 이명박 서울특별시장 때부터 시작되었기 때문에 서울시의회에서는 이 문제에 대해 집중적으로 검토하고 시정질의와 행정사무감사를 통해 확인하고자 하였을 것이라고 보았다.

반면, 국회는 거의 매년 서울시를 국정감사의 대상으로 선정하고 있을 뿐만 아니라 뉴타운사업이 본격화된 이후부터는 이 사업이 부동산시장에 미친 영향분석이나 뉴타운지원특별법 제정을 위해 서울시의 뉴타운사업을 지속적으로 점검해 왔다. 국회 건설교통위원회(현 국토해양위원회) 상임위원회나 국정감사에서 뉴타운사업과 관련된 질의와 답변의 내용은 이 사업에 대한 이해를 높이는 데 귀중한 자료가 될 수 있다.

분석의 대상이 된 속기록은 서울시 의회 6~8대 본회의, 상임위원회, 특별위원회 행정사무감사 등과 2002~2008년까지 국회 국토해양위원회 상임위원회와 서울시에 대한 국정감사 등의 자료를 활용하였다.

4) 정책실패 확인 항목

본 연구에서는 정책실패를 정책분석의 각 단계별로 파악하기로 하였다. 각 단계별로 정책실패를 확인하기 위한 항목은 다음과 같다.

표 5 정책분석 단계별 뉴타운사업의 정책실패 확인 항목

구 분	정책실패의 확인	항 목
문제인식	잘못된 문제인식	문제인식
목표설정	잘못된 목표 설정 여부	목표 설정
정책수단 선택	잘못된 정책수단의 적용	광역적 정비
		특별구역의 지정
		개발구역의 확대 지정
		중앙정부와 지자체의 지원
정책목표 달성	결정된 정책이 원래 의도한 정책목표를 달성하지 못한 상태	도시재정
		기반시설
		주거환경

정책집행 과정	정책이 잘못 추진되거나 제대로 집행되지 못한 상태	법적 근거 없는 추진
		과도한 사업지구 지정
		정비구역의 지정기준
		전국적인 획일화
정책추진 효과	정책목표를 달성하더라도 정책추진으로 인한 부정적 외부효과가 과도하게 발현	정비구역 확대
		부동산 가격 상승
		원주민 재정착률 부족
		주민간의 갈등증대
정책평가와 환류	정책평가의 미흡과 환류시스템 부족	평가 전 시행
		전문가 동원 시스템
		제한적인 환류

Ⅳ. 정책분석 단계별 뉴타운사업 정책실패의 평가

1. 정책문제 정의와 목표설정의 실패 여부

뉴타운사업은 크게 두 가지 문제인식에서 출발하였다. 첫 번째는 강남북간 지역불균형의 심화이다. 2000년대부터 강남지역의 집값이 폭등하면서 강남지역은 단순히 물리적으로 한강의 이남지역을 의미하는 것이 아니라 우리나라의 부와 산업, 기회의 중심지로 각인되기 시작하였다. 강남지역과 다른 지역 간의 격차는 재정, 교육, 문화, 사회 등 전 분야에 걸쳐 확대되기 시작하였으며 강남지역의 아파트 가격 폭등은 이를 상징적으로 보여주는 것으로 받아들이게 되었다. 이에 따라 강남북간의 격차는 다른 지역주민들의 상대적인 소외감 증대 등 사회적인 문제로까지 나타나게 되었다.

당시 야당인 한나라당의 이명박 서울시장 후보는 민선 3기 공약으로 강남북 불균형 해소방안으로 강북지역에 대한 지원과 규제완화를 통한 강북지역의 재정비사업을 채택하였다. 이 사업은 참여정부가 가장 중요한 국정과제의 하나로 채택하였던 국가균형발전 구상과 맥락을 같이하는 것이었을 뿐만 아니라, 지나치게 폭등하는 강남지역의 주택가격을 억제하여야 한다는 참여

정부의 부동산 정책기조와도 일치하는 것이었다. 다만, 정책수단에 있어서는 참여정부가 주택공급 수단으로 서울 외곽의 신도시 건설 방식을 채택한 반면, 서울시는 기성시가지 재정비 방식을 통해 주택의 공급을 확대하는 뉴타운사업을 추진했던 점은 차이가 있었다. 따라서 뉴타운정책은 강남북 불균형 해소라는 정치적인 정당성을 확보하게 되었다.

　뉴타운정책의 또 한 가지 문제인식은 기존의 기성시가지 정비방식이 갖는 한계였다. 기존의 도시재정비방식은 개별사업단위로 추진되어 생활권 단위에서 종합적인 정비가 어려웠으며, 재정비사업이 민간주도로 시행되었기 때문에 공공부문의 역할이 부족했을 뿐만 아니라 세입자나 원주민에 대한 대책이 충분하지 않았으며 사업추진 과정에서 각종 비리문제가 발생하였다(서울특별시, 2004). 또한 기존의 재개발사업은 개발이익을 우선으로 했기 때문에 저소득층이 대부분인 원주민들의 재정착률이 낮아 공공시설에 대한 투자를 통해 사업기간을 단축시키고 주민부담을 완화시켜 원주민의 재정착률을 높여 갈 필요성이 있었다(서울특별시, 2010). 기존의 재정비사업에 대한 이러한 문제의식 때문에 생활권 단위의 광역적인 도시재정비가 필요하게 되었고, 공공부문이 주도적인 역할을 담당하는 대안적인 정비방식을 요구하게 되었다. 기존의 재정비사업은 기성시가지의 체계적인 정비에는 한계가 있었을 뿐만 아니라 거주자의 주거안정이나 강남북지역간의 격차 해소에도 한계가 있었다는 점은 분명하다. 이를 통해 볼 때 대안적인 정비방식을 필요로 했다는 점에서 문제인식은 올바르게 형성된 것으로 판단된다. 다만, 광역적인 개발과 공공부문의 주도적인 계획과 집행, 대규모 동시 개발방식으로 진행된 뉴타운사업이 이러한 문제를 잘 해결해 줄 수 있는지는 목표달성 여부나 정책수단의 타당성 등을 통해 확인해야 한다.

　뉴타운정책의 목적은 당초 이 사업의 출발점이 되었던 강남북 불균형 문제와 기성 시가지의 정비의 문제를 해소하는 것으로 설정될 수밖에 없다. 그러나 구체적으로 이러한 정책의 목적을 달성할 수 있는 뉴타운사업의 목표는 무엇이 되어야 하는가에 대해서는 체계적인 검토와 논의가 거의 이루어지지 않았다. 서울시에서의 지역간 격차에서 강남과 강북간의 격차가 가장 심각할 뿐만 아니라 상징성을 지니고 있지만, 같은 강남지역 내에서도 동남권과 서남권간에는 강남과 강북간의 격차보다도 더 큰 차이가 존재하며, 강북지역에서

도 도심권과 동북지역, 서북지역 간에도 심각한 격차가 존재한다. 지역 간 격
차해소라는 목적에는 합의하지만, 구체적인 정책목표에 대해 충분히 합의를
이루지 못했기 때문에 이후 뉴타운정책을 추진하는 과정에서 사업지구의 지
정이나 재정적인 지원 등에서 혼란이 발생할 수밖에 없었다.

또한 지역 간 격차를 무엇으로 평가할 것인가에 대해서도 충분한 논의가
진행되지 않았다. 당초 서울시는 강남북간의 지역격차를 대표하는 지표로 재
정력 지수로 대표되는 재정격차, 30년 경과주택으로 표현되는 노후도, 병원·문
화시설·공원면적·도로면적으로 측정되는 기반시설 등을 제시했었다. 그러나
이러한 수치는 대부분 물리적인 시설에 한정되어 소득격차나 사회경제적인
차이, 학력이나 교육기회 등에 대해서는 거의 고려되지 않았다. 또한 뉴타운
정책이 이러한 지표의 수치를 어떻게 얼마나 개선할 것인지에 대해서도 제시
된 바가 없었다.

2. 정책수단의 적실성 실패 여부

강남북 불균형 해소와 기성시가지의 체계적인 정비를 위해 뉴타운정책이
채택한 정책수단은 크게 세 가지로 정리할 수 있다. 첫째, 개별 정비구역별
정비사업이 추진되기 때문에 부족해진 기반시설을 확충하기 위하여 채택한
정책수단이 광역권 단위의 정비계획 수립과 기반시설 지원이다. 둘째, 기존
정비방식과 달리 특별한 계획과 정비방식을 적용하기 위하여 도입한 것이 특
별지구의 지정이다. 셋째, 민간개발의 한계를 극복하기 위하여 채택한 것이
중앙정부와 지방정부의 적극적인 역할과 재정적인 지원이다.

정책수단의 적실성은 이러한 정책수단의 정책목표를 달성하는 데 효과적
이었는가와 함께 적실하게 활용되었는가를 통해 평가된다. 그런데 서울시는
당초 뉴타운정책을 추진하면서 법적인 근거를 확보하지 않은 상태에 추진했
기 때문에 이러한 정책수단을 미리 확보하지 못했거나 너무 늦게 마련함으로
써 그리고 중앙정부와 서울시가 충분한 재정적 지원도 하지 못함으로 인해
실효성을 잃어버린 결과를 낳았다.

1) 광역단위의 정비계획 수립

광역단위의 정비계획 수립은 기존 재개발, 재건축사업의 문제점에 대한 인식에서부터 시작된 것이다. 기존 정비사업의 문제는 그동안 선행연구에서 지속적으로 제기되어 왔으며 정비대안으로 광역적인 개발이 제안되기도 했었다. 서울시에서는 이 점에 대해서는 확신이 있었다. 서울시에 대한 국회의 국정감사 발언록을 보면 이러한 사실을 확인할 수 있다.

> *(이명박 서울특별시장) " … 신도시 하나 만드는 데 드는 비용의 5분의 1만 강북에 넣어 주면 모든 것이 해결됩니다. 그런 점을 참고해 주십시오."*
> *(김덕배 위원) "저는 시장님이 오시기 전에 한 서울시 재개발사업은 좀 실패한 사업이라고 보고 있습니다."*
> *(이명박 서울특별시장) "소단위로 해서 그렇습니다."*

정비구역의 면적이 좁으면 광역단위의 기반시설을 확보하기 어렵기 때문에 가능하면 단위를 크게 해서 광역적인 계획을 수립하여 기반시설을 충분히 확보해야 한다는 것이 뉴타운사업의 기본구상이다. 그런데 광역적인 계획을 수립해서 기반시설을 충분히 확보하기 위해서는 기반시설을 확충할 만큼 개발이익이 충분히 발생하거나 정부나 서울시의 재정지원이 수반되거나 아니면 이 지구에 대해서는 특별한 규제완화 조치가 수반되어야 한다.

서울시에서는 초기에는 기반시설에 대한 직접적인 재정지원을 통해 기반시설을 확충하는 것으로 방향을 설정했었다. 그러나 뉴타운 지구수가 급격하게 늘어나면서 재원부담이 커졌을 뿐만 아니라 지구 지정으로 부동산 가격이 상승하면서 기반시설 비용 자체가 더욱 커지게 되었다. 결국 정부의 재정지원이나 규제완화 특구 지정 등이 필요할 수밖에 없게 되었다.

2) 특별지구의 설치

뉴타운지구의 지정은 광역적인 계획 수립과 기반시설 설치를 위해서는 필수적인 장치이다. 그런데 서울시는 법률을 통해 특별지구 설치의 근거를 마련하고 뉴타운지구를 지정하기보다는 뉴타운지구를 우선 지정한 후에 이 지역에 대해 특별한 위상을 설정하고 특례를 제공하는 방식을 채택하였다. 뉴타운 계획 초기에는 서울시 재정을 통해 기반시설을 확충할 계획이었기 때문에 법률 제정의 필요성을 느끼지 않았고, 당시 소수당 야당 출신 서울시장으로서 특별법을 제정할 수 있는 여건이 되지 않은 제약점도 있었다.

결국 서울시는 뉴타운지구를 미리 지정하여 개발사업을 기정사실화한 이후에 이 지역에 대해 도시계획적 각종 규제적 예외와 각종 부담금 감면, 공공 기반시설 설치비의 지원 근거 마련을 위한 특별법을 추진하게 된 것이다. 이 당시는 이미 뉴타운지구의 지정이 부동산 가격 상승을 유발하는 부작용이 있었지만, 바로 이 점 때문에 기 지정된 뉴타운지구의 체계적인 육성과 향후 추가 지정을 기대하는 지자체장이나 지역주민들의 지지 속에서 뉴타운특별법의 제정이 가능하였다.

그런데 특별지구의 설정은 도시재정비사업에서는 큰 딜레마를 제공해주었다. 도시및주거환경정비법은 당초 개별적인 정비사업으로 인한 난개발을 방지하기 위하여 계획적인 정비가 가능하도록 10년 단위의 도시·환경정비기본계획을 수립하도록 하는것이 입법의 핵심적인 취지였다. 뉴타운특별법을 통해 정비구역에서 또다시 특별지구를 설치하도록 하는 것은 정비사업의 계획적 관리체제를 훼손하는 결과를 낳게 된 것이다.

사업성 보완을 위해 특별지구를 설치하게 되면, 규제완화나 기반시설 지원 등의 특례는 사업성이 확보될 때까지 요구될 수밖에 없으므로 도시계획의 일관성은 상실될 위기에 처하게 된다. 그 결과 이 지역은 불특정 다수가 누려야 할 공공의 공간을 사유화하는 잘못된 관행을 만드는 것이 되고, 이러한 구역들은 경쟁적으로 지정될 수밖에 없게 된다. 결국 뉴타운특별지구의 지정은 정치가 행정에 과도하게 개입하여 도시행정의 정치화로 정상적인 도시계획이 실종되는 위기를 낳았다(배경동, 2007: 292).

3) 서울시 및 중앙정부의 재정 지원

서울시는 당초 뉴타운사업 추진을 위해 충분한 재정지원을 확보하는 계획을 수립하고 있었다. 이 금액의 규모는 최소 1조 2천억 원에서 최대 2조 4천억 원을 10년간 투자하는 것이었다. 2002년 10월에 뉴타운계획 발표 당시에는 2012년까지 약 1조 2천억 원이 소요될 것으로 추정하였다. 당초 안에서는 주거중심지형은 지구당 300억 원, 균형발전촉진지구는 1개 지구당 350억 원이 소요될 것으로 예측하였다. 그런데 2003년에는 주거중심지형은 지구당 600억 원, 균형발전촉진지구는 1개소당 500억 원이 소요되어 2012년까지 약 2조 4,000억 원 정도가 투자될 것으로 예측하였다.[1]

연간 2,400억 원은 도시개발특별회계 재원의 연간평균인 4,100억 원의 약 60%를 차지하는 금액으로 일시적으로 부족한 경우에는 지하철공채액을 축소하고 나머지 금액으로 연간 5,000억 원 규모의 지역균형발전기금을 활용하는 것으로 구상하였다.[2]

> *(서울특별시장 이명박) "서울시는 한 지역에 한 300억씩 지원을 해 줍니다."*[3]

> *(서울특별시장 이명박) "지금 공익 개발을 하는 것이 있고 민간 개발을 하는 것이 있습니다. 서울시가 재원을 다 대는 것이 아니고 민간이 참여를 해서 할 수 있도록 하는 여러 가지 방법을 쓰고 있고요."*
> *또 자원은 리볼빙이 되기 때문에, 한꺼번에 시행하지 않고 구간을 정해서 돌아가도록 하기 때문에 1년에 3,000억 정도만 있으면 돌아가도록 계획을 세워 놓고 있습니다."*

> *(서울특별시장 이명박) "저희 서울시는 이미 자체 자금을 8,000억 정도 마련해 놓고 있습니다. 그래서 지금 전국적으로 지방도시나 서울이 정부가 요구하는 대로 해 나가려면 추가적으로 정부 지원이 더 있으면 좋겠다는 뜻입니다."*[4]

그러나 실제 서울시는 뉴타운사업을 위한 지원에 많은 금액을 배정하거나 투자하지 않았다. 이러한 사실은 서울시의 재정지출에 대해 감사를 하는 서울시의회에서 서울시 뉴타운사업 담당자의 발언을 통해 확인할 수 있다.

> *(최창식 서울시 뉴타운사업본부장) "사업비 문제는 … 17개 지구에 대해서 우리 시에서 지원하는 것은 1,300억 정도밖에 안 됩니다. 왜 그러냐 하면 뉴타운 사업이 우리 정부에서 수용해서 땅을 사들여서 하는 사업이 아니고 민간이 사업을 시행하는데 그 수준과 기본계획을 세워주고 지원을 하는 것입니다."*[5]

---

1) 서울특별시의회 도시관리위원회 사무감사(2003. 11. 21.) 회의록.
2) 서울특별시의회 도시관리위원회 사무감사(2003. 11. 21.) 회의록.
3) 국회 건설교통위원회 서울특별시에 대한 국정감사(2004. 10. 15.) 회의록.
4) 국회 건설교통위원회 서울특별시에 대한 국정감사(2005. 10. 10.) 회의록.
5) 제188회 서울시의회 제2차 지역균형발전지원특별위원회 회의록(2005. 11. 28.)

서울시는 추가적인 재원 확보가 어려워지게 되자 기반시설에 대한 국비 지원 근거를 뉴타운특별법에 포함시키고자 하였다. 그런데 최종적으로 통과된 도시재정비촉진법에서는 "시·도지사 또는 시장·군수·구청장에게 대통령령이 정하는 기반시설의 설치에 소요되는 비용의 전부 또는 일부를 지원할 수 있다"(법 제29조 1항)고 규정하여 강행규정을 적용하지 않았다.[6] 뉴타운지구의 대부분이 서울과 수도권에 집중되어 있고 서울은 전국의 지자체 중에서 재정자립도가 제일 높기 때문에 정부가 우선적으로 재정지원을 해 줄 수 있는 정당성이 있는지에 대해 회의적이었기 때문이다. 이 점은 국회의 서울시에 대한 국정감사에서도 여러 차례 지적되었다.

> *(이강래 의원) "제일 중요한 것은 공공시설입니다. 도로, 공원, 학교와 같은 공공시설이고 이런 공공시설과 관련된 재원 마련 계획 하나 없는 상태에서 일방적으로 발표해 놓고 하다가 안 되니까 결국 금년 6월 22일에 특별법 제정을 요청했는데, 그 중 핵심이 아까도 얘기했던 공공 부문의 지원을 의무화하자는 이야기이고 결국은 국고 지원 50% 이상 해 달라는 것 아니겠습니까? 이 부분도 거꾸로 되었다는 지적을 합니다. 처음부터 공공시설 재원 투자 계획을 만들어 놓고 해야 하는데 그렇지 않았다는 것 인정하십니까?"[7]*

또한 같은 재정비구역 중에서도 뉴타운사업 외에도 주거환경개선사업이나 기타 재정비사업과의 관계를 고려해도 뉴타운사업이 가장 우선적으로 지원의 대상이 되어야 한다는 근거를 찾기도 어렵다. 비록 뉴타운사업이 강남북 불균형 해소에 목적을 두고 있지만 국가에 추가로 혜택을 요구할 정도로 중요한 일인가에 대해서는 냉철하게 살펴볼 필요가 있다(배경동, 2007: 292).

재정비촉진사업에 대한 중앙정부의 예산은 서울시의 기대와 달리 미미한

---

6) 다만, "국가 또는 지방자치단체가 도시영세민을 집단이주시켜 형성된 낙후지역 등 대통령령으로 정하는 지역으로서 기반시설이 열악하여 사업시행자의 부담만으로 기반시설을 확보하기 어려운 경우나 재정비촉진지구를 관할하는 기초자치단체의 재정자립도가 전국 평균 재정자립도 이하로서 대통령령으로 정하는 경우 국가는 대통령령으로 정하는 기반시설의 설치에 소요되는 비용의 100분의 10 이상 100분의 50 이하의 범위에서, 대통령령으로 정하는 금액의 한도에서 지원하여야 한다"라고 규정하여 일부 항목에 대해서는 강행성을 부여하고 있다(법 제29조 1항).

7) 국회 건설교통위원회 서울특별시에 대한 국정감사(2005. 10. 10.) 회의록.

표 6 서울시 뉴타운사업에 대한 국비와 시비 지원 현황 (단위: 백만원)

지구명	총사업비	국비	시비	비고
		지원액(비율)	지원액(비율)	(향후투자비)
전농·답십리	36,358	2,572(7.07%)	7,696(21.17%)	26,090
신림	21,545	160(0.74%)	-(0.0%)	21,385
미아	376,757	720(0.19%)	22,722(6.03%)	353,315
합계	434,660	3,452(0.79%)	30,418(7.00%)	

출처: 서울특별시, 2010.

수준에 머물고 말았다. 그동안 배정된 예산은 2007년 50억 원, 2008년 40억 원, 2009년 508억, 2010년 120억 원, 2011년 500억 원, 2012년 850억 원으로, 재정비촉진지구당 10억 원 정도에 불과하였다. 그나마 지구별 예산 배정에서는 지자체별 재정자립도를 중요한 기준으로 사용하기 때문에 재정자립도가 가장 높은 서울시에는 거의 할당되지 못했다.

서울시 뉴타운사업에 대한 중앙정부의 지원금액은 2006년 이후 3개 지구에서 3,452백만 원에 불과하였다. 전농·답십리 뉴타운에 2,572백만 원으로 총사업비의 7.07%를 지원한 반면, 신림뉴타운과 미아뉴타운에서는 총사업비의 1%에도 미치지 못하는 금액을 지원하였다. 이 지구에 대한 서울시의 기반시설 비용지원금액도 중앙정부의 지원 규모보다는 컸지만 전체 사업비에 비해서는 미미한 수준이었다. 전농·답십리뉴타운에서 전체 사업비의 21.17%인 7,696백만 원을 지원한 것을 제외하고는 다른 구역에서는 지원액이 미미하여 총사업비의 7.0%에 불과하였다.

서울시가 뉴타운사업을 처음 시작한 이래 2010년까지 지원한 금액은 총 705,982백만 원으로 자치구 보조 28건 1,785억 원, 서울시 직접 사업 25건 5,274억 원이었으며, 투자내용으로는 학교 1,681억 원(3개교), 도로 2,260억 원, 공원 474억 원, 공공청사 60억 원, 공동구 30억 원, 세운지구 2,554억 원 등이었다(서울특별시 주택본부, 2011).

3. 정책목표 달성의 실패여부

일반적으로 정책실패는 정책목표 달성의 실패로 평가된다. 뉴타운정책에서도 당초 설정하였던 정책목표를 달성하였는지를 평가함으로써 뉴타운정책의 실패 여부를 부분적으로 확인할 수 있다. 그런데 뉴타운정책에서는 정책목표가 명확하게 설정되지 않은 채 뉴타운지구 지정을 통한 광역적인 정비사업 위주로 추진되었다. 또한 설정된 정책지표도 정책비전이나 정책목적을 구현할 수 있는 지표라기보다는 구득이 가능한 물리적 시설 중심으로 구성되어 있었다.

따라서 아래에서는 정책목표의 하나였다고 할 수 있을 강남북간 격차의 해소 부분만을 살펴보고자 한다. 뉴타운계획 발표 당시에 강남북간의 격차를 확인하는 지표는 재정, 기반시설, 주거환경 등의 세 가지 분야였다. 그러나 재정부문에서 재정력지수는 2002년 최고 최저간 비율이 6.09배였으나 4.37배로 크게 개선되었으나 여전히 지역 간 격차는 심한 상태이다. 그런데 이러한 격차해소는 뉴타운정책의 추진으로 인해 달성되었다기보다는 정부가 지방재정법을 개정하여 서울시에서 재산세를 공동세로 전환한 결과 나타난 것이다. 1인당 도로면적이나 공원면적 등은 최고-최저 간의 격차가 거의 해소되지 않았으나 병원수의 격차는 크게 개선된 것으로 보인다. 반면, 30년 이상 노후주택비율도 과거와 거의 변화가 없다. 이는 뉴타운사업 추진으로 정비구역 지정은 확대된 반면, 실제 사업 준공까지 완료된 구역이 많지 않은 반면, 뉴타운지구 지정으로 건축허가가 규제되어 개별적인 정비가 불허되기 때문이다.

서울시의 지역 간 격차는 여전히 개선되지 않았으며 물리적인 시설 격차를 넘어서서 재정격차, 일자리 격차, 교육격차 등으로 구조화되고 있다. 자치구간 재정자립도의 격차는 10년간 큰 변화가 없어서 상위 3개 자치구와 하위 3개 자치구간 격차가 2000년 2.84배에서 2011년 2.69배를 보였다. 반면, 상위 3개구와 하위 3개구의 사업체수는 여전히 약 3배, 종사자수는 6배가 넘는다. 2009년 기준으로 사업체수 상위 3구의 수는 153,089개로 21.2%인 반면, 하위 3구는 54,276개로 7.5%에 불과하다. 더욱 심각한 것은 교육 불균형으로 2011학년도 서울대 자치구별 합격자수는 상위 3구(강남, 서초, 송파)가 전체 합격자의 42.5%를 차지한 반면, 하위 3구(도봉, 강북, 중랑)는 4.4%에 불과하여 약 10

표 7 서울시 자치구별 생활지표 격차

지 표		산정기준	2002		2011	
			최 고	최 저	최 고	최 저
재정	재정력지수* (최근3년평균)	기준재정수입/ 기준재정수요액	197.4 (강남)	32.4 (강북)	173.6 (강남)	39.7 (노원)
기반 시설	1인당 도로면적	도로면적/인구	12.3 (서초)	5.0 (관악)	15.0 (종로)	5.6 (강북)
	1인당 공원면적	공원면적/인구	52.8 (종로)	2.2 (동대문)	60.8 (종로)	3.26 (동대문)
	인구만명당 병원수	병원수/만인	33.2 (중구)	6.4 (강북)	26.7 (종로)	9.1 (도봉)
	인구만명당 문화시설수	문화시설수/만인	11.1 (종로)	0.1 (구로)	–	–
주거 환경	30년 이상 노후주택비율	30년 이상 경과주택	23.4 (종로)	0.1 (강남)	20.8 (용산)	1.4 (강동)

* 재정력지수는 2012년 자료임.
출처: 서울특별시, 2010. 서울시청 홈페이지 통계자료실(http://stat.seoul.go.kr/index.jsp).

배 차이가 난다.

4. 정책집행상의 실패 여부

뉴타운정책의 실패여부는 정책집행단계에서도 살펴볼 수 있다. 비록 정책목표설정이나 정책수단 선택 과정이 올바르게 진행되었다고 하더라도 정책집행단계에서 집행의 시점과 입지, 수단 등을 잘못 사용하는 경우 정책실패를 낳을 수 있다. 뉴타운정책에서 집행상의 실패는 법적인 근거가 없는 뉴타운사업의 추진과 과도한 뉴타운 지구의 지정, 사업추진 순위제도의 부재 등을 통해 확인할 수 있다.

1) 법적인 근거 마련보다 앞선 사업 시행

우선, 서울시의 뉴타운사업은 재산권에 중요한 변화를 초래하는 개발사업임에도 불구하고 법적인 시행근거를 마련하지 않은 채 사업이 시행되었다.

서울시는 2002년 7월 20일 시장방침에 따라 지역균형발전추진단을 설치하였으며 같은 해 10월 23일에 뉴타운개발계획과 시범 뉴타운지구를 발표하였다. 이 사업 추진의 근거는 2003년 3월 15일 '서울특별시 지역균형발전 지원에 관한 조례'가 공표됨으로써 마련되었다. 이 조례를 통해 조례 지정 이전에 지구로 지정된 은평, 길음, 왕십리지구는 '이 조례에 의해 지정된 뉴타운지구로 본다'는 경과 규정을 통해 해결하였다. 그러나 조례를 통해서는 뉴타운사업의 촉진을 위해 필요한 기반시설에 대한 중앙정부의 지원이나 규제완화 특례를 규정할 수가 없었다. 서울시가 뒤늦게 뉴타운 사업에 대해 법률 제정을 요청한 것도 이런 필요성이 있었기 때문이다.

정책집행상의 우선순위로 보면 당연히 뉴타운지구 지정과 계획, 개발지원을 위한 법률을 제정하거나 기존 법률을 개정하여 법적인 근거를 마련한 이후에 뉴타운사업을 추진했어야 한다. 그러나 서울시는 사업을 우선 시행하고 사후에 시행의 근거를 마련하는 순서를 취했다. 뉴타운사업에 대한 법률적인 근거는 2005년 12월 30일에 제정 공포되고 2006년 7월 1일자로 시행된 도시재정비 촉진을 위한 특별법이었다. 사업시행 후 3년 8개월 동안 법적인 근거도 없이 사업을 추진한 셈이 되었다. 조례나 법률의 근거 없는 사업 추진에 대한 비판은 여론조사를 통해 확인된 높은 지지도나 해당자치구청장이나 주민들의 지구 지정 요청 등에 묻히고 말았다.

조례 없이 지정된 뉴타운 지구, 법률적 근거 없이 조례에 의해 추진된 뉴타운사업은 사업추진 과정에서 많은 문제점을 유발하였다. 조례로는 지구 지정 이후 나타난 부동산 가격 폭등을 막을 수 없었으며, 개발이익 환수의 근거를 마련할 수가 없었다. 또한 조례의 내용은 법률체계를 훼손할 우려가 있었다. 서울특별시 균형발전촉진조례에 근거하여 지구를 지정하면 국토의 계획 및 이용에 관한 법률에 근거한 도시기본계획과 주택법에 근거한 주택종합계획과 도시 및 주거환경정비법에 의한 도시·주거환경정비기본계획, 지방재정법에 의한 중기재정계획에 적극 반영하여야 했던 것이다. 이러한 규정은 도시개발이나 계획에서 법률적 안정성을 훼손하는 법률상의 하극상이라 할 수 있다(배경동, 2007: 294).

그런데 법적인 근거 없이 사업을 추진하게 된 이유에 대한 서울시의 주장은 법치주의 자체를 아예 무시하고 있음을 확인할 수 있다. 법률을 제정해서 추진하는 데는 너무 많은 시간이 걸리기 때문에 어쩔 수 없다는 것이다. 법률을 제정하는 데 수년이 걸리고 그동안 도시가 파괴되기 때문에 뉴타운지구를 지정할 대상을 넓게 지정해두고 순차적으로 사업을 추진하겠다는 것이다. 법치주의에 대한 인식자체가 없었던 것이다.

> *(이명박 서울특별시장) "우선 너무 조급하게 했지 않느냐 하는 말씀에 대해서는, 만일 이것을 뉴타운이라고 해서 지정을 하고 거래를 제한하고 이렇게 하지 않으면 모두가 재건축·재개발되어서 도시가 무한적으로 무질서하게 되기 때문에, 이것을 빨리 지정하지 않으면 안 되기 때문에, 법이 되어서 한다면 몇 년을 기다려야 되고 그 동안 도시는 파괴되기 때문에 제가 지정할 수밖에 없고요. 그런 지역은 전체를 지정해 놓고 순차적으로 해당되는 쪽부터 1단계, 2단계를 지정합니다."[8]*

> *(이명박 서울특별시장) "제 생각에 그 문제는 정부와 협의해서 협조를 받고 법을 만들어서 하려면 그때는 이미 도시가 다 망가집니다. 현 정부하고 협의해 가지고 언제 합니까? 그러니까 할 수 없으니까 …"[9]*

2) 과다한 사업지구의 지정

두 번째 집행상의 오류는 과도한 뉴타운지구의 지정이다. 비록 뉴타운정책이 광역적 계획을 통한 재정비라는 타당한 목적을 지녔더라도 실행가능하고 사회적으로 수용 가능한 범위 내에서 뉴타운지구를 지정했어야 하는데 서울시는 과도하게 많은 지구를 선정하였다. 신도시를 대체하여 재정비사업을 통해 주택을 대량으로 공급하겠다는 구상에서 비롯된 것이지만, 지나치게 많은 뉴타운지구를 지정함으로써 사업이 정상적으로 추진될 수 없었다.

서울시에는 현재 1,300개의 재정비구역이 지정되어 있다. 이 중 뉴타운사업으로 추진되는 정비촉진구역이 305개, 주택재개발사업 구역이 529개 구역(40.7%), 주택재개발사업 구역이 529개 구역, 주택재건축사업 구역이 466개 등이다. 총면적은 61.6㎢로 서울시 주거지 면적 223㎢의 27.6%에 이른다. 2005년 이후 7년 동안 지정된 정비구역 수는 401개로 그 이전 7년간 지정된 물량의 5.7배, 지난 40년간 지정된 정비구역의 1/3에 이른다. 이것은 뉴타운

---

8) 국회 건설교통위원회 서울특별시에 대한 국정감사(2005. 10. 10.) 회의록.
9) 국회 건설교통위원회 서울특별시에 대한 국정감사(2005. 10. 10.) 회의록.

사업 추진을 위한 정비구역 지정이 도시관리 목적보다는 주민들의 개발이익 기대에 편승하여 정치적인 지지를 확보하려는 의도가 내재된 것으로 볼 수밖에 없다.

뉴타운사업은 처음부터 시범사업 3개에 그치지 않고 20여 개로 확대 지정할 계획이었던 것으로 밝혀졌다. 2003년 국회 건설교통위원회의 건설교통부 및 서울시에 대한 국정감사에서는 이미 지정된 은평, 길음, 왕십리 등 3개의 시범사업 지구 외에 추가로 몇 개의 뉴타운을 지정할 것인가에 대해 질의가 쏟아졌다. 이 자리에서 한나라당 의원들은 추가로 10여 개의 뉴타운지구가 지정될 수 있도록 건설교통부가 적극적으로 지원하라고 압력을 넣었다.

> *(이명박 서울특별시장) "저는 서울의 지역 간 균형발전이 서울의 도시경쟁력을 높이는 원천이라고 생각합니다. 그래서 지난해 지역균형발전10개년계획을 수립하여 이를 바탕으로 분야별로 또 지역별로 여러 가지 대책들을 단계적으로 추진해 나가고 있습니다.*
> *우선 길음 왕십리 은평 등 3개 지역에 대한 뉴타운시범사업을 금년 내에 착수하고 추가로 2차 뉴타운 대상지를 선정하여 연차적으로 개발해 나갈 계획입니다."*[10]

서울시는 뉴타운사업 추진으로 부동산 투기가 발생할 것을 잘 알고 있었기 때문에 뉴타운 지구를 전면 확대한 후에 지구로 지정된 지역을 토지거래허가구역으로 묶어서 부동산 투기를 억제하겠다는 구상을 갖고 있었다. 이 구상은 뉴타운사업을 서울시 핵심지역에 모두 지정하여 동시에 추진하겠다는 구상을 처음부터 가지고 있었음을 확인할 수 있다.

> *(이명박 서울특별시장) "뉴타운은 그런 측면에서 되어야 되고 일부에서 뉴타운을 왜 3~4개 한다고 하다가 조금 더 확대하느냐고 합니다마는 3개씩 하다 보면 강북개발이 너무 늦을 뿐만 아니라 그 외 지역은 앞으로 틀림없이 뉴타운이 될 것이라는 것을 전제로 해서 지금부터 값이 뛰기 때문에 지금 뉴타운을 확대해서 토지거래 전체를 묶어버리는 것이 오히려 낫다는 생각입니다."*[11]

---

10) 국회 건설교통위원회 서울특별시에 대한 국정감사(2003. 10. 9.) 회의록.
11) 국회 건설교통위원회 서울특별시에 대한 국정감사(2003. 10. 9.) 회의록.

(김덕배 의원) "*어제 서울시에서 李明博 시장이 얘기한 은평 길음 왕십리, 이렇게 3개의 뉴타운을 만들면서 추가로 17개 정도의 입지를 조사하고 있는 것 같은데 결국 강남이 강북에 비해서 교육환경이나 주거환경이 우월하기 때문에 거기로 집중되는 것 아닙니까? 그래서 강북에 대한 뉴타운 정책을 건교부에서 면밀히 조사해 볼 가치가 있다고 봅니다.*"[12]

3) 정비구역 지정의 정치성과 사업추진 결정기준의 부재

세 번째 집행상의 오류는 뉴타운지구의 지정에서 정치적인 배려가 가장 우선적으로 고려되었다는 점이다. 이것은 뉴타운지구의 지정기준이 다소 추상적일 뿐만 아니라 우선순위에 대한 기준이 아니었기 때문에 불가피한 측면이 있다고 하더라도 당초 이 정책의 목표가 지역균형발전이었다는 점을 고려하면 정책목표 달성과는 무관한 지역배분이라 할 수 있다. 서울시 25개 구 중 뉴타운지구나 균형발전촉진지구가 지정되지 않는 구는 중구, 서초구, 강남구, 도봉구 등 4개에 불과하였다. 이는 모든 구청에게 최소한 1개 이상의 뉴타운지구를 배정해야 한다는 부담감이 작용한 결과라 할 것이다. 뉴타운 지구의 나눠먹기식 지역배분 결과 낙후된 구에서는 종합적인 정비가 필요한 지구가 배제된 반면, 부유한 구에서는 정비가 필요하지 않는 지구도 포함될 수밖에 없게 되었다.

도시 및 주거환경정비법에서는 도시 전체의 관리차원에서 도시·주거환경정비기본계획을 수립하고 시장·군수·구청장이 이 계획에 맞추어 정비계획을 수립하도록 규정하고 있다. 뉴타운사업에서 지구지정이나 재정비촉진계획의 승인에서는 개별지역별로 지역발전을 위한 프로그램을 종합적으로 평가하기보다는 기존의 재개발, 재건축 사업의 요건인 노후도와 낙후도 등을 우선적으로 고려하고 있다. 특히 해당 시·도내의 시와 구청별 안배가 중요한 기준이 되어 왔던 점을 고려하면 종합적이고 객관적인 촉진지구의 선정 기준이 부족하였다.

재정비촉진지구의 지정이나 사업시행계획인 재정비촉진계획의 승인은 객관적인 기준에 입각하여 우선순위에 따라 결정하기보다는 개별지구별 심사를

---

12) 국회 건설교통위원회 서울특별시에 대한 국정감사(2005. 10. 10.) 회의록.

표 8 각 구청별 뉴타운 및 균형발전촉진지구 지정 현황

권역	권역	해당구	뉴타운 지구			균형발전촉진지구		구별 개수
			시범	2차	3차	시범	2차	
강북	도심	중						0
		종로		돈의문(교남)	창신·숭의			2
		용산		한남				1
	동북	성북	길음		장위	미아		3
		강북		미아				1
		도봉						0
		노원			상계			1
		중랑		중화			상봉	2
		성동	왕십리					1
		동대문		전농·답십리	이문·휘경	청량리		3
		광진					구의·자양	1
	서북	은평	은평		수색·증산			2
		마포		아현		합정		2
		서대문		가재울	북아현	홍제		3
강남	동남	강남						0
		서초						0
		송파			거여·마천			1
		강동		천호			천호성내	1
	서남	관악			신림			1
		동작		노량진	흑석			2
		영등포		영등포	신길			2
		구로				가리봉		1
		금천			시흥			1
		양천		신정				1
		강서		방화				1

통해 결정한다. 때문에 어떤 지역을 재정비촉진지구로 지정할 것인지, 어떤 지구를 우선적으로 추진할지를 비교하여 판단할 근거가 마련되어 있지 않았다. 경쟁적으로 뉴타운지구 지정을 요청하는 상황에서 객관적인 기준보다는 지역별 안배와 같은 정치적인 고려가 최우선 기준이 되어 왔다.

각 지구별로 지역을 발전시킬 수 있는 사업프로그램이 부재한 상태에서 산업경쟁력 강화와 지역환경 개선, 커뮤니티 재생과 같은 프로그램의 발굴을 기대하는 것은 사실상 불가능하였다. 때문에 어떤 재정비촉진지구에서 우선적으로 사업이 추진될 것인가는 도시전체 차원의 우선순위보다는 개별지구별

사업성이 최우선 기준이 될 수밖에 없게 된다. 재정비촉진지구 내 개별사업지구의 사업시행주체인 조합이 기반시설을 부담하고도 충분히 수익성이 있다고 판단되면 이 촉진지구에서는 우선적으로 정비사업이 추진될 수 있었다. 이러한 구조 속에서는 재정비촉진계획의 내용은 도시 전체의 발전보다는 개별지구의 사업성을 극대화할 수 있는 사업들로 채워지게 된다.

4) 전국적인 획일화의 한계

뉴타운정책은 당초 서울시의 강남북 불균형을 해소하고 주택공급을 확대하는 수단으로 선택되었기 때문에 서울시에서는 수용될 수 있는 사업방식인 반면, 다른 지역에서는 지역 여건의 차이 때문에 실효성을 띠기 어려울 수 있다. 서울시에서는 높은 주택가격과 풍부한 주택수요 때문에 재정비사업의 수익성이 어느 정도 확보될 수 있지만, 경기도나 기타 지역에서는 현재의 정비방식으로는 재정비사업의 수익성을 확보하기 어려운 경우가 많았다. 이러한 상황에서 세계금융위기와 보금자리주택 제도의 도입, 미분양주택 증가 등이 겹치면서 재정비사업은 더욱 어려워지게 되었다.

실제 재정비촉진지구의 해제 실태에서도 이러한 상황이 잘 드러난다. 그동안 전국에서 10개 지구가 지정해제 되었는데, 서울시에서는 단 한 개도 포함되어 있지 않은 반면 경기도에서 6개, 인천광역시에서 3개, 부산시에서 1개 지구가 포함되었다. 물론 서울시내의 뉴타운 지구는 도시재정비촉진법이 제정되기 전에 이미 뉴타운계획을 수립했기 때문에 재정비촉진계획의 수립을 둘러싼 갈등이 없었으며 오랜 기간 동안 추진되어 왔기 때문에 다른 지구보다 사업의 진척도가 빨랐던 것이 사실이다.

서울시의 경우 재정비촉진사업을 지원할 수 있도록 도시개발특별회계에 어느 정도의 기금을 확보하고 있었지만, 경기도나 지방도시의 경우 특별회계조차 확보하지 못하고 있기 때문에 중앙정부의 재정지원이 없는 상황에서는 더 이상 사업을 추진할 수 없게 된 것이다.

경기도에서는 노후도가 낮은 지역을 대거 재정비촉진지구에 포함시킴으로써 높은 보상비 때문에 사업성을 확보하기 어려웠다. 또한 이명박 정부가 개발제한구역 내에서 보금자리주택 공급정책을 실시함에 따라 뉴타운사업에서 공급할 수 있는 주택보다 훨씬 저렴한 분양주택을 공급하게 된 점에도 경기도 뉴타운 사업이 경쟁력을 확보하기 어렵게 하였다.

5) 정책의 파급효과의 실패 여부

그동안 뉴타운정책에 대한 비판이나 뉴타운 정책 실패의 원인으로 가장 많이 지목되어 온 것이 뉴타운 정책이 초래한 부정적인 파급효과 문제였다. 뉴타운사업이 주택가격을 상승시키거나 전세가격의 폭등을 낳는다거나 원주민 재정착률이 낮거나 저렴주택을 급격하게 멸실한다는 점, 사업추진 과정에서 조합과 조합원간, 조합원간의 갈등이 유발된다는 점 등이 주로 거론되어 온 문제점들이다. 바로 이러한 문제점들 때문에 뉴타운 정책은 실패했다고 평가하는 경우가 많은 것도 사실이다.

그러나 그동안 지적되어 온 대부분의 문제는 뉴타운사업이나 뉴타운정책의 고유한 문제라기보다는 일반적인 재정비사업이 공통으로 가지고 있는 문제라고 보아야 할 것이다. 뉴타운방식이 도입되지 않았더라도 도시및주거환경정비법에 의한 재정비사업이 추진되는 지역에서는 재정비사업의 실패이지 뉴타운사업의 실패라고 평가할 수는 없다. 이러한 문제 때문에 뉴타운사업이 실패로 평가되기 위해서는 뉴타운 사업방식으로 추진되기 때문에 기존의 재정비사업의 문제가 더욱 악화되었거나 새로운 문제점이 드러나야 한다.

재정비사업이 뉴타운 방식으로 추진되었기 때문에 더욱 악화된 문제점들을 살펴보면 다음과 같다. 우선, 뉴타운정책이 도입되면서 정비구역의 지정요건이 완화되어 정비구역이 급격히 확대되었다. 그 결과 양호한 주거지가 정비구역으로 지정되고 주택의 멸실이 촉진되었다. 일부 뉴타운지역을 대상으로 지구지정요건을 분석한 장영희·박은철(2008)의 분석 결과 대상 구역 21개 중 노후도 기준을 충족하는 구역은 10개(47.6%)에 불과한 것으로 나타났다.

경기도 뉴타운지구의 경우도 재정비촉진지구 지정으로 양호한 주거지역이 정비구역으로 지정되면서 재개발사업방식으로는 노후도를 충족하지 못했을 지역도 정비구역 지정요건의 완화 규정에 의해 정비구역으로 지정되는 결과를 낳았다. 도시재정비촉진지구의 경우 도시 및 주거환경정비조례의 기준을 20% 완화하여 적용하도록 규정되어 있기 때문에 특히 노후도가 낮음에도 불구하고 정비구역으로 지정될 수 있는 것이다. 그 결과 촉진지구별 노후도가 40%에도 미치지 못하는 지역이 부천 고강(26.9%)와 고양원당(29.2%), 시흥 은

표 9   뉴타운(재정비촉진)사업지구의 사업구역 지정요건 충족현황

구역수	접도율	과소필지율	노후도	호수밀도
21 (100.0%)	6 (28.6%)	9 (42.9%)	10 (47.6%)	18 (85.7%)

자료: 장영희·박은철(2008)

행(33.8%), 고양 능곡(38.4%), 시흥 대야신천(39.1%) 등 5군데에 이른다.

　　뉴타운사업은 분명 용도변경과 개발사업을 통해 대규모 개발이익이 발생하는 개발사업임에도 불구하고 처음부터 투기억제방안과 개발이익 환수장치를 마련하지 않고 출발하였다. 개발사업을 추진하면서도 지구지정의 효과, 개발계획의 승인과 보상의 시점, 보상기준과 보상가격의 결정, 존치지역의 처리방안 등에 대해 기본적인 제도적 기반이 마련되어 있지 않았던 것이다.

　　이 때문에 뉴타운사업지구로 지정되기 위해 수행되는 기초적인 조사, 지구지정을 위한 준비작업, 개발계획수립 과정을 거치면서 개발에 대한 기대감, 기획부동산업자들의 부동산 매집, 지분쪼개기 등을 통해 부동산 가격은 폭등하게 된다. 서울시의 기반시설 지원과 규제완화조치를 통해 재개발이나 재건축사업은 용이해지는 반면, 개발이익을 환수하지 않기 때문에 부동산 가격이 상승하는 것은 당연한 일이다.

표 10   경기도 뉴타운지역의 지구별 노후도 현황

노후도	지구별 노후불량 건축물 비율(%)	개수(비율)
30% 이하	부천 고강(26.9%), 고양 원당(29.2%)	2
40% 이하	시흥 은행(33.8%), 고양 능곡(38.4%), 시흥 대야신천(39.1%)	3
50% 이하	김포 김포(42.3%), 남양주 지금도농(42.45%), 광명 광명(43.9%), 고양 일산(45.3%), 구리 인창수택(49.6%)	5
60% 미만	남양주 퇴계원(52.3%), 남양주 덕소(52.7%), 오산 오산(54.8%), 군포 군포(55.4%), 안양 만안(57.7%)	5
60% 이상	부천 소사(60.3%), 의정부 금의(60.4%), 김포 양곡(61.1%), 평택 신장(64.4%), 부천 원미(68.0%), 의정부 가능(74.0%)	6
합 계		21(100.0%)

자료: 경기도(2011b).

도시재정비촉진법이 제정된 이후에도 부동산 가격상승은 멈추지 않았다. 투기억제방안으로 20㎡ 이상의 토지에 대해 토지거래허가구역을 지정하고 개발이익 환수장치로 기반시설의 시행자 부담과 임대주택 건설의무를 부과하였지만 소규모 필지단위로 지분쪼개기와 투기적 수요를 막을 수 없었다.

뉴타운사업의 경우 실제 주택공급 효과는 건축물을 기준으로 할 때와 거주호수를 기준으로 할 때 크게 달라진다. 서울시의 뉴타운 시범사업과 2차 뉴타운 지역에서 기존 세대수는 162,429호인 데 비해 건립계획상의 세대수는 167,852세대로 5,423호 증가하는 데 그친 것으로 나타났다.13) 서울시 뉴타운 사업 중 한남, 중화, 시흥, 창신·숭인, 구의·자양, 상봉, 천호·성내지구를 제외한 전체 뉴타운지구와 균형발전촉진지구에 대한 주택공급 효과를 분석한 결과도 이와 크게 다르지 않다. 이 지구의 정비대상이 되는 총 주택수는 300,898호인 반면, 사업완료 후 공급예정인 주택수는 233,066호에 불과하며, 여기에 개발에서 제외되는 존치 주택수 53,795를 합하여도 286,861호로 주택공급이 확대되는 것이 아니라 오히려 14,037호의 주거공간이 사라지게 된다.14)

경기도에서 수립된 11개 지구의 재정비촉진계획을 분석한 결과 사업전 총 거주세대는 220,959가구였으며, 그 중 소유자는 84,134 가구로 38.1%인 반면, 세입자는 136,825 가구로 61.9%에 이르렀다. 서울의 1,2차 뉴타운 사업 지구에서 세입자 비중이 72.4%에 이른 것과 비교하면 비교적 소유자가 높은 비중을 차지하고 있다. 정비사업 완료 후 거주 세대는 223,423호로 추정하고 있지만, 총주택공급 세대는 189,125에 불과하여 기존 거주가구의 85.6%에 불과하다. 뉴타운사업으로 31,834 가구가 거주할 공간이 사라지게 되는 것이다.

결국 뉴타운사업은 저렴주택을 급격하게 멸실시키는 반면, 주택공급 효과 크지 않음을 보여주고 있다. 설사 주택공급 효과가 크다고 할지라도 기존의 주민들이 입주할 수 없다면 실제 주거안정효과는 기대하기 어려울 것이다. 그러나 총량적인 주택공급 효과마저 기대하기 어렵다면, 뉴타운 사업의

---

13) 그러나 이러한 수치는 신개발지인 은평지역에서 기존 세대보다 6,479세대 증가한 데 따른 것이고 2차 뉴타운지역에서는 기존 세대가 135,840세대이나 건립계획은 133,552세대에 불과하여 2,280세대가 줄어들게 된다. 서울특별시, 「뉴타운사업에 따른 원주민 재정착률 제고방안」. 2007. 13면.

14) 한국미래발전연구원, 「재개발(뉴타운) 사업의 근본대책 모색」. 2009. 31면.

유일한 기여는 도시환경개선과 주거의 질적 수준 개선에서 찾아야 할 것이다. 그러나 이것이 전체 주민의 주거수준을 희생하면서까지 과도하게 추진할 필요가 있는지에 대해서는 검토할 필요가 있다.

6) 정책평가와 환류의 실패 여부

뉴타운정책은 2002년부터 10년 이상 지속된 정책이다. 뉴타운정책은 출범과 동시에 과도한 지구 지정, 법률적인 근거가 없는 사업추진 방식, 부동산 투기 유발, 서울시의 재정지원 부담 등에 대해 지속적으로 문제가 제기되어 왔다. 이러한 비판을 수용하여 그동안 뉴타운정책은 지속적으로 보완되고 수정되어 왔다. 그럼에도 불구하고 오늘날 뉴타운정책이 파행을 맞고 있는 것은 그동안 뉴타운정책이 지속적인 평가와 보완을 하는 데 성공하지 못했음을 의미한다.

근본적으로는 뉴타운지구나 균형발전촉진지구는 시범사업을 실시하고 사업추진 과정과 결과에 대한 평가를 통해 제도를 보완한 후에 본 사업을 실시했어야 한다. 2002년 10월에 1차 3개 시범사업지구를 지정하였으며 2003년 10월 이 지구의 기본계획이 발표된 직후인 2003년 11월에 시범 균형발전촉진지구 5개 지구와 2차 뉴타운 12개 지구를 추가로 지정하였다. 시범사업의 시행과정과 결과에 대한 평가도 거치지 않은 채 사업지구를 추가로 지정한 셈이다.

뉴타운사업은 도시재정비촉진법이 제정된 이후 2006년부터 본격적으로 시행되면서 여러 가지 부작용을 낳기 시작하였다. 이 문제는 2008년 제18대 총선에서 정치적인 문제로까지 등장하게 되었다. 서울시는 사업추진 과정에서 급속한 저렴주택의 멸실과 주택매매가격 및 전세가격의 멸실, 원주민의 낮은 재정착률, 아파트 위주의 획일적인 공간, 사업추진 과정에서 주민들간의 갈등과 소송의 확대 등의 문제점이 발생하게 되자 주거환경개선정책자문위원회를 구성하여 운영하였다. 이 위원회에서 제안한 정책 중 도시형 생활주택제도, 공공관리자제도, 조합의 투명성 확보를 위한 클린업 시스템, 권역별 멸실률 조정제도, 주거지종합계획 등은 서울시가 채택하여 실행하였을 뿐만 아니라 중앙정부의 정책으로도 수용되어 대부분 법률개정을 통해 제도화되었다.

그러나 뉴타운사업에 대한 평가는 사업의 무리 없는 추진이나 부작용을 최소화하는 데 한정되었을 뿐 이미 지정된 뉴타운 지구를 해제하거나 사업을 중단하는 출구전략까지는 이르지 못했다. 주거환경개선정책자문위원회가 서울시에서 운영하는 자문기구였기 때문에 사업 자체를 근본적으로 재검토하는 데는 한계가 있었다.

　뉴타운사업은 서울시에서 시범사업 형태로 추진되어 서울시 전역에 걸쳐 추진되었을 뿐만 아니라, 도시재정비촉진법 제정 이후부터는 전국적으로 확산되고 있었다. 때문에 도시계획이나 도시개발 분야에서 역량과 경력을 갖춘 대부분의 전문가들은 이 사업의 계획 수립이나 자문, 평가 등에 참여하게 되었다. 특히 뉴타운사업을 통해 처음으로 도입된 MA(Master Architect)/MP(Master Planner)는 다양한 의견과 이해관계를 조율하고 통제하는 역할을 하는 긍정적인 측면이 있는 반면, 객관적으로 이 사업을 평가할 수 있는 전문가 풀을 고갈시키는 결과를 낳았다. 그동안 뉴타운사업에 MA나 MP로 참여한 전문가는 시범뉴타운 MA 9명, 2차 뉴타운 MA 36명, 시범 균형발전촉진지구 MA 15명, 3차 뉴타운 MP 32명, 2차 균형발전촉진지구 MP 10명 등 102명에 이른다. 경기도나 기타 지방의 뉴타운사업과 뉴타운사업에 참여하는 설계사무소나 시공사, 시행사 등을 통해 참여하는 전문가까지 포함하는 경우 뉴타운사업에는 수백 명의 전문가가 참여하게 되었다.

　뉴타운사업은 지구 지정 이후부터 부동산 가격이 급등하면서 지자체장이나 주민들로부터 큰 호응을 얻게 되면서 급속도로 확산되어 갔다. 이 때문에 이 사업을 객관적으로 평가하고 보완할 수 있는 시스템이 마련될 수 없었다. 대부분의 전문가들이 사업추진 주체를 지원하는 역할을 담당하게 되면서 전문성을 갖추고 있으면서 이 사업을 객관적으로 평가할 수 있는 전문가도 거의 없었다.

　오히려 임도빈(2004)이 우리나라 행정에서 발견하였던 관료－매스컴－전문학자들 사이에 신 철의 삼각관계라는 공생관계가 뉴타운사업에서도 구축되었다고 보아야 한다. 전문가는 정책의 방향을 제시하고 평가하기보다는 행정관료를 지원하고 협력하는 관계를 형성하고 있었던 것이다. 이러한 구조적 한계 때문에 경제여건의 변화에 따라 부동산 시장 환경은 급변하고 있음에도 불구하고 기존의 정비방식의 틀을 벗어나지 못하는 개선 대안을 내놓게 되었고, 마침내 뉴타운사업은 근본적인 방향 전환의 압력을 받게 되었다.

V. 뉴타운사업의 정책실패의 악순환 구조 평가와 과제

1. 뉴타운사업에서 정책실패의 악순환 구조

현재의 재개발사업이나 뉴타운사업은 대부분 민간정비조합이 주도하는 부동산 개발사업의 성격을 지니기 때문에 사업성이 확보되지 않으면 더 이상 추진될 수 없다. 최근 주택시장의 침체로 정비사업의 수익성이 떨어지자 국회에 제출된 재정비사업의 개선방안들은 대부분 사업성을 제고하기 위한 지원제도나 규제 완화조치들로 채워져 있다. 정부와 지자체가 기반시설 설치비용을 부담하거나 국공유지를 무상양도하거나 저렴한 가격으로 매각하는 방안, 재정비사업과 관련된 각종 규제를 완화하는 방안이 그것이다. 당초 부동산 투기억제를 방지하고 개발이익을 환수할 수 있는 법률적인 근거도 없이 뉴타운구역을 과도하게 지정하면서 부동산 가격이 폭등하여 사업성이 더욱 부족해지게 되자, 서울시와 구청, 조합, 주민 등이 주로 요청하고 있는 사항들이다.

그러나 이러한 조치들을 통해 뉴타운사업의 사업성을 제고해준다고 뉴타운사업의 근본적인 문제점이 해소되지는 않는다. 우선, 어떤 정비구역을 우선적으로 정비해야 하는지, 공공부문이 어느 정도의 재정지원을 부담해야 하는지에 대한 객관적인 자료조차 확보되어 있지 않다. 때문에 정부나 지방자치단체는 재정지원이 필요하다는 원칙에는 동의하지만 어느 정도 수준으로 재정지원을 해야 히는지. 어떤 구역을 우선적으로 재정 지원해야 하는지, 그 혜택이 누구에게 귀결되는지조차 확인할 수 없는 상황에 처해 있다.

재정지원이나 규제완화 조치를 확대하면 정비사업의 사업성이 개선된다는 기대 때문에 해당 지역의 부동산 가격이 다시 상승할 수 있다. 이 경우 정비사업을 위한 보상금이 커지고 분양가격이 높아져 사업성이 또다시 부족해지게 되는 악순환이 반복될 수 있다. 또한 뉴타운 사업이 신속하게 추진되면 더 많은 저렴주택이 멸실되어 더 많은 세입자들이 기존 거처에서 떠나야 하고 그 결과 주변지역의 주택가격이나 전세가격이 상승하는 악순환이 반복될 수 있다.

이러한 정책실패의 악순환 구조 때문에 단기적이고 다중요법적인 개선방안은 오히려 정책문제를 더욱 악화시킬 수 있다. 정책실패의 이러한 악순환 구조를 탈피하기 위해서는 최초의 정책문제 인식이나 정책목표 자체를 근본적으로 재검토하여 재설정할 필요가 있다.

2. 뉴타운 출구전략의 내용과 향후 과제

2011년 12월 30일 국회는 뉴타운사업과 정비사업의 해제와 대안적 정비 방식을 규정하는 도시 및 주거환경정비법과 도시재정비촉진법 개정안을 전격적으로 통과시켰다. 이로써 처음으로 중단할 수 없이 앞으로만 달려가던 뉴타운사업을 조합원들이 중단하고 대안적인 방식으로 정비사업을 추진할 수 있는 법적인 근거가 생기게 되었다.

서울시도 2012년 1월 30일에 '서울시 뉴타운·정비사업 신정책 구상'을 통해 기존의 소유자 중심, 사업성 기준의 전면 철거형 정비사업을 거주자 중심, 주거권 기준의 공동체·마을 만들기 사업으로 전환하겠다는 '뉴타운·재정비사업의 새로운 방향 전환'을 발표하였다. 이 자리에서 박원순 시장은 뉴타운·재개발사업으로 고통 받는 시민들에게 시정책임자로서 공식적으로 사과를 했다. 이로써 2002년 이명박 전 서울시장이 시작하였던 뉴타운 정책은 10년 만에 후임 서울시장에 의해 공식적으로 잘못된 사업임이 확인되었고 이제 본격적인 출구전략을 마련하게 됐다.

앞으로 개정된 법률과 지자체들의 대책이 실효성을 지니기 위해서는 뉴타운사업과 각종 정비사업이 정책실패의 악순환 구조를 탈피하여 선순환 구조로 전환될 수 있도록 국가의 지자체의 적극적인 노력이 요구된다. 이를 위해서는 우선 정비사업에 대한 객관적인 조사가 반드시 선행되어야 한다. 또한 공공부문은 재정비사업에 대해 파악한 정보는 주민이나 토지 등의 소유자에게 정확하게 전달해 주어야 한다. 실태조사를 바탕으로 어떤 구역이 우선적으로 재정비되어야 하는지에 관하여 국가와 지자체는 객관적인 기준을 마련하여야 한다. 마지막으로 공공부문이 제공하는 재정지원 및 규제완화의 효과가 지역사회 전체나 주민전체에게 귀결되도록 하는 장치가 마련되어야 한다. 공공지원은 조합원의 수익성 개선이 아니라 공공성이 강화될 수 있도록 활용되어야 한다.

참고문헌

경기도(2011a). 「경기뉴타운 제도개선(안)」 2011. 4. 13.

경기도(2011b). 「뉴타운사업 추진현황과 추진실적·문제점·향후대책」 경기도의회 제출 자료.

김남근(2011). 「재개발사업의 당면문제와 재개발 복지정책의 필요성」 민주당 뉴타운대책 특위 발표 자료.

김병일(2002). "강북개발의 추진배경과 실천계획", 「주택도시」 제75호.

김병일(2004). "서울시 지역균형발전 추진계획", 「강북 뉴타운 어떻게 할 것인가」 2004. 1 도시설계학회 심포지움 자료.

김영하(2003). "강북뉴타운 개발사업을 통한 지역균형발전에 대한 연구", 「대한건축학회논문집」 제19권 6호.

김수현(2009). "재개발(뉴타운) 사업의 문제점과 대안", 학술단체협의회 외 주최 「용산참사 학술단체 공동토론회」 자료집. 2009년 2월 12일. 국회 국토해양위원회 속기록, 각년도.

김영평(2012). "정책실패와 정책혁신: 대위법의 관계인가? 대체법의 관계인가", 한국정책지식센터, 한국행정연구소 [지식&포럼]

김종보(2007). "도시재정비촉진을 위한 특별법의 제정경위와 법적 한계", 「토지공법연구」 제35집.

김종범(2004). "정책실패", 「한국정책학회 추계학술발표논문집」 pp. 526~541.

노화준(2006). 「기획과 정책결정을 위한 정책분석론」 박영사.

배경동(2007). "주택공급정책이 도시계획 왜곡현상에 미진 영향에 관한 연구", 「서울시립대학교 박사학위 논문」.

변창흠(2011). "새로운 도시재생사업 거버넌스 구축을 통한 주거복지 향상방안", 사회정책연합 공동학술대회「한국 복지국가, 미래를 논하다」.

변창흠(2011). "정비사업에서 세입자 주거권의 성격과 침해구조에 대한 비판적 고찰", 한국공간환경학회 「공간과 사회」 제21권 제2호(통권36호) pp. 103~142.

변창흠(2010) "도시권을 기준으로 본 도시재정비사업의 구조와 대안", 「도시와 정의, 도시와 권리 학술문화제 자료집」.

서울특별시(2011). "서울시, 무조건 철거하는 주거정비 안한다", 2011. 4. 14. 보도자료.

서울특별시(2010). 「서울시 뉴타운사업 7년간의 기록」 서울특별시균형발전본부.

서울특별시 주택본부(2011). 「뉴타운사업 이슈 검토」. 내부자료.

서울특별시의회 속기록 각 년도.

안병철·강인호(2008). "정책실패에 관한 연구경향 분석". 「한국정책과학학회 2008년 동계학술대회」 pp. 111~134.

안병철·이계만(2009) "정책실패에 관한 연구경향 분석", 「한국정책과학회보」 제13권 제2호 pp. 1~19.

오준근(2006). "서울시 뉴타운 개발의 법적 문제점", 「토지공법연구」 제30집.

이상대(2012). "뉴타운정책의 전환가 남아있는 과제들", 도시정책포럼 발표문.

이창호(2011a). "뉴타운 사업의 쟁점과 향후 과제", 국회입법조사처 「이슈와 논점」 제294호.

이창호(2011b). "재정비촉진사업의 쟁점과 개선 과제", 「국회입법조사처 현장조사보고서」 제18권.

임도빈(2004). 「한국지방조직론」 서울: 박영사.

임도빈(2007). "한국 행정현상에 대한 설명모델을 찾아서: 악순환모델", 「한국거버넌스학회보」 제14권 제1호.

장남종(2006). "뉴타운사업의 정비촉진을 위한 제도개선 방안", SH공사·서울시립대학교 도시행정학과 공동주최 「뉴타운사업을 중심으로 한 재개발·재건축 사업의 현안 과제 및 대응방안」 세미나 결과보고서.

장영희(2011). "주택시장 환경변화에 따른 뉴타운사업 개선방향" 서울시의회 주최 토론회 발표자료.

홍인옥(2009). "우리나라 도시재개발사업의 성격과 문제점", 「용산철거민 참사를 계기로 본 도시재개발 사업의 문제점과 대안」, 시민사회단체연대회의·토지주택공공성네트워크 주최 긴급토론회 세미나 자료집.

제2편

금융/경제/산업 정책

정책실패와 관료적 책임성: 외환은행 매각사례를 중심으로

순천대학교 행정학과 교수_ 조선일

〈요 약〉

외환은행 매각사례는 정책의 성공과 실패에 대한 인식, 정책과정에서의 관료의 책임의 한계, 정책판단에 대한 사법적 처벌의 가능성 등과 관련한 다양한 논의가 가능하다. 본 연구에서는 먼저 외환은행 매각사례의 개요를 살펴본 후, 관료적 책임성 확보 측면에서 제기된 감사원감사와 사법적 판결을 검토하고, 정책학적 관점에서 제기될 수 있는 쟁점에 대해 논의한다.

정책의 성공과 실패를 평가하는 분석초점이나 기준은 정책대상이나 연구자마다 다양하지만 정책담당자의 정책단계별 역할을 중심으로 분석한 결과, 정책실패 판단의 정치성과 동태성, 정책문제의 인식, 정책접근의 시계, 금융감독시스템, 관료적 책임성의 확보 측면에서 문제점을 지적할 수 있는 것으로 나타났다.

특히 정책실패에 대한 사법적 책임을 묻기 힘들다는 한계가 있기 때문에 관료적 책임성 확보를 위해서는 관리적 측면에서 보다 구체적인 제도적 장치가 필요한 것으로 나타났으며, 관료의 적극적인 정책주도성 문제와 관련해서도 행정환경의 변화에 맞는 적절한 역할설정이 필요할 것으로 판단된다.

'외환은행 헐값 매각'(한국일보, 2006. 4. 10)

'헐값 매각으로 인한 국부유출'(동아일보, 2012. 2. 7)

'먹튀 논란 론스타 9년 동안 5조 벌고 떠나게 돼'(조선일보, 2012. 1. 28)

'론스타 먹튀 배 아파 할 필요 없다'

(한겨레21, 2011. 7. 18)

'변양호 신드롬'– 문책이 두려워 정책 결정을 미루는 현상

(중앙일보, 2011. 7. 13)

Ⅰ. 서 론

2003년 8월 27일, 사실상 정부가 소유하고 있던 외환은행이 외국계 사모 펀드인 론스타 펀드에 매각되었다. 당시의 경제상황에 대해 금융위기가 발생할 가능성이 높다고 판단한 정책당국이 어려움에 처해있던 외환은행을 해외투자자에게 매각함으로써 금융시장을 안정시킬 뿐만 아니라, 국제적 신인도를 높이고자 적극적인 개입을 통해 매각을 성사시킨 것이다.

이러한 정책당국의 노력은 일시적으로는 금융시장의 안정을 가져온 것으로 나타났다. 하지만 나중에 경제상황의 호전으로 인하여 해외자본에 대한 특혜 논란과 더불어 외국계 펀드의 거대한 이익실현, 감사원감사 및 검찰 수사에서 드러난 충분한 노력의 부족과 비리 등으로 인해 많은 비판의 대상이 되었다. 특히 위기상황을 타파하기 위한 관료의 적극적인 노력에 대한 사법적 판단으로 인해 경제 관료들이 적극적인 의사결정을 하지 않고 정책결정을 미루기만 한다는, 이른바 '변양호 신드롬'을 야기하고 있다는 주장이 제기되어 관료의 역할 및 책임성의 한계가 어디까지인가에 대한 논란도 불러일으켰다.

외환은행 매각사례와 관련한 정책학적 논의는 정책의 성공과 실패에 대한 인식, 정책과정에서의 관료 책임의 한계, 정책판단에 대한 사법적 처벌의 가능성 등으로 다양하게 나타날 수 있을 것으로 평가된다. 특히 사례의 중요성에도 불구하고 행정학에서의 연구가 거의 없는 현실에서, 사례의 다양한 측면 중 정책과정과 그 과정에서의 관료의 책무성에 대한 검토는 일정한 의의가 있을 것으로 판단된다.

이러한 취지에서 본 연구에서는 외환은행 매각과 관련하여 관료적 책임성 확보 측면에서 제기된 감사원감사와 사법적 판결을 검토하고, 정책학적 관점에서 제기될 수 있는 쟁점에 대해 논의하고자 한다.

Ⅱ. 정책사례의 전개과정 및 평가

1. 사례개요

외환은행 매각사례는 2003년 8월에 정부가 다수의 지분을 보유하고 있던 외환은행이 론스타 펀드에 매각되었는데, 이 과정에서 제기된 일련의 논란에 대한 감사원감사 및 사법적 판결 등을 말한다.[1] 외환은행 매각 당시 은행법에 따르면 비 금융 주력자(산업자본)는 4퍼센트를 초과하여 은행주를 보유하지 못하지만, 금융감독위원회의 승인을 얻은 경우에는 예외적으로 10퍼센트까지 은행 주식을 보유할 수 있었다. 그래서 매각 이후 론스타 펀드가 비금융주력자에 해당하는지에 대한 문제 제기가 있었다.

그러나 외환은행의 매각이 문제가 된 것은 매각 계약 후 2년쯤 지나서였다. 론스타 펀드는 계약에 따라 매입 후 2년이 지난 2005년 중반부터 보유지분의 매각을 검토하고 있었다. 그런데 2년 동안 외환은행의 주가가 크게 올라서 론스타는 보유지분을 매각할 경우 막대한 차익을 얻을 수 있게 되어, 외환은행이 애초에 '헐값'으로 매각된 것이 아니냐는 '의혹'이 제기되었다.[2]

이러한 의혹제기로 언론의 관심이 제고된 이후 2005년 9월에 일부 시민단체가 매각 '비리' 혐의로 외환은행 매각관련자를 검찰에 고발하였고, 정치권은 논란 끝에 감사원에 감사청구를 한데 이어 2006년 3월에는 국회 재정경제위원회의 고발로 이어졌다. 먼저 감사원은 당시 외환은행은 사모펀드에 경영권을 매각할 만큼 잠재 부실이 심각한 상황은 아니었고, 매각과정이 공정하

---

1) 매각 당시 외환은행은 한국은행과 수출입은행이 주식의 43.16%를 소유하고 있었고, 독일계 은행인 코메르츠방크는 32.55%의 지분을 가지고 있어서 정부가 사실상 지배하고 있었다. 외환은행 매각은 외환은행이 신주를 발행하여 이를 론스타 펀드가 인수하고, 동시에 수출입은행과 코메르츠방크가 보유한 주식 일부를 론스타에 매각하는 방식으로 이루어졌다. 그 결과 론스타 펀드는 외환은행 주식의 51%를 보유하여 경영권을 취득하게 되었다.

2) 외환은행 매각에 대한 시민단체의 문제제기는 투기자본감시센터가 2004년에 론스타에 대해 외환은행 주식취득 무효소송을 내면서 시작되었다. 투기 자본감시센터는 실체가 불분명한 폐쇄형 사모펀드인 론스타 펀드에 은행을 매각한 것은 금융당국이 은행 주식 취득 자격을 엄격하게 제한한 은행법을 자의적으로 해석한 것이며, 또한 론스타가 주주 구성을 공개하지 않아 외환은행이 미국에서 은행업무를 하지 못하게 되었다며 론스타 인수 후 오히려 외환은행 브랜드 가치에 큰 손상을 입었다고 소송을 제기했다.

고 투명한 절차와 방법에 따르지 않았으며, 경영상황 진단 및 예외승인 요건
에의 부합 여부 등이 제대로 검토되지 못한 채 론스타의 외환은행 인수가 승
인된 것으로 발표했다(감사원, 2007).

검찰은 수사를 통해 매각 당시 재정경제부 금융정책국장이 외환은행의
자산평가결과를 조작하도록 지시하여 외환은행을 론스타 펀드에 '헐값'에 매
각하였으며, 당시 외환은행장은 당시 재정경제부 금융정책국장과 공모하여
BIS비율을 조작하고 부실을 과장하여 외환은행을 '헐값'에 매각했다고 밝히면
서 이들을 특정경제범죄 가중처벌법(배임) 혐의로 기소하였다.

이에 대해 법원은 BIS비율에 대한 전망치나 대손충당금 정도 등은 경영
상의 판단에 해당하고, 이는 사후결과와 무관하게 존중되어야 한다고 하면서
무죄를 선고하였다.[3] 특히 금융기관의 부실을 해결하기 위한 직무상 신념에
따른 판단에 대해서는 배임의 책임을 물을 수 없다고 판단했다. 2심 법원은
외환은행 주가가 론스타 펀드 인수 후 약 2년 9개월 동안 평균에 비하여 약
간 더 상승하였지만, 그러한 차이는 통상적인 시장변동의 범위 내에 가능한
것이라고 판시하였다.[4] 이후 2011년 10월에 대법원은 무죄를 선고한 원심을
확정했고, 함께 기소된 외환은행의 전 행장 및 부행장의 배임 혐의에 대해서
도 무죄를 선고했다.

표 1 외환은행 매각 일정과 주요 내용

• 2002. 10.	론스타가 외환은행에 자본참여 의사 표명
• 2002. 12.	론스타와 외환은행 사이 비밀준수협약(Confidential Agreement) 체결
• 2003. 1.	론스타, 예비제안서(Preliminary Proposal) 접수
• 2003. 6.	론스타, 투자제안서 제출, 51% 보유의사 표명
• 2003. 7.	재경부 장관, 외환은행을 론스타에 매각할 수 있다는 입장 표명
• 2003. 7. 15.	대책회의: 재경부, 금감위, 청와대행정관, 외환은행장, 모건스탠리 등 참여
• 2003. 7. 25.	금감위 비공식 간담회. "외환은행 외자유치 관련 검토 보고"
• 2003. 8. 27.	외환은행, 이사회 개최하여 론스타와 최종 계약

---

3) 서울중앙지법 2008. 11. 24 선고 2006고합1352 판결, 서울고법 2009. 12. 29 선고 2008노
  3201, 2008노3330(병합) 판결.

4) 외환은행 주가는 론스타 펀드 인수 후 약 2년 9개월 동안 336% 상승하였고, 다른 은행의
  주가는 평균 308% 상승하여 다른 은행에 비하여 상대적으로 크게 오르지 않았기 때문에
  통상적인 시장변동의 범위 내에 있는 것으로 판시하였다. 이러한 법원의 판결은 기업 경
  영자의 배임죄에 대해 엄격한 기준이 적용되어야 한다는 대법원의 판례와 일치한다(대법
  원 2004. 7. 22. 선고 2002도4229 판결).

- 2003. 9. 4.   김&장, 론스타 대리로 금감위에 "동일인 주식소유한도 초과보유승인" 신청
- 2003. 9. 26.   금감위 회의, 론스타 외환은행 주식취득 승인
- 2007. 9.   론스타, HSBC와 매각 계약 체결
- 2008. 2.   외환카드 주가조작 1심 유죄 판결. 금감위, 외환은행 인수승인 연기
- 2008. 9.   론스타, HSBC와 매각 계약 파기 선언
- 2010. 11. 16.   하나금융, 외환은행 인수 추진 발표
- 2011. 3. 10.   대법원, 론스타 외환카드 주가조작 유죄 취지로 서울고법 파기 환송
- 2011. 3. 14.   외환은행 노동조합 등, 주가조작 론스타에 1486억 손해배상 청구
- 2011. 7. 8.   하나금융－론스타, 외환은행 매매계약 6개월 연장합의(주당 14,250원)
- 2011. 10. 6.   서울고법, 주가조작 혐의로 론스타코리아 전대표에 징역3년 선고
- 2011. 10. 31.   금융위, 론스타에 외환은행 한도초과지분(41.02%) 매각명령 사전통지
- 2011. 11. 18.   금융위, 론스타에 단순매각(조건 없는 지분매각) 명령
- 2011. 12. 1.   하나금융, 론스타와 외환은행 매매계약 재협상 타결(주당 1만1900원, 총 3조 9,156억 779만 6,800원)
- 2012. 1. 27.   금융위, "외환은행 비금융주력자(산업자본) 아니다" 결론. 하나금융의 외환은행 자회사 편입 신청 승인.

2. 사례의 평가

정책이 성공했는가 실패했는가에 대한 평가기준은 매우 다양하며, 그 다양한 기준으로 인해 하나의 정책을 성공이나 실패로 단정 짓는 것은 매우 어려운 일이다. 외환은행 매각사례의 경우도 정책의 어느 측면에서 분석을 시도하느냐에 따라 정책성공과 실패의 정도가 결정될 것이지만, 본 연구에서는 정책과정과 그 과정에서 발생한 관료적 책무성의 관점에서 분석을 시도하고자 한다. 이러한 측면에서 외환은행 매각사례는 감사원감사는 물론 사법부의 판결도 받아 사회적 이슈가 되었을 뿐만 아니라 공직사회내외에 많은 영향을 주었다는 점에서 매우 분석이 필요한 사례라고 볼 수 있다.

이러한 사례의 분석을 위해서는 다양한 자료의 분석과 더불어 관련자 면담이 중요하다. 그러나 많은 보도 자료에도 불구하고 각각 명확한 입장에 근거한 객관성이 미흡한 자료들이 대부분이고, 학술적인 연구도 미흡할 뿐만 아니라 사례가 여전히 진행 중인 데에다 관련자들이 여전히 현직에 머무르고 있는 경우도 있어 면담의 객관성 확보가 어려워 진행에 한계가 있었다.5) 따

---

5) 외환은행매각사례는 당시 관련자들이 여전히 현직인 관계로 종합적인 분석이나 판단은 시간이 더 흘러야 할 것으로 판단된다. 그 이유는 먼저 외환은행 매각당시 장관은 국회

라서 본 연구에서는 객관적 분석을 위해 정책과정과 관료적 책무성에 초점을 맞춰서 공식적인 자료인 감사원 감사결과와 사법적 판단을 중심으로 분석을 시도하고자 한다.

외환은행 매각사례와 관련한 책임성분석은 주로 외환은행 매각에 관여했던 관료들이 정책결정과정에서 적정한 주의와 관심을 기울였는가에 집중된다. 외환은행 매각과 관련한 주요의사결정에는 매각 추진 주체·방법 결정, 잠재적 투자자 물색 및 매수자 선정, 매각 가격 및 협상, 대주주 자격 승인 등이 있다.6) 여기에서는 우선 현재가지 진행된 중립적이고 공식적인 평가라고 할 수 있는 감사원 감사결과를 통해 정책결정과정에서 관료들이 충분한 노력을 기울였는지와 더불어 도덕적 해이를 분석한다. 이후 이에 대한 사법부의 판단 등을 통해 1차적으로 사례를 평가하고, 선행연구 검토 등을 통해 본 연구의 분석초점을 제시한 후 정책실패의 원인을 분석하고자 한다.

1) 감사원 감사 결과

(1) 매각 추진 주체, 방법

외환은행 매각은 1997년 경제위기 이후 IMF 프로그램에 따른 금융, 기업 구조조정의 본질과 밀접히 관련되어 있다. 금융위기 이후 정부는 1, 2차에 걸쳐 165조의 공적자금을 조성하여 투입했지만 2002년까지도 기업, 금융기관 파산이 이어지면서 추가로 공적자금을 조성해야할 상황에 처하게 되었다. 특히 2002~2003년에 발생한 하이닉스, 에스케이 글로벌, 카드사태 등 일련의 사태는 3차 공적자금 조성이 필요할 지도 모른다는 큰 정치적 부담으로 인식되었다.

이러한 경제적·정치적 부담의 완화를 위해 정부는 외환은행 매각을 추진하게 되었는데 문제는 정부가 수출입은행과 한국은행 소유 외환은행 지분을

에서 국정조사가 발의될 때 야당의 원내대표였으며, 당시 주무과장은 현재 관련업무 주무부처인 금융위원회위원장으로 근무하고 있는 등 사례가 여전히 진행 중이기 때문이다. 이러한 특성으로 인해 분석이나 면담은 입장차의 확인에 불과할 가능성이 높아 1차적으로 공식적인 자료를 통한 분석을 시도하고자 한다.

6) 감사원 감사에서는 이러한 의사결정과정에서의 책무성 확인과 더불어 윤리적 차원에서의 점검으로 성과급·경영고문료 및 주식매수 선택권 지급 등의 감사결과를 제시하고 있다(감사원, 2007).

판 것이 아니라 외자유치 형식을 취하기 위해 유상증자에 의한 제3자 배정방식으로 경영권을 론스타에 넘겨준 매각방식이었다. 따라서 이후에 제기되는 모든 문제는 정부가 공개매각이나 외자유치 방식이 아니라, 유상증자에 의한 제3자 배정방식으로 외환은행의 경영권을 양도한 데에서 발생한 것이다.

매각추진 주체와 방법 결정에 대해서 감사원은 재경부가 '금융감독위원회 및 대주주 등과 협의하여 공정하고 투명하게 추진하여 할 외환은행의 경영권 매각을 외환은행의 소수 경영진에 의해 비밀리에 추진되는 것을 용인하고, 막후에서 이를 조종, 관여함으로써 당시 정부 방침과는 달리 외환은행이 전략적 투자자가 아닌 외국계 사모펀드에 매각되고 추진의 투명성 및 공정성도 일실되는 단초를 제공'한 것으로 판단하였다.

또한 감사원은 재경부가 론스타의 은행 인수 자격 해소방안 등에 대한 구체적인 검토, 확인 없이 론스타와 단독 MOU 체결 및 협상 추진을 수용하여 론스타 주도로 협상이 진행되고 예외승인이 무리하게 이루어지는 결과를 초래하여 외환은행의 경영권 매각을 소수의 은행 경영진 중심으로 추진하도록 하여 매각의 공정성·투명성을 일실하였다고 판단하여 충분한 노력을 기울이지 않은 것으로 평가하였다(감사원, 2007).

(2) 잠재적 투자자 물색 및 매수자 선정

잠재적 투자자 물색 및 매수자 선정과정에 대해서도 감사원은 '외환은행이 잠재적 투자자를 제대로 물색하지 않은 채 사실상 수의계약 방식으로 론스타와 매각 협상을 추진하면서도 재경부, 금감위 등 관계 기관에는 다수의 잠재적 투자자를 물색하였으나 론스타 이외에 다른 투자의 향자가 없는 것처럼 보고했다'라고 하여 매각과정에서 충분한 주의를 기울이지 않았을 뿐만 아니라 은행경영진은 사적 이익을 취했다고 감사결과를 발표했다.

또한 재경부 대해서도 '재경부는 이러한 외환은행의 보고만을 믿고 공정한 경쟁 절차 없이 론스타 일방하고만 수의계약 방식으로 협상이 진행되는 것을 용인하여, 론스타와 불리한 입장에서 매각협상이 진행되고 론스타 이외에는 대안이 없는 전제로 이루어진 예외 승인에도 큰 영향을 미치는 결과를 초래'하였다고 평가하였다. 특히 외환은행 행장 등은 매각자문사를 임의로 선정하여 자문료를 과다 지급하였고, 부장은 그 과정에서 2억 원을 불법 수수한 것으로 발표했다.

(3) 매각 가격 및 협상

매각 가격 및 협상과 관련하여 감사원은 '외환은행이 론스타와의 매각협상의 불가피성을 강조하고 가격을 낮춰 론스타가 쉽게 인수할 수 있도록 하기 위해 부실 규모를 과장하는 등으로 외환은행의 순자산가치를 낮추어 매각을 추진하였고, 본격적인 가격협상이 이루어진 2003년 7월경에는 경영상황이 크게 호전되었는데도 매각가격을 높이기 위한 협상노력을 하지 않은 것'으로 평가했다.[7]

또한 '재경부 국장 등은 수출입은행의 반대를 무시하고 이외에도 매각가격 결정 및 협상과정에서 대주주와 이사회를 배제 하거나 협상내용을 호도하는 등 공정성 및 투명성을 일실한 채 매각을 추진하였고, 외환은행 경영진은 외환은행의 순자산가치가 낮게 나오도록 자산, 부채실사 결과를 임의로 조정했음에도 재경부와 수출입은행은 외환은행에 대한 자산실사 및 기업가치 산정에 대한 지도·감독을 소홀히 한 채 외환은행과 모건스탠리 등의 말만 믿고 왜곡 산정된 실사결과 및 매각협상기준가격을 기초로 매각협상이 진행되도록 함으로써 외환은행 측에 불리한 가격으로 매각협상이 이루어지는 결과를 초래'한 것으로 평가했다(감사원, 2007).

즉 재경부와 외환은행은 론스타와의 매각협상의 불가피성을 강조하고 가격을 낮춰 론스타가 쉽게 인수할 수 있도록 하기 위해 부실 규모를 과장하는 등의 방법을 통해 외환은행의 순자산가치를 낮추어 매각을 추진하였다는 것이다.

(4) 대주주 자격 승인

금융감독위원회는 외환은행이 '은행법 시행령' 제8조 제2항의 규정에 따른 예외승인 대상이 아닌데도 부실을 과장하여 왜곡 작성된 BIS비율전망치 6.16% 등을 근거로 론스타의 외환은행 주식 51% 취득을 예외 승인하였다. 이 과정에서 금융감독위원회는 책임을 분산, 전가하기 위해 재경부에 예외승인을

---

7) 외환은행은 2003년 말 BIS비율전망치를 2003년 3월 19일 재경부·금감위보고 때에는 5.09%, 4월 24일 코메르츠은행과 청와대보고시에는 2.88%, 5월 9일 청와대 보고자료에는 2.88%, 7월 15일 관계기관회의에서는 5.24%, 7월 21일 금감원팩스에는 6.16%로 보고하는 등 일관성 없이 낮게 산출하여 보고한 것으로 조사됨(2007, 감사원).

요청하는 공문을 요구하여 이를 예외승인의 근거로 활용하는가 하면, 론스타의 요구에 따라 비공식 간담회를 개최하여 예외승인을 긍정적으로 검토한다는 회의 결과를 유도한 후 이를 론스타에 구두 확약한 것으로 조사되었다.

금감원은 공식 BIS비율 전망치 9.14% 등을 활용하지 않은 채 외환은행의 부실을 과장하여 작성한 BIS비율 전망치 6.16%를 그대로 인용 보고함으로써 금감원 위원들이 예외승인이 불가피한 것으로 잘못 인식하게 되는 원인을 제공하였고, 재경부는 외환은행이 예외승인 대상이 아니라는 점을 알면서도 관계기관회의 개최, 예외승인 협조요청 공문 송부 등을 통해 예외승인을 지원하였는데 검증한 결과 최소 3,872억 원의 부실이 과장되어 산정된 것으로 분석되었다(감사원, 2007).

(5) 도덕적 해이-성과급, 경영고문료 및 주식매수 선택권 지급

이러한 매각추진 과정에서 외환은행장은 론스타로부터 은행장 유임 약속을 받고 계약을 체결하였을 뿐 아니라 당초 유임 약속과 달리 해임되자 사실상 외환은행 인수협조 후 중도 퇴진에 따른 보상금 성격의 퇴직위로금 15억 8,400만 원을 경영고문료 및 성과급 명목으로 정관 등을 위배하여 지급받은 것으로 조사되었다.

또한 외환은행 부행장도 퇴직 위로금 성격의 8억 7,500만 원을 형식상의 임용 계약을 체결하여 잔여 임기 보수 명목으로 받았으며, 상법 및 증권거래법에서 정한 스톡옵션 제도의 취지에 반하여 곧바로 퇴임이 예정된 사외 이사들에게 스톡옵션을 부여한 것으로 나타났다.

표 2 참여자의 사안별 책무성 점검

	재경부	금융감독위원회 금융감독원	외환은행
매각 추진 주체 매각 방법	• 소수경영진에 의한 비밀 　추진 용인 • 막후 조정 관여 • 인수자격 검토 미흡		• 소수경영진중심 추진 • 대주주 등과의 협의 미흡
투자자 물색 및 매수자 선정	• 론스타외 대안 없다는 　보고 확인미흡 • 수의계약용인		• 투자자 물색 소홀

매각가격 협상	• 대주주와 이사회배제 • 지도감독소흘		• 부실규모 과장 • 상황호전 이후에도 가격인상 노력미흡
대주주자격승인	• 예외승인 지원	• 요건 확인미흡 • 책임회피 위해 재경부에 예외승인요청 공문요구 • 론스타와 간담회통한 구두확약 • 외환은행작성 전망치 점검 미흡 • 확인 없이 인용보고	• BIS비율전망치 등 왜곡작성

3. 사법부의 판결

검찰은 정부가 다수의 지분을 보유하고 있던 외환은행을 론스타 펀드에 매각한 것과 관련하여, 당시 재정경제부 금융정책국장과 외환은행장 등이 외환은행의 자산평가결과를 조작하도록 지시하고 BIS비율을 조작하고 부실을 과장하여 헐값에 매각하도록 했다고 업무상 배임으로 기소하였다. 검찰은 이들의 임무위배 행위를 여러 가지 제시하였는데, 주된 내용은 의도적으로 외환은행의 대손충당금을 과다 계상하여 부실규모를 과대평가하고, BIS비율전망치를 의도적으로 낮추었다는 것이다. 이를 통하여 신주나 구주의 가격을 낮추고, 론스타 펀드에 은행 인수자격을 부여하였다는 것이다. 당시 은행법에 따르면 동일인이 10퍼센트를 초과하여 은행 주식을 보유하려면 금융 감독위원회의 승인을 얻어야 하는데, 낮은 BIS비율의 전망치가 이러한 승인을 얻는 데 이용되었다는 것이다.

이에 대해 법원은 BIS비율에 대한 전망치나 대손충당금 정도 등은 경영상의 판단에 해당하고, 이는 사후결과와 무관하게 존중되어야 한다고 하면서 무죄를 선고하였다. 1심법원이나 2심법원은 판결을 통하여 BIS비율에 대한 전망치나 대손충당금의 정도는 경영상의 판단에 해당한다고 판시하였다. 즉 대손충당금을 어느 정도 계상할 것인가는 은행의 자율에 맡겨진 사항이며 BIS비율전망치를 다소 낮게 계산하였다 하더라도 그것은 자본 확대의 필요성이 긴급하였던 외환은행의 경영진이 거래의 성사를 위하여 불가피하게 선택한 것이라는 것이다.

1심법원에 따르면 경영진의 판단은 사후 결과와 무관하게 존중되어야 하며, 거래 성사를 위해 다소 부적절한 행위를 하였더라도 이를 배임행위로 볼 수 없다는 것이다. 즉, 당시 외환은행은 대규모로 자본을 확충할 필요가 있었기 때문에 외환은행 경영진이 대규모로 신주를 발행하여 증자를 추진하기로 한 판단은 존중되어야 한다는 것이다. 그리고 BIS비율전망치 산정에 부적절한 측면이 있고, 누군가 비율의 산정에 잘못 개입하였더라도 이는 거래의 성사를 위한 목적으로 관련 당사자들을 설득하기 위한 것이므로 배임행위라고 할 수 없다는 것이다. 이러한 판결은 기업경영자의 배임죄에 대해 엄격한 기준을 적용해야 한다는 대법원의 판례와도 일치한다고 평가되고 있다(정기화, 2010).

이러한 법원의 판단은 과거 IMF환란 초래 관료들에 대해서도 무죄를 선고한 전례에 비춰보면 일관성이 있는 측면이 있지만, 관료의 정책판단을 사법적 판단에 맡겨야 하는가의 문제와 더불어 관료의 책임성의 한계에 대한 논의가 필요함을 시사해 준다.

Ⅲ. 이론적 배경 및 연구의 분석초점

정책의 성공은 다양하게 정의될 수 있지만 외환은행 매각사례는 관점에 따라서 결과에 대한 평가가 달라질 수 있고, 그 과정에서 많은 논란이 야기되었다는 점에서 연구의 필요성이 제기된다. 특히 정책의 성공과 실패의 기준이 무엇인지, 또한 관료의 책임의 한계는 어디까지이며, 결과에 대한 책임의 범위를 어디까지 한정할 것인지에 대한 논의가 필요함을 시사해 준다.

정책의 성공과 실패를 평가하는 분석초점이나 기준은 정책대상이나 연구자마다 다양하게 나타나고 있다. 여기에서는 다양한 연구에서 나타난 정책성공이나 실패의 기준을 살펴보고 본 연구에 유용한 분석초점을 탐색하고자 한다.

Hofferbert(1988)는 정책평가에 있어서 가장 중심적인 과제는 통제변수를 찾는 것이라고 주장하면서, 통제변수로 활용될 수 있는 다섯 가지로 변수로서 제기된 정책문제의 속성, 정책수단의 기술적 적합성, 정책수단의 집행성, 정책의 대상집단에 대한 순응도, 의도한 바와 반대효과를 초래하는 정책 및 잘못된 기획 등을 제시하고 있다. 또한 특정시점에 있어서 의도된 정책목표는 종전의 정책목표, 분석대상 정책의 시간적·공간적 변화, 정책집행상의 조건(집행상 변화·조건·행정), 정책수요자의 조건(목표달성도, 순응도), 시간적 변화에 의한 정책의 허위효과(mask value) 혹은 역효과(counteract)를 나타내는 여타정책, 오차(측정되지 못한 혼란변수(confounding factors) 등에 의해 영향을 받는다고 주장하고 있다(Hofferbert, 1978).

　　Bardach & Kagan(1982)은 사회규제의 증폭으로 법규수준 및 현장수준에 있어서 규제의 부적당성이 초래되었다고 주장하면서 이러한 부적당성을 해결하기 위한 방법으로 직접규제에 대한 대안으로는 좋은 검열관의 양성, 규제기관의 관리개선, 규제 강화현상의 억제를 제시하고 있으며 간접규제의 전략으로는 민간규제, 의무표시제, 책임법의제정 등을 제시하고 있다(Bardach & Kagan, 1982).

　　보다 구체적인 정책평가기준을 제시하고 있는 연구로는 Sabtier& Mazmanian과 Kelman 등의 연구에서 찾아볼 수 있다. Sabtier& Mazmanian (1980)은 성공적인 정책집행의 요건으로 명확한 정책목표, 타당한 인과모형의 존재, 집행기관에 대한 충분한 집행권의 부여, 집행기관의 장의 적극성 및 지도력, 정책에 대한 정치적 지지, 정책 우선순위의 안정성 확보 등을 제시하고 있다. Kelman(1983)은 정책결정과정이 올바로 기능하려면 정책결정과정 참여자들이 공익정신을 가져야한다고 주장하고, 정책결정체제에 상당한 정도로 공익을 우선하는 정신이 표출되어 있어야 할 뿐만 아니라 이미 내려진 정치적 선택을 최종적인 정부행동으로 구현시킬 수 있는 조직능력을 창출할 수 있는 능력이 있어야 한다고 보았다. 그는 이러한 공익정신과 더불어 정책결정과정은 인간의 존엄성과 인격형성에 기여해야 좋은 정책을 만들 수 있는 정책과정이라고 보았다.

　　한편 Majone(1988)은 민주사회에는 극대화로서의 정책분석과 주장으로서의 정책분석 등 두 범주의 정책분석으로 나누고, 자료가 부족하여 정책결과 측정이 어려운 과정평가에서는 어떤 결정들이 어떻게 만들어졌는가, 정책결과가 어떠한 절차를 거쳐 어떻게 나왔는가에 초점을 두고 공공토론을 통한

표 3 정책성공 주요 분석 내용

	주요 분석대상 및 요건
Hofferbert(1978)	정책문제의 속성, 정책수단의 기술적 적합성, 정책수단의 집행성, 정책의 대상집단에 대한 순응도, 의도한 바와 반대효과를 초래하는 정책 및 잘못된 기획
Bardach& Kagan(1982)	규제도구를 융통성 있고 선택적으로 적용하는 공무원, 융통성 있는 집행가능한 관리구조,규제대상이 자율규제가 가능하도록 하는 조건형성 등
Majone(1988)	정책결정과정, 정책결과산출과정, 공공토론을 통한 학습과 적응능력 등
Sabtier& Mazmanian(1980)	명확한 정책목표, 타당한 인과모형의 존재, 집행기관에 대한 충분한 집행권의 부여, 집행기관의 장의 적극성 및 지도력, 정책에 대한 정치적지지, 정책 우선순위의 안정성 확보
Kelman(1983)	공익정신, 인간의 존엄성과 인격형성에 기여
김영평 (2012)	정책문제 인식, 정책설계, 정책집행, 정책평가와 관리

학습과 적응능력을 고양하는 것에 더 많은 초점을 둘 필요가 있다고 하였다. Higgins(1988)는 조직의 전략적 의사결정은 최고결정권 단계에 이르기까지 반복적이고도 점증적인 단계를 거치게 되며, 많은 경우 조직 내 연합 세력들 간의 이해관계의 대립 및 협상과정을 포함하고 있으므로 이러한 의사결정과 정은 전통적인 의사결정과정에 비해 훨씬 더 비합리적인 과정을 거치며, 심리 적·사회적 변수들에 많은 영향을 받는다고 하였다.

그러나 대체로 정책의 성공과 실패에 대한 평가는 정책과정별로 이루어 지고 있는데 김영평(2010)은 정책실패의 유형을 정책오차의 유형에 따라 정책 문제 인식의 실패, 정책설계의 실패, 정책집행의 실패, 정책평가와 관리의 실 패(문제설정오차, 설계오차, 집행오차, 시정오차)로 나누고 있다(송하진 외, 2006).

특히 정책의 추진은 단계마다 발견되는 오차를 수정해 가면서 탐색해가 는 계속적인 과정이기 때문에, 성공한 정책이란 정책추진과정에서 다양한 오 차수정이 원활하게 이루어진 정책이라고 볼 수 있다(김영평, 2012).

이러한 전제하에 본 연구에서는 우선 정책추진자가 정책대안을 용의주도 하게 검토하고, 정책집행자(기관)가 성실하게 정책을 설계대로 추진했는지를 정책과정별로 관료적 책임성 확보차원에서 감사원의 감사결과를 분석하고, 이에 대한 사법부의 판단을 제시하여 정책적 시사점을 논의하고자 한다.

표 4 본 연구의 분석 초점

정책단계/ 쟁점	정책형성		정책집행	정책평가
	정책 문제인식	정책 대안선택		
사례분석	정부개입	매각주체 매각방법	매각과정	정책의 결과

Ⅳ. 정책실패의 원인 분석

1. 정책단계

1) 정책의제설정-정책문제의 인식: 규제정책의 관점에서의 문제점

정책실패는 근본적으로 해결해야 할 문제를 잘못 파악한 정책문제의 인식의 실패에 기인하기도 한다. 즉 정책문제로 보아서는 안 될 문제를 정책문제로 보았거나, 또는 정부가 해결해야 할 문제가 아닌 문제를 정부가 해결하겠다고 나선 경우이다. 이렇게 문제인식에 실패한 문제를 해결하는 데서 오는 이른바 3종 오류를 규제정책의 관점에서 논의할 필요가 있는데, 외환은행 매각사례도 정부의 개입이나 개입 정도에 있어서 검토해 보면 이는 정부의 지나친 시장개입이라는 전형적인 관치금융의 폐해로 평가할 수 있다.

외환은행 헐값 매각논란은 규제정책적 관점에서 보면 불합리한 규제가 경제적 거래를 제약하는 등 얼마나 복잡하고 많은 문제를 야기하는가를 보여준다. 즉, 산업자본의 금융지배를 규제하기 위한 법률규정이 인수과정에서 끊임없는 문제의 원인으로 등장하는데 이러한 법 규정 자체가 은행경영을 어렵게 한 측면도 있다. 즉 은행법의 관련규제가 외환은행의 자금조달을 어렵게 했고, 이러한 자격요건 때문에 경쟁자가 줄어들어 가격이 낮아질 수밖에 없는 근본적인 한계도 있었다. 또한 논란이 촉발된 핵심원인이 '헐값' 매각이라는 점을 고려하면 국내기업에게도 외국자본과 동일한 조건으로 인수 경쟁을 할 수 있도록 제약을 풀어주었으면 '헐값' 논란도 줄어들었을 것이다.

2) 정책 환류–정책실패 판단의 정치성과 동태성

정책실패 판단은 정치성을 띨 수밖에 없으므로 정책실패의 판단은 장기적이고 동태적인 시각을 동원해야 하며, 대체로 정책은 성공적 측면과 실패적 측면이 공존하므로 다양한 시각에서의 분석이 필요하다. 또한 정책의 층위에 따른 평가도 필요한데 상위목표를 달성했지만 하위목표를 달성하지 못하는 경우도 있고, 하위목표는 달성했으나 상위목표를 달성하지 못하는 경우도 있다(김영평, 2012).

외환은행 매각사례도 이러한 정치성과 동태성을 잘 보여주는데 당시의 사정을 고려하면 외환은행의 신주발행은 외환은행에도 이익인 측면이 있었다. 당시 경제 상황은 전반적으로 불안정하여 정부와 기업들이 상당한 구조조정을 수행하고 있었으며, 외환은행의 2002년 사업보고서에 따르면 외환은행은 하이닉스 반도체에 대한 채권을 출자전환하였고 SK 글로벌 등에 조사 등으로 대손충당금의 규모를 예측하기 어려운 상황에 있었다. 따라서 외환은행으로서는 신주발행을 통한 자본 확충을 통해 이러한 경영의 불안을 어느 정도 해소할 수 있었던 것이다.

그러나 관료적 책임성의 관점에서 보면 정책결정과정에서 정책결정참여자들이 정책오차에 대한 수정 노력을 다 했는지 등에 대해서는 앞서의 감사원의 판단과 사법부의 판단이 상충하듯 논란의 대상이 된다. 그러나 책무성의

표 5 정책 성공/실패 논란

정책단계/ 쟁점		정책형성		정책집행	정책평가
		정책 문제인식	정책 대안선택		
주요활동		정부개입	외환은행 매각방법	외환은행 매각과정	정책의 결과
논 란	정책 성공	적극적 개입 필요	적정한 대안선택	적극적 업무수행	금융위기 예방 외국인투자자에 긍정적 신호 제공
	정책 실패	관치금융	충분한 대안검토 미흡	다양한 압력 행사	헐값매각으로 인한 국부유출

관점에서 보면 사법적 책임은 면했으나 관료적 책임성으로부터 자유롭기는 힘들 것이다. 특히 정책실패 판단의 정치성 및 동태성을 고려한 환류가 미흡했던 것으로 평가된다.

더 큰 문제는 정책실패의 책임을 물을 수 있는가 하는 점이다. 사법부는 이를 경영상의 판단으로 보아 책임을 묻지 않았고 이는 기존의 IMF환란 판결과 일치한다. 따라서 향후 정책실패에 대한 책임성 확보문제가 보다 구체적으로 논의될 필요가 있다.

2. 정책변수

1) 관료의 단기적 시각-외국계 사모펀드의 특성

론스타는 사모펀드의 속성상 투자원금 상환 등을 위해 단기투자에 치중할 수밖에 없어 중·장기적 시각에서 은행발전에 기여하기 어렵고, 전문적 금융회사가 아닌 단기차익을 추구하는 재무적 투자자이기 때문에 선진금융기법 전수도 기대하기 힘든 회사이다. 특히 론스타가 당초에 다른 곳과 합작투자를 하겠다고 약속했지만 나중에 합작투자할 의사가 없음을 알게 되었음에도 매각을 계속 추진한 것은 장기적 시각에서의 정책적 고려가 없었던 것으로 평가된다.

한편 금감위 등은 이미 실현가능성이 낮은 것으로 짐작되는 론스타 측의 장기투자, 미주영업망 유지 등을 예외승인의 근거로 제시하여 외환은행 매각을 합리화 했는데, 론스타는 당초부터 외환은행의 미주 현지법인 및 지점을 폐쇄할 계획을 가지고 있었고 이러한 사실은 금융당국도 이미 잘 알고 있었던 상황이라는 점을 감안하면 재경부는 매각 이후는 고려하지 않고 오직 매각에만 치중했음을 알 수 있다.8) 따라서 나중에 여론의 비판이 대상이 되었

---

8) 론스타가 미국 내 현지법인 및 지점이 있는 외환은행의 지분을 25% 이상 보유하게 되면 미국 은행지주회사법에 따라 미국 FRB의 규제와 감독을 받게 되므로 론스타는 당초부터 FRB의 규제와 감독을 피하기 위해 외환은행을 인수하게 되면 외환은행의 미주 현지법인 및 지점을 폐쇄할 계획을 가지고 있었다. 또한 이와 같은 사실은 2003년 7월 28일 체결된 주요거래조건(Term Sheet)에 명시되었을 뿐 아니라 FRB 및 외환은행의 보고 등을 통해재 경부·금감위 등 금융당국도 잘 알고 있었던 상황이었다. 이미 1999년 12월 사모펀드인 뉴브리지캐피털에서 제일은행을 인수할 때도 제일은행의 미주지점이 폐쇄된 전례

던 '대규모 이익 실현 후 철수'를 충분히 예측할 수 있었음에도 불구하고 단기적 시각에서 매각에 매달려 나중에 많은 문제점을 야기한 것으로 볼 수 있다.

그러나 론스타는 금감위의 요구에 따라 장기투자를 하는 것으로 경영 계획 및 서한을 제출했지만 구체적으로 5년 이상의 기간을 정하여 장기투자를 하겠다는 의사를 서면으로 공식 제출한 적이 없을 뿐만 아니라, 내부적으로는 오히려 외환은행 인수 후 지분매각연도(Exit year)를 3~4년 후인 2006년 또는 2007년으로 계획하고 있었던 것으로 나타났다. 또한 론스타는 금감위의 요구에 따라 미주지역의 영업이 유지될 수 있도록 노력하겠다는 경영계획 및 서한도 제출하였으나 FRB의 감독을 피하기 위해 처음부터 미주지역에서 은행 영업활동을 유지할 의사는 없었으며 실제로 외환은행 LA 현지법인과 5개 지점을 폐쇄하였다.

한편 론스타는 2003년 8월 외환은행을 인수한 데 이어 이듬해 2월 외환은행과 외환카드를 합병했는데, 이에 앞서 허위 감자(減資)설을 퍼뜨려 외환카드 주가를 떨어뜨린 이른바 '외환카드 주가조작 사건'으로 기소되었다. 이 사건은 12심에서 무죄판결을 받았으나 2011년 3월 대법원이 유죄취지로 파기환송함에 따라 론스타는 외환은행 대주주자격을 상실해 지분처분을 통해 한국을 떠날 수 있게 되었다.

2) 제도-금융감독시스템의 한계

외환은행의 매각 추진과정은 IMF 이후 금융관련기능 개편으로 정부의 금융정책기능이 3원화되어 이들 간의 유기적인 연계가 미흡했던 점도 문제점으로 지적된다. 즉 금융기능의 집중으로 인한 문제점의 해결을 위해 금융감독시스템의 상호 견제와 균형을 위해 금융기능을 재경부, 금융감독위원회, 금융감독원으로 분리했으나, 이들 간의 견제와 균형이 작동하지 않고 재경부 주도로 정책이 추진되어 나중에는 상호 책임을 전가하는 모습을 보여 주기도 했다.

재경부는 론스타의 인수자격 문제와 관련한 승인업무는 금감위 소관업무이므로 금감위가 어떤 식으로든지 해결할 것이라 믿고 론스타와 외환은행의

가 있고 미국 FRB는 2003년 7월 29에 금감원에 론스타가 외환은행을 인수할 경우 미주지점폐쇄가 불가피하다는 사실을 통보하였고 이는 재경부와 금감위에도 보고된 것으로 나타남(2007, 감사원).

MOU 체결을 용인했다. 또한 금융감독위원회도 외환은행 매각은 은행법령 소관부처인 재경부가 추진하는 일로 인수자격문제나 론스타 이외의 대안모색은 재경부와 외환은행이 알아서 할 것이라고 판단하였고, 또 책임부서도 아닌데 반대하였다가 일이 잘못되어 금융위기가 올 경우의 책임문제 등을 이유로 적극적인 검토를 하지 않은 것으로 나타났다.

BIS비율 및 예외승인의 적정성 등과도 관련하여 재경부는 최종적 승인권한을 지닌 금감위의 소관사항이라고 판단하고 금감위에 책임을 미루었고, 금감위도 재경부가 주도적으로 추진하는 협상이고 협조요청공문까지 보내오는 상황인 점 등을 고려할 때 위 문제들은 재경부와 외환은행이 충분히 검토했을 것이라고 판단하고 제대로 검토하지 않았다. 금감원도 금감위 비공식간담회 회의안건을 작성하여 BIS비율 6.16%가 예외승인의 주요 근거가 되게 하였을 뿐 아니라 개별은행의 BIS비율 등 경영상황 점검은 은행검사1국 소관인데도 승인관련 안건 검토 및 작성은 은행감독국 소관이라는 이유로 BIS비율의 적정 여부에 대한 검증을 하지 않았던 것으로 나타나 감독체계가 유기적으로 연계되지 못한 것으로 나타났다.

3) 관료의 책무성

외환은행 매각은 1997년 경제위기 이후 IMF 프로그램에 따른 금융, 기업 구조조정의 본질과 밀접히 관련되어 있다. 금융위기 이후 금융 및 기업 구조조정은 IMF 프로그램에 따라 긴축 → 기업 파산 → 공적자금투입 → 기업회생 → 예금보험공사와 자산관리공사가 보유한 정부지분 재매각을 통한 공적자금 회수라는 전형적인 과정을 거쳤다. 금융위기 이후 정부는 1, 2차에 걸쳐 165조의 공적자금을 조성하여 투입했지만 2002년까지도 기업, 금융기관 파산이 이어지면서 추가로 공적자금을 조성해야 할 상황에 처하게 되었다.

특히 2002~2003 일어난 하이닉스, 에스케이 글로벌, 카드사태 등 일련의 사태는 정부로서는 IMF 졸업을 선언한 마당에 3차 공적자금 조성이 필요할 지도 모른다는 큰 정치적 부담으로 인식되었다. 또한 당시에 공적자금 매각과정의 여러 비리들이 드러나면서 공적자금 추가 조성안의 국회통과도 힘들 것으로 예상되어 정부로서는 정부소유 지분 매각이 상대적으로 용이한 상황이었다. 특히 이러한 정치적 부담 외에 또다시 공적자금을 조성하는 것은 금융시장 안정을 위해서도 바람직하지 않은 것으로 평가되고 있었다. 이러한 상황에서 정부는 외환은행 경영권을 넘겨줌으로써 외환은행에 투입해야 할지도 모를 공적자금 부담에서 벗어날 필요성이 매우 컸던 것이다.

이러한 정치적 경제적 상황의 타개를 위해서 소수의 주도에 의해 정책결정과 집행이 이루어져서 외환은행은 매각되었지만, 나중에 각종 특혜 논란과 더불어 무리한 정책추진이라는 비판을 받기에 이른다. 특히 이 과정에서 주도적이고 적극적으로 정책을 추진한 관료들이 사법적 처벌을 받게 되자, 적극적으로 정책수행을 하지 않는 이른바 '변양호 신드롬'을 야기했다고 비판받았다.[9]

이러한 측면에서 관료의 책무성에 대한 검토가 필요하다고 본다. 우선 Svara는 다음의 표에서 보는 것처럼 지향점과 장단기 시계에 따라 다양한 책무성의 측면을 분석하였다. 이를 외환은행 사례에 대입해보면 단기적 정책성과로서 정책주도성을 보인 것을 제외하면 다른 여타 측면에서는 책무성을 다했다고 보기 힘들며, 이는 충실한 주의 의무를 다하지 못했다는 취지의 감사원 감사결과와 일치한다.[10]

한편 Berry는 정책이나 개혁을 향상시키기 위한 바람직한 가치로 정부의 전문적 능력(professionalism of government), 투명성, 시민참여, 책무성, 고품질 서비스, 접근용이성 등을 들고 있다(Berry, 2009: 42-45). 외환은행 사례는 이러한 가치들을 고려해볼 때 미흡한 측면이 많았던 것으로 분석되어 향후 이러한 가치요소에 대한 관심의 증대가 필요할 것으로 평가된다. 이와 더불어 Moore(1995)의 주장처럼 대의정부에 투입된 '시민들의 열망'이야말로 공공관료의 핵심적인 관심사항이어야 한다는 측면에서 보면 관료적 책임성 향상을 위해서 관료들은 시민들의 열망에 얼마나 관심을 기울였는지를 끊임없이 자

---

9) 변양호 신드롬이란 공직사회의 책임회피 또는 보신주의 경향을 이르는 말로, 2003년 외환은행의 론스타 매각을 주도했던 변양호 전 재정경제부 금융정책국장이 헐값매각 시비에 휘말려 구속된 사건에서 시작된 말이다(중앙일보, 2011. 7. 13). 이후 변양호 국장은 약 4년간에 이르는 긴 법정 공방 끝에 무죄판결을 받았지만, 그 기간 동안 그의 명예는 많이 실추됐고, 이 사건을 계기로 공무원 사회에는 '논란이 있는 사안은 손대지 않는다'는 분위기가 확산되었다고 보는 시각을 일컫는 용어가 되었다.

10) 관료의 정책주도성과 관련하여 과거의 이른바 '발전행정'시대에는 발전의 견인차로서 관료의 정책 주도성이 용인되었다. 그러나, 행정환경의 변화에 따라 그러한 관료의 역할은 줄어들었으므로 구체적인 사안별로 새롭게 접근할 필요성이 있다. 특히 금융정책과 관련해서는 관치금융의 문제점이 지적되고 있는 점을 고려한다면 관료의 정책주도성은 규제정책의 측면에서의 접근이 필요하다고 평가된다.

표 6 책무성의 여러 측면

	지 향	
	정책성과	관리성과
단 기	정책주도 정책수정	솜씨 있게 필요한 서비스를 제공 건전한 관리
장 기	주민의 열망과 수요를 충족시키는 목표, 전략, 계획 지속가능한 정책	재정적 안전성 및 안정성 조직적으로 승계되는 기획 지속가능한 집행

Svara, James(2009). 'Are elective executives needed to achieve accountability to citizens? Performance issues and form of government in large US cities' In Raffel, Jeffrey A. et al.(2009). *Public Sector Leadership*, Edward Elgar Publishing. p. 112.

문해봐야 한다는 점을 시사한다.[11]

V. 정책적 시사점

외환은행 사례는 금융위기가 우려되는 경제상황에서 정부의 적극적인 정책결정 및 집행노력이 이루어졌으나, 그 이후 경제상황이 호전되어 헐값매각 논란과 더불어 매각과정에 대한 여러 의혹이 제기되어 감사원 감사 및 사법적 판단이 진행되어 관료사회에 많은 영향을 준 사건으로 요약될 수 있다.

외환은행의 매각에 대해 감사원은 매각이 긴급하지도 않았을 뿐만 아니라 매각절차나 방법, 경영상황 진단 및 예외승인 요건에의 부합 여부 등이 제대로 검토되지 못했다고 발표했으며, 검찰은 재정경제부 금융정책국장과 외환은행장이 자산평가결과를 조작 등을 통해 외한은행을 론스타 펀드에 '헐값'에 매각했다고 밝히면서 이들을 특정경제범죄 가중처벌법(배임) 혐의로 기소하였다. 이에 대해 법원은 BIS비율에 대한 전망치나 대손충당금 정도 등은 경영상의 판단에 해당하고, 금융기관의 부실을 해결하기 위한 직무상 신념에 따른 판단에 대해서는 배임의 책임을 물을 수 없다고 판단했다.

---

11) 시민의 열망과 관련해서는 논란의 여지가 있는데, 특히 국민들의 외국자본에 대한 배타적 시각이 사태증폭에 많은 영향을 미쳤다는 점을 고려하면 생각해볼 여지가 많은 것으로 판단된다.

이러한 법원의 판단은 과거 IMF환란 초래 관료들에 대해서도 무죄를 선고한 전례에 비춰보면 일관성이 있는 측면이 있다. 즉 정책의 성공과 실패를 정확히 예측하기 힘든 상태에서 결정된 정책에 대해 나중에 실패로 귀착되었다고 해서 책임을 묻기 힘들기 때문에, 단지 충분한 주의 의무를 다했는가 하는 부분만 문제를 삼을 수밖에 없는 법원의 판단은 당연히 한계를 지니게 된다. 따라서 법원의 판결은 사법적 처벌을 받을 만큼 심각하게 주의의무를 다하지 않는 한 무죄가 되기 쉬운 구조이다. 이처럼 정책판단에 대한 책임을 묻기 힘들기 때문에 검찰이나 법원은 주로 권한남용이나 비리에 초점을 둘 수밖에 없게 되므로 관료의 책무성 확보를 위한 행정적 측면에서의 제도적 장치의 필요성이 대두된다.

한편, 정책의 성공적 추진을 위해서는 단계마다 발견되는 오차를 수정해 나가는 계속적인 탐색과정이기 때문에 정책대안을 용의주도하게 검토하고, 정책집행자(기관)가 성실하게 정책을 설계대로 추진했는지를 정책과정별로 관료적 책임을 다했는지를 분석해 볼 필요가 있다. 이러한 측면에서 외환은행매각 사례는 우선 정책실패의 판단에 대한 정치성과 동태성에 대한 고려나 환류가 미흡했던 것으로 평가되며, 정책문제나 외국계 사모펀드에 대한 인식과 금융감독시스템 등의 측면에서 한계를 보인 것으로 평가된다. 특히 관료의 책무성에 대한 사법적 판단에는 일정한 한계가 있기 때문에 관리적 측면에서의 책임성 확보방안이 필요하다고 본다.

참고문헌

감사원(2007). 「한국외환은행 매각추진실태」.

김영평(2012). 정책실패와 정책혁신.

삼성경제연구소(2010). "외국자본의 국내 진출 동향과 시사점", 「SERI 경제포커스」 pp. 9~10.

성경제연구소(2007). "외국자본의 국내 금융산업 진출과 시사점", 「Issue Paper」, pp. 33~41.

송하진·김영평(2006).「정책성공과 실패의 대위법」 나남출판.

재정경제부(2006). 외환은행 관련 설명 자료.

정기화(2010). "외환은행 매각사건의 시사점", 한국경제연구원 홈페이지.

Bardach, E. & Kagan, R. (1982). *Going by the Book*, Temple Univ. Press.

Berry, F. (2009). "Government Reform and Public Service Values in Democratic Society, In Raffel, J. et al.(2009)", *Public Sector Leadership*, Edward Elgar Publishing.

Finer, Herman. (2009). "Administrative Responsibility in Democratic Government, In Wart, Montgomery Van. & Dicke, Lisa A.(2008)", *Administrative Leadership in the Public Sector*, M. E. Sharpe.

Higgins, James M. (1978). "Strategic Decision Making: An Organization Behavior Perspective", *Managerial Planning*, vol 12.

Hofferbert, R. (1982). "Differential Program Impact asa Function of Target Need", *Policy Studies Review* 3.

Kelman, S. (1983). *Making Public Policy:A Hopeful view of American Government*, Basic Books.

Majone, G. (1988). "Policy Analysis and Public Deliberation, In Robert Reich(ed.)", *The Power of Public Idea*, Ballinger Pub.

Moore, M. (1995). *Public Value*, Harvard Univ. Press.

Nakamura, R. T. & Smallwood, F. (1980). *The Politics of Policy Implementation*, St. Martins Press.

Sabatier, P. & Daniel M. (1980). "The Implementation of Public Policy: A Framework of Analysis", *Policy Studies Journal*, 8(4)

Svara, J. (2009). "Are elective executives needed to achieve accountability to citizens? Performance issues and form of government in large US cities, In Raffel, Jeffrey A. et al.(2009)", *Public Sector Leadership*, Edward Elgar Publishing.

저축은행의 파산 도미노와 금융정책의 실패: 정책학습(Policy Learning)의 관점에서

연세대학교 행정학과 교수_ 이종수

Ⅰ. 정책실패

근본적으로 정부정책에서 실패를 찾는 것은 어려운 일이다. 그 원인을 규명하는 것 또한 어렵다. 우선 정부 정책의 목표는 모호하며, 시계(視界)의 변화에 따라 평가가 달라질 수밖에 없고, 외부효과에 대한 인과관계가 불투명하며, 정책 네트워크 주체들 사이의 연합에 의해 판단이 달라지게 된다. 그래서 정책실패에 대한 판정이 불안정하고, 정치적일 수밖에 없게 된다.

한국은 사회적으로 실패친화적 문화를 보유하지 않고 있으며, 개인적으로는 자신의 이야기를 털어놓는 문화적 토향이 아니다. 이러한 상황에서 정책실패를 찾고 이에 대한 연구가 활성화 될 것을 기대하기는 더욱 어려운 일이다. 선행연구로는, 전체 정책실패에 대한 연구가 많지 않은 가운데 최성두(1998)의 잘못된 정책설계론, 민진(1985)의 실패요인으로 정책결정과 집행의 인과구조 미미, 김종범(2004)의 인간, 자원, 절차요인 분석에서 실패를 찾는 연구 등이 있었다(안병철·이계만, 2009: 8).

먼저, 정책실패의 개념을 간단히 정리해보기로 하자. 정책실패는 보통 정책목표를 달성하지 못하였거나, 집행비용이 수용한도를 넘는 수준으로 증가하거나, 정책이 중단되는 경우, 정책오차를 수정하지 못하는 경우(송하진 외, 2006: 43), 정책이 부정적인 외부효과를 보일 경우, 정책이 심대한 사회적 갈등과 불만을 야기하는 경우로 정의되고 있다. 가장 일반적으로는 목표 달성에 실패한 경우라고 볼 수 있다.

이러한 정책실패에 대한 개념은 각각 한계를 보유하고 있다. 대부분의 정책은 목표가 분명하지 않고, 목표달성 여부를 가시적으로 평가하기 어렵다. 집행비용의 증가 역시 공공부문에서는 지출이 먼저 결정되고 수입이 뒤따르게 되기 때문에 '수용한도'를 기준으로 설정하는 것 역시 타당하지 않다. 단순한 집행비용의 증가는 매우 많은 정책집행에서 발견되고 있는데, 그러한 정책이 모두 실패로 규정되지는 않고 있다. 정책의 중단은 그것이 '중단'인지 정책 사이클이 수명을 다 한 것인지 혹은 정책이 진화되었는지 판단하기 어렵다. 중단되지 않는 정책 또한 없는 법이다. 실제, 수많은 정부혁신 정책들이 3년 정도로 수명을 다하는데, 이들을 실패로 규정하는 데는 이견이 크다. 정책이 부정적 외부효과를 보일 때를 기준으로 하면, 외부효과의 원인이 해당 정책에서 유래되었다는 인과관계가 명백해야 한다. 또한, 심대한 갈등은 정책 자체와 상관없이 정치적 연합의 형성에 의해 얼마든지 발생할 수 있다.

본 연구는 최근의 저축은행 파산 도미노를 금융정책의 실패사례로 주목하고, 정책학습의 관점에서 원인을 설명하고자 한다. 정책학습(policy learning) 이론은 정책의 진화와 발전의 요체를 정책학습에서 찾는다. 정책실패에 대하여도 유일한 원인은 아니지만 중요한 원인으로 학습실패를 지목한다. 정책학습을 보는 시각에는 두 가지 관점이 있다. 첫 번째는, 오차의 수정이라는 시각으로서, 좁은 의미에서 정책학습을 지칭하는 입장이다. 정책오차는 정책의 사례에서 기대하지 않았던 바람직하지 못한 결과를 의미하는데(송하진 외, 2006: 36), 오차수정은 이의 교정을 뜻한다. 그런데, 이러한 시각은 지나치게 협소하고, 단선적이며, 이분법적이다. 오차의 개념을 문제설정 오차(Type Ⅲ Error), 설계오차, 집행오차, 시정오차로 확대한다 하더라도 이는 결국 사후적으로 확인될 수 있는 단선적 개념이다. '오차'라는 어휘도 이분법적 구분을 전제로 하는 것이다. 정책결정 단계에서 개입된 거짓긍정과 거짓부정을 교정하는 과정으로 정책학습의 개념을 축소하게 된다.

정책학습이론의 두 번째 시각은 보다 넓은 구성론적 관점이다. 정책오차의 수정을 학습으로 보는 시각이 협소하고 단선적이라는 비판을 출발점으로 한다. 정책학습을 오차수정으로 이해한다면, 거기에는 근본적인 어려움이 있다는 것이다. 평가가 이루어지기 전 정책의 결정이나 집행 단계에서 오차를 식별하는 것은 어렵다. 더구나, 정책결정 단계부터 '오차'로 개념화될 수 있는 요소를 내포하도록 용인하는 경우는 드물다. 정책결정 이후의 측정이 불가능한 변화에 대응하는 모든 노력, 심지어는 창조적 적응까지도 오차 수정의 노력으로 개념화하는 것 역시 부당하다. 그리고 초기에 결정된 내용에 대한 변경을 '오차수정'으로 지칭할 수도 없다. 그 이유는 단순한 오차수정이 아니라 발전적 개선과 향상이 얼마든지 존재할 수 있기 때문이다.

따라서, 정책학습은 단순한 오차수정이 아니라 '문제'와 해결책이 공존하는 새로운 상황에서 정책을 다시 정의하고 진화시키는 하나의 '구성적 과정'이라고 설명된다(Larson, 2010: 162). 이는 변화된 환경에서 새로운 정책목표를 발견하고, 기존의 정책에서 더욱 바람직한 정책을 발전시키는 순환적 과정으로 볼 수 있다. 이러한 과정이 작동하지 않는 학습 무능력(learning disability)을 정책실패의 중요한 원인으로 보는 것이다. 정책과정에서 심각한 문제가 주기적으로 발생할 때, 그것은 명백한 정책실패로 규정되고 또 학습 무능력이 주된 원인으로 지목된다.

본 글에서는 저축은행 파산의 도미노를 정책실패 사례로 선택하여 사례의 내용을 분석해보고, 정책실패의 개념과 학습 무능력의 관계를 탐색해보고자 한다. 먼저 저축은행 파산의 원인을 검토하고, 금융정책 실패와의 연관성, 정책학습이라는 측면에서의 문제점을 정리하기로 하겠다.

Ⅱ. 저축은행 파산의 도미노와 정책실패

1. 파산의 도미노

저축은행의 위기와 파산은 지속적으로 발생되어온 사건이다. 1999년 금융감독원이 13개 신용금고를 '부실금융기관'으로 지정한 바 있고,[1] 2000년에는 영업정지 대상으로 20개 저축은행이 지목되었으며,[2] 2007. 3. 16에는 전남 목포 홍익저축은행이 파산하였다. 그 뒤 2008. 3. 24일 분당상호저축은행, 2008. 12. 26 전북저축은행이 파산하였다.[3] 2009년에는 저축은행들이 40건이

---

1) 1999. 6. 12.매일경제.

2) http://news.naver.com/main/read.nhn?mode=LSD&mid=sec&sid1=101&oid=038&aid

넘는 위법행위를 저질러 금융당국은 제재조치를 취하였고, 2011. 1. 4. 삼화상
호저축은행, 2011. 2. 17. 부산저축은행과 대전상호저축은행이 큰 파장을 일으
키며 영업정지를 당하였다. 2011. 2. 19.에 부산저축2은행, 전주저축은행, 중앙
부산저축은행, 2011. 2. 22.에 도민저축은행, 2011. 8. 5. 경은저축은행, 2011. 9.
18.에 제일저축은행, 제일2저축은행, 프라임상호저축은행, 대영상호저축은행,
에이스저축은행, 파랑새저축은행, 토마토저축은행이 정지를 당하였고, 2012.
5. 6.에 솔로몬저축은행, 한국저축은행, 미래저축은행, 한주저축은행이 영업정
지를 당하였다.[4]

애초 한국의 저축은행 역사는 1972년 설립된 '상호신용금고'로 거슬러 올
라간다. 2003년에는 '상호저축은행'으로 명칭이 변경되었으며 2008년 이후
'저축은행'이라는 약칭으로 사용되어 오늘에 이르고 있다(김동열·한상범, 2011).
'상호신용금고'는 1972년에 서민과 중소기업 대상의 금융 중개를 목적으로 설
립되었다. 일반 제1금융권 은행들이 취급하기 어려운 여신금지업종과 영세
상인을 주된 고객으로 삼아왔다.

1997년 외환위기 이후에는 여신금지부문제도가 폐지되어 고객층이 많이
상실되었으나, 정부는 2000년 저축은행의 1인당 예금보호 한도를 2천만 원에

---

3) 올해 저축은행의 영업정지는 분당·현대저축은행에 이어 이번이 세 번째이다(2008. 12.
   26. 서울경제신문).

4) 2011년 이후 세 차례에 걸친 영업정지 도미노가 있었다. 1차(2011. 1. 4.~2011. 2. 22.)에
   서는 삼화, 부산, 부산2, 대전, 중앙부산, 전주, 보해, 도민 저축은행이 대상이었다. 이들
   은 부동산 프로젝트 파이낸싱(PF) 부실대출로 자본잠식을 당한 상태였고, 영업정지 직전
   대량 인출사태가 빚어졌다. 금융당국과 유착관계가 적발되고, 퇴출 저지 위한 정관계 로
   비가 특징이었다. 후속조치로 85개 저축은행 대상 7주간 경영진단이 실시되었다. 2차는
   2011. 9. 18. 현대, 제일, 제일2, 프라임, 토마토, 파랑새, 에이스 저축은행이 대상이었다.
   BIS비율 마이너스, 대주주 신용공여를 통한 부실대출이 특징이었다. 후속조치로 6곳 적
   기 시정조치 유예 및 경영개선계획 실태 점검이 있었다. 3차는 2012. 5. 6일로 솔로몬, 미
   래, 한국, 한주 저축은행이 대상이었다. BIS비율보다 자본잠식 여부가 주요 퇴출 사유였
   고, 퇴출 대상이 사전에 공개되어 뱅크런(Bank-run)이 발생하였다. 영업정지가 예정된
   저축은행의 회장이 밀항을 시도하기도 하였다. 후속조치로 상시 구조조정 시스템으로의
   전환(구조조정기금을 활용해 부실 부동산 PF채권 매입, 기존 매입 PF채권의 사후정산 기
   간 연장 등), 예금보험공사는 영업 정지된 저축은행 이용자에게 서민금융상품(햇살론, 바
   꿔드림론 등) 안내, 대주주의 불법 행위에 대한 법적 제재 조치 및 부실책임자에 대한 손
   해배상청구 소송 등을 검찰수사를 의뢰할 예정이다. 저축은행법 개정안(대주주 사금고화
   방지, 과도한 외형확장 억제, 후 순위채 관련 소비자 보호 강화, 경쟁력 강화 관련 내용)
   입법예고가 있었다.

그림 1 저축은행의 영업정지 도미노

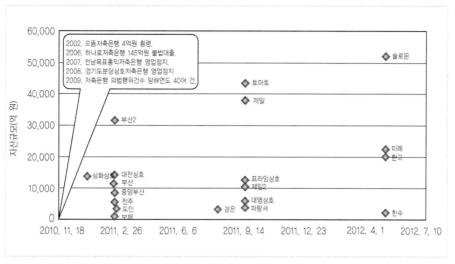

서 5천만 원으로 상향 조정하는 등 저축은행의 자산규모가 증가하도록 여러 가지 정책을 이행하였다. 또한 2006년에는 우량 저축은행에게 동일여신한도를 종전의 80억 원에서 자기자본의 20%로 상향조정했다. 이처럼 정부는 저축은행의 외형적 확대를 지원하였고 부실저축은행을 인수합병을 무분별하게 허용하였다. 2008년 글로벌 금융위기로 인한 부동산 가격의 급락과 부동산 PF의 부실화로 인해서 높은 비중의 부동산 PF대출이 있던 저축은행들은 큰 피해를 입기 시작했다.

2. 저축은행 파산의 원인에 대한 시각

정책 실패는 어떤 단일의 원인에 의해 초래되지 않는다. 저축은행의 파산 도미노 역시 CEO의 부패, 감독기관의 유착과 조직관리 문제, 사회적 신용 시스템의 결함 등이 원인으로 지적된다. 이러한 요인들이 부동산 경기 침체라는 상황적 요인과 결합하여 파산 도미노 사태가 발생하였다. 이러한 요인들을 실패의 개인성과 사회성(畑村洋太郎, 2001)을 설명하는 틀로 정리해보자.

첫째, CEO의 부패다. 부실화된 저축은행들의 사례를 통해서 알 수 있듯이 개인 소유주의 부패는 경영 부실화를 야기했다고 볼 수 있다(김동열·한상범, 2011: 18). 저축은행 대주주의 불법 사례는 1998년 김일창 전 영신상호신용금고 회장의 사건부터 1990년대에도 매년 발생하였다. 1999년 이후 2002년 6월까지 조사한 바에 따르면 이 기간에 발생한 전체 금융사고 건수 총 1,055건 중 횡령이 735건(69.7%)을 차지하는 등 담당 직원이 연루된 사례가 대부분이었다.[5] 최근의 불법사례로는 토마토 저축은행의 신현규 회장은 지인 명의로 314억 원을 대출받아 골프 연습장을 인수하였고, 제일저축은행의 유동천 회장은 고객 1만 명 명의를 도용해 1,247억 원 대출했다. 또한, 미래저축은행의 김찬경 회장은 은행돈 3,000억 원 횡령 의혹과 밀항을 시도했으며, 솔로몬저축은행의 임석회장은 계열사를 파산시켜 수십 억 원 챙겼다.

경영관리자의 자격심사 측면에 있어서 심사의 기준 및 요건의 부실화를 근거로 볼 수 있다. 수신기능이 있는 금융회사의 경우에는 엄격한 소유 및 지배구조가 적용되는 것은 중요하며, 상호금융회사의 경우에는 대주주가 원천적으로 존재하지 않고 선거를 통해 경영진이 주기적으로 교체된다(정찬우, 2011: 5). 은행도 의결권이 있는 주식 소유가 제한되어 있다. 하지만, 저축은행은 주식의 소유제한이 없으며 대주주의 적격성 심사도 엄격히 이루어지지 못

그림 2   실패의 사회성과 개인성

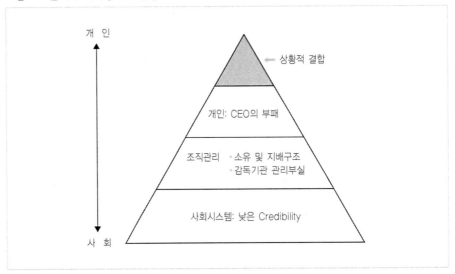

---

5) 2002. 8. 14. 매일경제.

했다. 이러한 개인의 부패와 소유주의에 대한 허술한 자격심사는 저축은행의 재무건전성의 악화시키는 데 중요한 원인으로 작용했다고 볼 수 있다.

둘째, 조직관리의 문제다. 먼저 저축은행의 소유 및 지배구조 측면이다. 저축은행의 소유 및 지배구조는 사실상 소유주가 대주주로 전권을 보유토록 허용하고 있고, 경영진의 낙하산 인사가 관행화 되어왔다. 이런 저축은행일수록 더 위험을 추구하며 도덕적 해이로 연결될 가능성이 많다는 연구가 있다(Horiuch and Shimizu, 2001).

저축은행에서 낙하산 인사의 비중은 2001년의 0%에서 2010년 말에는 34.3%에 달하고 있다. 그리고 2006년 말과 2008년 말에 낙하산 인사가 크게 증가했으며 이는 주요 정부정책의 시기와도 비슷하다. 이러한 낙하산 인사는 고정이하여신비율과 같은 위험도를 증가시킨다는 패널분석(시계열분석과 횡단면분석을 이용)의 실증연구결과가 있다(김동열·한상범, 2011: 18). 또한 정치적 임명과 내부승진간의 경영성과를 비교한 연구에서도 정치적 임명이 경영성과에 긍정적인 영향을 미치지 않는다고 한다(Lewis, 2007).

저축은행의 소유구조에 관하여 유형을 나누어 분석해 볼 수 있다. 구체적으로 살펴보면 소유구조에 관한 유형은 크게 4가지로 나누어 볼 수 있다. 우선, 저축은행그룹은 다수의 저축은행으로 구성되어 있고 저축이 주요 업무이며 상대적으로 규모가 크다. 두 번째로 금융그룹은 금융활동이 주력인 저축은행을 말한다. 세 번째로 산업자본그룹은 산업 활동이 중심인 저축은행이며 마지막으로 독립저축은행은 기업 집단에 속하지 않은 상대적으로 소규모의 저축은행이다(김상조, 2011). 이하의 그림에서 보듯이 저축은행그룹은 점점 증가하고 독립저축은행이 감소함을 알 수 있다. 실증분석에 따르면 상대적으로 적은 규모의 독립 저축은행들이 위험도도 상대적으로 낮으며 규모를 키워온 저축은행은 고위험, 고수익을 추구한다고 나타났다(김동열·한상범, 2011: 15).

셋째는, 사회시스템 차원으로 낮은 신용수준과 신용관리 수준이다. 먼저, 낮은 신용수준이다. 저축은행은 재무건전화를 위해서 여러 가지 편법을 동원하였으며 이로 인한 부실화는 금융시장 전반의 위기를 초래하고 있다. 구체적으로 보면, 우회증자로 자본을 증대하였으며 상호출자로 저축은행 간 출자 교환을 하였으며 담보제공 및 수익률 보장 후 출자를 유도하였고, 증액대출을 통해 연체 대출을 클린화 하는 등의 수단을 이용했다. 솔로몬저축은행과 미래

그림 3   낙하산 인사 및 낙하산 은행의 추이

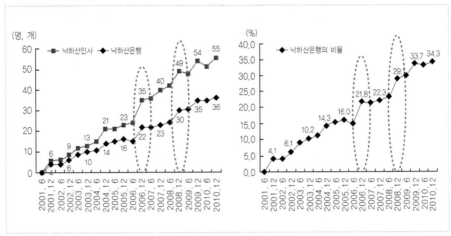

출처: 김동열, 한상범(2011), 저축은행의 소유·지배구조, 제도변화와 경영실적의 상관성 분석.

저축은행 간에는 우회 증자를 통해 BIS 기준 자기자본비율을 실제보다 과다
측정하게 하였으며, 호남저축은행, 부산솔로몬은행, 미래2저축은행 등도 자본
금을 이와 같은 편법을 동원해 증대시켰다(안대규·이상은, 2012).

이러한 저축은행의 편법과 부실한 회계법인의 회계감사는 금융시장 전반
의 신용도를 하락시켰다. 그리고 은행이 지급준비금 부족으로 예금자의 인출
요구를 충족시키기 못하여 시장 내에서 신뢰성을 상실한다면, 그 불신은 순식
간에 전파되어 시장이 뱅크런(bank-run)위험에 직면할 수 있으며 이를 예방
하기 위해 국가가 개입해 여러 금융기준을 상정하고 있다. 이러한 측면에서
일부 은행은 예금보험공사나 한국은행 등 정부당국의 개입으로 위기를 해결
하려는 유인을 갖게 되는 것이다.[6] 따라서 이러한 편법과 그로 인한 금융기
관의 신용도 하락은 사회 전반의 낮은 신뢰성과 연결되어 금융시장 전체의
위기를 초래할 수 있다.

넷째는, 상황적 요인과의 결합이다. 외형 확장으로 인해 리스크의 관리능
력이 한계점에 도달한 저축은행은 부동산 PF투자의 부실을 맞았다. 대체로
2003년부터 저금리 기조가 정착되면서 은행대비 수신금리가 상승함에 따른
여신 증가로 총자산이 증가하기 시작하였다. 1997년 말에 36조 원이었던 저

---

6) 정운찬·김영식, 거시경제론 제8판(2007), 율곡출판사.

그림 4 저축은행의 소유구조 추이

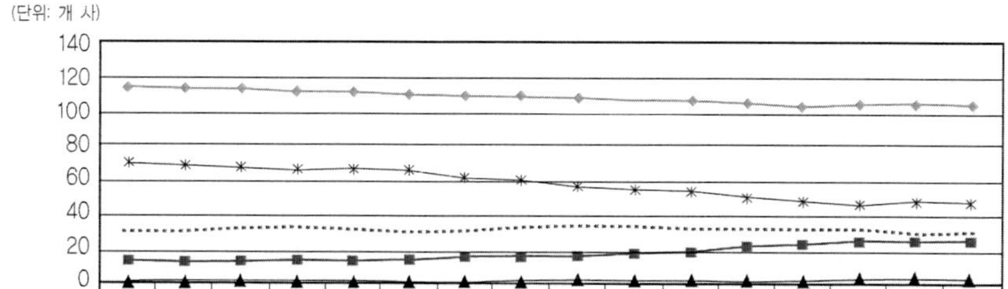

(단위: 개 사)

	2003년 6월	2003년 12월	2004년 6월	2004년 12월	2005년 6월	2005년 12월	2006년 6월	2006년 12월	2007년 6월	2007년 12월	2008년 6월	2008년 12월	2009년 6월	2009년 12월	2010년 6월	2010년 12월
합계	115	114	114	113	112	111	110	110	109	108	107	106	104	105	105	105
저축은행그룹	13	13	13	13	13	14	16	16	16	18	19	22	23	25	25	25
금융그룹	1	1	1	1	1	1	1	2	2	2	2	2	3	3	3	
산업자본그룹	31	31	32	32	31	30	31	33	34	33	32	32	31	31	29	30
독립저축은행	70	69	68	67	67	66	62	60	57	55	54	50	48	46	48	47

참고: 김상조(2011).

축은행의 총자산은 2005년 말에 45조원으로 증가하였다. 이러한 자산 증가와 더불어 2005년 저축은행 간의 인수합병을 촉진시키는 정책과 2006년 소위 88 클럽이라고 불리는 여신규제완화 정책은 저축은행의 외형적 확장을 촉진시켰다. 하지만, 지속적인 자산증가는 대형저축은행 중심으로 이루어져 왔으나, 내부적 경영 효율성을 위한 리스크 관리 등 자산운용 역량은 그만큼 성장하지 못하고 있었다. 즉, 재무 건전성과 리스크 관리의 효율화를 유인하는 정책과 제도가 뒷받침되지 못하였다. 구체적으로 보면 고정이하여신비율[7]이 일반은행은 2010년 1.9%인 데 반해 저축은행은 2009년 9.65%, 2010년 10.26%로 악화되고 있는 상태이다.[8]

부동산 PF대출 증대와 부동산 경기침체를 상술할 필요가 있다. 저축은행을 부동산 PF에 대한 여신을 중점적으로 확대하여 리스크에 대한 엄격한 심사과정 없이 무분별하게 자산증대를 이루려고 하였다. 담보가 건전하지 못한

---

[7] 여신(대출금)의 자산건전성비율을 의미하며, 여신의 건전성 분류는 정상, 요주의, 고정, 회수의문, 추정손실로 분류되며 고정과 회수의문과 추정손실을 플러스한 금액을 총 대출금액으로 나누어 백분율로 계산하여 나타낸다. 일반적으로 고정이하 자산건전성 비율은 8% 이하로 하고 있다.

[8] 금융위원회 발표자료

업체에 가치 평가액을 3,4배 초과하는 자금을 대출하기도 했다. 그리고 금융 위원회의 발표에 따르면 저축은행의 부동산 관련 대출은 2010년 6월 말 30.2 조 원으로 전체여신 62.4조 원의 48.5%에 해당하며 그 중 PF관련 대출은 12 조 원으로 18.5%에 해당한다. 또한 PF 대출의 연체율은 2010년 12월 말에 24.3%까지 증가하였다.9) 이러한 부동산 PF중심의 대출은 2008년 글로벌 금 융위기와 국내외 부동산 가격의 하락으로 부동산 PF의 부실화로 인한 큰 손 실을 입게 되었다.

　　저축은행의 자산은 초기의 자기자본과 예치된 예금을 부채로 해서 구성 되며 이러한 자산을 바탕으로 대출이자를 수익으로 한다. 하지만, 대형대출로 인한 수익의 유인으로 인해 여러 회계기간 동안 그 손실이 누적되었으며, 뿐 만 아니라 글로벌 금융위기에 따른 부실채권의 양상이 그 사태를 악화시켰다 고 볼 수 있다.

그림 5　저축은행의 자산규모 증가 추이

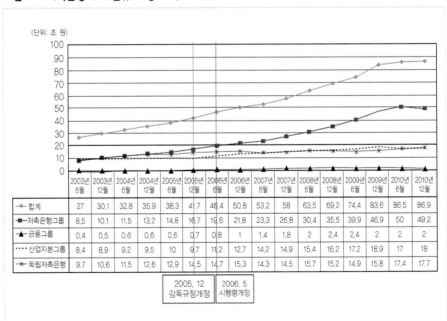

	2003년 6월	2003년 12월	2004년 6월	2004년 12월	2005년 6월	2005년 12월	2006년 6월	2006년 12월	2007년 6월	2007년 12월	2008년 6월	2008년 12월	2009년 6월	2009년 12월	2010년 6월	2010년 12월
합계	27	30.1	32.8	35.9	38.3	41.7	46.4	50.8	53.2	58	63.5	69.2	74.4	83.6	86.5	86.9
저축은행그룹	8.5	10.1	11.5	13.2	14.8	16.7	19.6	21.8	23.3	26.8	30.4	35.5	39.9	46.9	50	49.2
금융그룹	0.4	0.5	0.6	0.6	0.6	0.7	0.8	1	1.4	1.8	2	2.4	2.4	2	2	2
산업자본그룹	8.4	8.9	9.2	9.5	10	9.7	11.2	12.7	14.2	14.9	15.4	16.2	17.2	18.9	17	18
독립저축은행	9.7	10.6	11.5	12.6	12.9	14.5	14.7	15.3	14.3	14.5	15.7	15.2	14.9	15.8	17.4	17.7

2005. 12 감독규정개정　　2006. 5 시행령개정

---

9) 금융위원회 발표자료.

그림 6 저축은행 관련 정책과 저축은행의 경영효율성(BIS자기자본비율)

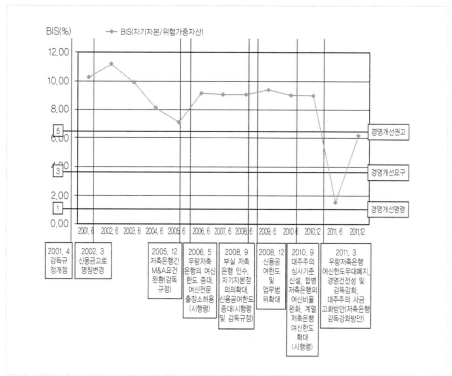

Ⅲ. 정책학습의 관점에서 본 저축은행 도미노 사이클

1. 정책실패의 전조증상과 확률

저축은행의 위험만큼 반복적으로 지적되어 온 사회적 혹은 정책적 위험도 드물 것이다. 또, 파산과 영업정지가 주기적으로 계속되어 온 사안이기도 하다. 전조증상이 얼마나 지속되어 왔는지 살펴볼 필요가 있다.

미국의 손해보험 회사에 근무하던 안전기사 H. W. 하인리히가 노동재해의 발생확률을 분석하여 '하인리히 법칙'을 제시한 바 있다. 하타무라 요타로는 이를 원용하여 실패의 확률을 제시하고 있다. 큰 실패 1건의 이면에는 29건의 가벼운 실패가 있으며, 또 그 뒤에는 식은땀이 흐를 것 같은 정도의 사

례가 300건 숨어있다는 것이다. 저축은행의 파산 같은 거대한 실패가 있기까
지는 고객의 집단적 항의 같은 작은 실패가 29건 존재한다. 금융감독기관과
은행 구성원들의 식은땀을 흘리게 할 만한 사건은 300건을 훨씬 넘었다.

언론의제로 사회에 노출된 것만 살펴보기로 하자. 조선일보, 동아일보,

그림 7   '저축은행 파산'에 관한 일간지 기사 빈도: 2001~2011

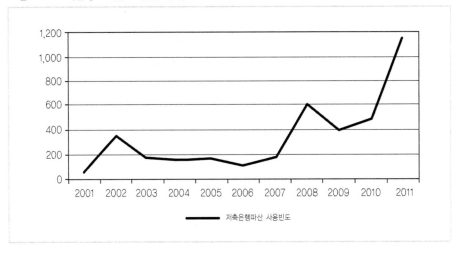

그림 8   저축은행 파산에 관한 일간지 기사 빈도: 2009~2012

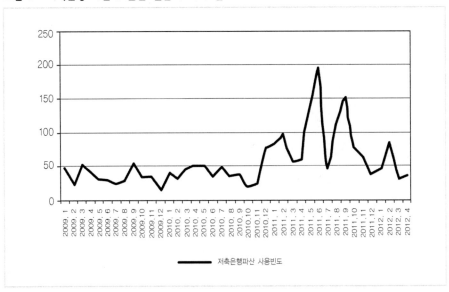

한겨레, 중앙일보, 한국일보, 국민일보, 서울경제, 매일경제 등 전국의 종합일간지와 경제일간지 전체 60개에 나타난 기사의 내용분석을 해보았다. '저축은행 파산'이라는 단어로 검색했을 때, 나타난 빈도는 그림과 같다. 2002년 이미 파산이라는 단어가 350건 이상 검색되고 있다. 이는 기사, 사설, 보도를 망라한 내용분석이다.

2. 정책실패의 원인으로서 학습실패

지속적인 전조증상과 실패가 나타나는 가운데 실패의 악순환을 예방하는 노력은 학습으로 나타나야 한다. 학습은 지속적인 개선의 한 부분이기 때문이다(Pemberton, 2004: 21). 따라서 학습이 결여된 정책과정은 실패가 반복적으로 야기될 수밖에 없다.

저축은행 파산이 지속되어 왔고, 사회적 문제도 계속 야기되어 결국 금융정책 개선의 일부분으로서 정책학습은 작동하지 않았거나 대단히 미미하게 작동되어 왔다. 2012년의 3차 저축은행 파동을 봤던 파산한 저축은행 직원의 시각은 이를 극명하게 보여주고 있다.

2012년 영업정지를 당한 저축은행의 ○담당자는 금감원의 변화 가능성에 회의적 반응을 보였다. '금감원은 바뀌지 않을 것이다. 돈과 낙하산인사라는 이권 때문에, 둘 중에 비중을 따지자면 돈의 비중이 더 클 것이다.'[10] 현실적으로 저축은행이 파산이나 영업정지를 당하는 것은 많은 경우 횡령과 불법대출이 원인이라고 볼 수 있다. 결국, 검찰이 개입되는 시점에서 저축은행에 대한 중대한 조치나 처벌적 정책이 만들어지는 셈이다. 저축은행의 담당자 역시 '금감원은 사실상 우리가 겁먹지 않았다. 루트가 다 있기 때문이다. 검찰에 넘어가면 우리는 게임이 끝난 것으로 생각한다'고 실토하고 있다.[11] 금융감독기관의 학습 무능력을 지적하는 고백이다.

조직의 관리 패턴이 학습 무능력을 보여주기도 한다. 금감원의 중간 간부는 정책실패의 책임에 대해 '조직이 하는 거라 개인이 책임질 사안이 아니다. 감시를 못한 문제는 전체의 이야기이기 때문에, 개인에 책임을 묻지 않는다. 개

---

10) 2012년 5월 17일 영업정지 저축은행의 ○담당자.
11) 2012년 5월 17일 영업정지 저축은행의 ○담당자.

인 비리는 개별적인 사안일 뿐이다.'라고 언급했다.[12] 조직 내에서 실패의 책임을 가리는 일은 또 다른 실패의 발생을 예방하기 위한 필수적인 요소다.

실패학의 대가 하타무라 요타로는 '실패를 감추는 조직'과 '실패는 살리는 조직'으로 실패한 조직의 유형을 나눈다. 전자에서 실패는 나쁜 실패가 되고, 후자에서 실패는 좋은 실패가 된다. 실패에서 학습을 하지 않는 것은 실패를 예측하고도, 예방을 하지 않는 행위와 동일하다. 실패의 책임에 최대한 접근하기 위해서는 원인규명과 책임추궁을 분리하는 것이 필요하다(畑村洋太郎, 2001).

정책실패의 원인을 규명하기도 전에 처벌을 논의하면, 정작 실패의 원인은 영원히 가려질 가능성이 크다. 요타로는 실패의 원인을 정확히 규명하기 위해 미국의 '사법거래제도'를 도입할 필요가 있다고 제안했다. 실패 당사자에게 진실을 말할 공간을 부여하고, 그에 상응하여 처벌을 경감시킬 수 있게 해야 한다는 것이다. 그렇지 않으면 정책실패의 원인규명은 대부분 책임 떠넘기기 게임이 되고, 영원히 규명되지 않게 된다. 정부 정책을 실패한 결정자가 자신의 행동을 변론할 사유는 부지기수로 많이 동원될 수 있다.[13]

조직의 학습 무능력을 가져오는 또 하나의 요인은 관리능력의 한계 때문이다. 저축은행은 서민과 중소기업 금융을 편리하게 하려는 취지로 출발하였다. 그러나, 이러한 취지와 달리 높은 대출이자와 PF투자 등이 나타났다. 사금융의 특성이 관찰될 수준으로 평가되기도 하였다. 사금융이란 법인세법 시행령 제37조 2항에 규정된 금융기관의 범위에 포함되지 않은 대부, 중계, 알선 등의 행위를 하는 시장주체와 거래를 총칭하는 말이다. 과거 1982년 「李·長 어음사기 사건」 이후 사금융이 2000년대까지 단자회사(단기자금회사)와 상호신용금고, 상호협동조합으로 끊임없이 진입하려 시도하였다.

설립취지와 달리 저축은행은 사금융의 성격을 흡수하게 되었다. 대주주의 횡령과 불법대출, 합리적 기대를 벗어나는 예금자의 행태, 높은 대출비용과 높은 이자율, 부실 채권, 신용의 위협요인을 크게 안게 되었다. 이러한 요소들은 금융감독원의 일반적 관리능력으로 통제되기에는 주기적으로 파국을

---

12) 2012년 5월 17일 금감원 ○담당자.

13) 내부고발도 실패의 원인규명에 긴요하다. 작은 실패가 큰 실패로 이어지지 않으려면, '고발은 선한 행동'이라는 의식이 중요하다(畑村洋太郎, 2001).

초래하는 것들이었다. 이것은 단순한 정책 오차의 시정이라기보다는 근본적인 재설계와 개선을 필요로 하는 새롭고 근본적인 위험상황이었다.

저축은행의 성격변질은 금융감독원의 일상적 관리능력에 한계를 초래한 것으로 보인다. 일상적 관리능력의 한계는 조직의 학습실패를 야기하는데, 금융감독 기구로서 갖는 이익구조뿐만이 아니라 관리능력의 한계 때문에 적극적 학습에 나서지 못하게 된 셈이다. 감독실패의 원인을 규명하고 책임을 묻는 구조가 약하고, 이것이 반복적인 학습실패와 정책실패로 이어지는 큰 요인으로 작용하고 있다.

금융감독기구의 정책학습을 방해한 또 하나의 구조적 요인은 기능의 결합 문제다. 금융감독위원회는 금융산업정책 기능과 금융감독 기능을 동시에 수행하고 있다. 이러한 상황에서 감독기능이 퇴화될 것은 자명하다. 2008년 1월 제17대 대통령직 인수위원회는「정부 조직과 기능 개편」방안을 발표하며 금융행정시스템을 전면 재조정하였다. (구)금융감독위원회 감독정책기능과 (구)재정경제부 금융정책기능(공적자금관리위원회, 금융정보분석원 포함)을 통합하여,[14] 2008년 3월 총리령 제875호에 의해 출범된 기구다. 금융위원회는 금융정책 및 금융제도에 관한 정책, 금융기관의 감독 및 관련규정 재개정, 금융기관의 설립 합병 양도 등과 관련된 인허가, 증권 선물시장의 관리 감독 및 감시, 금융 중심지의 조성과 발전 관련 정책 수립을 담당하게 되었다. 정책기능과 감독기능이 대거 통합되었고, 이로 인해 감독기능이 크게 약화되는 현상이 나타났다.

정책기능과 감독기능의 중첩은 결국 금융감독 기구의 학습동기 중 감독기능에 충돌 및 구축효과(crowding effect)를 가져왔다. 산업진흥과 정책, 건전성 감독을 위한 감독기능이 충돌하였고, 인·허가와 지원에 대한 이권의 개재가 감독기능과 충돌을 일으켜 문제를 규정하고 시정하고자 하는 동기를 저해하였다. 거버넌스와 정책학습은 직접적으로 연결되어 있고(Pemberton, 2004: 1), 이것이 정책의 진화에 직접적 영향을 미친다는 점을 생각하면 금융산업기능과 감독기능은 분리시키는 것이 타당하다.

영업정지, 파산, 인출러시가 사이클을 이루는 가운데 금융당국이 택한 개

---

14) http://www.fsc.go.kr/about/fsc_info.jsp?menu=7130100

선책은 극도로 소극적이었다. 저축은행은 2010년 이전에는 정기검사가 2년에 1회에 불과하였으며, 2010년부터 자산 1조 원 이상의 대형 저축은행에 대해서 1년 1회의 정기검사가 정례화 되었다. 저축은행의 정기보고서에는 PF대출의 규모, 연체율 등에 대한 정보가 실려 있다. 정부의 행정지도 기준인 총 대출 대비 PF대출 비중이 저축은행 대부분에서 30%를 밑돌고 있다고 금융당국 및 각종 보도 자료에서 볼 수 있었으나, 2011년 2월 영업정지를 당한 부산저축은행과 부산2저축은행의 경우 PF대출 비중이 약 70%에 달하고 있었다. 이러한 사태는 허술한 감독시스템의 단면을 보여준다.

결국, 2011년 저축은행의 비리와 파산에 연루되어 금감원 간부 10여 명이 구속되었고, 전 금융감독원장이 검찰에 소환된 바 있다. 시민단체들은 금융감독기관 출신, 금융기관 취업 금지에 관한 의견을 제시하였다. 일반적 공무원의 유사 업종 재취업 금지기간인 2년보다 긴 5년이 시민단체 토론회에서 제시하기도 하였다. 그러나 정부 당국의 개선책은 대단히 미온적이다.

투명성은 은행의 책임성 확보 및 효율성을 담보하는 데 절대적으로 중요한 개념이다. 금융에 있어 투명성은 부패의 예방, 목표와 수단의 정확한 공개를 의미한다. 고객과 일반국민에게 어떤 정보가 공개되어야 하는지가 명백해지면, 부정의 가능성이 감소하고 불확실성이 감소한다(Tallman, 2003: 7).

회계법인의 부실한 회계감사는 저축은행의 투명성을 약화시켰고, 이에 대한 금융감독원의 미약한 처벌이 원인을 지속시키고 있다. 금융감독원의 '저축은행 외부회계법인 부실감사 적발 현황'에 따르면 적발 건수가 50회에 달한다. 하지만 이러한 부실감사에 대해서 금융감독원으로부터 실질적으로 징계조치를 당하는 사례는 적으며, 금융감독원의 조치 내용 중에 '지정제외점수'가 100점이 되면 저축은행 감사지정에서 제외되나 대부분 10점을 부과한다. 또한 감사업무 제한 기간이 최대 5년이나 대부분 1년을 부과 받았으며, 2006년 부실감사로 인한 등록취소 건수가 한 건도 없었다.

저축은행에 관련한 시정조치의 발동 권한은 금융위원회에 부여되어 있다. 발동여건으로는 BIS비율과 경영실태평가를 기준으로 한다. 구체적으로 보면, BIS비율이 5% 미만이고 경영실패평가에서 자산 건전성 부문 4급 이하인 경우 경영개선 권고, BIS비율이 3% 미만이고 종합등급 4등급 이하인 경우 경영개선요구, BIS비율이 1% 미만인 경우 경영개선 명령을 내린다. 하지만 이

그림 9 정책학습 실패의 루프

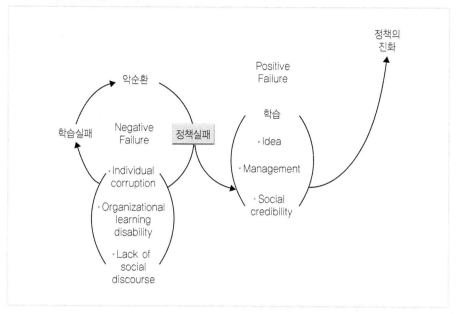

러한 발동권한과 기준이 있음에도 불구하고 감독관리의 정확성과 적실성이 미흡한 실정이다. 또한, 위기관리기구인 예금보험공사와 한국자산관리공사는 금융위원회의 지도 및 감독을 받기로 되어 있으나 금융위원회의 늦은 대응의 연장선에서 이러한 조직들의 위기관리의 기능이 미약하다고 볼 수 있다. 즉, 상시감독기구인 금융위원회와 위기관리기구인 예금보험공사의 통제 시스템이 협력적인 조직관리를 통한 감독 및 통제의 적실성과 효율성이 낮다.

본 글에서 정책학습의 실패로 말미암아 정책실패가 악순환 되는 설명을 간략히 그림으로 나타내면 〈그림 9〉와 같다. 개인차원의 부패, 조직의 학습무능력, 사회적 담론의 부족이 학습실패를 초래하고, 이것은 곧 실패의 악순환으로 이어진다.

Ⅳ. 맺는 말

공인재무분석사(CFA)협회는 2011년 12월 보고서를 통해 2008년 글로벌 금융 위기의 주된 원인으로 금융 기억상실증을 지적한 바 있다. 한국의 금융 당국에 내재하는 기억상실증은 정책의 학습을 근본적으로 어렵게 하고, 저축은행의 파산 도미노를 멈추지 못하게 하고 있다. 학습의 기피, 허위학습, 학습 무능력 현상을 보이고 있는 것이다.

본 글은 저축은행 파산 도미노의 현황과 원인을 살펴보고, 금융정책의 실패를 학습실패의 관점에서 정리하였다. 실패를 외면, 축소, 은폐하려다 보면 동일한 실패를 반복하게 되어있다. 금융정책의 실패로부터 학습을 하려는 노력이 있는 한, 우리는 장기적 관점의 정책진화를 기대할 수 있을 것이다. 정책학습 기능이 건전하게 작동되는 한, 정책실패는 현실에 가장 근접한 학습을 제공하는 경험이 될 것이다.

참고문헌

김동열·한상범(2011). "저축은행의 소유·지배구조, 제도변화와 경영실적의 상관성 분석 – 정책실패와 감독실패에 관한 실증분석", 한국행정학회 학술대회 발표논문.

김상조(2011). "저축은행 부실의 현황, 원인, 대책", 한국금융학회 2011년 하계 학술대회 발표논문.

박덕배(2011). "저축은행 위기와 구조조정 방향", 「한국경제주평 11–13」 통권 440호. 현대경제연구원.

송하진·김영평(2006). 「정책성공과 실패의 대위법」 서울: 나남.

안병철, 이계만(2009). "정책실패에 관한 연구경향 분석", 「한국정책과학학회보」 제13권 제2호.

장슬기(2012). "금융당국, 부실저축은행 3차 구조조정 단행", 「아주경제신문」, 2012. 5. 6.

정찬수(2011). "저축은행 발전을 위한 정책의 기본방향", 「주간 금융 브리프」 제20권 제41호.

금융감독원, 금융통계정보시스템(http://fisis.fss.or.kr).

畑村洋太郎(2001). 「失敗學」 東京: 講談社.

Horiuch and Shimizu (2001). "Did Anakudari Undermine the Effectiveness of Regulator Monitoring in Japan?", *Journal of Banking & Financing*, 25(3).

Hetzel, R. L. (2012). *The Great Recession: Market Failure or Policy Failure?*, Cambridge University Press.

Larson "The Circular Structure of Policy Failaure and Learning", *Tidsskrift for Forskning I Sygdom og Samfund*, 13: 161~193.

Pemberton, H. (2004). *Policy learning and British governance in the 1960s*, Series Transforming government, Basingstoke: Palgrave Macmillan.

Rose, R. (1993). *Lesson–drawing in public policy: a guide to learning across time and space*, Chatham, N.J.: Chatham House Publishers.

Sabatier, P. A. and Hank C. J. eds. (1993). *Policy change and learning: an advocacy coalition approach*, Series Theoretical lenses on public policy, Boulder, Colo.; Oxford: Westview.

Tallman, E. W. (2003). "Monetary Policy and Learning: Some Implications for Policy and Research", *Economic Review*, Third Quarter.

Wolman, H. and Edward C. P. (2000). *Learning from the experience of others: policy transfer among local regeneration partnerships*, York: YPS for the Joseph Rowntree Foundation.

중소기업 '보호'와 '지원' 사이의 방황: 중소기업 고유업종 도입에서 철회까지

배재대학교 행정학과 교수 _ 이혁우

Ⅰ. 문제제기: 고유한 업종인가, 고유하지 않은 업종인가

꽤 오랫동안 같은 크기 모판에 같은 모양, 같은 색을 띤, 같은 크기로 잘린 두부를 사먹었던 적이 있었다. 그저 까만 비닐봉지에 담아주는 이 두부가 세상에 존재하는 두부의 전부인줄 알고 지냈다. 여유가 없었던 때라 식탁에 두부가 올랐다는 사실만으로도 꽤 괜찮은 밥상으로 여기기도 했다. 생각해 보면 이상한 일이다. 작은 이쑤시개 하나를 사더라도 어느 것이 좋을까, 고민하는 것이 당연한데 두부를 살 때는 참 편리하게도 이런 고민을 할 필요가 없었기 때문이다. 그것도 아주 한참동안 말이다. 사실 두부는 아무나 만들어 팔 수 있는 게 아니었다. 정부가 허락한 기업만 만들 수 있었다. 기준은 중소기업이어야 한다는 것. 왜 그래야 하냐고 물으면 보호해 줘야 하기 때문이란 게 대답이었다. 그렇게 보호받았던 두부업자는 어떻게 되었을까?, 정부가 버티고 시장을 탄탄히 보장해 주니 굳이 새로운 두부를 만들 이유가 없었다. 바로 옆 동네 일본선 그야말로 형형색색의 다양한 두부가 넘쳐나서 벤치마킹도 쉬웠을 텐데 말이다. 이게 우리가 늘 같은 모양, 같은 크기의 두부를 사 먹었던 이유다. 두부업자는 늘 같은 두부를 만들어 같은 방식으로 판매하니 언제 물어봐도 현상만 유지한다고 했다. 현상만 유지하니 여전히 중소기업이고 대기업이 두부시장에 들어가는 것은 여전히 금지된다. 같은 두부만 계속 팔아도 되는 두부업자는 걱정이 없었다. 왜 두부업자만 걱정 없이 살아야 하는 걸까?, 두부만큼이나 서민적인 식재료였던, 그리고 대부분이 영세했던 소시지업자는 걱정을 한아름 안고 살았는데 말이다.

---

* 이 글은 "이혁우(2013). 중소기업 지원정책에서 교환에 대한 이해의 필요성. 사회과학연구. 제24권 제1호, pp. 331－354."에 수정되어 게재되었다.

중소기업 고유업종. 말 그대로 중소기업에만 고유한 업종이다. 최근엔 중소기업 적합업종이란 말도 쓴다. 중소기업에만 적합한 업종이라는 것이다. 중소기업에 고유하고 적합한 것이니 중소기업만 해야 한다는 것이다. 그리고 대기업은 진출이 안 된다. 대기업에게는 다른 고유하고 적합한 업종이 존재하기에. 단순하고 명쾌하지만 조금 이상하다.

중소기업에 고유한 업종이 있다면 왜 그럴까? 중소기업이 대기업보다 더 잘 할 수 있다는 것일까? 물론 그런 업종이 있을 수도 있다. 중소기업에 비교우위가 있는 제품으로 시장규모가 제한되어 있으며, 변화하는 수요의 다양성에 대응하여 적응하는 다품종 소량생산 품목이고, 기술적으로도 단순하여 중소기업이 시장에 쉽게 참여할 수 있고 대기업과 분업관계를 유지하는 제품의 경우 대기업보다 중소기업이 생산하는 것이 효율적일 수 있는 것이다(김은자, 1998).[1] 이런 제품들은 규모의 경제가 역으로 작동하기 때문에 대기업과 같이 큰 규모의 투자를 통한 가격 및 품질경쟁 전략이 타당하지 않기 때문이다.

그렇다면 연쇄적으로 따라오는 질문. 이렇게 중소기업이 대기업보다 잘 할 수 있는데 왜 굳이 정부는 중소기업만이 그것을 하도록 강제로 정해 놓아야 하는 것일까?, 어차피 중소기업보다 못한 대기업은 그런 업종엔 관심을 관심조차 기울이지 않을 텐데 말이다. 혹여 대기업이 그런 업종을 시작한다 하더라도 곧 망해 나갈 것이다. 중소기업에 적합하다는 것도 마찬가지이다. 중소기업에 더 적합한 업종이 있다면 대기업은 처음부터 그 주변엔 어슬렁거리지 조차 않았을 것이다.

정부가 중소기업 고유업종을 시행하는 이유는 역설적이게도 중소기업에 고유하거나 적합하지 않기 때문이다. 고유하지 않으니 경쟁에 취약하고 경쟁

---

1) 이런 중소기업 고유업종의 타당성에 대한 학자들의 논리를 좀 더 구체적으로 밝히면 다음과 같다(김은자, 1998: 15-16). W. A. Hosmer는 국내수요에 의존하며, 생산과 소비가 소규모이고, 고정밀도, 지방특화 제품, 불균형 성장부문, 단기에 업무수행이 이루어져야 하는 부문으로, M. L. Mace는 유행과 제품형태의 변화가 심해 표준품의 장기생산이 어려워 대량생산체제보다 중소기업에 의한 소규모생산이 유리한 제품으로, A. E. Grunewald 는 소비행태의 변화나 소득의 증가에 따라 소비자의 선호가 변해서 발생하는 소비부문을 중소기업에 유리한 업종으로, H. F. Merrill은 대규모 조립산업에서 중소기업과 대기업간에는 상호분업관계가 성립되며, 이 분업관계 속에서 대기업은 조립부문을 중소기업은 부품생산을 담당한다고 했으며, A. D. Kaplan은 규모의 경제성이 대규모기업에 유리한 업종은 높은 투자규모에서 최적이윤점이 결정될 수 있지만 이런 낮은 투자수준에서 최적이윤점이 결정되는 품목을 중소기업이 경쟁력을 갖는 제품으로 설명하고 있다.

에 취약하니 퇴출되기 쉽다. 퇴출되면 해당 업체 주주나 사장, 근로자는 손해를 본다.[2] 생활도 어려워진다. 정부조치가 필요하다는 논리가 등장하는 것은 이때부터다. 일단 생활이 어려워진다는 단계에 이르게 되면 관련업종은 적극적 보호를 유지하게 되고 정부는 이들을 그대로 내버려 두기는 곤란해지기 때문이다. 중소기업 고유업종이 등장하는 순간이다. 그 결과 중소기업만이 할수 있는 업종이 아니라 중소기업만 해야 할 필요가 없는 업종에 고유업종이란 라벨이 붙여진다. 이제 대기업은 얼씬하지 못하고 중소기업은 경쟁과 퇴출의 긴장을 놓을 수 있게 된다. 주주나 사장, 근로자는 손해볼 이유가 없고, 생활의 어려움을 고민할 이유도 없다. 이것이 고유하지 않은 업종에 고유하다는 라벨을 붙인 결과이다.

중소기업 고유업종 지정 의도가 이것이었다면 이 정책은 그야말로 성공한 정책이다. 논리적으로도 실제적으로 나무랄 데가 없다. 그러나, 과연 그럴까? 대답은 그렇지 않다. 이제 자세히 분석하겠지만 '보호'와 '지원'을 혼동하고 있기 때문이다. 중소기업은 '보호'의 대상이 아니고 '지원'의 대상이다. '보호'는 위험이나 곤란 등이 미치지 않도록 잘 지키고 보살피는 것이다. '지원'은 어떤 일이 잘 되도록 거들거나 보탬을 주는 일이다. '보호'는 위험이나 곤란이 미치지 않도록 하는 것, '지원'은 일이 되도록 하는 것이다. 즉 보호의 목적은 위험으로부터의 피난에 있는 것이지만 지원의 목적은 잘 할 수 있도록 북돋워 주는데 있다. 따라서 '보호'를 해야 하는데, '지원'을 하거나, '지원'을 해야 하는데, '보호'를 한다면 문제가 생긴다. 위험이나 곤란으로부터 지켜줘야 하는데, 일이 되도록 거들어 주기만 해서는 안 되고, 일이 되도록 거들어 주면 되는데 위험이나 곤란할 수도 있으니 보살펴주는 것도 오버일 수 있기 때문이다.

따라서 지원의 대상인 중소기업을 보호의 대상으로 오인할 경우 타당한 정책수단의 판단에 오류가 발생하게 된다. 지원으로 해결할 것을 규제로 해결해 버리는 것이 그 대표적인 예이다. 그 결과 지원대상인 중소기업은 보호대

---

2) 실제 1994년에 중소기업 고유업종에서 폐지된 58개 업종 중 51개 업종에 대해 가격, 품질, 기술, 생산성 측면으로 나누어 업종별 협동조합의 자체 경쟁력 평가를 조사한 결과에 의하면 대기업에 비해 가격경쟁력이 떨어지고 외국기업에 비해서도 생산성이 낮은 것으로 나타났다. 비교 가능한 33개 품목 가운데서는 김치 등 2개 품목에서만 대기업에 비해 경쟁력이 있었으며, 생산성이 높은 기업도 조제계면활성제 등 5가지뿐이었다(김은자, 1998: 63).

상으로 전락해 자력경쟁력을 갖는 것이 요원해질 뿐만 아니라, 한정된 보호영역에 경쟁력으로 진입한 신규 중소기업으로 인해 극심한 경쟁상황에 놓이게 된다. 대기업진입 규제를 통해 보호를 받기는커녕 오히려 더욱 어려운 상황에 놓이게 된다. 품질경쟁을 위한 기술개발이 어려우니 그저 견디거나 과다출혈을 부르는 가격경쟁에 내몰리게 된다. 물론 품질향상이 어려우니 소비선택권이 줄어든 소비자 역시 불만이 쌓인다. 외국의 대기업에 역차별을 받는 국내 대기업도 불만이다. 이런 비효율과 불만에 봉착한 정부 역시 골치가 아프다.

이것이야 말로 정책실패의 전형적 예가 아닐까? 물론 정책의 성공과 실패를 따지는 것은 쉬운 일이 아니다. 하나의 정책에도 성공과 실패가 공존하는 경우가 많고 판단시점에 따라서도 결과가 달라질 수 있다(김영평, 2012; 송하진·김영평, 2006). 더욱이 무엇에 대해, 어떤 기준으로 성공, 혹은 실패라 하느냐고 질문하기 시작하면 그 마저도 남아 있던 자신감이 확 떨어져 버린다. 특정한 정책이 비록 상처뿐인 피로스의 승리(Pyrrhic Victory)라 하더라도 결과적으로 의도한 성과를 달성했다면 그것을 실패로 단정 짓기는 어려울 것이다. 반대로 매우 효율적으로 집행된 정책이라 하더라도 최종적으로 의도를 달성치 못했다면 이를 두고 성공이라 부르기도 어려울 것이다. 그리고 혹시 예기치 못한 편익을 창출했을 수도 있지만 이것은 정책이 의도한 것이라기보다는 상황의 변화와 같은 우연에 기인한 것이거나 정책설계자의 제한된 지식으로 인해 정책설계 시에는 고려하지 못한 것이기에 정책성공이라 부를 수도 없는 일이다. 이는 단순히 정책의 예기치 못한 결과에 불과한 것이기 때문이다.

그러나 만약 어떤 정책이 원래 의도한 것과는 상반된 패턴을 보인 결과 정책종결 시점에서도 원래 의도와는 상반된 결과가 초래되었다면 그것은 명백히 실패로 규정해 볼 수 있을 것이다. 과정과 결과가 해당 정책이 원래 설계된 것과는 전혀 상반된 양상으로 진행되어 버렸다면 최소한 이것은 정책실패로 판단할 수 있을 것이기 때문이다.[3]

---

3) 정책실패를 이렇게 최소한으로 정의해도 그 예는 생각보다 많다. 대표적인 것이 농업지원 정책이다. 식량안보 차원에서 농업경쟁력 강화를 도모하기 위해 WTO 가입이후 275조 원의 지원이 이루어졌지만 1993년 259만여 명에 이르던 우리나라의 농림어업 종사자는 2008년 163만여 명으로 90만 명 가까이 줄어들었다. 식량자급률은 2010년 기준 26.9%로 31개 OECD 국가 중 28위에 위치하고 있기도 하다(김종민 외, 2012). 이 기간 동안 농업경쟁력은 제자리걸음인 채 값싼 정부대출을 다투어 받은 농민들은 이제 빚더미

물론 이렇게 특정 정책을 정책실패로 규정하기 위해서는 그것이 설계된 패턴대로 진행되었는지, 정책결과가 의도대로 나타났는지에 주목해야 한다. 그런데 이 중에서도 정책과정은 특히 중요하다. 정책결과가 어떻든 그것이 어떻게 발현되었는지를 추적해야지만 사안의 핵심에 대한 근본적인 이해가 가능하기 때문이다(이혁우, 2010). 그리고 이런 이해가 모여 정책에 대한 하나의 지식체계를 구성할 수 있게 된다. 특히 정책은 당초 설계된 대로 집행되어 목적달성에 성공하기도 하지만, 그렇지 않은 경우도 흔하다. 그리고 정책이 목표달성에 성공했다 하더라도 애초의 고려되는 전혀 다른 방향 경로를 거친 경우도 있을 수 있다. 따라서 정책실패에 대한 연구에 있어서도 실패의 과정에 대한 추적이 매우 중요해진다. 실패의 패턴을 많이 축적할수록 실패가능성을 줄일 수 있기 때문이다.

그런데 의아한 것은 정책분석에서 이런 입장을 받아들이고 있는 연구를 발견하기가 어렵다는 것이다. 정책분석은 그것이 양적인 것이든, 질적인 것이든 과정보다 효과에 대한 관심이 크다. 물론 정책담당자의 입장에서는 자신이 도입한 정책이 목표를 달성했는지가 궁극적인 관심일 것이다. 정책분석가의 입장에서도 여러 분석기법을 현란하게 활용해서 소위 제3의 변수를 통제한 정책만의 효과, 즉 인과관계의 유무를 밝혀내는 것이 큰 즐거움일 수 있을 것이다. 그러나 그것으로는 충분치 않은 것이 정책효과 여부를 알게 되었다 하더라도 그것이 어떻게 그렇게 되었는지를 이해해야 하는 더 큰 숙제가 남게 되기 때문이다. 어쩌면 정책에 대한 사례연구가 필요하다면 이런 이유가 아닐까?

Ⅱ. 중소기업 고유업종이란 무엇인가

1. 중소기업 고유업종 개념과 지정기준

중소기업 고유업종 정책은 특정품목에 있어 대기업의 진입을 규제함으로

위에 올라앉아 있다. 사정이 이런데도 지난 2011년 8월, 정부는 한미 FTA 발효 이후 농민들의 피해대책을 위해 다시 22조 원 규모의 대책을 마련하였다.

써 중소기업의 사업영역을 보호하는 제도이다. 1978년 당시 정부는 중소기업의
사업영역 보호 및 기업 간 협력증진에 관한 법률을 개정하면서 제3조를 통해
정부는 중소기업 형태로 사업을 영위하는 것이 국민경제의 발전과 산업구조의
개선을 촉진할 수 있다고 인정되는 사업분야를 중소기업 고유업종으로 지정한
다고 함으로써 이 정책의 도입을 위한 법적근거를 마련하였다.4) 또한 동법은
1982년에 또 한 차례 개정되면서 중소기업 고유업종에 대해서는 제4조에서 대
기업의 참여를 금지할 수 있는 조항을 신설하고 고유업종 이외의 사업에 대해
서도 중소기업의 사업조정 신청이 있는 경우 사업조정 시까지 대기업에게 사
업을 일시 정지하도록 권고할 수 있는 등의 강력한 조항을 신설하기도 했다.

한편, 정부는 이 정책을 도입한 이유로 대기업 위주의 경제성장 전략 추
진과정에서 경제력 집중현상으로 독과점으로 인한 시장기능의 왜곡, 산업저
변이 취약한 산업구조가 고착화되었으며 금융자본 등을 활용한 대기업이 규
모의 경제를 도외시하는 사업다각화를 할 경우 이를 직접 규제할 필요성이
대두되었기 때문이라 밝혔다(규제개혁위원회, 2000).5) 다시 말해 중소기업 고유
업종 정책은 정부의 정책대상에서 상대적으로 소홀하게 취급되어 온 중소기
업을 배려함으로써 대기업과 중소기업의 격차를 해소하기 위해 중소기업의
사업영역을 대기업으로부터 보호하려는 의도로 도입된 것이다.

그렇다면 중소기업 고유업종은 어떤 기준에 의해 어떤 품목에 대해 정해
졌을까? 당시 정부가 밝힌 중소기업 고유업종의 지정기준은 크게 세 가지로
정리된다(김은자, 1988). 첫째, 중소기업 전문업종으로 생산공정이 비교적 단순
하고 특별한 기술을 요하지 않는 품목, 대량생산에 의한 규모의 경제성이 요
구되지 않거나 소규모의 자본투자로 생산이 가능한 품목, 소량다품종 다규격
제품으로 중소기업 전문생산체제가 바람직한 품목이다. 둘째, 중소기업제품
의 품질이 우수한 품목으로 중소기업에서 기술개발 한 품목이거나, 대기업 제

---

4) 정부는 3차 5개년 계획을 수립하면서 중소기업 정책을 구체화하기 시작했다. 그 내용을
보면 업종을 고유중소기업형, 전문계열화형, 대기업화형으로 구분하고 중소기업 고유업
종에 대해서는 대기업의 시장참여를 금지하여 중소기업의 육성을 돕는다는 것이었다(상
공부, 1988).

5) 당시 이런 취지로 도입된 중소기업 관련 정책은 중소기업단체수의계약 정책(1965년), 중
소기업고유업종 정책(1979년), 하도급거래공정화에 관한 법률 제정(1984년), 30대 기업
집단 지정 및 관리(1987년) 등이다.

품과 비교하여 품질수준에 손색이 없는 품목, KS 규격 또는 국제 공인규격 등을 획득하여 대내외적으로 품질수준을 인정받고 있는 품목이다. 셋째, 대기업의 참여 가능성이 비교적 큰 품목으로 다수의 중소기업자가 좋은 품질의 제품을 생산하고 있는 분야에 대기업이 경제력을 이용하여 참여할 우려가 있는 품목, 수급처가 주로 대기업인 품목으로 자사그룹의 수요를 독점하거나 중소기업의 시장을 교란할 우려가 있는 품목으로 정하고 있다.

2. 중소기업 고유업종의 전개

　　이렇게 도입된 중소기업 고유업종 정책은 1979년 벽시계 등 23개 업종에 대해 시행된 이래 지속적으로 증가하여 1989년에는 237개에 이르렀다. 참고로 당시 이런 기준에 의해 중소기업 고유업종으로 한번이라도 지정되었던 대표적인 몇몇 품목을 제시하면 울타리철선 제조업, 강관전주, 상업용 저울, 쌀통 제조업, 철제 학생용 책걸상 제조업, 브레이크액 제조업, 규산소다, 곡물건조기 제조업, 탁상시계 제조업, 안경렌즈, 선박용문, 구명정, 이어폰, 안테나, 플러그 및 잭, 전기면도기, 백열전구, 순방모직물, 이불, 천막, 양말, 핸드백, 책장, 탁구대, 유아용승용물, 가발, 지우개, 우산, 성냥, 노트, 앨범, 종이컵, 양초, 재생타이어, 이륜차용 안전모, 콘크리트 블록, 복층유리, 국수, 보청기, 어묵, 김치, 일회용주사기, 가정용보일러, 해면양식, 수산물통조림, 음반 및 녹음테이프 등이다. 이는 당시 사업체 수 기준으로는 1만 9,156개로 제조업 전체(6만 5,684개)의 29.2%를 차지하는 규모였다.[6]

표 1　중소기업 고유업종의 지정·해제 업종 수 추이

구 분	1979년	1983년	1984년	1989년	1994년	1995년	1997년	2002년	2006년
신규지정업종	23	103	104	49	–	–	–	–	–
해제업종	–	–	2	17	58	45	47	43	45
고유업종 수	23	103	205	237	179	134	88	45	0

---

6) 중소기업 고유업종으로 지정된 업종은 해면양식업과 유창청소업을 제외하면 모두 제조업에 해당하는 품목들이었다(김은자, 1998).

한편 중소기업 고유업종 품목은 1990년 이후 신규지정 없이 각 업종의
시장상황에 따라 단계적으로 해지하여 1997년 88개, 2002년 45개로 유지되다
2006년에 폐지되기에 이르렀다. 요약하면 중소기업 고유업종 정책은 1979년
에 도입된 이후 1980년대에 가장 강력하게 시행되다가 1990년대 들어 점차
그 강도가 줄어들어 2000년대 들어 폐지된 것으로 볼 수 있다.

3. 중소기업 고유업종 기존연구

중소기업 고유업종은 경제학 및 행정학 분야를 중심으로 지속적인 관심
의 대상이 된 연구주제로 1979년에 이 정책이 도입된 이래 그 성과에 대해
주기적으로 연구가 진행되어 왔다. 이에 대한 대부분의 연구결과는 이 정책의
부정적 측면을 강조하고 있는 것이었다. 즉 이 정책이 최초에 기대한 것처럼
중소기업에 대한 보호라는 정책목표를 달성했을지라도 그것은 단기적인 것에
그쳤으며 장기적으로는 오히려 중소기업의 경쟁력을 상실케 하는 등의 문제
점을 초래했다는 것이다(산업연구원, 1992a, 산업연구원, 1992b, 김은자, 1998, 이윤
보·이동주, 2004, 전경련중소기업협력센터, 2011). 그리고 이런 중소기업 고유업종
에 대한 연구결과는 이 정책이 쇠퇴하고 철회되는 데 결정적인 영향을 미친
것이 사실이다.

특히 산업연구원(1992a, 1992b, 1992c)의 연구는 중소기업 고유업종 정책
이 갖는 문제점을 이론적·실증적으로 분석하면서 중소기업 고유업종 정책이
단기적으로는 중소기업의 보호라는 목적을 달성한 듯하지만, 장기적으로 시
장의 왜곡을 초래할 가능성이 높기 때문에 90년대가 가기 전에 단계적으로
축소·폐지할 것을 주장함으로써 이 정책의 모순점에 대해 본격적으로 문제제
기를 시작하였으며, 이를 토대로 김은자(1998)와 이윤보·이동주(2004)의 경우
중소기업 고유업종 정책이 해당 기업의 품질경쟁력을 낮추고, 국제경쟁력을
감소시켰을 뿐만 아니라, 업종에 따라서는 규모의 경제가 분명히 존재함에도
불구하고 고유업종으로 지정함으로써 비효율을 증대시키는 문제가 있음을 지
적하기도 했다.

한편, 정부 역시 중소기업 고유업종 정책이 경제의 개방화가 진전되면서
그 실효성이 급감했음을 인정하기도 했다. 중소기업 고유업종으로 지정된 자

기치료기(57.2%), 플러그 및 잭(45.7%)의 수입의존도가 급증하는 등 수입제품
의 국내 시장 잠식이 가속화 되고 있으며, 자수제품과 같이 1995년에는 1,365
억 원이었던 시장규모가 1998년에는 49억 원으로 급감하였으며 길이계제조
업 역시 동 기간 동안 128억 원에서 56억 원으로 줄어드는 등 시장이 소멸되
고 있는 업종이 등장했기 때문이었다(규제개혁위원회, 2000: 4). 수입의존도의
증가는 동 제품을 생산하는 기업의 품질 및 가격경쟁력이 낮다는 것이고 시
장규모의 감소는 중소기업에 대한 보호가 아닌 시장 퇴장이 필요함을 의미하
는 것이다. 요약하면 중소기업 고유업종 정책에 대해서는 문제점의 양상에 대
해 정부와 민간 모두에서 깊이 있는 연구가 진행되어 왔다고 판단할 수 있다.
그리고 그것이 고유업종의 지정철회에 중요한 근거가 되는 등 정책적인 영향
을 미쳤음을 발견할 수 있다.

그렇다면 지금에 와서 왜 다시 이 정책을 따져보는 작업이 필요한 것일
까?, 그 이유는 중소기업 고유업종이 사실상 실패로 돌아갔음에도 불구하고,
2011년부터 정부에서 이와 유사한 정책수단인 중소기업 적합업종을 지정하고
있기 때문이다.[7] 즉 이미 20여 년 전부터 연구에서부터 이론적·실증적 연구
들을 통해 그 문제점이 지적되었고, 실질적으로도 2006년에 폐지된 중소기업
고유업종 정책과 유사한 적합업종이 지정되고 있는 것이다. 물론 이런 취지로
최근 중소기업 고유업종과 중소기업 적합업종의 타당성에 대한 사회적 논란
이 다시 격화되고 있는 실정이다(김필헌, 2011, 중소기업연구원, 2011, 이병기 외,
2011, 동반성장위원회, 2012). 따라서 중소기업 고유업종 정책의 분석을 통해 적
합업종의 설계와 추후 전개에 대해 반면교사로 삼을 필요가 있다.

특히 이 연구에서는 중소기업 고유업종의 도입 목적이 중소기업의 '보호'
에 있는지 '지원'에 있는지를 따져보는 것이 중요하다고 판단했다. 그리고 고
유업종 지정과 같은 진입규제 수단이 동 정책의 도입 목적에 부합한 것인지
를 따져볼 필요가 있다. 보호를 목적으로 하는 것이라면 단순히 일이 잘 되도
록 도와주는 지원만으로는 불충분할 것이며 지원을 목적으로 하는 것이라면
위험이나 곤란함으로부터의 회피를 보장해 주는 보호가 오히려 일이 잘 되는

---

7) 물론 중소기업 고유업종 정책은 정부의 강제적 규제수단이었던 데 반해, 중소기업 적합
   업종 정책은 대기업과의 협의를 통한 일종의 자율규제적 속성을 띠고 있긴 하지만, 그
   결과는 고유업종 정책과 같은 대기업에 대한 진입규제가 되는 것이다.

데 필요한 적극성과 창의성을 쇠퇴시키는 결과를 초래할 수도 있기 때문이다.

Ⅲ. 중소기업은 보호대상인가, 지원대상인가

1. '보호'와 '지원'의 판단기준

사전에서 '보호'는 위험이나 곤란 등이 미치지 않도록 잘 지키고 보살피는 것이다. '지원'은 어떤 일이 잘 되도록 거들거나 보탬을 주는 일로 정의하고 있다. 언뜻 보면 비슷해 보이지만 이 두 개념은 그 목적에 있어 명백히 다르다. 보호가 '위험으로부터의 피난'에 방점이 있는 것이라면 지원은 '일이 되도록 하는 것'에 방점이 있다. 그렇다면 정책문제 판단에 있어 보호대상과 지원대상은 어떻게 구분해 판단할 수 있을까?

이를 본격적으로 논하기 위해서는 정부가 왜 민간에 개입하는가?라는 행정학의 본질적 문제에서부터 시작해야 할 것이다. 그리고 이를 논의하기 위해서는 먼저 교환에 대한 이해가 필요하다.

교환은 경제주체 간 상호작용의 핵심기제이다. 교환을 통해 각 주체들은 자신에게 보다 가치가 높은 재화를 얻게 된다. 그리고 그만큼 교환을 통한 효용, 즉 주관적 만족이 증가하게 된다. 이렇게 볼 때, 교환은 시장에 존재하는 재화를 그것에 대해 보다 높은 가치를 부여하는 주체에게로 전달해 주는 기제라 할 수 있다(Rothbard, 2001).[8] 같은 재화라 하더라도 각 경제주체에 따라 그것에 부여하는 가치가 다를 수 있기 때문에 교환이 이루어지게 되고, 그 결과 교환의 당사자는 모두 만족을 얻게 된다. 즉 당사자들이 어떤 교환의 상황에 직면했을 때, 교환을 하지 않기로 결정했다면, 그것은 자신이 가진 재화가

---

8) Rothbard(2001)은 교환이란 행위자가 기대하는 더 만족스러운 상태를 위해 사물의 한 상태를 포기하는 것으로 정의하고 있다. 그는 모든 행동은 사물의 덜 만족한 상태를 더 만족한 상태로 교환하고자 하는 하나의 시도로 보면서, 행위자는 자신이 만족하지 못한 상태에 있음을 발견하고, 가장 긴박히 원하는 자신의 목적들의 성취를 기대함으로써 더 나은 상태에 이를 것임을 기대한다고 본다. 따라서 인간의 모든 행위는 교환을 포함하는데, 사물의 한 상태인 X를 행위자가 기대하기를 X보다 더 만족한 상태인 Y와 교환하게 된다고 한다. 따라서 이 경우 교환하는 사람에게는 Y의 가치가 X의 가치보다 높을 것이고, 교환의 결과 순이득의 증대를 경험한다고 한다.

상대방의 재화보다 더 나은 가치를 가진 것으로 판단했기 때문이고, 만약 교환을 결정했다면 그것은 언제나 교환을 통해 더 나은 가치를 얻는 재화를 얻을 수 있기 때문인 것이다. 이런 이유로 교환이 발생했고 그것이 자율적 판단에 기초한 것이라면 언제나 사회적 가치의 증대를 초래하게 된다.

이렇게 본다면 정부의 개입은 그것이 어떤 것이든 사회적 가치를 재배분하기에 만약 민간에서의 자율적인 교환을 통한 가치증식이 불완전한 경우에만 타당하다. 그것은 복수의 당사자가 관련된 교환의 장에서 정부가 어느 일방에게만 우월적 혜택을 보장하게 되면 교환을 통한 가치증식이 훼손될 수 있기 때문이다. 예를 들어, A의 연필과 B의 1,000원이 교환되는 이유는 A는 연필보다 1,000원의 가치를 높이 평가했기 때문이고, B는 1,000원보다 연필의 가치를 높이 평가했기 때문일 것이다. 따라서 이런 교환을 통해 둘은 더 큰 만족을 얻게 된다. 이제 정부가 개입을 통해 A에게 500원을 제공한다고 하자. 이제 A는 B와의 교환에 있어 우월한 위치를 가지게 된다. 필요한 1,000원 중 500원을 충족했으니 연필이 필요한 B와의 교환을 철회할 수 있을 것이고, 그것을 빌미로 B에 1,000원보다 더 많은 가치의 교환을 요구할 수도 있을 것이다. 이렇게 되면 원래 연필에 1,000원의 가치를 부여한 B로서도 교환을 거부하게 될 수도 있다. 분명한 것은 이 과정에서 B는 A에게 보조가 이루어지기 전에 비해 A와의 교환에 상대적으로 열위에 처할 수밖에 없게 되고 그것이 물질적인 것이든 비물질적인 것이든 교환을 통한 가치증대의 수준이 낮아진다는 것이다. 아이러니 한 것은 A 역시 B와의 교환이 없던 일이 됨으로써 자신이 보유한 연필의 가치보다 더 높은 1,000원의 가치를 실현할 수 없게 된다. 따라서, 이런 경우 어떻게 하면 A와 B의 교환을 통한 가치증식 과정이 최소한으로 침해되는 개입을 할 것인가 하는 문제가 중요해지는 것이다.

따라서 정부가 어떤 정책의 도입을 고려한다면 반드시 해당 정책문제로 인해 사회적 교환가치의 증식이 이루어지지 못하는지를 판단해야 한다. 이런 기준에서 본다면 정부의 개입은 그것이 지원이든 보호든 그것이 타당성을 갖기 위해서는 이를 통해 사회가치 왜곡의 완화를 기대할 수 있어야 한다는 결론에 이르게 된다.[9] 그런데, 이런 기준에서 따지면 정책은 그것이 '보호'이든

---

9) 그러나, 이런 이론적 논거와는 달리 현실에서 정책이 이루어지는 근거는 보다 복잡하다. 문제에 대한 판단이 교환을 통한 가치증대의 관점만이 아닌 정치적 정당성, 윤리적·주관

'지원'이든 민간의 교환 당사자 중 특정주체에 대해서만 이루어지는 한, 당사자 간의 교환가치의 왜곡을 초래하는 것으로 타당성이 떨어지는 것이다. 특정 주체를 상대적으로 우대한 결과 이들 간의 교환행위와 그 효과에 영향을 미치기 때문이다.

사정이 이렇다면, 현실에서 이루어지는 '보호' 혹은 '지원' 정책은 그 대상이 '교환과의 관련성' 정도로 그 타당성을 따져보아야 할 것이다. 즉 해당 정책대상의 시장에서의 분리가능성에 의해 그것이 높으면 '보호'가 타당하고 분리가능성이 낮으면 '지원'이 타당하게 된다. 이유는 간단하다. 보호는 '위험으로부터의 피난'이다. 교환의 단절을 통한 일방에 혜택을 주는 것을 의미한다. 따라서 이런 방식이 교환이 적절하게 이루어지는(져야 하는 분야)에 적용된다면 심각한 가치침식을 초래하게 된다. 가치증식의 전제인 교환이 절대로 이루어지 못하게 되기 때문이다. 이런 의미에서 볼 때, 소득불균형, 장애, 소외계층을 근거로 한 정부개입은 '보호'의 전형적인 예이다. 이들에 대한 개입은 가격, 교환의 당사자, 교환대상으로 구성된 시장 영역과는 상대적으로 분리된 것이기 때문이다. 따라서 흔히 이런 영역에 대해서는 적극적인 정부개입이 논의되는 경우가 많다.

반면, 지원은 '일이 되도록 하는 것'이다. 따라서 교환을 전제로 성립하는 개념이다. 정부가 이런 교환의 영역에 개입하는 경우는 매우 많다. 가격, 진입, 퇴출 등과 같은 거래에 대한 개입은 그 전형적인 예이다. 가격에의 개입은 교환대상의 상대가치에 영향을 미치는 것이고, 진입과 퇴출은 교환대상의 자유로운 선택에 영향을 미치는 것이다. 한편 보조금은 교환당사자 중 일방의 역량을 강화시키는 것이고, 정보제공은 교환의 상황을 보다 완전하게 해 주는 것이다.

적 만족도, 특정 이해집단의 영향력 등에 따라 이루어지며 경우에 따라서는 이것이 더 중요한 고려점으로 작동하는 경우가 많기 때문이다. 그러나 그럼에도 불구하고 교환을 통한 가치증대란 기준을 소홀히 하는 정책은 그것이 무엇이든 문제점을 초래할 가능성이 높다. 그런 가치교환을 통해 만족도의 제고를 이룰 수 없는 제도적 환경에서 사회의 유지, 안정, 성장이 이루어질 수는 없을 것이기 때문이다.

2. 중소기업: 보호대상인가, 지원대상인가

　그렇다면, 중소기업에 대한 정부의 개입은 어떻게 이해해야 하는 것일까? 이를 위해서는 중소기업이 교환을 통한 가치증식의 장인 시장 환경에 노출되어 있는 주체로 기본적으로 생산, 영업, 마케팅, 서비스의 제공 등을 통해 살아남아야 하는 경제주체의 하나임을 인식할 필요가 있다. 이것은 복지서비스의 대상 집단과 중소기업이 구분되는 중요한 특징 중의 하나이다. 즉 복지서비스의 대상에 대해서는 정부는 수혜대상을 선정할 기준을 정하고 이들에 대해 적절한 공적 서비스를 제공하는 것에 일차적인 초점이 두어지게 되지만 중소기업과 같이 시장의 경제주체에 대한 개입에 있어서는 이들을 둘러싸고 있는 시장이라는 조건과의 부합성을 끊임없이 고려해야 한다.

　한마디로 중소기업은 교환이라는 환경에서 독립적으로 존재하는 것이 불가능한 존재인 것이다. 특히 중소기업은 늘 카운터 파트로서 소비자가 존재하며 경쟁상대자로서의 주변기업 혹은 잠재적 진입대기 기업이 존재한다. 그리고 이들과의 경쟁과 소비자로부터의 선택을 받아 생존하기 위해서는 끊임없이 보다 나은 경쟁력을 갖출 것을 고민해야 한다. 즉 자신의 상품이 교환의 당사자로부터 경쟁기업보다 나은 가치평가를 받기 위해 부단한 노력을 기울여야 하는 것이다. 따라서 이런 중소기업이 처한 교환에서의 상황을 고려치 않은 상태로 중소기업에 대한 개입이 이루어지게 되면 소비자와의 교환의 과정에 직접적인 왜곡을 가져올 수밖에 없게 된다. 이것은 잠재적 진입대기 기업이나 경쟁기업에 대해서도 마찬가지이다.

　교환과정에서 중소기업의 성격을 이렇게 이해한다면, 만약 정부가 중소기업에 대한 개입을 결정했다면, 이제 그것의 성격이 어떠해야 하는지가 문제가 된다. 현실을 보면, 다양한 이유로 중소기업에 대한 정부의 정책적 개입이 이루어지고 있다. 대기업의 영향력 강화, 대기업의 중소기업 업역에 대한 진출의 활성화로 인한 중소기업의 영업위축, 중소기업의 경쟁력 약화 및 그 외 정치적 논리 등이 이에 대한 대표적인 근거이다. 물론 이들 논리들은 위에서 제시한 정부개입의 판단근거로 보면 모순적일 가능성이 높다. 왜냐하면 중소기업이 시장에서 경쟁이 열위에 있다는 사실이 바로 이들에 대한 정부개입을 정당화하는 요소가 될 수 없기 때문이다. 시장의 교환에선 누군가는 열등하며 누군가는 우등한 것이다. 그리고 이것이 바로 이미 언급한 것처럼 시장이 교환을 통해 이익을 창출해내는 메커니즘인 것이다. 교환의 당사자와 보다 나은 이익을 낳으면서 교환을 성사시키기 위해서는 자신이 교환하려는 유·무형의 재화가 보다 나은 가치평가를 받을 수 있도록 고민해야 하고, 그 결과보다 우월한 판단을 받은 주체가 교환의 성공에 이를 수 있기 때문이다.

물론, 이런 교환의 의미를 볼 때, 중소기업의 생산과 서비스를 교환하는 시장에 있어 일정한 한계가 존재한다면 이런 부분에 정책적 간여를 함으로써 해결해야 할 문제라는 것도 분명해진다. 즉 정부가 교환을 보다 완전하게 할 수 있다면 교환이 보다 잘 이루어질 수 있고 그 결과 가치증식의 기회가 증대할 것이기 때문이다. 당사자들이 교환의 장에서 자유롭게 진입하고 자신들만의 교환조건을 자유롭게 서로 제시한 결과 교환의 가능성이 보다 높아지고 그 결과 교환을 통한 가치증식의 기회가 높아지게 하는 것이 바로 정부가 고민해야 할 부분인 것이다. 따라서 단순히 특정 중소기업의 업역이 생산성이 낮고, 시장과 생산성이 감소되고 있다는 사실만으로 이들 영역에 대한 개입으로 교환과정에 들어서야 한다는 논리를 제시한다는 주장은 성립할 수 없는 것이다. 이런 논리라면 어떤 민간의 영역이든 그것이 경쟁력을 상실한 경우 정부가 지원을 해 주어야 한다는 결론에 이르게 되지만 현실적으로 정부는 이들 모든 영역에 대해 지원을 해 줄 여력이 부족하기 때문이다. 더구나 정부는 단순히 특정한 사업영역이 경쟁력을 상실했다고 해서 지원을 해 주어야 할 의무를 지는 존재도 아니다. 교환의 과정에서 정부가 원천적으로 고민해야 할 부분은 보다 완전한 교환체제의 유지이지, 교환에서 일방의 한 당사자에 힘을 실어주는 것이 아니기 때문이다.

그렇다면, 중소기업 고유업종 정책은 어떨까? 정책대상으로 보호와 지원을 혼동한 여러 사례가 있지만, 이것 역시 여기에 해당하는 대표적인 정책일 것이다.[10) 그것은 이 정책의 특징을 살펴보면 쉽게 알 수 있다. 중소기업 고

---

10) 이런 논리는 소상공인 정책에서도 마찬가지로 적용된다(이혁우, 2011). 1997년 외환위기를 맞아 기업들이 고용조정을 통해 기업구조조정을 시행하게 됨에 따라 정부는 실업대책 차원에서 창업지원을 적극화하기 시작했다. 그러나, 당시의 이런 소상공인 지원에 대한 접근방식은 이후 상당한 부작용을 초래하기도 했는데 그것은 소상공인 지원정책이 실업대책으로서는 효과가 있었을지는 몰라도 소상공인 부분의 과잉화를 초래하는 원인이 되었기 때문이었다. 즉 창업촉진 → 과잉심화 및 경기침체로 인한 수익성 저하 → 부실화

유업종 정책은 대표적인 진입규제 정책이다. 진입규제란 정부가 나서 시장경쟁에 참여하는 개인사업자 또는 법인기업체의 수를 제한하는 가장 원초적인 정부의 개입을 말한다(최병선, 1992: 272-273). 따라서, 정부가 이런 조치를 취하게 되면, 해당 업종에 속한 제품을 구매하는 소비자들은 현실적·잠재적으로 교환을 위한 선택가능대상이 한정되는 결과를 초래하게 된다. 특정한 대상만을 상대로 교환을 해야 하므로 그만큼 교환을 통한 가치의 증대도 기대하기 어려워진다. 그럼에도 불구하고 정부가 중소기업 고유업종 정책을 채택하여 시행한 이유는 결국 중소기업이 지원의 대상임에도 불구하고 보호의 대상으로 혼동하였기 때문이다. 그렇다면 그 효과는 어떻게 나타났을까? 이제 이를 분석해 보자.

3. 중소기업을 '보호' 대상으로 본 결과

1) 교환가치 감소규모 추정

중소기업 고유업종이 시장에 미친 효과는 여러 가지로 측정될 수 있지만, 고유업종 해제 전과 해제 후의 주요 지표들을 비교해 보는 것이 의미가 있을 것이다. 이에 대해서는 전경련중소기업협력센터(2011)에서 연구를 수행한 바 있는데, 그 결과는 〈표 2〉와 같다.

즉 각각 해제 전과 해제년도까지의 기간, 즉 중소기업 고유업종 지정의

→ 사업전환 및 재창업 → 과잉심화 등의 악순환의 고리가 일부 형성되는 계기가 되었던 것이다. 더구나 정부주도의 창업지원은 소상공인들이 정부의 소상공인정책에 의존하려는 성향을 확산시켜 이를 개선해야 할 필요성도 대두되었다. 이런 기존의 소상공인 지원정책의 변화과정은 중요한 시사점을 던져 주는데 그것은 소상공인 지원정책이 적어도 단순히 생계보조형의 정부서비스가 되어서는 곤란하다는 점이다. 생계보조형의 서비스가 될 경우, 앞의 예에서처럼 대부분 영세한 규모로 이루어지는 이들 집단들의 정부에 대한 의존도를 확대시키는 결과를 초래할 뿐더러 이들의 기업가적 의지를 자극시키기 어렵기 때문이다. 더구나 일반 사회복지의 대상계층과는 달리 이들 집단은 기본적으로 시장이란 환경에서 크든 작든 사업체를 운영하고 있는 업체들이기 때문에 이런 환경에 대한 적응성을 높이는 것이 우선이 되어야 한다. 시장에 적응하지 못하고 정부의 지원에 의해 생계를 유지하게 되는 '소공인'이 많으면 많을수록 소상공인 정책은 실패에 가까워진다고 할 수 있다. 이런 경우 '소공인'인 정책을 확대하면 확대할수록 오히려 국민의 부담은 늘어나고 반면 '소공인'의 시장성과는 줄어드는 아이러니를 초래할 수 있는 것이다. 앞에서 든 창업촉진 → 과잉심화 및 경기침체로 인한 수익성 저하 → 부실화 → 사업전환 및 재창업 → 과잉심화의 악순환은 그 대표적인 예이다.

그림 1 중소기업 고유업종 해제효과

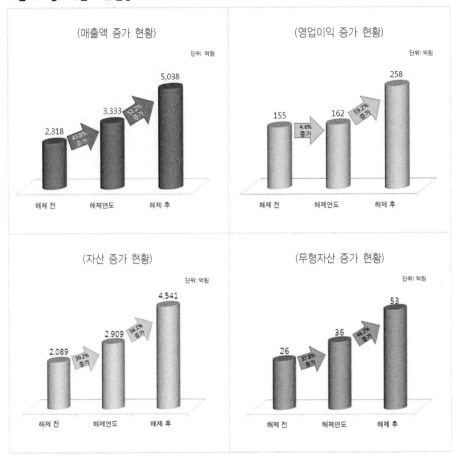

자료: 전경련중소기업협력센터(2011), "중기 고유업종으로 보호받은 382개 중소기업 경영지표 분석결과."11)

혜택을 받은 기간과 해제연도에서 해제 후의 기간인 중소기업 고유업종 지정의 혜택이 사라진 기간을 비교한 결과, 매출액은 43.8% 증가에서 51.2% 증가로, 영업이익은 4.6% 증가에서 59.2% 증가로, 자산은 39.2% 증가에서 56.1% 증가로, 무형자산 증가는 37.8% 증가에서 46.2% 증가로 모든 지표에 걸쳐서

---

11) 고유업종 해제 전후 재무재표 추적이 가능한 28개 품목의 사업을 영위 중인 기업 중 중소기업기본법상 중소기업기준을 충족하는 382개 중소기업에 대해 한국기업데이터의 기업신용평가 사이트 크레탑을 통해 해당품목 사업을 영위 중인 기업을 대상으로 조사한 것으로 분석한 원자료는 다음과 같다.

중소기업 고유업종 해제 후에 성과가 나아졌음을 알 수 있다. 이는 중소기업 고유업종 지정의 결과 그렇지 않았을 경우에 비해, 교환가치의 실현이 낮아졌음을 의미하는 것이며, 만약 다른 사정이 동일하다면 중소기업 고유업종을 지정하지 않았다면, 이들 업종전체의 매출, 영업이익, 자산, 무형자산은 지금보다 더 많은 증가를 보이고 있을 것임을 추정해 볼 수 있는 것이다.

한편 이런 경향은 아래 대표적인 중소기업 고유업종 업역의 하나인 두부의 사례에서도 확인된다. 즉 두부의 경우 중소기업 고유업종 시행 중이던 2004년에 비해 2010년의 경우 포장두부 시장이 85% 성장하고 판두부 시장은 12% 감소하였다. 사실 소비자는 중소기업 고유업종의 지정으로 인해 꽤 오랫동안 같은 크기 모판에 같은 모양, 같은 색을 띤, 같은 크기로 잘린 판두부를 소비했던 적이 있었다. 판두부 시장에 비해 포장두부 시장의 제품이 훨씬 품질과 제품의 다양성이 우수하다는 것을 고려한다면 중소기업 고유업종의 해지로 인해 소비자들은 두부 소비에 있어 훨씬 많은 소비선택권을 가질 수 있게 되었음을 의미한다. 이는 소비자들의 자신의 자산 중 일부와 두부와의 교환을 통해 보다 나은 가치증대를 실현할 수 있었음을 의미하는 것이다.[12]

표 2 중소기업 고유업종 해제효과 분석 원자료   (단위: 천원)

	해제前	해제연도	'10년
매출액	2,318,155,629	3,333,420,358	5,038,644,088
영업이익	155,512,199	162,645,695	258,909,847
자산	2,089,999,485	2,909,887,681	4,541,858,906
유동자산	879,685,872	1,309,745,296	1,957,225,588
부채	1,234,729,308	1,633,233,675	2,397,897,872
유동부채	786,554,313	1,164,953,069	1,677,037,143
자본	846,759,187	1,318,274,381	2,147,051,217
무형자산	26,462,229	36,474,995	53,337,326

12) 이런 논리는 소상공인 정책에서도 마찬가지로 적용된다(이혁우, 2011). 1997년 외환위기를 맞아 정부는 실업대책 차원에서 소상공인의 창업지원을 적극화하기 시작했다. 그러나, 당시의 이런 소상공인 지원에 대한 접근방식은 이후 상당한 부작용을 초래하기도 했는데 그것은 소상공인 지원정책이 실업대책으로서는 효과가 있었을지는 몰라도 소상공인 부분의 과잉화를 초래하는 원인이 되었기 때문이었다. 즉 창업촉진 → 과잉심화 및 경기침체로 인한 수익성 저하 → 부실화 → 사업전환 및 재창업 → 과잉심화 등의 악순환의 고리가 일부 형성되는 계기가 되었던 것이다. 더구나 정부주도의 창업지원은 소상공인들이 정부의 소상공인정책에 의존하려는 성향을 확산시켜 이를 개선해야 할 필요성도 대두되었다. 이는 일반 사회복지의 대상계층과는 달리 소상공인은 기본적으로 시장이란 환경에서 크든 작든 사업체를 운영하고 있는 업체들이기 때문에 이런 환경에 대한 적응성을 높이는 것이 우선이 되어야 함을 고려치 못한 결과이다. 즉, 시장에 적응하지 못하고 정부

그림 2 포장두부와 판두부 시장규모 변화

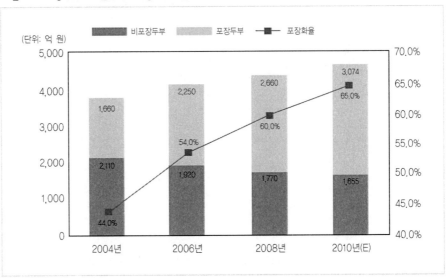

자료: 황인학(2011), "중소기업 적합업종 제도의 본질과 문제점: 두부 제조업의 사례", KERI 정책
제언 11 – 08.

2) 중소기업 보호의 정치경제

(1) 보호된 시장에서의 과당경쟁

중소기업 고유업종 지정 후에는 보호된 시장에서의 과당경쟁이 유발된
결과, 중소기업 간의 경쟁이 더욱 심화되고 그에 따른 영세화가 심화된 현상
도 나타났다. 〈표 3〉을 보면 중소기업 고유업종이 한창 시행 중이던 1991년
에서 2001년의 기간 동안 제조업 전체에서 고유업종 사업체 및 월평균 종사
자 수의 비중에 비해 생산액과 부가가치 비중이 낮은 것을 확인할 수 있기 때
문이다. 이를 좀 더 가시적으로 확인하기 위해 〈그림 3〉을 보면, 기업의 외형
적 규모를 나타내는 사업체 수와 월평균 종사자 대비, 기업의 내실을 나타내
는 생산액과 부가가치의 비중의 차이가 점차 증대함을 발견할 수 있다. 이는

의 지원에 의해 생계를 유지하게 되는 '소공인'이 많으면 많을수록 소상공인 정책은 실패
에 가까워진다고 할 수 있다. 이런 경우 '소공인' 정책을 확대하면 확대할수록 오히려 국
민의 부담은 늘어나고 반면 '소공인'의 시장성과는 줄어드는 아이러니를 초래할 수 있는
것이다.

그림 3 고유업종 사업체의 영세화 추이

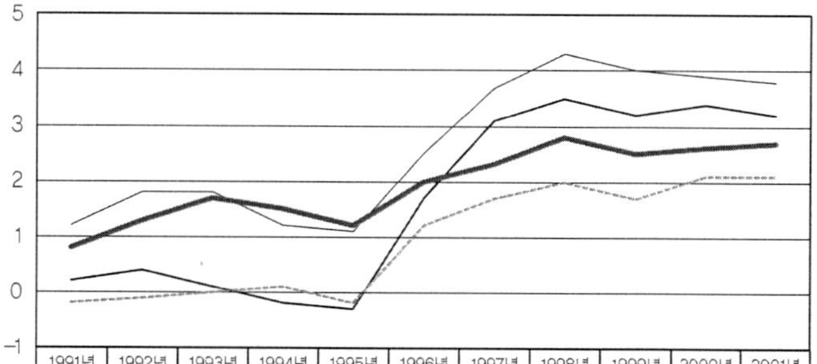

	1991년	1992년	1993년	1994년	1995년	1996년	1997년	1998년	1999년	2000년	2001년
(제조업 전체 대비 고유업종) 사업체 수-생산액	0.2	0.4	0.1	−0.2	−0.3	1.7	3.1	3.5	3.2	3.4	3.2
(제조업 전체 대비 고유업종) 사업체 수-부가가치	1.2	1.8	1.8	1.2	1.1	2.5	3.7	4.3	4	3.9	3.8
(제조업 전체 대비 고유업종) 월평균 종사자 수-생산액	−0.2	−0.1	0	0.1	−0.2	1.2	1.7	2	1.7	2.1	2.1
(제조업 전체 대비 고유업종) 월평균 종사자 수-부가가치	0.8	1.3	1.7	1.5	1.2	2	2.3	2.8	2.5	2.6	2.7

자료: 이윤보·이동주(2004), "중소기업 고유업종제도의 실효성에 관한 연구", 「중소기업연구」, 제
26권 제1호, pp. 80－82. 자료 이용 가공함.13)

사업체의 수나 종사자 등 외형적 규모에 비해 생산액과 부가가치의 수준이

---

13) 제조업 전체 대비 고유업종 사업체의 사업체 수, 월평균 종사자 수, 생산액, 부가가치의
비중에 대한 원자료는 〈표 3〉과 같다.

표 3 제조업 전체 대비 고유업종 사업체의 주요 지표 비중 원자

연 도	제조업 전체 대비 고유업종 비중(%)			
	사업체 수(A)	월평균 종사자 수(B)	생산액(C)	부가가치(D)
2001	11.5	10.4	8.3	7.7
2000	11.7	10.4	8.3	7.8
1999	11.8	10.3	8.6	7.8
1998	12.1	10.6	8.6	7.8
1997	11.8	10.4	8.7	8.1
1996	11.7	11.2	10.0	9.2
1995	11.5	11.6	11.8	10.4
1994	11.9	12.2	12.1	10.7
1993	12.1	12.0	12.0	10.3
1992	12.7	12.2	12.3	10.9
1991	12.8	12.4	12.6	11.6

못 미치며 그 격차가 점차 벌어지고 있음을 의미하는 것이다. 더구나 이 수치는 〈표 3〉에서 제시된 1991년에서 2001년 기간 동안 1989년에 287개에 이르렀던 중소기업 고유업종이 150개나 감소한 시기와 일치한다는 것을 고려한다면 더욱 큰 의미를 갖는다. 왜냐하면 동일기간 동안 중소기업 고유업종이 절반이상이나 줄었음에도 불구하고 제조업 전체에서 고유업종 사업체가 차지하는 비중이 1991년의 12.4%에서 2001년에 불과 10.4%밖에 줄지 않았음을 의미하는 것이기 때문이다. 예를 들어, 1989년 고유업종으로 지정된 스텐레스 용접강관의 경우 이후 10년 간 시장규모는 2배로 성장했지만, 참여 중소기업은 4배 이상 급증하기도 했다(임태진, 2004: 61). 골판지상자제조업 역시 중소기업 고유업종 지정 후 지함업체 포함 2,500여 업체가 영업하여 시설의 낙후, 규모의 비경제성, 동종업체간의 과당경쟁 등으로 인해 다수의 업체가 경영압박 및 부실경영으로 이어져 부도 또는 휴폐업에 따른 가동중지라는 최악의 상황에 처하기도 했다(한국제지공업연합회, 2001).

결국 이런 분석결과가 의미하는 것은 중소기업 고유업종을 통해 중소기업에 대해 특별한 보호를 시행한 결과, 이들 분야에 대한 중소기업의 진입이 증가한 결과 기업 간의 경쟁이 더욱 심각하게 진행되었으며, 그 결과 기업의 부가가치 및 생산성의 저하를 가져온 것으로 볼 수 있다.

결과가 이렇다면, 중소기업 고유업종 정책이 과연 중소기업을 보호해주었는지에 대한 심각한 의문이 들지 않을 수 없다. 물론 보호의 측면에서 보자면, 이들은 분명 대기업으로부터 독립된 사업영역을 보장받고, 안정을 유지할 수 있었는지는 모르겠지만 자신들도 모르는 사이에 스스로의 매출, 부가가치가 줄어듦으로써 서서히 경쟁력을 상실해 간 것으로 볼 수 있기 때문이다.

그렇다면, 이들 영역에서 경쟁력을 갖춘 기업은 어떤 것이었을까? 아이러니 하게도 그것은 대기업이었다. 중소기업을 위한 정책이 대기업을 위한 정책이 된 것이었다. 예를 들어, 1991년의 경우 제조업 총 출하액에서 중소기업이 차지하는 비중은 품목분류를 기준으로 44.5%로 나타났다. 그런데 고유업종 품목 중 중소기업 비중이 이에 미치지 못하는 경우가 무려 20개 품목이나 되는 것으로 나타났다(김은자, 1998: 48).[14] 이들 20개 품목은 대기업의 출하액 비중이 중소기업보다 높았던 것이다. 좀 더 구체적으로 1984년부터 1991년까지의 중소기업의 비중이 감소한 품목 역시 27개나 되는 것으로 나타났다. 결국 대기업의 진출이 제한되는 상황에서 중소기업 고유업종 정책이 도입되기 이전 이미 이들 품목에 진출해 있던 대기업은 손쉽게 자신의 영업확대를 기할 수 있었던 것이다.

(2) 시장동태성 반영 못한 교환 강제

중소기업 고유업종 정책에는 시장의 동태성을 반영하지 못하는 교환을 강제하는 문제가 초래되기도 했다. 기업은 경제상황에 따라 태동하고, 성장하고 성숙하며 쇠퇴하기도 한다. 따라서 기업의 가치는 그때그때 변화할 수밖에 없고, 교환의 상호작용 역시 이를 반영해서 이루어지는 것이 타당하다. 만약 상황이 변해 가치가 달라졌음에도 불구하고 특정한 가치를 지속적으로 인정해 준다면, 이는 해당 품목을 구매하는 소비자에게는 사실상 교환을 강제하는 것이라 판단할 수 있을 것이다.

2002년 이후, 2006년에 이 정책이 폐지될 때까지 45개의 고유업종 지정 품목이 있었다. 이들 중 일부는 1979년부터 지정된 것이고, 1989년에 지정된 업종은 8개였다. 즉 지정연수에 따라 고유업종으로 지정된 기간이 당시를 2002년을 기준으로 최소 15년, 최대 20년이 훨씬 넘는 것을 확인할 수 있다. 그렇다면 이 기간 동안 기업의 상황은 어떻게 변화했을까? 〈표 4〉에서도 확인되는 것처럼, 45개의 고유업종 품목 중 동기간 제조업 전체 출하액 성장률인 61.49%를 상회하는 업종은 18개이지만, 옥수수기름, 장갑편조업, 우산, 양산, 안테나 등 5개의 업종은 출하액이 감소하여 쇠퇴기에 있음을 확인할 수 있다. 또한 장갑편조업과 스테인레스용 접강관은 마이너스 성장률을 보이고 있기도 하다. 결국 이는 관련 품목에 대한 시장상황이 변화했음을 의미하는 것으로 높은 성장률을 보인 기업의 경우에는 과연 중소기업 고유업종을 계속할 필요가 있을까라는 질문을, 낮은 성장률을 보인 기업의 경우에는 이 정책으로 인해 시장에서 퇴출되어야 하는 기업이 생존하게 되는 그야말로 기업보호가 이루어지는 것이 아닌지를 고민해야 하는 문제를 불러일으키는 계기가 된 것으로 판단할 수 있다.

---

14) 이들 품목은 동모세관, 강관전주, 고체가성소다, 일반선박, 어학실습기, 동복강선, 혼방방모직물, 책장, 악기, 습강지, 위생약품용 유리, 증기보일러, 버너 등이다.

한편, 당연히 이것은 이들 고유업종 제품을 구매하는 소비자의 입장에서는 시장의 동태성을 반영치 못한 제품의 구매를 강요당하는 결과를 초래하게 된 것이기도 했다. 성장률이 높은 기업의 경우, 보다 많은 기업이 진출해서 보다 낮은 가격에 보다 좋은 품질을 구입할 수 있었음에도 불구하고 그 가능성이 배제되었으며, 성장률이 낮은 기업의 경우 해당 기업이 생산한 제품은 사실은 구매할 필요가 없었을 수도 있음에도 고유업종 정책으로 동 기업이 생존함으로써 이들 기업의 제품을 구매하였을 가능성이 크기 때문이다.

표 4   1992년 대비 2001년 중소기업 고유업종별 출하액 성장률

고유업종명	출하액 성장률	평균출하액 성장률	고유업종명	출하액 성장률	평균출하액 성장률
재생플라스틱 원료	89.78	59.38	골판지	55.78	43.74
광택제	89.19	64.86	리드와이어	55.58	21.09
아연 및 알루미늄 다이캐스팅	86.18	35.64	아연화	54.96	37.14
양곡도정업	85.54	82.24	전기절연유	54.10	56.65
오일클리너	84.88	66.61	기타 비윤활유	54.10	56.65
안경태	76.57	55.95	스테인레스용 접강관	50.59	-9.79
재생타이어	76.22	80.98	생석회	48.91	27.76
탄산가스	73.43	68.12	유아용승용물	46.84	45.15
축압기	72.37	51.57	양말편조업	45.43	45.27
타올	71.44	64.94	아스콘	44.95	0.51
일회용주사기 및 수액세트	70.64	31.80	고무장갑	42.65	49.93
안경렌즈	70.52	60.56	아연말	42.45	65.25
동물약품	69.24	62.51	국수	41.50	41.50
플라스틱 용기	67.80	30.82	수산물냉동냉장	40.41	41.62

주물 및 다이캐스팅용 재생알루미늄	65.95	70.11	어육연제품	38.63	40.98
거울판	64.97	21.23	두부	35.39	43.03
도금업	64.27	41.83	곡물건조기 제조업	35.00	22.27
노트	61.88	49.78	옥수수 기름	-5.91	2.91
동모세관	60.21	62.14	장갑편조업	-11.30	-2.19
연마지 및 포 제조업	60.09	41.54	우산	-14.86	28.00
폴리스치렌 페이퍼쉬트	58.42	44.45	양산	-14.86	28.00
세폭직물	57.14	36.02	안테나	-24.63	20.57
쇠못제조	55.96	47.72			

자료: 이윤보·이동주(2004), "중소기업 고유업종제도의 실효성에 관한 연구", 「중소기업연구」, 제26권 제1호, p. 83.

(3) 국내 대기업과 해외 대기업간 역차별

대기업과 해외 대기업 간 역차별도 중요한 문제 중 하나이다. 중소기업 고유업종이 국내 대기업에 대해서만 적용되다 보니, 해당 품목에 대한 해외 대기업의 진출이 더욱 활발하게 이루어져 결과적으로 이들 품목에 대한 점유율을 획기적으로 끌어올린 것은 그 대표적인 예이다. 대기업이 배제된 관련 업종에는 영세한 중소기업만이 남게 되고 이들은 품질개발, 브랜드화와 고급화, 마케팅 전략에 있어 여유가 없을 가능성이 높기에 상대적으로 경쟁력이 높은 해외 대기업이 급속도로 관련 품목에 대한 진출을 확대했던 것이다.

전형적인 예가 SM의 국내시장 잠식 사례이다(이병기 외, 2011: 23). 이 회사는 스카치테이프, 샌드페이퍼, 포스트잇 등 5만여 종의 제품을 생산하는 기업인데 이 회사가 생산하는 제품 중 일부는 우리나라에서는 중소기업 고유업종으로 지정되었다. 노트, 지우개, 장부책, 연하장, 크라프트지, 습강지,

앨범, 상업인쇄업 등이 그것이다. 물론 이들 품목과 관련된 업체들이 품질경쟁력을 키우지 못하는 사이 SM은 우리나라 문방구 시장을 재빠르게 잠식해 들어갔다.

안경테 역시 마찬가지이다. 이 제품은 1983년에 고유업종으로 지정되어 2006년에야 해제된 품목인데, 1984년 출하액 규모는 230억 정도였으나 1996년에 이르면 2천 3백억으로 증가했다(김은자, 1998: 58-59). 한편 1995년 개방화 이후 기존의 관세율 30%에서 8%로 보호조치가 낮아지자 국내 안경시장에서 수입안경테가 차지하는 비중이 1995년 25%에서 1년 만에 29%로 급격히 증가하였던 것이다. 사정이 이렇게 된 이유는 디자인 능력이 핵심인 안경테 조제에 있어 고유업종으로 지정되었던 우리나라의 경우 대부분의 기업들이 1984년 41개 업체에서 1996년에는 500여 개로 증가하였으나 종업원 10인 이하 자본금 5천만 원 이하의 업체가 전체 83%를 차지하는 영세구조 인해 자체 디자인실을 운영하지 못하는 등 경쟁력이 급속도로 낮아졌기 때문이다.

(4) 품질약화와 소비자 가치 하락

한편, 시장경쟁에서 보호될 때, 제품개발의 유인이 떨어질 것이란 가설은 중소기업 고유업종에서도 지속적으로 확인되는 사실 중의 하나이다. 그리고 그 결과 소비자의 교환가치의 하락도 이루어진다. 역시 중소기업은 지원 대상으로 판단해야 하나 보호대상으로 본 결과이다. 시장에서 교환의 파트너가 항상 존재하기에 경쟁력을 강화하는 것이 장기적인 생존역량임을 무시하고 단순히 시장과의 단절을 인위적으로 해 줄 경우에는 이제 더 이상 경쟁력 강화를 위한 유인이 사라지는 것이다.

실제 중소기업 고유업종 적용 업체들을 대상으로 한 설문조사를 보면 이것이 명백히 드러난다. 즉 〈표 5〉를 보면, 이들 기업들이 경쟁력 요인으로 내세우는 것은 가격이 62.1%로 23.0%의 품질에 비해 압도적으로 높게 나타남을 알 수 있다. 그리고 기술을 경쟁력 요인으로 내세우는 경우는 5.7%로 더욱 낮은 것을 확인할 수 있다. 물론 4.3%의 아예 경쟁력이 없다고 응답한 기업도 존재하였다.

물론 결과가 이렇게 나타난 이유는 기업들이 영세하여 기술경쟁력을 갖기 위한 투자를 적절히 할 수 없음에도 그 원인이 있었겠지만 결과적으로는 이들의 투자유인이 낮았던 데 기인한다고 볼 수 있다. 중소기업의 R&D 투자는 매출액 대비 0.3% 정도임을 고려한다면 〈표 6〉에서 확인할 수 있는 것처럼 73.4%의 기업들이 이에 미치지 못하는 투자를 하였음을 알 수 있기 때문이다.

표 5   중소기업 고유업종 적용 업체 경쟁력 요인 응답결과

항 목	응답자 수	비 율
가 격	87	62.1
품 질	35	23.0
기 술	8	5.7
경쟁력 없음	6	4.3
기 타	4	2.9

자료: 임태진(2004), 「중소기업 고유업종제도의 현황 및 개선방안에 관한 연구」, 건국대학교 경영학과 석사학위 논문, p. 42.

표 6   중소기업 고유업종 적용 기업의 3년간 매출액 대비 기술개발투자비

항 목	응답자수	비 율
거의 없음	38	26.4
0.1% 미만	38	26.4
0.1%-0.2% 미만	18	12.5
0.2%-0.3% 미만	10	6.9
0.3%-0.5% 미만	10	6.9
0.5% 이상	30	20.8

자료: 임태진(2004), 「중소기업 고유업종제도의 현황 및 개선방안에 관한 연구」, 건국대학교 경영학과 석사학위 논문, p. 44.

Ⅳ. 중소기업 지원, 어떻게 해야 하는가

　　지금까지 지원의 논리와 보호의 논리를 중심으로 중소기업 고유업종 정책을 분석해 보았다. 결론적으로 이 정책은 지원대상이 되어야 할 중소기업에 대해 보호의 논리를 적용한 결과 중소기업이 오히려 시장경쟁력을 상실해 갔을 뿐만 아니라, 소비자 역시 다양한 품질을 가진 다양한 제품을 구매할 가능성을 축소시켰음을 확인할 수 있었다. 이를 교환의 관점에서 해석한다면, 교환을 통한 쌍방의 가치의 증대라는 메커니즘이 작동되지 못했음을 알 수 있다.

　　그렇다면, 여기서 중요한 질문이 제기될 수 있는데, 그것은 만약 중소기업을 지원 대상으로 판단할 경우에는 어떤 정책수단이 고려될 수 있을까라는 것이다. 이에 대해서는 지금까지의 교환의 메커니즘 속에서의 중소기업의 위치를 이해한다면 중소기업에 대한 지원은 시장의 교환에서 겪는 애로점을 개선해 주는 방향으로 정책적 논의가 진행되어야 한다는 것이다. 대표적인 것이 중소기업의 시장 활동에 있어서 부족한 정보를 보충해 주는 것, (만성적이 아닌) 일시적 자금조달에 대해 유동성을 공급해 주는 것, 소규모 업체들 간 협업지원, 폐업 후 적절한 일자리 정보를 제공해 주는 것 등이 될 수 있을 것이다. 그리고 재정지원 방식에 있어서 정부와 중소기업간 직접적인 자금의 제공보다는 정부가 대출보증(loan guarantee)의 형태로 재정지원을 하는 것이 바람직하다. 이런 대출보증의 형태는 해당 재화에 대한 시장의 기능하지 않을 때, 정부가 금융시장을 활성화시키는 용도로 활용할 수 있는 중요한 정책수단이다. 이렇게 되면 정부가 재정지원의 전 과정에 개입함으로써 발생되는 행정비용을 절약할 수도 있을 뿐만 아니라 민간의 행위자들끼리의 대출 계약에 의해 재정지원이 이루어질 수 있을 것이기 때문이다. 이 경우 물론 최종적인 대출에 대한 보증을 정부가 지게 된다. 이런 대출보증의 장점은 대출조건으로 정부의 중소기업 정책에 대한 의도를 반영시킴으로써 이들 집단을 정책목표의 달성에 부합하도록 유도할 수도 있다.[15]

---

15) 물론 대출보증 프로그램은 불공평한 정책수단이 될 수도 있다. 수직적 형평을 따져보면, 신용이 높은 사람들은 사실은 신용을 받을 필요가 없음에도 불구하고 대출을 해 주는 입장에서는 이들이 가장 매력적인 수혜대상이 된다. 물론 정부는 이런 문제를 피하기 위해

물론 당연한 것이지만 이런 재정지원을 수행함에 있어 가장 중요한 것은 바로 중소기업이 처한 특성을 반영해야 할 것이라는 점이다. 예를 들어, 만약 중소기업이 경영에 있어서 자금과 판로, 기술의 부족, 원부자재 수급에 있어 애로점을 가진 것으로 드러났다면 이 부분에 대한 지원에 초점을 두어야 하는 것이다. 요컨대 중소기업에 대한 지원은 중소기업 집단에 대한 지원이라기 보다는 중소기업 시장에 대한 지원이 되어야 하는 것이다.

또한 규제의 측면에서는 진입규제와 운영규제에 대한 차별화된 접근이 필요하다. 지금까지 살펴본 것처럼 진입규제를 통한 시장 자체에 대한 정부의 직접적인 개입은 이미 분석한 것처럼 그 정당성에 대해 사회적으로 심각한 논란을 야기시키는 것 또한 사실이다. 물론 효율성의 측면에서 보자면 이런 진입규제는 규제는 불가하지만 사회의 지속가능성과 형평 및 생산계층이자 소비계층으로서 수요자 시장의 주축을 담당하고 있는 중소기업의 위치를 고려한다면 일견 규제도 고려해 볼 수 있는 안이 될 수도 있다. 이런 이유로 특정한 시장영역에 대한 진입규제는 정치적 타협과 협상의 영역이 되기 쉽다. 그런데 문제는 이런 정치적 타협은 생각보다 비용이 많이 든다는 점이다. 그리고 그런 비용에도 불구하고 결국에는 타협이 이루어지기 힘들다는 것도 사실이다. 현재 우리나라에서 중소기업 고유업종과 적합업종을 두고 벌어지는 지루한 사회적 논란은 이를 대변하는 것이다.

문제는 이런 진입규제와 관련된 논란의 와중에 실제로 중소기업의 생산 및 판매활동 하나하나에 미치고 있는 다양한 운영규제에 대한 관심은 소홀한 경우가 있어서는 안 될 것이라는 점이다. 이들 규제는 진입규제보다는 이해갈등이 적은 것으로 정부의 적극적인 관심만 있다면 상대적으로 쉽게 개선할 수 있고 그것이 이들에게 미치는 긍정적 영향 또한 결코 작지 않은 것이기 때문이다. 더구나 정부의 규제는 한번 도입되면 개정이 이루지기 전까지 경직적

여러 조치를 취하지만 본질적으로 대출이 가진 성격을 고려한다면, 이를 완전히 배재하기는 어렵다. 즉 상대적으로 나은 사람들이 수혜를 받고, 진짜 수혜를 받아야 할 사람들은 배제되는 것이다. 한편 수평적 형평에서 본다면, 비슷한 조건이라 하더라도, 특정한 기업으로 정부가 제시한 조건을 보다 잘 맞춘 기업들이 수혜를 더 잘 받는 문제가 생긴다. 그러나 이 중 수직적 형평의 문제는 기본적으로 '소공인'에 대한 지원이 복지적 차원이 아니라 시장 환경에 대한 적응차원임을 고려한다면 문제의 소지가 작다고 판단된다. 다만 후자의 경우에는 지원조건 설계시에 이를 반영함으로써 부분적으로 해결할 수 있을 것이다.

이고 획일적으로 적용되어야 하는 규칙이 되는 것이기 때문에 이들에 대한 주기적인 검토는 매우 중요한 이슈가 된다. 이와 관련 전형적인 유사한 예가 1997년 벤처기업육성에관한특별조치법을 통해 모태펀드를 통한 자금지원, 세제혜택 부여 등 적극적인 벤처 지원의 상징이 되었던 이 프로그램이다(이혁우, 2009). 이 프로그램은 당시 IMF로 인해 자금난을 겪고 있던 국내 중소기업들에게는 따뜻한 외투와 같은 존재였다. 그러나 이후 중소기업이 처한 환경이 변하자, 이 프로그램은 이제 더 이상 지원 프로그램만으로 평가될 수는 없게 되어 버렸다. 지원을 통해 크게 성장한 벤처기업에게 이 지원 프로그램은 오히려 적극적인 투자와 사업을 방해하는 걸림돌이 되어 버렸기 때문이다. 이 지원 프로그램의 혜택을 받기 위해서는 '투자의무비율', 즉 정부로부터 지원을 받은 벤처캐피탈이 운용하는 투자조합은 의무적으로 조합자산의 50% 이상을 창업 후 7년 이내의 중소벤처기업에 우선 투자하도록 되어 있는 것이다.

　더구나 대기업에 비해서는 분명 다른 중소기업의 역량을 고려할 때 이들에 대한 차별화된 규제부담의 설계를 고려해 볼 필요도 있을 것이다. 사실 중소기업에 대한 설문조사를 보면 우리나라에서 2006년에서 2008년 사이에 규제로 인해 투자를 포기하거나 미뤘던 경험이 있는 중, 소기업은 10곳 가운데 7곳에 달함을 알 수 있다(기은경제연구소, 2008). 또한 미국의 경우에는 총 연방규제에서 중소기업에 대기업에 비해 종업원 1인당 연간 약 2,400달러의 규제로 인한 비용부담을 더 지고 있는 것으로 나타나고 있으며, 특히 환경규제와 같은 사회적 규제의 경우 그 차이가 현격하다(Crain and Hopkins, 2005). 그리고 미국의 경우, 이런 문제를 개혁하기 위해 중소기업청(SBA) 내에 중소기업 규제개혁 전담기관으로 설치한 규제개혁실(Office of Advocacy)이 연방 규제기관들에게 중소기업 규제완화 법령을 준수토록 하였으며 이를 통해 절감된 규제비용이 2003년에만 63억 달러에 이르기도 했다(대한상공회의소, 2008). 그리고 미국에서는 규제유연화법(Regulatory Flexibility Act)을 통해 중소기업에 대한 규제안의 심사에 대해서는 1) 예상규제대상자 수, 2) 기록유지 등 예상규제준수부담, 3) 다른 연방규제와의 중복여부, 4) 소집단 규제부담 최소화를 위한 차별 및 예외 적용범위, 5) 국제규범과의 부합여부에 대한 검토안을 제출해야 하도록 되어 있기도 하다(이민창·이혁우, 2011: 6-7).

　물론 우리나라에서도 이와 같은 추세를 반영하여 2006년 산업단지 내 중소기업 규제를 합리적으로 차별화 하였으며, 규제영향분석에 있어서 중소기업영향평가를 하도록 제도화되어 있으며, 이러한 중소기업 영향평가에는 중소기업에 미치는 비용, 편익분석이 있어야 할 뿐만 아니라, 이들 중소기업에 대한 규제합리화 계획이 제시되도록 요구하고 있기도 하다. 따라서 이의 제도적 실효성 확보를 위해 힘써야 할 것이다.[16]

V. 글을 마친 감상

우리나라에는 2011년부터 중소기업 적합업종에 대한 논의가 진행 중이다. 우리는 다시 중소기업 정책에서 보호와 지원 사이의 방황을 시작한 것이다. 이를 보면서 드는 숙제는 왜 실패한 정책이 다시 부활하는 것일까? 라는 정책학에선 오래된 질문에 답을 하는 것이다. 이에 대해 가장 쉽고 오래된 정답은 정책은 이해관계의 결과이므로 정치적으로 도입되는 경우가 많다는 것이다. 즉 해당 정책의 타당성과는 무관하게 정치적으로 지지를 받는 경우, 도입되어 시행되는 것이다. 그런데, 여기서 다시 의문이 생긴다. 왜 사람들은 실패한 정책을 다시 도입해 주길 원하는 것일까?

그것에 대한 국가의 윤리성과 개인의 윤리성에 대한 혼동에 기인하는 것 같다. 당연한 것이지만 개인의 윤리성은 절대적인 선이다. 이것은 윤리적으로도 타당한 것이고 경제적으로도 타당한 것이다. 자신의 의사로 윤리성을 발휘하는 개인은 이를 통해 더 큰 만족감을 얻을 것이기에 결과적으로 자기가 손해 본 것은 없다. 아니 설령 자신이 손해를 본다 하더라도 이는 자신의 책임에 귀속되는 것이기에 다른 사람에 대한 영향력은 결국 선한 영향만을 미치게 된다. 법정스님은 평생 무소유를 실천하고 베푼 결과, 다른 사람의 사랑을 받았으며 개인적으로도 무척 빈한한 고통을 느끼며 살았지만, 개인적으로 만

---

16) 이와 같은 중소기업에 대한 차별화된 규제수준의 요구는 다양한 국가들에게도 이루어지고 있는데 예를 들어 영국의 경우, 중소기업에 대한 규제이행가이드 북의 제공 및 규제 시행까지 적응을 위한 유예기간(3년)을 부여하는 등의 조치를 취하고 있기도 하다. 그리고 덴마크의 경우 부가가치세 등록 기준을 20,000DKK에서 50,000DKK로 상향조정함으로써 31,000개의 중소기업이 세무당국의 부가가치세 보고 의무를 면제받도록 하고 있기도 하다(OECD, 2006).

족스러운 삶을 살았다. 그렇다면, 국가는 어떨까? 국가에게 법정스님의 무소유나 윤리적 삶을 실천하라 요구할 수 있을까?, 그리고 그것이 항상 선일까? 많은 경우 가난하고 약한 사람을 돕는 것, 국민을 편하게 하는 것 등등이 정부의 중요한 목적으로 간주되고 정당화된다. 물론 이것이 타당성을 갖는 경우도 있을 수 있다. 그래서 우리는 이것이 중요한 선을 행하는 것으로 주장하기도 한다. 그런데, 결과는? 중소기업 고유업종 정책을 보자. 선을 목적으로 도입된 정책이 어떤 난맥상을 불러일으켰는지 쉽게 알 수 있다.

　다시 왜 이런 현상이 발생했는지 물어보자. 우리는 어쩌면 개인의 윤리성을 국가에도 요구하고 있는 것이 아닐까?, 정책은 그 속성상 사회적 가치를 재분배하게 된다. 개인이 윤리성을 발휘하는 때와는 달리 국가의 윤리성은 누군가의 부담 위에서만 존재할 수 있다는 것이다. 따라서 그것이 어떤 의미를 갖는지에 대한 깊이 있는 고찰이 전제되어야지 국가의 윤리성이 타당성을 가질 수 있게 된다. 이것이 착한 정부의 아이러니이다.

　그럼 무엇을 해야 할까? 조심스럽고 어려운 문제이지만 '낯설게 보기' 운동을 제안한다. 20세기 저명한 극작가이자 평론가인 브레히트가 내세운 연극 감상 기법이다. 흔히 감정이입을 해야 극이 재미있을 터인데 낯설게 보기라니. 재미가 하나도 없을 것 같다. 하지만 브레히트는 이것이 새로운 것들을 밝혀내는 방법이라고 한다. 어쩌면 정책에서도 필요한 것이 이런 낯설기 운동이 아닐까? 개인의 윤리적 감정을 국가에도 이입시키는 감정이입이 아닌 조금 떨어져서 정책을 바라보는 자세, 그리고 그 안의 낯설고 불편한 진실을 발견하려고 이를 받아들이려는 자세가 필요한 것이 아닐까.

참고문헌

규제개혁위원회(2000). 「중소기업 고유업종 지정제도 개편방안」.

김은자(1998). 「중소기업 고유업종 제도의 문제점과 개선방안」 한국경제연구원.

김필헌(2011). "중소기업 적합업종·품목제도의 실효성 검토 및 보완방법", 「동반성장 이슈 시리즈 4」, 전경련중소기업협력센터.

김종민·류종헌·황규선·김진기(2012). "산업보호의 논리: 석탄산업의 경우", 「정책메모」 제133호, 강원발전연구원.

동반성장위원회(2012). "중소기업적합업종 선정, 오해와 진실", 「동반성장만화 8편」 (http://www.winwingrowth.or.kr/customer/notice.do?menu_gubun=F&searchType=1&contentId=&searchTxt=)

산업연구원(1992a). 「중소기업형업종의 업종별 경쟁력 실태분석 및 강화방안」.

_____(1992b). 「중소기업 사업영역보호제도의 발전방안」.

_____(1992c). 「중소기업지원제도의 활용실태와 효과분석」.

상공부(1988). 「중소기업 육성 40년」.

송원근(2010). 「대중영합주의의 경제정책에 대한 영향분석」 한국경제연구원.

신석훈(2012). "대·중소기업간 관계개선을 위한 규제정책의 문제점과 개선방향", 「한국규제학회춘계학술대회 논문집」.

유진수(1997). "중소기업 고유업종이 국제경쟁력에 미친 효과분석", 「한국중소기업학회지」 제19권 제1호.

이민창·이혁우(2011). 「장기존속 기업규제 타당성 분석」 중소기업청.

이병기·김필헌·김영신·신석훈(2011). "대기업 압박만으로는 상생협력 어렵다", 교보문고 Book Center.

이윤보·이동주(2004). "중소기업 고유업종제도의 실효성에 관한 연구", 「중소기업연구」 제26권 제1호.

이혁우(2011). "소공인 실태 및 육성방안", 2011년 소상공인 학술세미나. 소상공인진흥원.

임태진(2004). "중소기업 고유업종제도의 현황 및 개선방안에 관한 연구", 건국대학교 경영학과 석사학위 논문.

전경련중소기업협력센터(2011). 「중기 고유업종으로 보호받은 382개 중소기업 경영지표 분석결과」.

전국경제인연합회(2011). 「주요 품목의 중소기업적합업종 타당성 분석」.

중소기업경제연구소(2008). 「중소기업 규제 조사 보고서」.

중소기업연구원(2011). 「중소기업 적합업종·품목선정제도 도입의 효율적 방안」 중소기업연구원.

최병선(1992). 「정부규제론」 법문사.

한국제지공업연합회(2001). "골판지상자제조업의 중소기업 고유업종 해제의 당위성", 「포장계」 제4호.

황인학(2011). "중소기업 적합업종 제도의 본질과 문제점: 두부 제조업의 사례", 「KERI 정책제언」 11 – 08.

Coase, R. H. (1960). "The Problem of Social Cost", *Journal of Law and Economics*, Ⅲ.

Crain, W. M. and Thomas D. H. (2005). *The Impact of Regulatory Costs on Small Firms*.

Geoffrey A. M. & Joshua D. W. (2010). "Innovation and the Limits of Antitrust", *Journal of Competition Law and Economics* 153.

Mises, L. von. (1979). *Economic Policy: Thoughts for Today and Tomorrow*.

North, D. (1991). "Institutions", *Journal of Economic Perspectives*, vol. 5 no.1.

OECD(2006). *Cutting Red Tape: National Strategies for Administrative Simplication*.

Rothbard, M. N. (2001). *Man, Economy, and State: A Treatise on Economic Principles*, The Ludwig von Mises Institute(전용덕·김이석 역(2006). 「인간·경제·국가: 경제원리에 대한 새로운 전문서」 자유기업원).

시티폰 정책실패: 열등한 기술의 예정된 실패?

서울대 행정대학원 부교수 _ 엄석진

I. 서 론

한국의 이동통신산업은 1997년부터 본격적인 도약을 시작한 것으로 평가된다(박철순·김성훈, 2007). 제2의 셀룰러 사업자인 신세기통신이 1996년부터 본격적인 사업을 시작함으로써 기존의 SK 텔레콤의 독점 체제가 마감되었을 뿐만 아니라, 1997년 10월부터는 한국통신프리텔, LG 텔레콤, 한솔 PCS 3사의 PCS(Personal Communication System) 서비스가 상용화되었다. PCS의 등장으로 휴대폰은 경량화, 소형화되었을 뿐만 아니라, 그 가격이 기존 셀룰러폰의 70% 수준까지 하락하였다. 이와 같은 단말기의 발전과 이용료의 하락은 이동통신의 대중화[1]로 이어졌으며, 이러한 시장 창출은 다시 정보통신의 산업의 발전을 위한 토대가 되었다.

그런데, PCS가 화려하게 등장하고 빠르게 확산되는 바로 그 해, PCS보다 몇 개월 앞서 새롭게 선보인 또 다른 무선전화, 유선전화망을 이용해 근거리 무선통신을 실현한 발신전용 무선전화인 시티폰은 사업 중단이 논의되는 등 실패의 내리막길을 걷고 있었다. 결국 시티폰 사업자들은 사업권을 정부에 반납하였고, 한국통신이 지역사업자들의 장비와 가입자를 이관받아 사업을 유지해 오다 2000년에 완전히 폐지되었다. 이후 시티폰은 정보통신분야의 대표

---

1) PCS 등장 이전까지 300만 명 정도에 불과했던 이동전화 사용자는 PCS가 도입된 이듬해, 1,000만을 돌파했으며, 1999년에 이르자 2,340만 명으로 15배 가까이 증가하였다(박철순· 김성훈, 2007).

적인 정책실패 사례로 제시되어 왔다(오선실, 2009; 안재현 외, 2002; 오종석 외, 2001).

시티폰 정책 실패에 대해서는 그동안 충분한 분석이 이루어지지 않은 채, 기술적 한계만이 주요한 실패 원인으로 제시되어 왔다. 즉 시티폰은 발신만 가능했고, 고속이동 중에는 통화가 끊어지는 등 PCS에 비해 기술적 한계가 명확한, 열등한 기술이기 때문에 "실패가 예정된" 사업이었다는 것이다. 이러한 관점에서 사업을 추진하던 당시에는 시티폰 사업을 추진하는 정부의 진정한 의도가 무엇인지에 대한 의구심이 일부 언론매체 등을 통해 제기되었고,[2] 실패가 명백해 진 이후에는 국회 국정감사 및 감사원 감사 등에서 정부의 무책임성과 사업자였던 한국통신의 '방만 경영'에 대한 질타가 이어졌을 뿐이다.[3]

그렇다면, 왜 기술적 한계가 명백했던 시티폰 사업에 한국통신을 비롯한 시티폰 사업자들은 엄청난 액수의 자금을 투자하여 사업을 추진했을까?[4] 나아가, 정보통신부의 정책결정자들은 왜 PCS라는 고급(high-tier) 기술 개발을 지원하는 동시에, 시티폰이라는 저급(low-tier) 기술에도 사업 허가를 내주었을까? 본문에서 제시하고 있는 바와 같이, 당시 정보통신부의 정책결정자들과 시티폰 사업자들은 PCS의 등장과 그 특성, 시티폰의 한계를 이해하고 있었다. 그럼에도 불구하고 그들이 시티폰 사업을 추진했던 이유는 무엇이었을까? 그리고 그 과정에서 정보통신부의 정책결정자들이 간과했던 부분은 무엇이었는가?

이 연구의 목적은 위의 연구문제에 답하는 데 있다. 즉, 시티폰 정책의 시작에서 종결까지 전 과정을 추적하고, 정보통신기술과 정보통신서비스 시장의 두 측면에서 정책실패의 원인을 분석하고자 한다. 이를 통해 향후 정책과 연구를 위한 함의와 교훈을 제시하고자 한다. 다만, 시티폰 정책 실패의

---

2) 대표적인 언론 보도로는 '시티폰의 예정된 실패'「한겨레 21」1998. 3. 12. '정책실패의 대표작! 시티폰'「데이터넷」2000. 12. 3.

3) 예를 들면, 2000년 국회 국정감사(과학기술정보통신위원회)에서는 "다시 태어난다는 아픔을 겪지 않고서는 한국통신의 미래는 어둡다"며 시티폰을 비롯한 한국통신의 사업실패에 대한 문제제기와 함께, 한국통신의 방만 경영에 대한 감사원 지적과 조치사항이 제시된 바 있다.

4) 특히, 한국통신은 민간 사업자들이 시티폰 사업권을 반납한 이후에도 민간사업자의 설비 및 가입자를 인수하여 전국 규모의 시티폰 사업을 지속하였다.

원인을 시티폰의 기술적 한계에서만 찾기보다는, 당시의 정보통신산업의 환경과 정책 지향을 고려하면서 정책결정자의 관점에서 시티폰 정책의 당위성과 타당성을 재구성해 보려 한다. 이럴 때, 당시 정책결정자들이 간과했던 요인들을 파악하고 향후 정책 추진에 필요한 교훈을 얻을 수 있을 것이라 판단되기 때문이다.

연구의 측면에서 이 연구는 다음과 같은 의의가 있을 것으로 판단된다. 그동안 한국의 정보통신정책에 대한 연구는 전전자교환기(TDX: Time Division Exchange), 코드분할다중방식(CDMA: Code Division Multiple Access) 등의 기술개발과 상용화, 전자정부 등 성공 사례에 연구의 초점이 맞추어져 온 것이 사실이다. 이와 같은 연구 경향은 한국 정보통신산업의 발전과정에서의 국가 역할에 대한 과도한 강조로 이어지거나, 정보통신정책 분야에서의 정책 실패나 정책 참여자간 갈등 및 대립 등과 같은 주제들이 충분히 다루어지지 못한 이유 중 하나가 되었다(이승주·박현, 2010). 시티폰이라는 실패 사례를 다루는 이 연구가 이러한 한계를 보완하는 계기가 되길 기대해 본다.

연구의 방법은 다음과 같다. 첫째, 문헌연구이다. 시티폰과 관련된 학술논문, 신문기사 등과 함께, 관련 정부보고서 및 연감, 국회 국정감사 및 상임위 회의록, 차기 정부의 대통령직인수위원회에서의 검토 결과 등을 분석하였다. 둘째, 당시 정책결정자와의 면접조사(interview)이다.[5] 면접조사를 통해 당시의 정책 환경, 사업자들의 주장, 의사결정 과정에 대한 정보를 파악할 수 있었다.

연구의 구성은 다음과 같다. 제2장에서는 정보통신 서비스의 구성요소와 정보통신서비스 정책 및 정책실패에 대한 이론적 배경을 검토한다. 제3장에서는 시티폰 서비스의 개요와 사업의 전개과정을 살펴본다. 제4장에서는 시티폰의 실패 요인을 정보통신서비스 정책의 기술적 측면과 시장 측면으로 구분하여 분석한다. 마지막으로 연구결과를 요약하고 시티폰 사례가 주는 정책적 함의를 제시하는 것으로 결론을 맺고자 한다.

---

5) 2012년 4월 16일 시티폰 정책결정을 주도한 당시 정보통신부 통신기획과장을 인터뷰하였다.

Ⅱ. 이론적 배경

1. 정보통신 서비스의 구성요소

1) 정보통신서비스 구현 기술[6]

통신이란 상대방과의 어떠한 의미를 주고받는 것으로, 이때 보내는 쪽과 받는 쪽 사이에 형성된 관계를 통신망(network)이다. 〈그림 1〉에 나타난 Shannon의 통신모형은 가장 간단한 1:1 통신모형으로 이를 간명하게 표현하고 있다. 이 모형에서 보내는 정보와 받는 정보는 어떤 의미를 지니는 내용이며, 도구나 수단을 통해 표현되는데 입출력장치와 송수신기가 이러한 역할을 수행한다. 통신서비스는 Shannon의 통신모형에 교환노드(Switching Node)를 추가한 정보통신시스템에 의해 구현된다. 즉, 정보전달 수단인 단말기, 정보전달 통로인 전송시스템(전송로), 그리고 전송시스템의 결절에서 효율적인 정보전달을 돕는 교환시스템(교환기)이 전기통신시스템을 구성한다.

다시 말하면, 통신서비스는 세부 요소 기술이 결합된 기술의 복합체로서 서비스를 제공하기 위해서는 구현 기술이 전제되어야 한다. 또한 기술의 활용 가능 여지가 많아 다양한 응용서비스의 원천이 되기도 한다. 특히 통신 서비스의 성격은 기술적 특성에 따라 크게 좌우된다. 예를 들면, 통신서비스를 구현하기 위해서는 기술적으로 완결된 통신망 구축이 필수적이다. 또한 하부 요소기술이 유기적으로 결합되어야 기본적인 통신 서비스를 충족시킬 수 있다. 예를 들면, 단말기나 교환기가 통신서비스의 특성에 부합하는 적절한 기술수

그림 1　Shannon의 통신모형

출처: 차동완(2001).

---

6) 이 부분은 김동식(2002)의 관련 부분에 의거하고 있다.

준을 유지해야 높은 통신서비스 품질을 유지할 수 있다.

이외에도 통신이 가능한 공간적 범위(coverage), 속도(speed), 용량(capacity), 표준화(standardization) 등이 통신서비스 제공의 중요한 기술적 특성을 구성한다. 공간적 범위는 유선전화의 경우, 가입자망이 구축된 지역 한계에 따라, 이동전화의 경우에는 기지국의 수에 따라 결정된다. 속도는 비음성통신의 경우에 중요하지만, 음성 통신에 있어서도 끊김 현상을 방지할 수 있다는 점에서 중요하다. 용량은 멀티미디어 환경하에서 보내고자 하는 정보의 양이 많아짐에 따라 부각되는 기술적 특성이며, 표준화는 요소기술의 정합 및 통신망 간의 연동을 위해 중요하다. 결론적으로 통신서비스는 다른 제품이나 서비스에 비해 상대적으로 더 강한 기술 결정적(technology deterministic) 성격을 가지고 있다고 할 수 있다.

2) 정보통신서비스 시장

정보통신서비스는 시장에서 거래된다.[7] 즉 통신서비스 수요자(이용자)의 욕구에 맞는 통신 서비스를 공급자(사업자)가 제공하여 거래가 이루어진다. 통신서비스 시장의 구성요소 중 하나는 통신서비스 수요자이다. 아무리 우수한 통신기술을 바탕으로 한 통신서비스가 시장에 출시되어도, 그 통신서비스가 소비자에게 선택받지 못할 경우에는 도태된다. 통신서비스의 수요에 영향을 미치는 요인으로는 단말기와 서비스의 가격, 소비자의 소득수준, 소비자의 선호 체계, 통신서비스 수준과 다양성, 대체 서비스의 존재 여부 등을 들 수 있다.

둘째, 통신서비스 공급자이다. 통신 서비스에 대한 수요자의 욕구와 선호 체계가 다양화됨에 따라 다양한 공급자, 즉 통신사업자들이 다양한 통신서비스를 제공하고 있다. 구체적으로 「전기통신기본법」 제2조는 통신서비스 사업을 "통신설비를 이용하여 타인의 통신을 매개하거나 통신설비를 타인의 통신용으로 제공하는 전기통신사업"으로 정의하고 있으며, 「전기통신기본법」은 전기통신사업을 다시 기간통신사업, 별정통신사업, 부가통신사업으로 구분하

---

7) 물론, 통신서비스 시장은 대표적인 자연독점적 시장이라고 여겨져 왔으며, 이에 따라 대부분의 국영 독점기업에 의해 제공되는 사업으로 시작되었다. 그러나 현재는 통신서비스 시장에서의 경쟁 도입 또는 촉진이 보편적인 현상이라 판단된다(김형찬, 2005).

고 있다. 이와 같은 법체계에 따라 기간통신사업자는 전기통신회선설비를 설치하고 기간통신역무를 제공하는 사업자로 전화(시내, 시외, 국제) 역무, 가입전신역무, 전기통신회선설비임대역무, 주파수를 할당받아 제공하는 역무 등의 서비스를 제공하는 사업자를 의미한다. 그 외의 별정통신사업자, 부가통신사업자의 정의와 그들이 제공하는 서비스는 아래 〈표 1〉에서 제시되고 있는 바와 같다.

표 1   통신서비스 및 사업분류제도

구 분	기간통신사업자	별정통신사업자			부가통신사업자
		1호	2호	3호	
정의	전기통신회선설비를 설치하고 기간통신역무를 제공하는 사업자	기간통신사업자의 전기통신회선설비를 이용하여 기간통신역무를 제공하는 사업자	구내에서 전기통신역무를 제공하는 사업자		기간통신사업자로부터 전기통신회선설비를 임차하여 부가통신역무를 제공하는 사업자
제공서비스	전화(시내, 시외, 국제) 역무, 가입전신역무, 전기통신회선설비임대역무, 주파수를 할당받아 제공하는 역무	음성재판매, 인터넷폰, 콜백서비스	교환기를 보유하지 않고 재과금, 가입자 모집, 무선재판매 및 인터넷폰	구내통신	기간통신사업자가 제공하는 기간통신이외의 역무

출처: 김창곤(2004).

셋째, 통신시장에서의 경쟁이다. 새로운 통신 서비스 구현 기술이 시장의 욕구에 부응하여 이윤창출의 기회가 있다고 판단될 경우, 사업자는 새로운 기술의 도입이나 기술 모방, 유사기술의 응용 등을 통해 새로운 통신 서비스를 제공하면서 시장에 진입하여 경쟁이 시작된다. 역사적으로 볼 때, 1980년대와 1990년대 초반에 걸쳐 각국의 통신서비스 시장에 경쟁이 도입되었다. 경쟁의 도입은 장거리전화나 데이터통신에서부터 비교적 많은 설비투자가 소요되는 이동통신 분야는 물론 최근에는 규모의 경제가 크고 자연 독점적 성격이 강한 것으로 여겨지던 시내전화 분야에까지 이루어졌다(김형찬, 2005).

통신시장의 경쟁은 다양한 요인들에 의해 영향을 받는다. 필수설비의 존재, 망 효과(Network effect), 공통비 비중이 큰 비용구조, 통신서비스의 공익성 등과 같은 통신서비스 시장 고유의 특성이 경쟁에 영향을 미친다. 이외에도 통신시장의 시장구조, 시장의 크기, 진입장벽의 유무, 시장 지배력 및 사업자간 전략 등도 통신시장에서의 경쟁의 성격을 규정하는 요인들로 제시되고 있다.

2. 정보통신서비스 정책의 의의와 정책실패

1) 정보통신서비스 정책의 정의와 구분

정보통신서비스 정책은 서로 긴밀한 연계관계를 갖는 정보화정책, 정보통신산업정책과 함께 정보통신정책의 하위 정책분야 중 하나로 구분될 수 있다.[8] 정보통신서비스 정책은 다양한 유형의 정보통신망 및 방송망 등을 포괄하는 국가 정보통신 인프라를 구축하고, 이를 통해 제공되는 각종 정보통신서비스의 양·질적 수준을 높이기 위한 허가 및 규제 정책으로 정의된다(손상영·황주성, 2005).

앞서 제시한 정보통신서비스 구성요소의 관점에서 볼 때, 정보통신서비스 정책은 정보통신 기술적 측면에 대한 정책과 시장 측면에 대한 정책으로 구분될 수 있다. 첫째, 기술적 요인과 관련된 정책은 물리적인 회선설비, 전파자원 등 다양한 통신미디어, 전송설비, 교환설비 등의 통신체계를 활용한 물리적·논리적 네트워크의 구축을 허가 및 지원하고 관련 기술의 발전을 촉진하기 위한 각종 지원 또는 기술적 규제 정책을 의미한다.[9] 이와 같은 정책은 특정 정보통신서비스 제공을 위한 전송망을 구성하고, 서비스 공급의 안정성과 이용의 공평성, 서비스 품질의 제고를 위한 기술적 지원 등을 달성을 그 목적으로 한다.

---

8) 정보화정책은 경제, 교육, 문화, 의료 등 국가사회의 제 영역에서 정보통신기술을 활용함으로써 업무 수행의 효율화, 업무과정의 합리화를 도모하기 위한 정책으로, 정보통신과 관련된 하드웨어, 소프트웨어, 콘텐츠 등 정보통신산업을 육성하기 위한 인력양성, 표준, 기술개발 등의 정책이 정보통신산업정책으로 정의될 수 있다. 당연히 정보화정책, 정보산업정책, 정보통신서비스정책은 상호 긴밀한 연계관계를 갖는다(손상영·황주성, 2005).

9) 예를 들면, 2.3G의 주파수 대역을 제3세대 이동통신용으로 지정할 것인가, WiBro 사업용으로 지정할 것인가, 방송용으로 지정할 것인가를 결정함으로써 제3세대 이동통신 또는 WiBro 네트워크를 구성하는 것과 관련된 정책이다.

둘째, 정보통신서비스 시장과 관련된 정책은 정보통신서비스 시장을 형성하고 시장에 경쟁을 도입·촉진함으로써 궁극적으로 혁신을 조장하고자 하는 정책이다. 일반적으로는 통신망사업자와 서비스 사업자간의 공정경쟁을 보장하고, 통신서비스의 효율성을 제고하고 효율적 요금을 달성하며, 투자환경을 조성하는 등의 목표를 가진다. 세부적으로는 통신역무의 구분, 통신망 및 설비에 대한 접속과 가입자망 공동 활용, 요금 규제 등과 관련된다.

2) 정보통신서비스 정책의 실패

정책실패 개념은 크게 다음과 같은 세 범주로 정리된다(안병철·이계만, 2009; 문명재 외, 2007; 정익재, 2002; 2000; Pressman & Wildavasky, 1984). 첫째, 결정된 정책이 원래 의도한 정책목표를 달성하지 못한 상태이다. 정책실패를 집행과정에서 '목표달성의 정도'에 초점을 두는 것으로 가장 일반적인 정의이다. 둘째, 정책은 목표치로만 평가할 수 없는 것이며 다른 파급효과까지 고려하는 정의이다. 정책실패를 상호 연관된 다른 정책과의 연계성과 파급효과와 조화 여부를 고려하고, 결정된 정책이 원래 의도한 정책목표를 효과적으로 달성하였다고 하더라도 정책의 파급효과가 부정적인 경우에는 정책실패로 간주한다. 셋째, '집행실패'로 보는 관점이다. 여기서 집행실패란 정책집행 전에 정책내용이 변화되어 새로운 정책으로 대치되는 경우, 집행과정에서 정책이 폐기되거나 중단된 경우, 집행은 되었으나 의도한 집행기간이 지속하지 않는 경우, 집행지연이나 집행비용이 증가하는 경우, 정책대상집단이 불응하는 경우 등을 말한다.

그런데, 정보통신서비스 정책이 정보통신서비스 사업 허가를 통해 집행된다는 점을 고려한다면, 경영학 분야에서의 사업실패(business failure) 개념도 함께 고려될 필요가 있다. 사업실패는 다음과 같이 정의될 수 있다. 첫째, 기업이 파산하거나 사업을 중단하여 채권자나 고객에게 손실을 입힌 경우이다 (Dun and Bradstreet, 1979). 둘째, 더 이상의 손실을 막기 위해 손해를 감수하고 사업을 매각하거나 청산한 경우이다(Ulmer and Nielsen, 1997). 셋째, 일정한 목표에 미달한 경우이다(Cochran, 1981). 즉, 적정 수익률을 얻지 못하거나 소유주의 특정한 목표를 달성하지 못한 경우를 포함한다. 넷째, 어떠한 형태로든 불연속을 보이는 경우이다(Fredland and Morris, 1976). 여기서 불연속이란 소유권의 변화나 사업의 종결 등을 의미한다. 결론적으로 사업 실패란 기대 이하의 성과로 인하여 재화 또는 서비스 제공이 중단된 것으로 정의된다.

　　이와 같은 정책실패와 사업실패의 개념을 결합하여, 이 논문에서는 정보통신서비스 정책의 실패를 '정부가 특정 정보통신서비스 사업의 계획 및 허가 당시 달성하고자 했던 정책목표를 달성하지 못했을 뿐만 아니라, 정부가 허가 또는 지원한 정보통신서비스 사업실패로 인해 집행 비용의 증가 및 재정적, 사회적 비용의 투입 등 부정적 파급효과가 발생한 경우'로 정의하고자 한다.

Ⅲ. 시티폰 서비스의 개요와 사업 전개과정

1. 시티폰 서비스의 개요

　　시티폰은 CT-2 서비스의 상품명이다.[10] CT-2(Cordless Telephone Second Generation, 이하 시티폰)는 일반 가정용 무선전화, 즉 CT-1에서 발전된 것으로 곳곳에 세워진 공용기지국과 기존의 공중전화망(PSTN)을 연결한 휴대통신 서

그림 2　시티폰 통신망 구성도

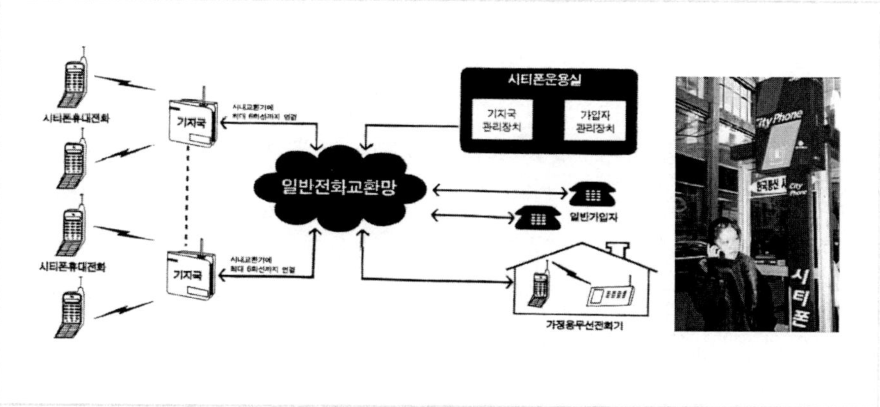

출처: 이종식(1995).

---

10) 한국통신은 CT-2를 국내에 도입하면서 '시티폰'이라는 국내 고유의 이름을 사용하기로 하였으며, 다른 지역사업자들도 시티폰이라는 이름을 공유하기로 합의하였다(오종석 외, 2001).

비스이다. 시티폰 서비스는 〈그림 2〉에서 나타나고 있는 바와 같이 옥외의 도로나 지하도 등 공공장소에서 시티폰용 무선 중계기를 통하여 시내, 시외, 국제전화를 발신 위주로 이동 중에 편리하게 사용하고 가정에서는 일반가입 전화의 무선전화기와 동일하게 사용되도록 설계되었다(이종식, 1995).

2. 시티폰 서비스의 특성[11]

1) 시티폰 서비스의 장점

시티폰 서비스의 장점은 휴대용이성과 저렴한 가격에 있었다. 첫째, 보행 자 중심의 소구역 방식으로 기지국 반경 150~200m 이내에서 통화가 가능하 며 단말기가 소형 경량으로 휴대가 용이하다는 점이다. 시티폰 기술은 기본적 으로 발신만 가능한 이동전화로 도보 정도의 저속으로 이동하면서 사용할 수 있었다. 하나의 기지국은 약 200m 반경 내에 시티폰 단말기를 유선전화망과 연결할 수 있었고 10㎽의 소출력으로도 충분히 연결이 가능했다. 이렇듯 소 출력 방식을 이용하다 보니, 단말기 무게를 줄이면서도 사용시간은 늘릴 수 있었다.[12]

둘째, 기존의 공중전화망에 기지국을 부착하여 서비스하므로 가입자당 투자비가 극히 적어 이용요금이 저렴하였다. 단말기 가격은 물론이고 가입비, 보증금, 기본료, 통화료 등 전반적인 이용요금이 이동전화에 비해 저렴하다는 것이 시티폰이 갖고 있는 최대 장점이었다. 일반적으로 단말기 및 시내 통화 료가 이동전화 단말기의 3분의 1 수준이었다.[13] 특히 장거리 시외전화는 모 든 통신수단 가운데서 시티폰이 가장 저렴하였을 뿐만 아니라,[14] 시내 통화 료의 경우에도 50초 이내에 통화를 완료할 경우에는 일반전화보다 더 저렴하 였다. 따라서 50초 이내에 통화가 끝나는 삐삐 호출 시에는 시티폰을 이용하

---

11) 이 부분은 시티폰 서비스 및 기술 구성 그리고 시티폰 사업 전개 과정에 대해 개괄적으 로 설명하고 있는 이종식(1995), 김종길(1996), 신학규(1997)의 내용을 종합한 것이다.

12) A3 건전지나 충전지 사용 시 대기상태에서 60시간 이상 사용이 가능하다(이종식, 1995).

13) 시티폰 통화료는 10초당 시내 8원, 시외 14원으로 시내통화는 이동전화(SK텔레콤 기준) 의 3분의 1, 시외통화는 이동전화의 2분의 1에 불과하였다.

14) 100km 이상 떨어진 지역 간의 3분간 시외통화료는 시티폰이 2백 52원, 일반전화는 2백 77.5원, 이동전화는 5백 4원이었다.

는 것이 가장 저렴하였다.

이외에도 ① 주파수 대역이 4㎒ 대역으로 주파수 사용효율이 높으며 ② 1㎢ 면적당 약 5,000명의 가입자를 수용하므로 대량의 가입자 수용이 가능한 점, ③ 지하상가, 지하철, 호텔 커피숍 등 특정 지역에서도 소형 기지국 설치로 서비스가 가능하고 ④ 디지털 방식이므로 통화품질이 우수하며 통신보안 측면에서 유리한 점, ⑤ 단말기 한 대로 가정용과 공중용을 모두 활용할 수 있는 점 등이 장점으로 제시되었다.

2) 시티폰 서비스의 단점

시티폰이 기존의 셀룰러폰이나 PCS와 다른 점은 발신전용이라는 점이다. 즉 '걸어 다니는 공중전화'라고 불리는 것처럼, 전화를 받을 수는 없고 걸 수만 있는 이동전화가 시티폰이다. 시티폰 사업자들은 이를 무선호출과 연계한 간이 착신 서비스로 보완하였다. '미트 미(Meet Me)' 서비스라는 이름으로 제공되는 간이 착신서비스는 시티폰과 무선호출기를 동시에 갖고 있는 가입자들에게 가능한 것으로 무선호출기로 수신하고 시티폰으로 응답하는 간접적인 방식으로 착신기능을 제공하는 것이었다.

아울러, 시티폰 서비스는 핸드오버(hand-over) 기능, 즉 기지국간 이동기능이 없기 때문에 걸어서 이동하더라도 기지국이 바뀌면 끊어지는 불편함이 있다. 또한 차량 주행 등 고속으로 이동 중일 때는 사용할 수 없다는 것도 약점이었다. 마지막으로 소출력 방식이므로 음영지역이 많고 간섭에 민감하다는 것도 시티폰의 약점이었다. 이 때문에 자주 통화단절이 되는 등 통화품질이 떨어졌다.

3. 시티폰 정책의 전개과정

1) 도입 및 허가 단계

시티폰 서비스는 1989년 영국에서 최초로 서비스 되었다. 이후 유럽에서는 프랑스, 네덜란드 등에서, 아시아에서는 대만, 싱가포르, 말레이시아 등의 국가에서 상용화되어, 한국에서 도입을 검토할 당시 약 15개 국가에서 서비

스가 제공되고 있었다. 이와 같은 해외 서비스 동향은 시티폰 서비스가 도입
되는 하나의 배경이었다(오선실, 2009).

　한국에서는 1990년 한국통신이 체신부에서 주파수를 할당받아 서울 명
동 지역에 기지국 5개소와 단말기 20여 대로 시험시스템을 구축 운영한 것이
최초의 시티폰 서비스로 기록되고 있다. 이를 통해 장비 기능 및 도입 타당성
을 검토하였다. 1992년에는 향후 폭발적인 수요 증가가 요구되는 개인통신서
비스의 기반조성을 위해 시티폰 서비스의 도입이 결정되었으며, 한국통신에
서는 여의도 일부지역에서 테스트를 진행하였다. 아울러, 시티폰 서비스의 본
격 추진을 위해 각국의 서비스 도입 및 운용실태를 조사하고 시범사업계획을
수립하여 정보통신부에 승인을 요청하였다. 이에 따라 정보통신부에서는
TRS, 무선데이터 등 새로운 통신사업 정책 수립 계획에 포함하여 시티폰 사
업 승인 여부를 검토하기 시작하였다. 이와 함께 1993년 12월 31일자로 시티
폰 시험서비스가 승인되었으며, 한국통신에서는 공급업체의 선정, 기지국 설
치를 위한 기본설계, 시설공사, 운용 준비 단계를 거쳤다(이종식, 1995).

　1995년 3월에는 서울이동통신과 나래이동통신이 시티폰 사업성 검토안

표 2 시티폰 사업자

구 분	서비스 지역	업체명	서비스 개시월
전국사업자	전국	한국통신	1997.3
지역사업자	수도권	나래이동통신	1997.3
		서울이동통신	1997.3
	부산권	부일이동통신	1997.5
	대구권	세림이동통신	1997.5
	광주권	광주이동통신	1997.6
	대전충남권	충남이동통신	1997.6
	충북권	새한이동통신	1997.7
	강원권	강원이동통신	1997.7
	전북권	전북이동통신	1997.7
	제주권	제주이동통신	1997.7

출처: 연합뉴스 1996. 6. 10.

을 제출하였고 1995년 3월 8일 여의도 지역에서 시범서비스를 개시하였다. 1995년 12월 정보통신부는 사업허가 신청을 공고하였으며, 1996년 6월 10일 〈표 2〉와 같이 시티폰 사업권을 허가하였다. 사업자를 선정한 데 이어, 정부는 사업자들에게 소요시스템, 단말기 및 핵심부품 개발을 위한 정부출자금, 저리 융자 등 자금을 지원하였다.

2) 사업 전개 과정

1996년 12월부터 1997년 5월까지 시범서비스를 거쳤으며, 1997년 3월 20일 한국통신, 나래이동통신, 서울이동통신이 최초의 상용 서비스를 개시하였다. 당시 단말기는 120g에서 150g 정도로 250g에서 500g까지 무게가 나가던 최신 셀룰러폰에 비해 가벼웠다. 통화시간은 연속 통화시 5시간(연속 대기는 60시간)으로 통화시간이 겨우 한 시간에 불과하던 셀룰러폰에 비할 수 없을 만큼 길었다. 통화료는 10초당 시내 8원, 시외 14원으로 저렴했을 뿐만 아니라, 시내 위주 통화 또는 시외 위주 통화에 따라 저렴한 요금체계를 선택하도록 선택형 요금체계를 구비하고 다양한 할인혜택을 추가하는 등 고객의 요구를 충족시키기 위해 노력하였다(오선실, 2009).

이와 같은 가입자 수의 증가와 함께, 시티폰 사업자로 선정된 11개 회사는 1996년 11월 사업자간의 기지국 공동 설치 및 공동망 이용협정과 서비스명 공동이용에 대한 합의를 이루게 된다. 이와 같은 사업자간의 협조를 통해 기지국 설치가 더욱 빠르게 확대되었을 뿐만 아니라, 중복 투자를 사전에 방지할 수 있게 되었다. 또한 시티폰 사업자들은 장비 선정에 있어서도 삼성전자 제품을 주기종으로 선정함으로써 망 연동의 효율을 높이고 국내 시티폰 설비산업에 활력을 주는 동시에 시티폰 국내 표준안을 작성하여 시티폰 단말기의 개발을 촉진하였다(이종식, 1996).

사업 개시와 함께, 시티폰 가입자는 크게 증가하기 시작하였다. 상용 서비스 첫날 서울만 사업자마다 2,000명씩 가입이 이루어졌고, 서비스 개시 한 달 만에 시티폰 이용자는 11만 3천 명을 넘어섰다. 부산이나 전북, 광주 등 지역에서도 사업이 개시되면서 6월까지는 한 달에 10만 명 이상 꾸준히 가입하였으며, 같은 해 9월에는 66만 명까지 증가하였다(〈표 3〉 참조).

표 3 시티폰 월별 가입현황 및 증가율

연 월	한국통신	타사업자(총계)	총가입자	월별 증가율
1997년 3월	48,500	29,018	77,518	–
1997년 4월	57,866	55,996	113,862	46.91
1997년 5월	109,166	104,651	213,817	87.75
1997년 6월	162,157	160,796	322,953	51.04
1997년 7월	213,399	219,777	433,176	34.13
1997년 8월	248,812	307,295	556,107	28.38
1997년 9월	279,259	381,732	660,991	18.86
1997년 10월	302,933	387,859	690,792	10.47
1997년 11월	312,240	369,952	682,192	-1.25
1997년 12월	326,461	330,740	657,201	-3.66

출처: 정인기 외(1998).

3) 사업권 반납 및 사업 철수 단계

그러나 이와 같은 성장세도 PCS 상용서비스가 시작된 7월부터 둔화되기 시작하였다. 시간이 지남에 따라 가입자 수가 줄어들기 시작하였다(〈표 3〉 참조). 이와 같은 가입자 수의 감소가 이어짐에 따라 시티폰 사업자들은 투자 대비 수입이 절대 부족하게 되었다. 구체적으로 시티폰 사업자들의 투자비는 4천억 원에 육박했다. 나래이동통신의 경우 시설투자에만 6백억, 영업비까지 포함하면 1천억 원을 상회했다. 서울이동통신은 1,300억 원, 부일이동통신도 900억 원에 이르렀다(오종식 외, 2001). 이와 같은 누적적자에 1998년 2월 서울이동통신을 필두로 지역사업자들이 사업권을 반납하면서 시티폰 서비스가 중단되었다.

정부는 시티폰 사업 구조조정의 일환으로 지역사업자의 가입자 및 설비를 한국통신이 모두 인수하도록 하였다. 나아가 정부와 한국통신은 통화료를 유선전화 수준으로 인하하고, 가정용 기지국(HBS: Home-Based Station)의 보급을 확대할 뿐만 아니라, 기지국 출력을 기존의 10㎽에서 100㎽로 상향조정하여 낮은 출력에 따른 통화 단절 현상을 해소하고 기지국간의 로밍이 가능한 핸드오버 기능을 지원하는 등 통화품질의 대폭적 개선을 추진하면서 시티

폰 사업을 유지하고자 하였다(정인기 외, 1998; 신학규, 1997).[15]

그러나 시티폰의 성공여부는 여전히 논란거리였다. 1999년 상반기 동안 다양한 의견과 입장 번복이 이루어지는 가운데, 1999년 하반기에 한국통신 내부에서도 시티폰 서비스의 중단을 결정하게 되었고, 정보통신부는 1999년 11월 23일 제28차 정보통신정책심의위원회를 개최하여 한국통신이 제출한 시티폰 사업 폐지 승인안을 의결했다. 이에 따라 2000년 1월 사업폐지가 결정되었다(김창곤, 2004).

4. 시티폰 정책 실패

앞서의 정보통신서비스 정책실패의 정의에 입각할 때, 시티폰 정책은 실패로 판정 내릴 수 있다. 시티폰 사업허가 당시 달성하고자 했던 정책목표를 달성하지 못했을 뿐만 아니라, 시티폰 정책 집행 비용이 크게 증가하였고 막대한 재정적, 사회적 비용을 치렀고 결국에는 사업이 중단되었기 때문이다.

시티폰 서비스는 실패한 사업이다. 사업 초기의 기대와는 달리, 시티폰 가입자가 급감했고, 3년간의 누적적자가 2,394억 원에 이르는 등 수익성 측면에서 실패했다. 시티폰 서비스 품질 면에서도 초기의 기대를 충족시키지 못했다. 통화절단율은 일반 휴대폰이 3%인 반면, 시티폰은 12.6%에 달했다.[16] 시티폰 서비스 만족도 조사결과에 따르면, '매우 불만'이라는 응답자가 29%, '불만'이 40%에 이르는 것으로 나타났다. '만족' 또는 '매우 만족'은 9%에 불과했다(오종석 외, 2001).

무엇보다도 시티폰 서비스 자체가 중단되었다. 시티폰 사업자들은 사업권을 정보통신부에 반납하고 시티폰 서비스를 종료하였다. 정부는 시티폰 가입자가 PCS로 전환을 희망할 경우 한국통신프리텔(016)에 무상으로 가입시켜 주었을 뿐만 아니라, 단말기를 무상공급하고 단말기 분실 보험도 무료로 가입해 주는 등 가입자 보호대책을 진행하였다.[17]

---

15) 당시의 정보통신부 정책결정자 및 한국통신 간부들은 국회에 참석하여 시티폰 사업에 대해 긍정적 전망을 지속적으로 제시하였으며, 사업 유지의 필요성을 강력하게 주장하였다.

16) 제184회 국회 통신과학기술위원회회의록. 1997. 7. 8.

17) 정보통신부 'CT-2(시티폰) 사업 폐지 계획(안)' 1999. 10. 21.

표 4   시티폰 설비투자 내역   (단위: 억원)

구 분	기지국	기지국 및 가입자 관리장치	기타[18]	계
한국통신	1,219	223	421	1,863
지역사업자	1,073	161	545	1,779

출처: 정보통신부 대통령직인수위원회 보고자료(1998. 2).

　　이와 같은 실패는 유·무형의 손실을 가져왔다. 우선 사업자들은 거액의 투자비 손실을 감수해야 했다. 〈표 4〉에서 나타나고 있는 바와 같이, 1997년 10월 기준으로 시티폰 설비 투자액만 한국통신은 1,863억 원, 10개 지역가입 자는 1,779억 원에 달했다. 또한 한국통신에 대한 감사원 감사결과에 따르면 시티폰 사업추진 강행으로 인해 730여억 원의 영업 손실이 발생하였다. 또한 적자상태인 지역사업자의 가입자 인수 및 시설 임차로 인해 약 831억 원의 손실증가를 초래하였다. 연도별 투자규모를 모두 더하면 1조 원이 넘는 것으로 추정되었다(〈표 5〉 참조).

표 5   시티폰 서비스 연도별 투자규모   (단위: 억원)

연 도	1996	1997	1998	1999	2000	계(누적)
투자액	1,200	2,000	2,960	1,440	3,176	10,766

출처: 임윤성(1997).

　　아울러, 한국통신이 시티폰 기지국 관리를 소홀히 하여 통화불능지역이 확대되면서 총 44만 명의 시티폰 가입자 중 14만 명에 이르는 가입자들이 매달 기본료를 징수당하면서도 시티폰을 이용하지 못하게 되었다. 통화 품질 측면에서도 불편이 컸다. 앞서 언급한 바와 같이 한국통신은 150m의 시티폰 통화반경과 기지국의 증설 및 출력을 확대하고 기지국간 핸드오버 기능을 추가키로 광고를 통해 약속한 바 있지만, 이와 같은 성능개선이 실현되지 않았다. 예를 들면, 통화 반경 측면에서는 전국 광역시 총 305개의 시티폰 기지국 중 150m의 통화반경을 보인 곳은 3.6%에 불과한 반면 대부분 50m에서 80m 범

---

18) 공사비, 일반지원자산, 부대설비, 부가서비스 장비 등 포함.

위 내에서만 통화가 가능하였다. 아울러, 통화가 연결되더라도 차량이나 사람이 주변을 통과하거나 고개를 돌리는 등 전화기를 움직이는 경우 잡음이 생기고 통화단절 현상이 일어남으로 인해 통화 완성률은 불과 20%에 못 미쳤다. 이와 같은 이유로 참여연대는 '시티폰 가입자 기본료 집단 환불 운동'을 벌이기도 했다.[19]

Ⅳ. 시티폰 정책 실패 요인 분석

1. 기술적 측면에서의 실패 원인

기술적 측면에서 시티폰 정책 실패 요인 중 하나는 정보통신부의 시티폰 사업 허가 시점과 관련이 있다. 한국통신은 1995년 3월에 이미 시범서비스 개통을 완료하였으며 정보통신부에 사업허가를 신청한 바 있다. 그러나 정보통신부는 시티폰 사업 허가를 미루다가 1996년에서야, 그것도 경쟁기술인 PCS와 거의 동시에 사업을 허가했다. 시티폰 기술에 우호적인 전문가들은 당초 한국통신이 시티폰 서비스를 요청하던 1995년에 허가했더라면 적정 가입자 수의 확보를 통해 틈새상품으로서 존립할 수 있었을 것이라고 주장한다(정인기 외, 1998; 임윤성, 1997).

둘째, 사업허가 이후 시티폰 개통이 지연되었을 뿐만 아니라, 통화품질 개선도 계속 지연되었다. 시티폰의 통화품질이 기대보다 많이 떨어지는 것이 사실이었다. 개통 이후 기지국을 계속 증설하였으나 여전히 시티폰 이용자들이 만족할 만한 수준은 아니었던 것이다. 대로변이나 인구밀집지역을 벗어나 주택가나 이면도로 등 유동인가가 적은 지역에서는 '거의 안 된다'는 것이 다시 가입자들의 가장 큰 불만이었다. 사업자들은 시티폰의 단점을 고객에게 우선적으로 설명하고 시티폰의 통화품질에 대한 기대를 낮추려는 노력을 하기는 했지만, 소비자들은 PCS 수준을 요구하기 시작했다(김종길, 1995; 오종석 외, 2001).

그러나 시티폰의 통화품질 개선은 계속 지연되었다. 당초 한국통신은 시

---

19) 참여연대 홈페이지(http://www.peoplepower21.org/623140) 참조.

티폰이 PCS를 비롯한 셀룰러 폰과의 기술적 경쟁에서 충분한 경쟁력을 가질
수 있도록 장기적인 개선방안을 마련해 놓고 있었다. 장기적으로는 하나의 기
지국에서 다른 기지국으로 넘겨주는 핸드오버 기술을 도입하기로 하였고, 일
본과 같이 착신까지 가능한 시티폰(CT-3)으로 진화시키려는 계획을 가지고
있었다(오선실, 2009; 신학규, 1997). 실제로 지역 사업자들이 사업권을 반납하고
한국통신으로 일원화된 후, 정통부와 한국통신은 시티폰의 기술적 개선에 박
차를 가하고자 하였으나, 이와 같은 통화품질 개선이 계속 지연되었다.

결국, 시티폰의 실패는 몇 달 뒤 이동통신의 새로운 강자 PCS가 등장한
다는 점을 심각하게 고려하지 않은 채, 저급기술 시티폰과 고급기술 PCS와
함께 허가하여 '판'을 잘못 짠 정보통신부의 정책 실패에 기인하는 바 크다(정
인기 외, 1998; 임윤성, 1997). 그리고 이와 같은 정책결정의 적시성(timing) 문제
는 다음과 같은 몇 가지 판단 착오로부터 기인한다.

첫째, 시티폰 기술에 대한 잘못된 이해이다. 시티폰은 일반 공중전화 서
비스와 셀룰러 및 PCS 이동전화 사이의 틈새기술이다. 이와 같은 틈새는 서
비스들 간의 요금과 품질에 의해 결정되는데, 정보통신부는 시티폰 서비스를
허가함에 있어서 통신 서비스 다변화에 따른 가격경쟁, 신규 서비스의 저가
진입, 통신수요의 고급화를 충분히 고려하지 않았다. 나아가, 이와 같은 틈새
기술이 성공적으로 안착하기 위해서는 시티폰이 일정 규모 이상의 가입자를
조기 확보하고 망 외부효과를 누릴 수 있도록 충분한 틈새 시간을 확보하는
것이 필수적인데 그렇지 못했다(임윤성, 1997).[20]

둘째, 시티폰의 기술적 기반에 대한 검토가 부족했다. 시티폰 사업자들은
"공중전화 부스에 안테나만 꽂으면 된다"면서 기지국 설치비가 적게 들고 조
기에 서비스를 개시할 수 있다고 주장했지만, 막상 현실은 달랐다.[21] 시티폰
시범서비스 결과 통화 커버리지 등의 문제와 기지국 설치의 지연 등으로 상
용서비스가 계속 지연되었을 뿐만 아니라, 음영지역 해소를 위한 기지국 설치
에 상당한 투자비가 소요되었던 것이다. 이와 같은 시간적 지연은 PCS와의
경쟁에서 불리한 요인으로 작용하였다. 결국, 정보통신부는 무선호출서비스
의 포화로 새로운 사업기회를 찾던 무선호출사업자들의 주장에 정확한 기술

---

20) 이와 같은 판단착오는 후술하는 바와 같이 시티폰의 시장 전망과도 연결된다.

21) 인터뷰 결과.

적 검토 없이 사업허가를 내주었던 것이다.

셋째, 위와 같은 정책결정은 시티폰과 PCS의 기술발전 및 서비스 상용화에 대해 잘못된 예측에 근거한 것이었다. 정보통신부는 1998년 말이나 되어야 PCS가 서비스될 것으로 예상했지만,22) PCS 사업자들이 전략적으로 10월로 서비스 개시 시점을 앞당겼다. 나아가, PCS의 통화품질 역시 빠르게 개선되기 시작하였다. PCS 사업초기에는 기지국이 많이 확보되지 못해 대도시를 제외하고는 원활한 통화 연결이 어려웠을 뿐만 아니라, 통화품질 역시 시티폰과 크게 다르지 않았다는 평가이다(오선실, 2009).23) 그러나 이와 같은 통화품질의 한계가 PCS 3사의 경쟁적인 투자로 인해 빠르게 개선되었고, 이는 다시 PCS 가입자의 폭발적 증가로 이어졌다(KT, 2001).

PCS 서비스의 조기 상용화와 기술진보는 발신전용이라는 시티폰의 기술적 한계를 부각시켰다. 정보통신부는 시티폰 통화품질 개선을 위한 주파수 배분이나 출력증폭 등에 대한 허가를 준비하고 있었지만,24) PCS의 가입자가 폭발적으로 증가하고 요금 및 단말기 가격 면에서 시티폰 서비스와 큰 차이가 없게 되면서 시티폰의 기술 개선이 무의미하게 되었다. 마지막으로 시티폰 퇴출시점의 실기(失期) 역시 시티폰 정책실패를 더욱 크게 했다. 지역사업자들이 누적적자를 이기지 못하고 사업권을 반납한 1998년 말에 시티폰 사업을 완전히 철수시키지 못하고, 퇴출 시점을 놓쳐 누적적자를 키웠다.

2. 시장 측면에서의 실패 원인

정부는 어떤 배경과 정책목표하에 시티폰 사업을 허가하였을까? 이는 통신시장의 개방과 관련이 있다. 당시 기본통신산업에 대한 외국인의 투자자유화와 자유경쟁 환경의 조성을 주요 의제로 하는 WTO 기본통신협상이 진행 중이었으며, 조기타결이 예상되었다(이규태, 1996). 이러한 추세에 따라 정부는 통신시장 개방 전 국내통신사업의 경쟁체제 조기 구축을 통해 국내 정보통신

---

22) 인터뷰 결과.

23) 당시 PCS는 음영지역이 많이 PCS를 구입한 소비자들조차도 무선호출기를 함께 가지고 다닌 경우가 많았다(오선실, 2009).

24) 인터뷰 결과.

산업의 경쟁력을 강화시키고자 하였으며, 다양한 통신신규 서비스 시장을 창출하면서 전면적인 국내경쟁체제를 구축하고자 하였다. 이와 같은 '선 국내경쟁, 후 국제경쟁 원칙'에 입각하여 시티폰 사업이 다양한 신규 통신사업 중 하나로서 허가되었다. 특히, 시티폰에 대해서는 사업성 여부를 정부가 판단하기보다는 시장기능에 맡겨 주파수가 허용하는 한 사업자를 허가한다는 방침이었다.[25]

그렇다면 시티폰 사업자들과 정보통신부 정책결정자들은 시티폰 서비스 시장이 성공적으로 형성되리라 기대했을까? 즉 시티폰 시장이 셀룰러폰이나 PCS 시장과 차별적으로 형성될 것으로 기대했을까? 정보통신부 내부에서도 많은 논란과 우려가 있었지만, 시티폰 사업자를 비롯한 정보통신부와 한국통신은 시티폰이 시장에서 살아남을 것이라는 긍정적 전망을 가지고 있었다. 우선 그들은 1,300만 명에 달하는 두터운 무선호출 가입자가 시티폰의 잠재적 수요자가 될 것으로 기대했다. 1,300만 무선호출가입자의 27%인 350만 명 정도만 가입한다면 시티폰이 독자적인 시장을 형성할 수 있을 것으로 내다봤다.[26]

시티폰 진영이 시장조사도 하지 않은 채 무리하게 사업을 추진한 것은 아니었다. 전문 시장조사 기관의 조사 결과, 무선호출가입자의 56% 이상이 시티폰 가입을 희망한 것으로 조사되기도 했다(임윤성, 1997). 특히, 무선호출기가 내장된 복합형 시티폰이 시장성이 큰 것으로 조사되었다.[27] 리서치 앤 리서치, 서울대 경영연구소, 통신개발연구원(KISDI) 등 시장조사기관과 연구기관의 시티폰 시장전망도 긍정적이었다. 예를 들면, KISDI는 2002년까지 누적평균 8.6% 대의 매출 성장이 있을 것으로 전망하면서, PCS 서비스 개시에 따른 가입자 증가 정체에도 불구하고 2002년에는 가입자가 143만 명에 이를 것이라고 전망하기도 하였다(KISDI, 1997; 정인기 외, 1998에서 재인용).

또한 정보통신부와 사업자들은 사업초기부터 시티폰과 PCS는 표적고객이 다르므로 각각의 특성에 맞는 마케팅으로 모두 살아남을 수 있다고 주장했다. 즉 셀룰러폰이나 PCS 서비스가 제공되더라도, 시티폰의 주 고객은 학

---

25) 정보통신부. '통신사업 경쟁력강화를 위한 기본정책방향' 1995. 7. 4.
26) 183회 국회 통신과학기술위원회 회의록. 1997. 2.
27) 183회 국회 통신과학기술위원회 회의록. 1997. 2

생, 가정주부, 영업사원 등 서민층이 경제적으로 활용할 수 있는 서비스이기 때문에 이들을 대상으로 마케팅을 적극적으로 추진할 계획이었다.[28] 특히 시티폰은 PCS에 비해서도 〈표 6〉과 같이 요금측면에서 가격경쟁력이 있기 때문에 경쟁력이 있을 것으로 판단하였다. 이와 같은 전망하에 정보통신부와 한국통신은 시티폰을 PCS와 보완적인 서비스로 보았으며, PCS만큼의 고급 서비스는 아니지만, 경제적인 이동통신서비스로서 국민의 보편적 서비스로 확대하고자 하였다.[29]

표 6 시티폰과 PCS요금 비교표(예상)

구분(단위)	시티폰	PCS (추정)
가입비 (원)	21,000	50,000
통화요금 (10초)	시내 8, 시외 14	20
기본료 (월)	6,500	12,000
보증금	20,000 (일반전화와 연계 시 면제)	100,000

출처: 183회 국회 통신과학기술위원회 회의록(1997. 2).

그러나, 이와 같은 예상은 빗나가고 말았다. PCS 서비스가 출시되고 가격 경쟁이 본격화되면서, 시티폰의 가격경쟁력이 급격히 잠식되기 시작하였다. PCS 3사는 〈표 7〉에 나타나고 있는 바와 같이 기존의 셀룰러보다는 약 30% 싼 가격으로 PCS 서비스를 제공하면서 "대공세를 본격화했다"(경향신문, 1997. 8. 4.).

---

28) 국회 국정감사 및 통신과학기술위원회 회의록 참고. 당시 수도권 사업자였던 나래이동통신의 김종길 사장은 한 인터뷰에서 "휴대폰이 3000cc급 고급 승용차라면, 시티폰은 1000cc급 국민차"로 비유하면서 시티폰은 휴대폰이 아니라고 강조한다(동아일보, 1997. 5. 16).

29) 예를 들면, 180회 국회 통신과학기술위원회(1996. 7. 23)에서 당시 한국통신의 이준 사장은 1,000만이 넘는 무선호출가입자를 보유한 한국적 시장상황을 고려할 때, 시티폰의 저렴한 단말기 가격과 이용요금으로 국민 모두가 이동전화 서비스를 이용할 수 있는 장점이 있다고 주장하고 있다.

표 7 이동전화요금   (단위: 원)

요금 \ 업체	개인휴대통신(PCS)			셀룰러폰		시티폰		
	016	018	019	011	017	한국 통신	서울 통신	나래 통신
식별번호	016	018	019	011	017	한국 통신	서울 통신	나래 통신
보증금	면제	10만원, 보 증보험 1만 원(비씨카드 사 융자면제)	10만원 (보증보험 1만원)	20만원 (보증보험 2만원)	20만원 (보증보험 2만원)	2만원 (3개월 이상 요금 미연체자 면제)		
가입비	50,000 (예약가입 3만원 할인)	50,000 (예약가입 2만원 할인)	50,000 (예약가입 3만원 할인)	70,000	70,000	20,000		
기본료(월)	16,500	15,500	15,000	21,000	70,000	6,500		
통화료(10초)	19	20	21	28	25	8		
월평균 요금 150분	33,600	33,500	33,900	46,200	43,600	13,700		
월평균 요금 300분	50,700	51.500	52,800	71,400	65.200	20,900		

출처: 경향신문, 1997. 8. 4.

    1998년에 이르러서는 PCS와의 가격 격차는 더욱 줄어들었다. "시티폰 전체 가입자들의 평균 월 사용료는 12,000원 수준이고 부실 가입자를 제외한 평균 월 사용료는 15,000원 수준이다. 이는 페이저(무선호출) 부가서비스 가격이 13,000원임과 PCS의 기본료가 10,000원에서 15,000원임을 고려하면 서비스 가격이 비싸다고는 할 수 없으나 시티폰이 열등재임을 고려할 때, 사업이 활성화되기 위해서는 더 많은 가격차가 필요한 실정"이었다(정인기 외, 1998).

    PCS 사업자들은 단말기 판매보조금[30]을 이용해서 거리에서 거의 공짜나 다름없는 비용으로 가입자를 유치했다. PCS는 규모의 경제를 통해 서비스 비용을 낮추려는 계획이었으며, 처음부터 1인 1전화를 지향하면서 단말기 판매보조금을 통해 가입자 수를 최대한으로 늘려 각 개인이 지불해야 할 기술·설비 비용을 낮추고자 하였다. 단말기 판매보조금의 액수는 엄청난 것이었다. 예를 들어, PCS 3사가 1998년 3, 4월중 가입자 1인당 평균 40만원 안팎의 지

---

30) 정보통신기기 제조업자 및 서비스사업자들이 판매대금의 일정비율 또는 판매 수량이나 가입자 수에 따라 장려금이라는 명목으로 대리점, 특약점 및 가맹점 등에 지급하는 보조금(권준식, 1998).

원비를 지급한 것으로 조사되었으며, 총 4천 6백 52억여 원에 이르는 것으로 추정되었다. PCS사업자들의 대리점 지원비는 대부분은 가입자들의 단말기 보조금 형태로 지급되는 것으로 일별, 대리점별 가입자 유치실적에 따라 수시로 변화, 차등 지급되었다(전자신문, 1998. 5. 2). 이외에도 각 PCS 사업자들은 각 통신사별로 150억 원에서 200억 원 가량의 광고비를 책정해 대규모 광고를 진행하였다(오선실, 2009).

V. 결론: 정책적 · 이론적 함의

시티폰 정책 실패 사례는 정보통신서비스 정책 과정에서 정부가 당면하게 되는 불확실성, 다양한 압력, 그에 따른 정책실패 요인을 보여준다. 아울러, 기술과 시장이 상호 연계되어 있으며, 이에 대한 정책결정자의 이해가 중요함도 제시하고 있다. 시티폰 사례가 주는 정책적 함의는 다음과 같이 정리할 수 있다. 첫째, 정보통신기술에 대한 이해가 중요하다. 시티폰의 경우, 발신전용 이동통신 서비스인 시티폰의 기술적 특성과 한계에 대한 이해가 부족했다. 소위 "공중전화 부스에 안테나 하나만 꽂으면" 시티폰이라는 이동통신 서비스가 된다는 식의 기술적 이해 부족이 예상외의 투자 손실과 서비스의 지연, 그리고 낮은 통화품질에 대한 대비를 소홀히 한 원인 중 하나로 지적될 수 있을 것이다.

특히, 기술진보가 빠르고 경쟁적 기술들이 동시에 서비스되는 정보통신 분야의 특성을 고려할 때, 특정 기술의 장점과 단점뿐만 아니라 기술간 경쟁에 대해 충분한 이해가 부족하지 않았는지 반성해 볼 필요가 있다. 무선호출에서 시티폰으로 이어지는 연속적인 기술혁신과 달리, PCS는 주력시장이 요구하는 성능과는 전혀 다른 차별화된 서비스로 새로운 고객의 기대에 부응하면서 기존에 존재하지 않는 새로운 시장을 창출하고 기존 제품 시장의 선도 기업들을 실패로 몰아가는 파괴적 혁신(disruptive innovation)의 사례라 할 수 있다(Christensen, 1997). 이런 경우, 기존의 연속적 기술이 시장에서 살아남기란 어렵다.[31] 더 큰 문제는 특정 기술이 파괴적 혁신인지 아닌지를 사전적으

---

31) Christensen(1997)은 파괴적 기술혁신의 예로서 진공관에 대한 트랜지스터 기술, 필름사진 기술에 대한 디지털 사진 기술, 유선전화에 대한 무선전화를 그 예로 들고 있다.

로 파악할 수 없다는 데 있다. 그래서 정책의 적시성(timing)을 잃을 가능성이
크다.

둘째, 시장에 대한 이해가 중요하다. 어떤 기술이 살아남느냐의 문제는
그 기술에 기반한 서비스가 시장에서 선택되느냐의 문제이기 때문이다. 시티폰
정책실패에서 시장 전망에 대한 오류가 판단 착오의 원인으로 지적된 바 있다.
PCS와 같은 파괴적 혁신이 일어나는 경우, 시장 조사의 효과가 크게 반감된다.
무선호출과 시티폰의 연속선상에서 진행된 시장조사 결과가 PCS라는 새로운
제품이 출시된 후에도 그대로 유지되기는 어렵기 때문이다(Christensen, 1997).
기술진보와 그에 따른 고객의 반응의 불확실성은 정책결정자의 어려움을 가
중시킨다.

아울러, 시장 행위자, 특히 사업자로부터의 압력 역시 간과할 수 없음을
보여준다. 당시 무선호출 사업자들은 무선호출시장의 포화로 인해 더 이상의
추가적인 사업이익을 기대할 수 없는 상황이었으며, 정보통신부에 대해 새로
운 사업기회를 요구했다. 특히 한국통신은 자회사인 한국통신프리텔로 PCS
사업권이 넘어감에 따라, 이동통신 분야의 사업유지를 위해 시티폰 사업을 유
지하고자 하였다.[32] 이와 같은 사업자의 요구를 정보통신부로서는 외면하기
어려웠다.[33]

마지막으로 시티폰 정책실패 사례는 한국의 정보통신정책이 늘 성공적이
지만은 않았다는 것을 보여준다. 실제로 시티폰 이외에도 이리듐, TRS, 전화
비디오, 미래텔, 국가지도통신, ISDN 등의 정보통신기술과 서비스가 폐지되
고 실패하였다(안재현 외, 2002).[34] 또한 대기업들이 주도한 PCS는 살아남고,
중소기업이 주도했던 시티폰은 실패했다는 사실은 '정보통신 1등 국가'가 되
는 데 있어 그동안 주목받아 온 정부의 역할과 정부－기업 간 네트워크 외에
'누가 정부의 정책 파트너였는가'도 중요한 요인으로 작용한 것은 아닌지 검
토해 볼 필요가 있음을 시사하고 있다.

---

32) 정보통신부는 당초 전국사업자를 선정하지 않으려다 한국통신의 강력한 사업허가 요청
에 추가로 전국사업자로 지정하였다. 인터뷰 결과.

33) 인터뷰 결과.

34) 2000년 국회 국정감사자료.

참고문헌

권준식(1998). "이동전화 단말기 판매보조금 실태조사 연구", 「세명논총」 7.

김동식(2002). 「기술혁신에 따른 우리나라 통신서비스 시장 진화 연구」 한국과학기술원 석사학위논문.

김종길(1996). "CT2 사업동향과 과제", 「한국통신학회지」 제14권 제6호.

김창곤(2004). 「정보통신서비스정책」 진한M&B.

김형찬(2005). "통신시장의 규제: 시장특성 및 정책적 접근방법. 정보통신연구원 편저", 「통신서비스 정책의 이해」 법영사.

문명재 외(2007). "대형국책사업 집행실패의 영향요인분석", 「한국정책학회보」 제16권 제2호.

박철순·김성훈(2007). "한국 이동통신 서비스 및 단말기 산업의 변천과 발전방향", 「서울대학교경영연구소 기업경영사 연구총서」 서울대학교출판부.

손상영·황주성(2005). "정보화정책의 의미와 구조. 정보통신연구원 편저", 「정보사회와 정보화정책」 법영사.

신학규(1997). "시티폰사업 마케팅 방향과 기술현황", 「전자진흥」 1997년 8월호.

안병철·이계만(2009). "정책실패에 관한 연구경향 분석", 「한국정책과학학회보」 제13권 제2호.

안재현 외(2002). "정보통신 서비스의 실패요인: 한국의 텔레콤서비스시장에서의 실패 사례연구", 「한국경영과학회지」 제27권 제3호.

오선실(2009). "유선전화망 시대의 마지막 인공물, 시티폰의 출현과 몰락: 실패한 기술 프로젝트의 흔적 찾기", 「과학기술학연구」 제9권 제2호.

오종석 외(2001). 「경영사례연구」 학현사.

이규태(1996). "통신시장 개방에 대비한 통신사업자 허가", 「나라경제」 1996년 2월호.

이승주·박현(2010). "한국 IT 산업 정책네트워크의 지속성: 자기강화 메커니즘의 작용을 중심으로", 「한국정치연구」 제19권 제3호.

이종식(1995). "보행자 전용 휴대전화 시티폰 서비스", 「월간 정보사회」 1995년 4월호.

임윤성(1997). "우리나라의 CT-2, 과연 어디로 갈 것인가?", 「통신시장」 1997년 1월호.

정익재(2002). "정보화정책 실패사례분석과 정책교훈: 반면교사의 여섯 가지 이야기", 「한국정책학회보」 제11권 제4호.

_____(2000). "실패사례분석을 통한 정보화정책 과정의 이해", 「정부학연구」 제6권 제1호.

정인기 외(1998). "IMF시대의 절약형 무선서비스 CT-2의 활성화", 「경영연구」 제5권 제1호.

차동완(2001). 「개념으로 풀어 본 정보통신세계」 영지문화사.

KT(2001). 「KT 20년사: 도전의 역사 창조의 미래」 KT.

Christensen, C. M. (1997). "The Innovator's Dilemma: When New Technologies Cause Great Firms to Fail", 이진원 역. 혁신기업의 딜레마. 세종서적.

Cochran, A. B. (1981). "Small Business Mortality Rates: A Review of the literature", *Journal of Small Business Management*, 19(4).

Dun & Bradstreet (1979). *The Business Failure Record*, New York: Dun & Bradstreet.

Pressman, J. L. & A. Wildavsky. (1984). *Implementation*. third edition, Berkeley: University of California Press.

Ulmer, J. and Neilsen (1974). "Business Turnover and Causes of Failure", *Survey of Current Business Research*.

발전차액지원제도 사례: 일패도지(一敗塗地)[1]인가 전패위공(轉敗爲功)[2]인가?

서울대학교 행정대학원 부교수 _ 구민교

I. 서 론

발전차액지원제도 또는 고정가격구매제도(Feed in Tariffs, 이하 FIT)는 신재생에너지원으로 공급된 전력에 대하여 생산가격과 전력거래가격 간의 차액을 정부의 전력산업기반기금으로 보전해주는 제도이다.[3] 동 제도는 신재생에너지사업의 일환으로 신재생에너지개발사업, 신재생에너지보급사업, 신재생에너지보급융자사업 중 태양광발전보급지원사업과 함께 신재생에너지 보급사업에 속한다. 차액지원 대상인 대체에너지원에는 태양광, 풍력, 소수력, 바이오에너지, 폐기물 소각, 조력, 연료전지가 해당된다. 2002년에 도입되어 2011년을 끝으로 신규사업에 대한 지원은 마감되었으나 기존의 지원대상 사업자들에게는 최장 2025년까지 정부의 가격보전이 이루어질 예정인[4] FIT 제

---

* 이 글은 "구민교(2013). 우리나라의 발전차액지원제도 사례 분석: 신산업정책론 시각에서. 한국행정연구. 제22권 제1호, pp. 1－27."에 수정되어 게재되었다.

1) "한번 패하여 땅을 더럽힌다"는 뜻으로 한번 싸우다 여지없이 패하여 다시 일어나지 못함을 의미한다.

2) 사마천의 사기에 나오는 성어로 전국시대의 소진이라는 인물이 "옛날에 일을 잘 처리했던 사람은 화를 바꾸어 복을 만들고 실패를 바꾸어 공으로 만들었다(轉禍爲福 轉敗爲功)"고 말한 데서 유래한다.

3) 2002년 개정된 「대체에너지개발및이용·보급촉진법」 제11조 6항에 따르면 "산업부장관(현 지식경제부 장관)은 대체에너지발전에 의하여 공급되는 전기의 발전원별로 기준가격을 고시하도록 하고 대체에너지 발전에 의하여 생산한 전기를 기준가격보다 낮은 가격으로 공급한 대체에너지발전사업자에 대하여 그 차액을 지원하도록 한다"라고 명시되어 있다.

4) **향후 발전차액지원 예산 전망**   (단위: 년, 억원)

연도	2012	2013	2014	2015	2016	2017	2018	2019	2020	2021	2022	2023	2024	2025
금액	3,950	3,950	3,950	3,950	3,950	3,916	3,894	3,885	3,860	3,835	3,669	2,740	1,308	617

출처: 지식경제부(2011).

도는 우리나라의 대표적인 신재생에너지 보급사업으로서 초기에는 많은 기대를 모았으나 최근 들어 대표적인 실패 사례로 꼽히는 정책 중의 하나로 전락하였다. 특히 이명박 정부 초기만 해도 녹색산업의 대표주자이자 FIT 제도의 최대 수혜주로 각광받던 국내 태양광 사업이 최근 이를 미래성장동력으로 삼았던 대기업들이 잇따라 사업 철수를 고려하거나 투자 중단을 선언하자 동력을 상실하기에 이르렀다.[5]

　　FIT 제도의 성과에 대해서는 평가가 엇갈리고 있다. 한편에서는 환경정책적인 관점에서 볼 때 온실가스 감축이라는 세계적인 추세에 부합할 뿐만 아니라 신재생에너지에 대한 국내의 신규투자를 단시간 내에 확대하였고 관련 산업의 급격한 성장도 이룬 FIT 제도가 예산상의 이유로 전격적으로 종결된 것은 납득하기 어려운 일이라는 긍정론이 제기되고 있다(박지현 2012). 그러나 본 논문은 산업정책적인 관점에서 FIT 제도에 대해 보다 비판적인 입장을 견지하고자 한다. 그러한 평가를 하는 이유는 FIT 제도의 결정과정에서 정책목표와 정책수단 간의 불일치에서 오는 예견된 정책 표류 또는 실패 현상이 나타났다고 보기 때문이다. FIT 제도의 근본적인 목표는 '온실가스 감축' 그 자체에 있었다기보다는 온실가스 감축과 관련된 산업 기술력 및 제조업을 육성하는 것이었다. 그러나 후술하는 바와 같이 현행 세계무역기구(World Trade Organization, 이하 WTO)의 보조금 협정에 따르면 '특정' 제조업에 대한 정부의 직접적인 보조금은 허용되지 않는다. 따라서 FIT 제도는 정부가 신재생에너지원으로 생산된 전력의 보급 확대를 통해 '우회적으로' 신재생에너지 연관 제조업을 육성하려는 의도에서 선택된 정책수단이었던 것이다. FIT 제도의 주무부처가 환경부가 아닌 지식경제부인 점이 이를 뒷받침한다. 지식경제부(2008: 17) 스스로도 "이명박 정부의 저탄소 녹색성장은 저개발 국가에 적용하는 환경전략이 아니라 에너지·환경위기를 기회로 활용하여 선진국으로 도약하기 위한 경제발전 전략"이라고 인식하고 있다(윤경준, 2012: 44에서 재인용; 밑줄은 저자가 표시).[6]

---

5) 태양광은 불과 수년 전만 해도 세계 1위를 점령하자며 각 기업들이 심혈을 기울였던 사업이었고 이와 관련된 유망 중소기업도 다수였다. 그러나 장밋빛 일색이었던 태양광 사업의 수익성 하락이 가속화되면서 점차 '흙빛'으로 변한 것이다(임형도 2011).

6) 이와 관련하여 윤경준(2012: 44)은 이명박 정부의 '저탄소 녹색성장' 전략이 '선진국 진입을 목적'으로 하고 있다는 점에서 여전히 개발도상국가로서의 자기인식으로 보여주는 것

그러나 산업정책으로서의 FIT 제도는 의외의 복병을 만나게 된다. 설비제조업자-설비시공업자-발전사업자-전력구매자로 이어지는 다단계의 가치사슬(value chain)에서 FIT 사업의 주요 고객집단은 설비시공업자와 (특히 민간) 발전사업자들이었다. 가령 태양광업계는 수입판매업자와 설치전문기업, 제조기업 등으로 나뉘져 있는데 정부의 산업 활성화 정책이 성공하기 위해서는 제조업 부문이 활성화되어야 한다. 그러나 현실에서는 중국을 중심으로 한 풍력 터빈 및 태양 전지 생산 능력이 확대되면서 국내 신재생에너지 설비업자의 경쟁력이 저하된 것이다. 태양광 산업의 성장세가 주춤하면서 가격 경쟁력이 중요한 경쟁 요소로 부각된 상황에서 중국은 태양전지와 모듈 생산기업의 전력, 에너지, 상하수도 등 각종 유틸리티 비용에 대한 보조금 지급과 낮은 인건비를 이용해 유럽기업 대비 70% 수준의 원가구조를 달성할 수 있었고, 이를 통해 경쟁우위를 점하게 되었던 것이다(장윤정, 2011).[7]

결국 이명박 정부는 2008년 4월 25일 경제정책조정회의를 열고 지나친 재정 부담을 최소화하기 위해 기준가격을 인하하는 한편 FIT 제도를 2011년까지만 시행하기로 결정하였다. 이에 따라 2012년부터 신재생에너지 의무할당제(Renewable Portfolio Standard, 이하 RPS)가 FIT 제도를 대체하게 되었으며, 이를 통해 국내 에너지 사업자들은 일정 비율 이상을 신재생에너지로 공급하는 의무를 지게 된다.[8] 역설적으로 FIT 제도의 시행착오, 즉 시장원리가 부재된 맹목적인 정부 보조금의 폐해가 RPS의 도입과 합리적인 설계를 촉진하는 계기가 되었다.

본 논문의 연구 질문은 다음의 세 가지이다. 첫째, 그동안 신재생에너지

이라고 지적한다.

7) 이외에도 시장규모가 상대적으로 작은 소수력이나 해양 에너지 분야에서는 저렴한 중국산 설비에 의해 국내 업체들이 경쟁력에서 밀리고 있다. 국내 풍력발전 부문 또한 국산 비중은 절반도 되지 못하며, 가공할 연료가 필요한 바이오매스 부문 역시 동남아시아에서 수입되는 PKS, EFB 등의 팜열매 부산물을 원료로 사용하고 있다(강은철, 2011; 길선균, 2011).

8) 지식경제부는 2005년 7월 당시 RPS 도입을 위한 사전조치로 한국전력, 한국지역난방공사, 한국수자원공사 및 6개의 발전회사와 신재생에너지 자발적 공급협약(Renewable Portfolio Agreement, 이하 RPA)을 체결하였다. 이들 9개의 에너지 공기업들은 본 RPA 협약을 통해 2006년부터 3년 간 총 1조 1,000억 원을 신재생에너지의 보급 확대에 투자했다. RPS 제도에 따르면 신재생에너지 인증서(Renewable Energy Certificate, 이하 REC)를 거래시장에서 구매하는 방법으로도 RPS의무를 달성할 수 있다.

사업의 불모지나 다름없었던 우리나라에서 신재생에너지의 보급과 인식의 확산에 상당한 기여를 했다는 점과 주요 선진국들은 여전히 FIT 제도를 시행하고 있거나 새롭게 도입을 검토하고 있다는 점에서 볼 때 제도 시행 10년 만에 FIT 제도가 퇴출된 이유는 무엇인가? 둘째, 정책의 형성, 결정, 집행, 그리고 평가의 제 단계에서 서로 얽히고설킨 주요 행위자들의 이해관계가 FIT 제도의 도입과 폐지에 어떤 영향을 미쳤는가? 셋째, FIT 제도의 긍정적·부정적 성과는 그 후속 제도인 신재생에너지 의무할당제(Renewable Portfolio Standard)의 도입에 어떤 영향을 미쳤는가?

이러한 질문에 답하기 위해 본 논문은 다음과 같이 구성된다. 제2절은 FIT 제도에 관한 선행연구를 검토한 후 시장 확대 정책수단으로서의 FIT 제도를 분석하기 위해 신산업정책적 접근법을 소개한다. 제3절은 신산업정책 제도설계의 구성요소인 정치적 리더십, 정책조정 및 숙의, 책임성 및 투명성의 관점에서 FIT 제도의 도입부터 폐지까지의 과정을 체계적으로 분석한다. 제4절은 FIT 제도의 도입과 폐지를 둘러싼 시행착오가 주는 정책적 함의를 요약하고 FIT 제도의 후속 조치인 RPS 제도에 대한 간략한 평가와 함께 그 성공적인 시행을 위한 요소들을 제안한다.

Ⅱ. 선행연구 검토 및 이론적 배경

1. FIT 제도의 개요

신재생에너지에 대한 국민적 관심이 폭발적으로 증가하기 시작한 것은 현 이명박 정부 들어서이지만 이미 2000년대 초부터 당시 김대중 정부는 선진국들은 기후변화협약과 관련된 온실가스 감축의무와 더불어 지속가능한 발전을 위해 대체에너지 개발을 중점적으로 지원하고 있다는 점에 주목했다.[9)]

---

9) 예를 들면 독일은 2000년 「대체전원우선구매법」을 제정하여 대체에너지 발전전력을 우선 구매하는 안을 법제화하였다. 일본은 1993년부터 2020년에 이르기까지 대체에너지 기술개발을 내용으로 하는 New Sunshine 계획을 추진했으며 동경전력이 발전원별로 구매가격을 고시하여 보조금을 지원하고 있었다. 미국 역시 백만호 Solar Roof Program을 통해 2010년까지 300만kW의 태양광을 보급하기로 계획하였고, 캘리포니아 주는 대체에

이처럼 대체에너지 이용비율이 전 세계적으로 커져가는 가운데 우리나라 역시 청정에너지로 각광받고 있는 대체에너지의 공급을 늘릴 제도 구축이 시급하다는 인식이 정부 내외에서 확산되기 시작한 것이다(산업자원부 기술자원과, 2002). 정부는 2001년 시범적으로 7.5억 원을 시범보급하기 위한 보조비로 사용하였는데, 당시 한국전력은 소수력, 풍력 등 대체에너지에 의해 생산된 전력을 63.51원/kWh에 구매하였으나 실제 발전원가와 상당한 차이가 있다는 지적을 받게 되었다. 이에 따라 신재생에너지 사업의 후발국으로 뛰어든 우리나라가 신재생에너지 산업을 단기간에 육성시키기 위해 「전기사업법」 및 「대체에너지개발및이용·보급촉진법」에 지원근거를 마련하여 독일 등 유럽에서 효과를 검증 받은 대체에너지 발전전력의 가격보전제도를 도입한 것이다.

FIT 제도는 기존의 화석에너지에 대한 편중된 의존도를 개선하고 친환경적인 대체에너지를 개발하여 이를 통한 전력 보급을 확대함을 목표로 했다. 민자·외자를 유치한 태양광, 풍력 등의 대체에너지 발전단지 조성이 가속화되고 대체에너지의 공급이 획기적으로 확대되면 청정 대체에너지가 확대되어 국제적인 환경규제에 능동적으로 대응할 수 있을 것이라는 것이 그 주요 논거였다. 또한 내부적으로는 투자의 불확실성을 완화할 수 있는바, 많은 참여자를 확보할 수 있고 이에 따라 장기적인 관점에서 고용창출효과를 기대할 수 있다는 점에서 적극적으로 옹호되었다.[10] 이러한 기대효과에 힘입어 2002년 5월 우리정부는 FIT 제도를 시행하기에 이르렀다.

FIT 제도는 2002년 제정 및 고시된 대체에너지이용 발전전력의 기준가격 고시에 따라 지식경제부 장관이 관리한다. 지식경제부 장관이 위임한 자에 해당하는 에너지관리공단은 사업시행부처이며 한국전력거래소 및 한국전력공사에서 차액지원금을 지급한다. 사후관리는 에너지관리공단 신재생에너지센터에서 담당한다. 2010년 6월 현재 발전차액 지원실적은 〈표 1〉과 같다.

너지원 발전전력에 대해 생산보조금을 지원하기도 하였다(홍유식, 2010).

10) 정부가 생산된 전기를 고정된 가격에 매입하여 수익을 보장하기 때문에 사업자의 입장에서는 수익을 보장받을 수 있다. 더 나아가 동 제도는 지역 규모의 소규모 발전사업, 가령 시민출자형 태양광 협동조합 등 지역제조사업과 마을에너지 사업에 있어 탄력을 불어넣는 기제로 작용할 수 있기 때문에 초기에 많은 기대를 모았던 것이 사실이다.

표 1 신재생에너지 발전차액 지원실적(2010년 6월 기준)　　　(단위: kW, M/Wh, 백만원)

구 분		2002	2003	2004	2005	2006	2007	2008	2009	2010
소수력	발전용량	31,823	10,000	340	5,700	7,745	6,225	10,290	6,100	6,768
	발전량	106,009	158,851	142,101	157,622	157,285	220,069	2,105	2,213	2,027
	지원금액	2,477	3,688	2,859	2,392	661	2,076	2,105	2,213	2,027
LFG	발전용량	18,880	7,638	1,000	2,775	0	50,000	0	1,065	2,410
	발전량	35,912	92,046	138,467	128,746	119,236	273,808	409,611	374,740	231,897
	지원금액	578	1,592	1,477	957	292	1,733	2,308	2,099	1,306
풍력	발전용량	0	0	45,600	98,000	3,000	15,000	750	152,250	2,000
	발전량	13,229	18,561	29,257	103,281	207,660	333,574	349,452	446,158	474,152
	지원금액	256	300	738	3,858	5,483	7,826	489	6,833	22
태양광	발전용량	0	0	200	1,143	9,012	28,842	257,499	50,457	69,975
	발전량	0	0	13	522	5,467	24,036	205,771	420,164	305,342
	지원금액	0	0	8	340	3,481	14,772	112,847	240,401	158,148
연료전지	발전용량	0	0	0	0	250	0	7,800	12,000	3,600
	발전량	0	0	0	0	243	1,960	12,218	61,698	93,218
	지원금액	0	0	0	0	48	393	1,656	11,036	14,856
바이오가스	발전용량	0	0	0	0	0	2,116	595	0	0
	발전량	0	0	0	0	0	1,551	3,170	5,860	5,870
	지원금액	0	0	0	0	0	16	32	59	59
바이오매스	발전용량	0	0	0	0	0	0	0	5,500	0
	발전량	0	0	0	0	0	0	0	863	8,294
	지원금액	0	0	0	0	0	0	0	4	41
폐기물	발전용량	0	0	0	0	0	0	0	2,247	0
	발전량	0	0	0	0	0	0	0	1,548	2,680
	지원금액	0	0	0	0	0	0	0	6	13
계	발전용량	50,706	18,618	47,140	107,618	20,007	102,178	276,934	229,614	84,753
	발전량	155,150	269,458	309,856	390,171	489,801	854,998	1,185,370	1,502,992	1,298,931
	지원금액	3,311	5,580	5,082	7,547	9,965	26,815	119,465	262,652	176,472

출처: 한국전기연구원·지식경제부(2011).

2. 선행연구 및 그 한계

신재생에너지와 관련된 전기 및 에너지에 관한 공학적·기술적 연구를 제외한 FIT 제도에 대한 국내 학계의 학술적 연구는 첫째, 해외사례의 소개 및 국내에의 적용가능성에 대한 연구, 둘째, FIT의 합리적 제도설계에 관한 연구, 셋째, FIT 제도의 성과분석 및 정책 수용성에 대한 연구로 크게 나뉜다.[11]

첫 번째 유형으로는 독일의 저온태양열 R&D정책의 내용을 혁신주체의 성격과 상호관계라는 측면에서 분석하여 한국의 신재생에너지 관련 연구개발 정책에 주는 함의를 파악한 이명헌(2011)의 연구가 있다. 홍유식(2010)은 FIT 제도를 포함한 신재생에너지 정책의 목표와 수단 관점에서 독일, 일본, 미국 등 주요국 사례를 검토한 후 우리나라의 정책변동 과정을 분석한다. 그 밖에 원광희 외(2010)는 미국 오하이오 주의 신재생에너지 정책의 형성과정과 경제적 영향에 대한 분석을 통해 신재생에너지의 조기 정착을 유도하기 위해서는 정부가 신재생에너지원에 대한 이용을 강하게 유인하고 지역적 특성과 기술수준에 맞는 재생에너지 정책을 도출해야 한다는 결론을 도출하고 있다.

두 번째 유형으로는 FIT 제도의 기준가격이 보급규모를 제어할 수 없는 제도적 한계를 보완하여 시스템적으로 기준가격이 조정될 수 있는 유연감소율 메커니즘을 제안한 조기선(2008)의 연구가 있다. 제안한 유연감소율 메커니즘은 시장의 보급규모에 따라 기준가격을 시스템적으로 조정함으로써 시장 여건의 반영체계를 갖추어 가격조정에 대한 이행당사자간의 이해상충 문제를 완화하는 수단으로 활용될 수 있다는 주장이다. 조인승·이창호(2005)는 신재생에너지전원의 FIT 제도 적용을 위한 발전원가 적용범위 산정기준을 제시하고 있다. 한편, 김태은(2009)은 또한 우리나라의 FIT 제도가 신재생에너지 발전전력 생산필요성과 재정 부담간의 딜레마를 유발하였으며, 이러한 딜레마

---

11) 외국의 경우 신재생에너지 정책에 대한 연구는 유럽과 미국을 중심으로 진행되었으며, 크게 FIT와 RPS 정책효과의 국가간 비교 연구, FIT와 RPS 제도 각각의 개별적 분석, 대안적 제도 설계, 제도적 환경을 고려한 연구 등이 수행되고 있다(홍유식 2010: 17). EU 국가들의 FIT 제도 비교연구는 Groba et al.(2011), 미국 주정부들의 RPS 제도 성과 비교 연구는 Carley(2009), 미국과 독일의 RPS/FIT 제도 도입 비교분석은 Stefes and Laird (2010), FIT 정책의 최적 보상(renumeration)체계에 관한 연구는 Couture and Gagnon (2010)을 참조.

대응과정에서 FIT 제도는 지속적으로 변화하였고, 궁극적으로 폐지되어 새로운 제도인 RPS 제도로 대체되었다고 본다.[12]

　　세 번째 유형으로는 다국가를 대상으로 한 패널자료의 계량분석 결과 FIT나 RPS와 같은 정책수단의 차이가 아니라 에너지 지배구조의 문제(녹색당, 원자력 발전 비중), 소득수준, 기업환경, 국제적 압력 등의 변수가 신재생에너지 발전 비중의 확대에 통계적으로 유의미한 결과를 미친다는 결론을 도출한 김태은(2011)의 연구가 있다.[13] 이와는 반대로 김현제·조경엽(2010)은 실증분석 결과 신재생에너지의 보급 목표를 확실히 달성하고자 한다면 RPS 제도가 FIT 제도보다 바람직하지만 RPS는 강제적 규제의 성격을 띠고 있기 때문에 중단기적으로 투자비용이 상승하여 GDP가 감소하는 단점을 지니고 있으므로 단기적으로 신재생에너지의 보급을 늘리고자 한다면 FIT 제도가 바람직하다는 결론을 도출하였다.[14]

　　이러한 선행연구는 다양한 관점 및 비교정책론적 시각에서 FIT 제도를 분석하고 평가하고 있으나 서론에서 본 논문이 제기한 연구 질문에 대한 설명으로는 미흡한 측면이 있다. 특히 기존 연구들은 '시장확대 정책수단'으로

----

12) 그 밖에 이종영(2005)은 신재생에너지의 이용과 보급을 위한 제도를 검토하기 위하여 다른 국가에서 채택하고 있는 신재생에너지의 이용과 보급을 위한 제도를 검토하고, 각국에서 따라서 이용과 보급의 대상으로 하고 있는 신재생에너지의 개념에 관하여 고찰한 후 소비자부담의 원칙에 입각한 제도 설계가 예산의 부담도 줄이고 장기적으로 신재생보급사업이 자생력을 갖도록 하는 제도적 방안이 될 수 있다는 결론을 도출하고 있다. FIT와 RPS의 장단점을 입법례를 살펴본 후 규범적 전략적으로 바람직한 제도형성의 방향을 고찰한 신정희(2011)는 재생에너지 공급영역에 있어서는 최우선적으로 고려해야 할 가장 중요한 국가의 과제는 지속가능성의 확보라는 것을 명확히 인식하고 적극적인 제도적 지원을 통해 지속적이고 일관된 정책을 추진해야 한다고 주장한다.

13) 풍력발전을 사례로 발전량에 있어서 FIT와 RPS가 통계적으로 유의미한 차이가 없다는 해외연구로는 Dong(2012)가 있다.

14) 그 밖에 풍력발전시설이 입지한 제주도의 한 지역을 대상으로 국책사업으로서 풍력발전시설 설치가 추진된 시기와 풍력발전시설에서 경제적 수익이 창출된 이후 지역이 풍력발전사업자를 선정할 수 있게 된 시기의 풍력발전시설 입지 선정에 대한 지역 주민의 의식과 태도를 비교한 염미경(2009)의 연구가 있다. 한편 배정환(2009)은 정부와 여러 지자체, 그리고 기업들에 의해 추진되고 있는 신재생에너지 정책을 검토한 후 바이오디젤과 우드에너지 산업 육성 외에 풍력발전단지에 대한 투자를 광주·전남 지역에 적합한 녹색성장산업으로 제안하고 있다. 진상현·황인창(2011)은 정부가 야심찬 신재생에너지 보급 목표를 설정해놓고 각종 지원 정책을 의욕적으로 추진하고 있음에도 불구하고 정책 목표를 달성하기에 턱없이 부족한 실적을 보이고 있는 이유 가운데 하나는 정부가 신재생에너지의 지역적 특색을 감안하지 못했다는 점에 있다고 지적한다.

서의 FIT 제도의 의의와 한계에 대해서는 제대로 된 분석을 하고 있지 못하다.[15] FIT 제도는 가격접근방식의 정부개입 수단 중 하나이며, 신재생에너지 사업자를 대상으로 직접적인 보조금을 지원하는 우대 및 보조 정책으로서 대표적인 시장확대 정책수단이다.[16] 그러나 FIT 제도의 근본적인 목표는 '온실가스 감축' 그 자체에 있었다기보다는 온실가스 감축과 관련된 산업 기술력 및 제조업을 육성하는 것이었다. 예를 들어 2005년 3월 당시 이희범 산자부 장관은 "앞으로 수소·연료전지, 태양광 등 핵심분야의 세계적인 기술력을 확보하고 신재생에너지 공급비중을 지난해 2.3%에서 오는 2011년까지 5%로 확대하는 등 친환경·수소경제로 도약하기 위한 각종 정책을 적극 추진해 나가겠다"고 언급한 바 있다.

그러나 현행 WTO 보조금 협정 제2조에 따르면 특정 제조업에 대한 정부의 직접적인 보조금은 허용되지 않는다. 특정성은 일반적 이용가능성과 상반되는 개념으로 이는 생산비용에 직접적인 영향을 주어 경쟁체제에 인위적인 왜곡을 낳기 때문이다. 동 협정 제1조에서 정의된 보조금이 특정적인 경우에 한하여 WTO 보조금 협정 제2부에 규정된 금지보조금 규정[17]에 따르거나

---

15) 이와 관련하여 홍유식(2010)은 지난 몇 년 간 우리나라에서 신재생에너지 관련 정책들이 폭발적으로 증가하였으나 이들 정책의 목표 측면에서 볼 때 산업정책과 에너지정책에 대한 고려가 미흡하다는 점과 새로운 정책과 기존의 정책수단들 간의 불일치가 발생하여 정책표류 현상이 생길 가능성이 높다는 점을 지적하고 있다.

16) 일반적으로 부(−)의 외부성(negative externality)을 갖는 시장실패가 발생하면 사회적 최적생산보다 더 많은 재화가 시장에 공급된다. 반면, 정(+)의 외부성(positive externality)을 갖는 시장실패가 발생하면 사회적 최적생산보다 더 적은 재화가 시장에 공급된다. 전자의 경우 비용 부담집단, 후자의 경우 편익 수혜집단의 무임승차문제로 인해 발생하는 집단행동의 딜레마에 대응하여 정부의 개입이 요구된다. 여기서 정부는 두 가지 유형의 정책수단으로 시장실패에 대응할 수 있다. 시장 유인을 활용하는 접근법으로서 가격을 조정하거나 수량을 조정하는 방식이다. 가격을 조정하는 방식은 공해 문제가 발생하였을 때 공해세를 부과하여 부의 외부성을 극소화시키거나 친환경적 행위에 대해 보조금을 지급하여 정의 외부성을 극대화시킴으로써 산출량을 사회 적정수준으로 조정하는 방법이다. 수량을 조정하는 방식은 오염허가제를 실시하여 오염허가서를 발급받은 경제주체만이 오염물질을 방출할 수 있게 하는 방법과 같이 적절한 의무이행수단에 의존하여 수량규제를 행하는 것으로 RPS 제도가 이에 해당된다.

17) 수출보조금 및 수입대체보조금은 금지보조금으로서 원칙적으로 사용이 금지된다. 만약 회원국 일방이 금지보조금을 사용하여 규정을 위반하게 되는 경우 다른 회원국은 피해 여부와 상관없이 WTO에 제소할 수 있다. 금지보조금은 다른 대체적 이행 방법이 인정되지 않고 즉시 철회되어야 한다.

조치가능보조금 또는 상계조치의 규정[18])에 따르게 된다. 금지보조금을 제외
하고 조치가능보조금이 아닌 보조금은 모두 허용보조금에 속한다고 볼 수도
있다(최병선, 1999). 그러나 FIT 제도도 WTO의 보조금협정상 허용되지 않는
보조금일 때 여전히 문제가 될 소지가 있다. 특히 현재 허용보조금에 대한
1999년까지의 유예기간이 종료되었고, WTO 차원에서 그 연장이나 개정에
대한 합의가 없기 때문에 금지보조금과 조치가능보조금이 최근 보조금협정
사건의 주를 이루고 있다는 점에서 더욱 그러하다(박지현, 2012). FIT가 특정산
업이나 기업을 위한 보조금인지에 대한 특정성 판단기준은 명확하게 제시된
바가 없으나, 최근 불거진 캐나다－재생에너지 발전분야 사건은 중요한 시사
점을 제공한다.[19])

　　이러한 논란에도 불구하고 우리나라의 FIT 제도는 정부가 신재생에너지
원으로 생산된 전력의 보급 확대를 통해 우회적으로 신재생에너지 연관 제조
업을 육성하려는 의도에서 선택된 정책수단이었다. 다음 절에서 우리나라
FIT 정책을 산업정책적 시각에서 분석하기 위해 신산업정책론에서 제시하는
산업정책의 제도적 구성요소를 아래에서 간략히 살펴보기로 한다.

---

18) 조치가능보조금은 특정성이 있는 보조금으로서 무역에 대한 부정적인 효과(adverse
　　effect)가 있기 때문에 상계조치가 가능한 보조금을 가리킨다. 이와 관련하여 농업에 관
　　한 협정 제13조에 규정된 경우를 제외하고는 회원국은 다른 회원국에 의해 지급 또는 유
　　지되는 제1조에 언급된 보조금이 자기나라 국내 산업에 대하여 피해, 무효화 또는 침해
　　및 심각한 손상을 초래한다고 믿을 만한 사유가 있는 경우, 협의를 요청할 수 있다.
19) 2010년 9월, 일본은 캐나다의 재생에너지에 대한 FIT 제도가 WTO협정에 위반한다고 주
　　장하면서 협의를 요청하였고, 협의가 실패함에 따라 2011년 6월 20일 캐나다－재생에너
　　지발전분야사건 패널이 설치되었다. 일본은 캐나다 온타리오주의 FIT 제도가 2009년부터
　　2011년까지 10kw 이상을 생산하는 풍력 프로젝트의 25%, 2011년부터 10kw 이상을 생
　　산하는 태양 관련 프로젝트에는 60%를 국내상품이나 서비스로 충족하여야만 FIT 보조금
　　을 받을 수 있도록 규정하고 있어서 첫째, 보조금협정의 위반이며 둘째, 국내상품 사용조
　　건부 지원규정으로 인하여 일본기업에게 덜 우대적인 대우(less favorable treatment)가
　　부여되고 있으므로 GATT의 내국민대우원칙(national treatment) 위반이라고 주장하였다.
　　캐나다 FIT 제도에 대한 WTO 분쟁해결기구의 판정은 각국의 녹색투자향방을 결정하는
　　중요한 선례가 될 것이라는 관망 아래, 미국, EU, 우리나라 등 13개국이 제3자로 참여하
　　고 있으며, EU는 2011년 8월 별도로 협의를 요청한 상태이다(박지현, 2012: 773－774).

3. 신산업정책의 제도적 구성요소[20]

일국의 산업정책은 정부가 행하는 시장에 대한 적절한 당근이자 채찍으로 기능한다. 혁신을 유도하는 투자자금의 지원이나 실패위험에 대한 보장과 같은 정부의 위험 부담행위가 당근이라면 이러한 혁신활동에 따른 성과가 없을 경우 정부 지원을 중단하는 것이 일종의 채찍에 해당한다. 바람직한 산업정책은 이를 시행하는 관료의 자율성(autonomy)과 배태성(embeddedness) 간의 적절한 균형을 찾는 일로부터 시작된다. 관료의 자율성이 강한 경우 정책과 관련한 부패나 지대추구 행위를 줄일 수 있지만 산업계의 진정한 요구에 대한 정보 부족으로 적절한 유인 제공에 실패할 수 있다. 한편 관료의 배태성이 지나치게 강한 경우는 이와 반대로 시장에 대한 정보는 충분히 주어지나 관료들의 부패(corruption) 또는 포획(capture)될 가능성이 높아진다.

자율성과 배태성 간의 균형과 관련해서 그간 많은 학문적 논쟁이 있어 왔다. 1990년대 말까지는 워싱턴 컨센서스(Washington Consensus)로 상징되는 신자유주의가 주류 패러다임이었다면 2000년대에 들어 신자유주의적 정책처방들이 전세계 여러 국가들에서 실망스러운 성과를 내면서 전통적인 산업정책론과 신자유주의의 조화를 모색하는 중도적 접근이 부상해 왔다. 특히 2008년 세계 경제위기가 미국과 서유럽 국가들에게는 직접적인 타격을 입힌 반면 동아시아 국가들은 큰 영향을 받지 않고 경기회복을 함에 따라 신산업정책론에 대한 관심이 고조되고 있는 것이다(Rodrik, 2008; Pempel, 2010).

이러한 맥락에서 Dani Rodrik(2008)의 신산업정책론을 특히 주목할 만하다. 그의 실용주의적 산업정책론은 시장과 정부를 대립관계가 아닌 보완관계로 보고 양자 간의 전략적 협력에 의한 산업발전의 필요성을 주장한다. 즉, 전통적인 산업정책 또는 발전국가론의 문제는 관료주의, 이익집단, 산업정책에 대한 이해 부족 등으로 인해 정책이 잘못 이용될 때 야기되는 것이지 산업정책 또는 국가 개입 자체에 내재된 문제가 아니라는 주장이다. 신산업정책의 특징은 개인, 기업, 정부의 혁신역량을 결집하여 산업발전과정의 기회요인을 최대한 활용함으로써 창조적인 지식기반의 산업발전을 도모하는 것이다. 전

---

20) 김난영·구민교(2011: 406-411)을 재구성.

통적 산업정책론이 단순히 산업정책의 결과에만 주목한 데 반하여, 신산업정
책론은 산업정책의 제도적 설계 과정을 중시한다. 어떤 산업정책도 결과를 사
전에 알 수 없고 실패의 가능성을 동시에 내포하므로 결국 산업정책도 경제
등 여타 정책과 마찬가지로 수립, 실행함에 있어서 엄밀한 경제적 분석을 바
탕으로 제약조건을 밝히고 정책을 디자인하고 제도화 과정을 거쳐야 한다는
것이다.

신산업정책 제도설계의 주요 구성 요소는 다음과 같다(Rodrik, 2008, chap. 4).
첫째, 정치적 리더십(political leadership)이다. 신산업정책론에서 산업정책의 성
패는 산업정책에 대한 대중적 관심을 높이고 정부, 의회에 정책의 순응도를
높일 수 있는 고위층, 특히 대통령이나 행정수반의 정치적 리더십에 달려 있
다고 강조한다. 정치적 리더십은 집행기관들에 대한 조정과 통제를 강화하고
그 결과에 대한 명확한 정치적 책임을 부여하는 역할을 한다. 그러나 정책과
정에서 대통령의 정치적 리더십이 과도하게 개입하면 정책의 효율성이 떨어
진다는 연구결과도 있음에 유의해야 한다. 소위 대중영합주의(populism)를 통
해 정책이 정치화되면 정책의 경제성과 효율성이 훼손되기 마련이고, 정권이
바뀌면서 정책이 급격히 변동되기도 하며, 이것은 사회 전체적으로 매우 큰
정책비용을 야기할 수도 있기 때문이다. 더욱이 합리적인 이유가 아닌 정치적
인 이유로 정책이 급격히 뒤바뀌는 정책변동이 반복되면 이는 곧 정치적 리
더십에 대한 불신으로 귀결되며, 정부가 정책적 신뢰를 확보하지 못하면 장기
적인 정책효과성은 저하된다.

둘째는 정책조정 및 숙의(policy coordination and collaboration)이다. 여러
부처에 연관된 복합적인 성격의 정책 사안들이 증가함으로써 이에 대한 통합
과 조정의 필요성이 증가한다. 대규모화, 범부처의 참여적 특성을 가진 정책
들은 관할권이 어느 부처에 속하는지가 모호해지고 부처 간 그 경계가 중첩
될 수밖에 없다. 전례가 없는 새로운 정책영역이 증가함에 따라 정부 내에서
이들을 종합적으로 다룰 수 있는 제도적 장치 또는 전담기구들이 없거나 있
더라도 미흡하기 마련이다. 예를 들어, 새로운 기술이 새로운 산업영역을 창
출하는 기술주도의 산업구조로 재편되는 상황하에서 정책영역은 모호할 수밖
에 없으며, 따라서 각 부처는 서로 자기부처의 관점에서 문제를 부분적으로
다룸으로써 상호모순 및 중복되는 정책이 나타나게 되어 조정이 필요해진다.

장기간에 걸친 조직 간의 심각한 정책갈등은 정책조정비용을 증가시키게 되며 특히 정책갈등이 조정되지 못하는 경우 정책지연이 발생한다. 아울러 중요한 것은 정책 과정에 민간 부문의 바람직한 참여를 유도하는 것이다. 정책의 결과는 정보의 환류를 통하여 차후의 정책관리의 실수를 줄이고 보다 합리적인 정책운용을 위해 사용되어야 하고 투명한 정부—기업의 네트워크는 기업들의 지대추구행위를 막을 수 있고 관료의 부패 및 기업과의 결탁을 방지할 수 있다.

셋째는 책임성(accountability)과 투명성(transparency)이다. 산업정책은 이미 특권을 가진 분야에 대한 계속적인 지원이 아니라 모든 분야의 기회를 확대시키는 성장 전략으로서 기능해야 한다는 것이다. 그리고 이러한 촉진 활동이 투명하고 명확한 책임하에 진행되어야 한다는 것이다. 조정과 심의기관의 운영은 공개적으로 이루어질 때 산업정책에 투입되는 공공자원에 대한 책임소재가 명확해진다. 이러한 책임성과 투명성이 지켜질 때 산업정책의 결과가 제대로 평가될 수 있으며, 정책과정에서 피드백을 거치게 되고 자기 학습이 된다. 특히 세계화에 따른 급격한 행정환경의 변화로 인해 책임성 문제가 다시 부각되고 있는데, 이와 같은 행정환경의 변화와 그로 인해 심화되는 책임성에 대한 모호성은 정책실패의 책임소재를 모호하게 만들어 정부의 정책역량 약화를 가져올 것이다.

Ⅲ. 신산업정책론 관점에서 본 FIT 제도

1. 정치적 리더십의 과잉

산업정책에서의 정치적 리더십이란 시장의 요구를 상위정치영역에 적극 반영할 수 있으면서 정부 내 부처 간의 조정이 가능할 정도의 지위에서 찾아볼 수 있다. FIT 제도는 2002년 시행된 이래 김대중 정권, 노무현 정권, 그리고 이명박 정권을 차례로 거쳤다. 세 정권 모두 최고정책결정자 차원에서 신재생에너지 사업에 대한 관심과 리더십은 과거 그 어느 정권 때보다 높았다고 볼 수 있다. 그러나 최고정책결정자의 '지대한' 관심은 주무부처에게 큰 압박으로 작용하였고, 결과적으로 무리한 정책집행에 따른 정책오류의 수정 기회를 제한함으로써 독(毒)이 된 측면도 있다.

김대중 대통령은 2000년 9월 19일에 개최된 국무회의에서 고유가 사태와 관련 관계부처 장관에게 다음과 같은 지시를 내렸다.

> *"가격 정책을 통해 수요를 줄여나가면서 에너지를 많이 쓰면 그만큼 부담을 주는 제도를 도입하라 … 정부나 국민, 기업이 모두 에너지 절약에 참여하고 특히 관이 앞장서 이번 고유가 파동에너지 과소비를 줄이고 대체에너지를 개발하는 전화위복의 기회로 삼아야 한다"*(김기서, 2000).

또한 동년 12월 19일에 개최된 국가과학기술위원회 제6차 회의에서 김대통령은 아래와 같이 신재생에너지 사업에 박차를 가할 것을 주문하였다.

> *"대체에너지 개발은 당장에는 큰 성과가 나오지 않지만 장기적 관점에서 꾸준히 추진해야 한다. 핵융합이나 수소에너지와 같은 미래에너지의 개발과 함께, 석탄을 이용해 석유의 대체에너지로 활용하되 환경 친화적이고 경제성 있게 활용하는 방안을 개발해나가야 할 것이다"*(이래운, 2000).

이에 관련부처 간의 협의를 거쳐 2002년부터 FIT 제도가 실시되었다. 그 주요일지는 〈표 2〉와 같다.

표 2   김대중 정권 당시 FIT 제도의 주요일지

주요 법령	주요 내용
대체에너지 개발 및 이용·보급촉진법 개정안 제227회 임시국회 통과(2002. 2. 2) 및 시행(2002. 9. 26)	• FIT 제도 명문화(11조의6 신설) • 국가기관, 지자체, 정부투자기관 등 공공기관이 건축물을 신축하는 경우 대체에너지를 이용하도록 의무화
대체에너지 이용·발전전력의 기준가격 지침(산자부 고시 제2002-108호(2002. 5. 29 시행)	• 차액지원 대상을 5개 대체에너지원으로 지정; 태양광, 풍력, 소수력, 매립지 가스, 폐기물 소각 • 기준가격 적용기간을 상업운전개시일로부터 5년으로 지정
태양광 에너지 개발·보급 활성화 전략 발표(Solar Land 2010	• 산업자원부는 2010년까지 주택 3만호에 주택용 3kW 태양광 발전 시스템을 보급하기로 함

Program, 2002. 7. 22)	• 에너지 기술연구원을 태양광에너지 분야의 태양광 성능 평가센 터로 지정 • 에너지 관리공단에 대체에너지 개발 및 보급센터를 설치 • 기준가격과 전력거래가격의 차액인 667.60원/kWh을 지원

노무현 대통령 역시 신재생에너지 사업에 각별한 관심을 보였다. 이는 2004년 11월 3일에 개최된 국가에너지자문회의에서 그가 행한 연설에 잘 나타난다.

> "신재생에너지는 현재보다는 장래의 가능성을 염두에 두고 연구개발등을 적극 지원하겠다. 먼저 각 분야의 신재생에너지 분야 전문가들이 힘을 합쳐 중요성에 대한 인식을 확산시키는 것이 필요하다. 에너지 절약, 신재생에너지 보급 등의 정책 추진은 향후 10년 또는 20년 내에 도달할 수 있는 수준을 명시적으로 제시하는 것이 필요하다"(양효석, 2004).

이러한 대통령의 관심에 힘입어 주무부처인 산자부는 〈표 3〉과 같이 FIT 제도의 확대 시행에 박차를 가하게 된다. 그러나 당시의 무리한 사업 확장은 여러 부작용을 낳게 되었다. 그럼에도 불구하고 대통령의 관심과 그 상징성 때문에 산자부는 정책오류를 수정할 수 있는 기회를 상실하게 된다.

표 3 노무현 정권 당시 FIT 제도의 주요일지

주요 법령	주요 내용
대체에너지 이용·발전전력의 기준가격 지침 1차 개정(2003. 10. 9.)	• 풍력, 태양광에 대해서 기준가격의 적용기간을 현행 5년에서 15년으로 연장 • 적용 대상: 정부지원 30% 미만 설비 • 설비용량제한: 태양광은 20MW(사업자 3MW 이하), 풍력은 250MW
대체에너지정책심의회에서 대체에너지 이용·발전전력의 기준가격 지침 2차 개정(2004. 10. 12.)	• 한국 수자원 공사가 시화호에 조력발전소 건설을 추진함에 따라 "조력발전"도 차액지원 대상으로 추가
소규모 대체에너지발전전력의 거래에 관한 지침 제정(산자부 고시 제1005-14호, 2005. 2. 7)	• 발전설비용량 200KW 이하의 대체에너지 발전사업자 및 자가용전기설비 설치자는 전력시장을 통하지 않고 전기판매업자와 직접 전력거래 가능해짐

대통령 주재 제2차 국가에너지 자문회의(2005. 3)	• 산자부는 FIT 제도 시행에 따른 재정부담을 완화하기 위해 신규사업에 대해 전력회사의 신재생에너지 의무구매제도와 의무할당제도를 중장기적으로 도입하는 방안도 검토할 계획임을 시사
산자부 신재생에너지 세부 보급 계획공고(2005. 4. 8.)	• 신재생에너지에 대한 국민적 참여를 확대하기 위해 시민단체·복지시설 등 비영리 사업자에 대해 발전차액지원(한전구매가격−전력거래소 거래가격)은 물론 추가적으로 설치비의 30%를 보조하기로 함
대체에너지개발 및 이용·보급 촉진법 시행령 전부 개정령(2005. 8. 31.)	• 대통령령 19023호에 따라 대체에너지 개발 및 이용·보급 촉진법 시행령이 신에너지 및 재생에너지 개발·이용·보급촉진법 시행령으로 전부 개정
신재생에너지 FIT 제도 공청회 (2006. 3. 2 2.)	• 산자부, 에너지관리공단 신재생에너지센터, 한국전기연구원 공동주최 • 음식물 쓰레기 등을 활용한 바이오가스 발전, 방파제가 없는 조력 발전 등 신규 발전원에 대한 발전차액지원의 필요성을 제기
신재생에너지이용 발전전력의 기준가격 지침 산자부 고시 제2006-89호(2006.10.11 시행)	• 발전차액 지원대상에 연료전지와 바이오에너지를 추가 • 설비용량제한 1차 개정: 태양광 100MW, 풍력 1,000MW로 확대 • 추후 RPS 도입을 검토할 것을 시사
신재생에너지 펀드 출시(2007. 5. 21.)	• 최근 2년간 태양광 발전사업 등에 참여하려는 신규수요가 매년 1천억 원에서 2천억 원씩 발생하고 있으나 07년 정부의 전기분야 융자 지원예산은 650억 원에 불과 • 국민은행은 3,300억 원 규모의 신재생에너지 펀드를 출시하여 태양광 발전설비 위주로 투자를 유도

한편 이명박 대통령은 집권 초기에는 신재생에너지 사업에 큰 관심을 보이지 않았다. 그러나 2008년 들어 세계경제 위기가 본격화 되고, 선진국들을 중심으로 녹색산업을 미래의 신성장동력 산업으로 육성하려는 노력을 본격적으로 기울이자 이명박 정부도 이 대열에 합류하게 되었다. 2008년부터 본격적으로 '녹색성장' 정책을 추진함에 따라 신재생에너지제도도 새로운 전기를 맞게 되었다. 이 대통령은 2008년 광복 63주년 및 대한민국 건국 60주년 경축사를 통해 "5% 남짓한 에너지 자주 개발률을 임기 중에 18%, 2050년에는 50% 이상으로 끌어올려 '에너지 독립국'을 실현하고 신재생에너지 사용 비율을 현재 2%에서 2050년에는 20% 이상으로 높이겠다"고 선언했다(주용중, 2008).

아울러 이 대통령은 녹색성장의 목적은 온실가스와 환경오염을 줄일 수 있는 기술을 경제성장의 새로운 동력으로 삼고 이 부문에서 일자리를 창출할 것을 선언하였다. 이를 통해 저탄소 녹색성장정책은 이명박 정부의 기후변화정책, 에너지정책, 산업정책, 지속가능발전정책을 두루 포괄하는 일종의 패키지정책이라는 점을 알 수 있다(윤경준, 2012: 35-37).

2011년 신년연설에서 이 대통령은 "대한민국은 지구촌에 녹색성장의 비전을 제시하고, 그 실천을 위해 녹색성장기본법을 세계에서 가장 먼저 제정했습니다 … 신재생에너지 수출은 3년 만에 7배가 늘었고 2015년까지 수출 400억 달러를 목표로 하고 있습니다. 앞으로 태양광을 제2의 반도체, 풍력을 제2의 조선산업으로 키워나가겠다"고 밝히기도 하였다(조선일보, 2011. 1. 3.). 그러나 이미 FIT 제도를 지속시키기에는 여러 문제점들이 너무 컸고, 따라서 이명박 정부는 FIT 제도를 폐지하고 이를 RPS 제도로 대체하는 방향으로 선회하였다[정책리더십의 과잉이 있었다면 FIT 제도가 문제가 있음에도 오히려 그것이 중단되거나 변경되는 데 걸림돌로 작용하였을 것임. 따라서 RPS제도로 변경하는 데에 어려움이 따랐음을 추가적으로 설명(가능하다면)하는 것이 주장의 강화에 도움이 될 것으로 사료됨]. 이와 관련된 주요일지는 〈표 4〉와 같다.

표 4 이명박 정권 당시 FIT 제도의 주요일지

주요 법령	주요 내용
정부 경제정책조정회의에서 태양광 FIT 제도 개선안 발표(2008. 4. 25)	• 설비용량 2차 개정: 태양광 500MW (태양광 발전차액지원 한계용량을 확대함) • 2012년부터 FIT 제도를 신재생에너지 의무할당제(RPS)로 대체하기로 결정
신재생에너지이용 발전전력의 기준가격 지침 개정(2008. 5. 14.)	• 2008년 10월 1일 이후의 발전원별 적용 기준가격 고시
신재생에너지이용 발전전력의 기준가격 지침 개정(2009. 4. 29)	• 착공 신고제 도입: 착공 신고 후 3개월 이내에 공사를 완료하는 사업자에게만 발전차액을 지원 • 태양광과 연료 전지에 대해 연도별로 한계용량을 설정
신재생에너지 이용 발전전력의 기준가격 지침 개정(2009. 9. 4)	• 절차적 투명성 강화: 기준가격 산정 시 태양업계, 단체, 전문가 및 NGO 등을 참여시켜 의견을 수렴 • 태양광과 연료전지에 대해 연도별로 한계 용량을 설정

신재생에너지 개발·이용보급 촉진법 개정안 국회 통과(2010. 3. 18)	• 지식경제부는 RPS 도입을 위해 동법 개정안을 2008년 말 국회에 제출 • 이로써 2011년 말에 FIT 제도를 폐지하고 2012년에 RPS를 도입하기로 확정 • 다만 2011년 말 이전에 발전차액지원을 받은 신재생에너지 발전소는 RPS가 시행되더라도 적용기간 만료시까지는 발전차액지원을 받기로 유예 조치
신재생에너지이용 발전전력의 기준가격 지침 개정(2010. 9. 27)	• 2011년 태양광 발전차액지원 기준가격을 2010년 대비 14.54% 인하하기로 결정 • 보급 잠재량이 높은 바이오매스, 바이오 가스, RDF 활용 폐기물 발전소의 기준가격을 kwh당 10원씩 상향 조정

2. 조정 및 숙의 기구의 부재

조정 및 숙의기구는 주로 조정 외부효과(coordination externalities)와 정보 외부효과(information externalities)의 부정적 영향을 최소화시키기 위한 노력의 일환으로 정부와 시장의 균형 있는 참여를 바탕으로 정부 내외의 정보 및 요구를 취합하고 조정하는 역할을 한다. FIT 제도와 관련해서도 세 정권을 거치면서 대체에너지정책심의회, 국가에너지자문회의, 경제정책조정회의, 국가에너지위원회 등과 같은 조정 및 숙의기구가 어느 정도의 역할을 했다고 볼 수 있다. 그러나 근본적으로 이러한 기구들은 조정과 숙의 그 자체가 우선순위였다기보다는 대통령의 의지를 전달하고 확인하는 창구로서의 성격이 강했다.

따라서 주무부처인 지식경제부(구 산업자원부)와 유관부처, 특히 환경부와의 견해 차이를 좁히는 데 실패하였다. 예를 들면 지식경제부와 환경부는 상당 부분 중첩된 영역의 업무를 수행하고 있음에도 실제 시행하는 정책의 성격은 상이하다. 부처의 특성상 지식경제부는 산업의 육성과 발전을 장려하는 반면 환경부는 환경을 규제하는 경향이 있다. 가령 폐기물을 발전원으로 전력을 생산하는 발전사들은 폐기물을 연료로 사용할 수 있도록 지식경제부가 서둘러 「폐기물관리법」 개정을 추진하도록 요청해왔다. 이에 따라 지식경제부는 외국에서 바이오매스의 에너지원으로 인정받는 폐기물 품목에 대해 국내에서도 인정할 수 있도록 범위를 넓히는 「신재생에너지법」 시행령 개정을 추진하고 있다(함봉균, 2011a). 그러나 환경부는 국내 폐기물 처리보다 외국의 폐기물 수입을 장려하게 되는 사안에 대해 예외 조항을 만들어가며 협조할 수 없다는 입장을 고수하고 있다(함봉균, 2011b).

아울러 부처 간의 중복투자 및 조정기구의 부재도 심각한 문제로 지적되어 왔다. 예를 들어 2010년 지식경제부 등 6개 부처는 차세대 성장동력을 위한 집중투자로서 예산 1,988억 원을 들여 태양광 분야에서 535개 연구개발(R&D) 과제를 진행했다. 하지만 부처 간은 물론 같은 부처 내에서도 태양광과 관련해 어떤 연구과제가 진행 중인지 알기 어려울 정도였을 뿐만 아니라 이들 과제가 단기간에 성과를 낼 수 있는 초기 상업화 기술 개발에만 집중되고 국가 미래를 책임질 차세대 원천·핵심 기술 개발에는 소홀히 했다는 비판을 받았다(박기효·원호섭, 2012).

한편, 지식경제부와 지방자치단체 간의 조정 및 숙의기구도 부재하였다. 발전차액지원을 받기 위해서 사업대상자는 발전소 부지에 대한 개발행위 허가 및 발전사업허가를 취득해야 했다. 사업자의 발전허가권은 3.000kW 이하의 발전의 경우는 광역지자체에서, 3.000kW를 초과하는 발전의 경우 지식경제부로부터 받도록 되어 있었다. 이후 개발행위에 대한 허가는 기초지자체에서 발급하는 다단계적 구조를 갖고 있었다. 이러한 구조는 한편으로는 사업의 원활한 집행을 가로막는 역할을 했고,[21] 다른 한편으로는(후술하는 바와 같이) 사업의 투명성과 책임성을 약화시키는 결과를 가져왔다.[22]

끝으로, 신재생에너지 사업을 지원하기 위한 법률에는 「신재생에너지개발및이용보급촉진법」이 있다. 사업 인허가와 관련해서는 「전기사업법」을 기본으로 「국토계획및이용법」, 「농지법」, 「초지법」, 「산지관리법」, 「공유수면매립법」, 「자연공업법」 등 무려 33개의 규제 법률이 존재한다(전병득, 2004). 따라서 전기사업법상 인·허가가 떨어진 풍력, 태양광 등의 발전사업이 「산지법」,

---

21) 예를 들면 2004년 10월 12일 대체에너지 정책심의회에서는 대체에너지이용 발전전력의 기준 가격 지침을 발표하고 조력 발전 역시 발전차액 지원 대상에 추가하기로 결정하였다. 이에 따라 2009년 진도의 울돌목에는 130억 원을 투자하여 국내 최초로 조류발전시설이 가동되었다. 그러나 경제성이 낮고 경관을 해친다는 이유로 허가권한을 가진 진도군 지자체는 철거를 요구한 바 있다(김기중, 2012).

22) 진상현·황인창(2011)은 현재 중앙정부가 주도하는 '투입 중심의 지원방식'에서 지방 정부가 주도하는 '결과 중심의 지원방식'으로의 제도개선을 제안하고, 정책의 결정권한이 지방수준으로 이양될 수 있어야 신재생에너지의 지역별·에너지원별 특성이 반영되는 보급사업의 활성화를 이끌어 낼 수 있다고 주장한다.

「백두대간보존법」 등의 개별법에 저촉되어 최종승인이 나지 않는 사례도 많이 발생하였다. 그러나 이를 효율적으로 조율할 수 있는 어떠한 기구도 존재하지 않았다.

3. 책임성과 투명성의 부재

FIT 제도는 책임성과 투명성 차원에서도 많은 문제점을 안고 있었다. 사업자들은 태양력이나 풍력과 같은 설비형 발전의 경우 안정적인 제도적 기반이 선행되어야 한다고 입을 모은다. 그러나 정부는 지원 수요예측에 실패하여 발전지원 예산이 조기에 소진되고 말았다. 해가 거듭될수록 줄어드는 정부의 발전차액지원금은 사업자들로 하여금 체계적인 발전계획을 세울 수 없게 했다.

한편 「전기사업법」상에는 태양광 발전의 경우 사업 준비기간을 최대 3년으로 규정하고 만약 이 기간을 초과한 사업자가 자진반납하지 않을 경우 허가 취소된 날로부터 2년간 동일 허가를 발급하지 못한다고 명시되어 있다. 그럼에도 불구하고 신재생에너지 발전설비를 건립하지 않는 곳이 상당수에 이른다. 가령 전라남도의 경우, 2004년부터 2011년 상반기까지 970건의 태양광발전소 건립허가를 받았으나 가동 중인 곳은 583곳이고 74곳은 아직 공사 중이며 313곳은 건립허가를 받고도 건립을 하지 않고 있다(박진주, 2011). 이러한 사정은 다른 지역도 마찬가지이다. 전라북도의 경우 장기 미착공 태양광 발전업체에 대해 전수조사를 실시하여 시장에서 퇴출시킨다는 계획을 세우기도 했다(이현재, 2011). 신재생에너지 사업자들이 허가만 받아 놓고 가동하지 않을 경우 동일업종에 진입하는 신규 업자들에게 새로운 진입장벽으로 작용할 수 있다. 또한 공간적, 시간적인 측면에서 재정적인 손실이 막대하다.

발전소 건립의 지연은 부동산 투기에 의한 폐해의 결과이다. 가령 발전소 부지의 땅값이 지나치게 상승하면 애초 사업계획에 따른 사업타당성을 맞추기 힘들게 된다. 투기뿐만 아니라 사업자들의 자금 조달의 어려움은 발전소 건립의 지연으로 이어졌다. 이는 부동산 투기와 연결되는 악순환을 낳는다는 점에서 심각하다. 발전차액지원 대상자인 사업자들은 건립 자금난을 해소하기 위해 브로커를 통한 비공식 거래에 개입하기도 했다. 브로커는 발전자금을 제공하는 대신 발전소가 완공이 되면 낮은 가격에 발전소 부지와 설비를 사업자로부터 넘겨받는 것이다. 브로커는 이를 부동산 투자 목적을 가진 사람에게 다시 발전소 운영권까지 얹어 높은 가격에 판매하여 여분의 이득을 챙겼다(김승룡, 2009). 이처럼 부동산 투기의 대상으로 악용하는 경우 외에도 대지에 대한 사전환경 검토도 없이 발전소 건설을 형질변경을 위한 수단으로 역이용하는 경우도 빈번하게 발생했다. 예컨대 신재생에너지 발전소 건설을 핑계로 지자체로부터 건설허가를 받은 후 사업을 중도에 포기하고 해당 토지를 높은 값에 팔아넘기는 것이다(송형일, 2008).

또한 이명박 정부 들어서 저탄소 녹색성장을 추구하고 있음에도 불구하고 현실에서는 그린벨트를 해제하고 발전소 건립을 통한 환경 파괴를 방관한 모순에 직면했다. 2008년 민주당 주승용 의원이 제기한 지식경제부 국정감사 자료에 따르면 2004년부터 2009년까지 태양광발전소 건설에 따라 훼손된 산림 규모는 일반주택 1,100가구, 자동차 274대가 배출하는 이산화탄소를 처리할 수 있는 규모인바, 정부의 저탄소 녹색성장 취지가 의심스럽다는 결론을 내놓기도 했다(구길용, 2008).

Ⅳ. 결론 및 정책적 시사점

지난 2002년 도입된 발전차액지원제도는 우리나라의 대표적인 신재생에너지 보급사업으로서 많은 기대를 모았으나 여러 시행상의 착오와 예산상의 제약으로 인해 2012년부터 신재생에너지 의무할당제도로 대체되었다. 환경적 관점에서 발전차액지원제도를 포함한 신재생에너지정책 전반의 성과에 초점을 맞추고 있는 기존의 연구들과는 달리 본 연구는 다음의 세 가지 질문을 던지며 발전차액지원제도에 대한 신산업정책적 분석을 시도하였다.

첫째, 그동안 신재생에너지 사업의 불모지나 다름없었던 우리나라에서 신재생에너지의 보급과 인식의 확산에 상당한 기여를 했다는 점과 주요 선진국들은 여전히 동 제도를 시행하고 있거나 새롭게 도입을 검토하고 있다는 점에서 볼 때 제도 시행 10년 만에 동 제도가 퇴출된 이유는 무엇인가? 둘째, 정책의 형성, 결정, 집행, 그리고 평가의 제 단계에서 서로 얽히고 설킨 주요 행위자들의 이해관계가 동 제도의 도입과 폐지에 어떤 영향을 미쳤는가? 셋째, 동 제도의 긍정적·부정적 성과는 그 후속 제도인 신재생에너지 의무할당제의 도입에 어떤 영향을 미쳤는가?

우리나라의 발전차액지원제도는 기존의 화석에너지에 대한 편중된 의존도를 개선하고 친환경적인 대체에너지를 개발하여 이를 통한 전력 보급을 확대하는 것을 표면적인 목표로 삼았지만 실질적으로는 '온실가스 감축' 그 자체보다는 온실가스 감축과 관련된 산업 기술력 및 제조업을 육성하는 것이 주요 목적이었다. 따라서 본 연구는 발전차액지원제도의 갑작스러운 정책종결은 정책목표와 정책수단 간의 불일치에서 오는 예견된 결과였다고 주장한다.

또한 발전차액지원제도의 형성 및 결정, 집행, 그리고 평가에 이르는 정책과정을 신산업정책적인 관점에서 분석해보면 (1) 정치적 리더십의 과잉, (2) 정책조정 및 숙의기구의 부재, (3) 책임성과 투명성의 부재가 동 제도의 조기퇴출에 큰 영향을 미쳤다는 것을 알 수 있다. 역설적으로 이러한 시행착오, 즉 시장원리가 부재된 맹목적인 정부 보조금의 폐해는 정책학습과정을 통해 신재생에너지 의무할당제로의 전환을 촉진하는 계기가 되었다.

RPS 제도는 50만kW 이상의 발전설비를 보유한 발전사업자를 대상으로 시행한다는 점에서 지나치게 발전 공기업을 우대하고 중소 민간발전사업자를 견제한다는 견해도 존재한다. 지식경제부에 따르면 RPS 체계하에서는 중소기업 배려책의 일환으로 발전사업자가 전기를 구매할 시 50%는 한국수자원공사와 대기업에서, 나머지 50%는 중소 민간발전사업자에게 구입하도록 하고 있다(안희민, 2011). 또한 태양광 부문에 한하여 별도의 공급의무량을 설정하여 50% 이상을 외부에서 구입하도록 장려하여, 민간 사업자들의 참여 빈도를 높이고자 하였다(송명규, 2011).

이러한 노력은 RPS로의 이행을 통해 보다 적극적인 차원에서 대체에너지의 보급을 확보할 수 있다는 장점이 있다. 다만 기존의 시장이 태양광과 풍력에 편중된 의존도를 보였다면 RPS의 도입은 향후 조력, 연료전지 및 바이오매스 분야 등 상대적으로 저렴한 연료형 발전전력의 확대로 이어질 수 있을 것이다. 또한 전력산업기반기금을 재원으로 하는 FIT 제도와 달리 정부의 과도한 재정부담 문제를 완화하는 역할을 해낼 것이다. FIT 제도와 달리 RPS는 가격보조 없이 사업자에게 의무공급량을 설정해주는 데에 그치기 때문이다. 나아가 RPS로의 전환은 시장왜곡 현상을 줄이는 데 기여할 것으로 보인다. 정부지원에 의존해 운영되던 FIT 제도는 정부의 예산규모에 지나치게 의존했다면 RPS는 이와 달리 경쟁이라는 시장원리에 따라 자연스럽게 가격이 결정될 것으로 보인다.

　　물론 RPS의 전면적인 실시에 앞서 민간 차원에서의 불확실성은 해소해야 할 과제로 남을 것이다. REC의 가격이 명확히 정해져 있지 않은 상황에서는 민간 사업자가 금융권의 투자를 이끌어내는 것이 사실상 어렵기 때문이다. 또한 2012년 2월 28일 첫 개장된 REC 현물 시장의 경우 태양광 부문에서 13개 발전사 중 1개 기업만이 일부 구매한 것으로 알려져 의무공급량을 확보하지 못한 공급의무자들의 계획에 차질이 우려되고 있다. 한편 RPS 시행으로 해외설비의 수입이 지나치게 증가하지 않도록 국내 설비 인증제도를 엄격히 관리할 필요가 있다.

참고문헌

강은철(2011). "태양열 업계, 제2의 도약 꿈꾼다", 〈투데이에너지〉 8월 9일. http://www.todayenergy.kr/news/articleView.html?idxno=64974(검색일: 2012년 7월 1일).

구길용(2008). "태양광 발전소 산림, 농지훼손 심각 … 전남 42% 편중", 〈뉴시스〉 10월 6일. http://media.daum.net/society/nation/jeolla/view.html?cateid=100009&newsid=20081006105023249&p=newsis(검색일: 2012년 7월 1일).

길선균(2011). "녹색도 성장도 외산에 곪아간다", 〈이투뉴스〉 11월 7일. http://www.e2news.com/news/articleView.html?idxno=57238(검색일: 2012년 7월 1일).

김기서(2000). "김대통령, 경제불안 조속해소 지시", 〈연합뉴스〉 9월 19일. http://news.naver.com/main/read.nhn?mode=LSD&mid=sec&sid1=100&oid=001&aid=0000027043(검색일: 2012년 7월 1일).

김기중(2012). "울돌목 조류발전소, 애물단지 전락", 〈KBS뉴스〉 2월 16일. http://news.kbs.co.kr/society/2012/02/16/2436926.html (검색일: 2012년 7월 1일).

김난영·구민교(2011). "미국, 독일, 일본, 한국의 신성장동력정책 비교연구: 정책의 수렴과 경로의존성을 중심으로"「한국정책학회보」 20(4): 401~446.

김승룡(2009). "태양광발전소 투기대상 변질", 〈경제신문 디지털타임스〉 12월 3일. http://www.dt.co.kr/contents.html?article_no=2009120302010151614001(검색일: 2012년 7월 1일).

김태은(2009). "제도 변화와 대체요인으로서 딜레마 대응에 관한 연구: 신재생에너지 발전차액지원제도를 중심으로", 「한국행정학보」 43(4): 179~208.

김태은(2011). "신재생에너지 성장의 영향요인 연구: FIT와 RPS 효과성 검증을 중심으로", 「한국행정학보」 45(3): 305~333.

김현제·조경엽(2010). "신재생에너지 의무할당제의 국내 산업에 대한 파급효과", 「자원·환경 경제연구」 19(4): 805~828.

박기효·원호섭(2012). "서울대 前·現 학장 '과학기술미래부 신설' 제언: 과기정책 컨트롤타워 없어 태양광·로봇 R&D '우왕좌왕'", 〈매일경제〉 7월 13일. http://news.mk.co.kr/newsRead.php?year=2012&no=432836(검색일: 2012년 7월 1일).

박지현(2012). "유럽의 신재생에너지정책과 FIT(Feed-in tariff)의 통상법적 쟁점: 캐나다-재생에너지 발전분야사건을 중심으로", 「홍익법학」 13(1): 771~796.

박진주(2011). "태양광 발전소 열풍 끝", 〈매일경제〉 7월 13일. http://news.mk.co.kr/newsRead.php?year=2011&no=455242(검색일: 2012년 7월 1일).

배정환(2009). "저탄소 녹색성장전략과 신재생에너지산업육성정책이 광주·전남 지역의 녹색산업 육성전략에 주는 시사점", 「지역개발연구」 41(2): 33~53.

산업자원부 기술자원과(2002). 「대체에너지이용 발전전력의 기준가격 보고서」 산업자원부.

송명규(2011). "RPS, 신재생E 보급 확대 기여할 것", 〈투데이에너지〉 5월 30일. http://www.todayenergy.kr/news/articleView.html?idxno=63221(검색일: 2012년 7월 1일).

송형일(2008). "강진군 '태양광 발전소 건립 더 이상 없다'", 〈연합뉴스〉 9월 27일. http://media.daum.net/society/nation/jeolla/view.html?cateid=100009&newsid=20080907111503398&p=yonhap(검색일: 2012년 7월 1일).

신정희(2011). "에너지 공급에 있어서 국가의 과제와 지속가능한 재생에너지 보급촉진 제도: 현행 발전차액지원제도와 2012년 도입되는 발전비율할당제", 「법학연구」 52(4): 27~51.

안희민(2011). "RPS, 중소기업 낄 틈이 없네", 〈에너지 경제〉 10월 5일. http://ekn.kr/news/articleView.html?idxno=73128(검색일: 2012년 7월 1일).

양효석(2004). "노대통령 해외자원개발전문사 설립검토", 〈이데일리〉 11월 3일. http:/news.naver.com/main/read.nhn?mode=LSD&mid=sec&sid1=100&oid=018&aid=0000219559(검색일: 2012년 7월 1일).

염미경(2009). "신재생에너지시설 입지에 대한 지역주민들의 태도－풍력발전단지 입지 지역 사례를 중심으로", 「Journal of Human Studies」 24: 181~221.

원광희·김성표·박선주.(2010). "Renewable Energy in Ohio: Policy－making Process and Its Status", 「지역정책연구」 21(2): 185~206.

윤경준(2012). "저탄소 녹색성장 정책 다시 보기: 비판적 평가 및 전망", 「한국정책학회보」 21(2): 33~59.

이래운(2000). "김 대통령 과학기술위원회 주재(종합)", 〈연합뉴스〉 12월 19일.

이명헌(2011). "독일의 신재생에너지 연구개발 정책과 국가적 혁신체제", 「EU학 연구」 16(2): 77~119.

이종영(2005). "신재생에너지의 이용·보급을 위한 제도", 「환경법연구」 27(1): 197~230.

이현재(2011). "장기미착공 '무늬만 태양광 업체' 20% 퇴출 전망", 〈아시아 뉴스 통신〉 7월 21일. http://news.anewsa.com/detail.php?number=245043(검색일: 2012년 7월 1일).

임형도(2011). "태양광 사업 위기에 빠진 내막", 〈일요신문〉 12월 7일. http://www.ilyo.co.kr/news/articleView.html?idxno=80887(검색일: 2012년 7월 1일).

장윤정(2011). "태양광의 어두운 전망, 대체에너지 해법 없나 下", 〈환경일보〉 12월 23일. http://www.hkbs.co.kr/hkbs/news.php?mid=1&r=view&uid=220259(검색일: 2012년 7월 1일).

전병득(2004). "지원법률 한 개에 규제법률 33개", 〈매일경제〉 10월 6일. http://news.mk.co.kr/newsRead.php?year=2004&no=342178(검색일: 2012년 7월 1일).

조기선(2008). "신재생에너지 발전차액지원제도의 유연감소율 메커니즘에 관한 연구", 「대한전기학회 학술대회 논문집」 pp. 482~484.

조선일보(2011). "대통령 2011 신년연설 전문", 1월 3일. http://news.chosun.com/site/data/html_dir/2011/01/03/2011010300570.html(검색일: 2012년 7월 1일).

조인승·이창호(2005). "신재생에너지전원의 발전차액지원제도 적용을 위한 발전원가 적용범위 산정", 「대한전기학회 제36회 하계학술대회 논문집」 pp. 840~842.

주용중(2008). "저탄소 녹색성장 신화 이룰 것", 〈조선일보〉 8월 16일. http://news.chosun.com/site/data/html_dir/2008/08/16/2008081600070.html(검색일: 2012년 7월 1일).

지식경제부(2008). 「지식·혁신주도형 녹색성장을 위한 산업발전전략」 지식경제부.

진상현·황인창(2011). "신재생에너지 보급 정책의 지역별·에너지원별 성과분석", 「한국지역개발학회지」 23(1): 15~32.

최병선(1999). 「무역정치경제론」 서울: 박영사.

한국전기연구원·지식경제부(2011). 「태양광 등 발전차액지원제도 개선방안 최종보고서」 한국전기연구원.

함봉균(2011a). "수입 바이오매스 연료 사용 두고 환경부 vs 발전사", 〈이티뉴스〉 6월 26일 http://www.etnews.com/201106240105(검색일: 2012년 7월 1일).

함봉균(2011b). "지경부-환경부, 산업규제 법안 두고 신경전 팽팽", 〈이티뉴스〉 7월 28일. http://www.etnews.com/201107280165(검색일: 2012년 7월 1일).

홍유식(2010). "신재생에너지 정책의 변동에 관한 연구: 정책목표와 수단을 중심으로", 연세대학교 행정학과 석사학위 논문.

Carley, S. (2009). "State Renewable Energy Electricity Policies: An Empirical Evaluation of Effectiveness", *Energy Policy.* 37(8): 3071~3081.

Couture, T. and Yves G. (2010). "An Analysis of Feed-in Tariff Remuneration Models: Implications for Renewable Energy Investment", *Energy Policy.* 38(2): 955~965.

Dong, C. G. (2012). "Feed-in Tariff vs. Renewable Portfolio Standard: An Empirical

Test of Their Relative Effectiveness in Promoting Wind Capacity Development", *Energy Policy*. 42: 476~485.

Groba, F., Joe I., and Steffen J. (2011). "Assessing the Strength and Effectiveness of Renewable Electricity Feed-In Tariffs in European Union Countries", *DIW Berlin(German Institute for Economic Research) Discussion Paper*. no. 1176.

Pempel, T. J. (2010). "National Economies and Global Finance." Paper presented at the JICA-RI conference on *The Second Asia Miracle? Political Economy of Asian Responses to the 1997/98 and 2008/09 Crises*. Tokyo, September 20-21.

Rodrik, D. (2008). *One Economics, Many Recipes: Globalization, Institutions, and Economic Growth*, Princeton: Princeton University Press, Chapter 4: 99~152.

Stefes, C. and Frank N. L. (2010). "Creating Path Dependency: The Divergence of German and U.S. Renewable Energy Policy", Paper presented at the Annual Meeting of the American Political Science Association, Washington DC, September 2-5.

산업진흥과 규제의 딜레마: 바다이야기 사례를 중심으로

서울대학교 행정대학원 부교수 _ 이수영

> "우선 제가 무슨 의견을 말씀드리기 전에 국민들한테 너무 큰 걱정을 끼쳐드린 데 대해서 매우 송구스럽게 생각합니다. 마음으로 사과드립니다. … 지금도 이게 이제 처음부터 제도의 허점과 또 산업 정책, 규제 완화 정책, 그리고 도박 단속 이런 것들 의 부실, 이 모두가 뒤엉켜서 아주 복합적인 원인에 의해서 발생하고, 대개 짐작으로 는 책임이 조금씩 조금씩, 조금씩 조금씩 이렇게 다 모아져서 크게 돼 버린 것이어서 대책을 세우기도 상당히 쉽지 않습니다."[1]

I. 서 론[2]

바다이야기는 2004년 12월 처음 등장해 2005년 중반 이후 대히트의 기록을 세우며 전국적인 붐을 일으키며 대한민국을 도박 공화국으로 몰아넣은 사행성 게임이다. 슬롯머신처럼 돌아가는 그림을 맞추면 점수를 얻는 일종의 릴(Reel)게임으로 4개의 원판에 나타나는 그림에 따라 당첨 여부가 결정된다. 1만 원을 투입하면 1만점이 쌓이고 시작버튼을 누를 때마다 100점(100원)씩 소진된다. 모니터 가운데의 그림 4개가 일치하면 보통 2만점(2만 원)이 쌓이고, 3개가 맞으면 500점이 적립된다.

---

1) 故 노무현 대통령의 KBS 인터뷰 내용 중 바다이야기 사건 관련 대국민 사과 부분(출처: 방송의 날 기념 KBS 대통령 특별기자회견, 2006년 8월 31일).
2) 다양한 언론 보도를 기초로 재구성한 내용임.

사람들이 '바다이야기'에 푹 빠져 헤어 나오지 못하는 이유는 최대 250만 원까지 받을 수 있는 '메모리연타' 기능과 '대박예시' 기능 때문이다. 게임도중 화면이 낮과 밤으로 바뀌다가 거북이가 지나가고 해파리가 올라오는데, 이것 들은 대박을 예시하는 기능이다. 때로는 상어가 나오고 고래가 올라오기도 한 다. 상어가 등장할 때는 최소 10만 원, 고래의 경우 최하 50만 원의 상품권이 보장되고, 2연타, 3연타 등 5연타까지 가능해 고래가 등장하면 최대 250만 원 의 상품권이 터져 나오지만, 사행성을 부추기는 이런 '대박예시' 기능은 불법 이다.

2004년 12월 1.0판이 영상물등급위원회(영등위) 심의에서 '18세 이용가' 판정을 받아 시장에 나왔으며 이후 2005년 4월 1.1판, 8월 2.0판이 각각 같은 등급으로 심의를 통과했다. 이 게임은 심의 과정에서는 게임 1회당 시간 4초 이상, 경품 한도 2만 원 이상, 시간당 이용금액 9만 원 이상(이하 4-9-2룰) 등 의 사행성 기준에 저촉되지 않아 등급 분류를 받을 수 있었다.

바다이야기로 대표되는 사행성 게임은 2006년 전후 1~2년 사이에 4,000 억 시장에서 20조에 육박하는 거대시장으로 변모하였다. 〈표 1〉은 바다이야 기 사건이 이슈화되던 시기의 우리나라 사행성 게임장 수의 변화를 보여준다. 특히, 바다이야기의 경우 1년 간격으로 게임장 수가 압도적으로 많이 증가했 음을 알 수 있다.

이러한 사행성 게임의 폐해에 대한 경고음은 2004년 이후 곳곳에서 나타 났다. 청와대와 감사원, 검찰·경찰, 문화관광부 등 거의 모든 행정 기관의 홈

표 1 성인용 사행성 게임장 수   (단위: 개소)

연 도	등록 업소 수	주요 사행성 게임장				
		바 다 이야기	황금성	스크린 경 마	오션 파라다이스	남정
2004	13,159	48	–	775	–	21
2005	14,998	359	207	639	218	78
2006년 8월 말	15,618	796	278	526	373	83

출처: 문화관광부.

페이지는 서민들의 바다이야기 같은 사행성 게임에 대한 원성과 고발이 넘쳐났다. 예를 들어,[3] 2006년 1월 지난 1월 한 농촌 주부는 대검 홈페이지에 "'바다이야기'가 생긴 후 남편이 일도 하지 않고 집에도 잘 들어오지 않는다"면서 "돈이라는 돈은 죄다 오락실에 다 퍼주고 집엔 생활비도 없다"고 호소했다. 또 다른 주부는 2006년 4월 경찰청 홈페이지에 "5개월간 오락실에 출입하면서 잃은 돈이 수천만원"이라며 "모두 불법투성이인 오락실을 왜 단속하지 않느냐"고 했다. 흥사단 같은 시민단체 등에서 이러한 사행성 게임에 대해 감사를 실시하라고 감사원에 감사청구를 하기도 했다.

그 결과 2006년 6월 검찰이 사행성 게임장과 PC방에 대한 집중 수사에 착수하게 되었고, 8월에는 '바다이야기' 제조사 대표 등 게임업체 관계자 3명을 구속하고, '인어이야기' 제조사 대표 등 11명을 불구속 기소했다. 9월에는 대검중수부가 게임 비리에 대한 수사를 지휘하여, 11월에는 정동채 의원과 박형준 의원의 전보좌관을 구속하기에 이르렀다. 12월에는 100여 명의 메머드급 수사팀이 참여하여 19개 상품권 지정업체를 압수수색하였다. 2007년 2월에는 지난 6개월간의 수사 결과를 발표하고 사건을 종결하였다. 그러던 중 2006년 8월 말 故 노무현 대통령이 바다이야기 사건에 대해 대국민 사과까지 하게 되었다. 결과는 총 45명을 구속 기소하고, 108명을 불구속 기소하는 것으로 나타났다.

이에 따라 바다이야기는 대표적인 정책 실패 사례로 알려지게 되었다. 바다이야기 사건의 시간적 경과는 〈표 2〉와 같다.[4]

---

3) 경향신문, 2006년 8월 29일 기사.
4) 참여연대, "도박게임 사태 책임 규명 보고서", 참여연대 이슈리포트, 2006. 9. 1. pp. 7-8.
   과 김정오·김창수, "사행성 게임물과 과잉규제의 역설", 지방정구연구, Vol. 12. No. 8,
   pp. 208-209를 시기순으로 요약 및 정리함.

표 2   바다이야기 사건일지

일 자	추진주체	추 진 내 용
2002. 2	문화관광부 (문광부)	문광부 고시를 통한 게임장 경품용 상품권 제공 허용
2003. 9	영상물등급위원회 (영등위)	게임물의 사행성기준에 관한 연구용역 의뢰
2004. 3	부패방지위	스크린 경마게임기의 피해 및 사행성 조장 문제제기
2004.10	문광부	게임제공업소의 경품취급기준 고시 개정안 입법예고
2004.12	영등위	바다이야기 최초 버전 등급 분류-바다이야기 심의통과(18세 이용가 등급 분류)
2004.12	문광부	상품권 인증제 도입(상품권도 경품종류 인정)/사행성 범위 기준설정(경품 당첨 한도액 2만원으로 제한)[고시 개정 시행, 2004-14호]
2005. 1	영등위	영등위 위원장 위원 비리 책임지고 사직
2005. 2	국무총리	스크린 경마 게임 등 불건전 사행사업 대책 수립지시
2005. 4	영등위	'바다이야기' 1.1 변경 버전에 대해 18세 이용가 등급 분류
2005. 5	문광부	상품권 인증제 도입 시행(문광부 장관이 인증고시)
2005. 7	문광부	22개 인증업체 선정 일괄취소, 지정제 도입
2005. 7	영등위	언론의 사행성 게임기 문제제기로 아케이드게임소위원회 위원 전원교체
2005. 8	문광부	상품권 지정제 도입(인증제 폐지) → 한국게임산업개발원 지정
2005.12	대검찰청	사행성게임장 특별단속 발표
2006. 1	문광부	사행성게임장 근절대책 발표
2006. 4	문광부	[게임산업 진흥에 관한 법률]공포(음비게법 폐지)-18세 이상 이용게임 재심의 의무화
2006. 5	문광부	사행성게임장 대규모 단속방침 발표
2006. 6	서울중앙지검	사행성게임기 제조업체 수사착수
2006. 7	대검찰청	사행성게임장, PC방 집중수사 착수
2006. 7		바다이야기 사건 발생
2006. 8	감사원	사행성게임장 감사 방침 발표
2006. 8	노대통령,한총리	바다이야기 대국민 사과
2006. 9	검찰청	김민석 한컴산 회장 구속, 감사원은 바다이야기 규제관련 감사착수, 대검 중수부 게임비리 수사지휘
2006.10	감사원	유진룡 전 차관 소환조사
2006.10	문광부	[게임산업 진흥에 관한 법률]시행(기존게임기 2007.4.28.까지 재심의)
2006.11	검찰, 경찰	사행성 게임단속 2007년 4월까지 연장
2006.11	문광부	경품지금, 환전금지 정책 발표
2007. 1	문광부	상품권 환전 전면금지, 게임법 개정시행
2007. 2	검찰청	6개월간의 수사결과를 발표하고 사건을 종결 (45명 구속 기소, 108명 불구속 기소)
2007. 2	발행업체	상품권 모두 자진 철회 완료
2007. 4	문광부	상품권 제도 전면폐지 - 경품 전면금지 시행(성인게임장 허가제)
2007. 6	감사원	감사결과 발표

Ⅱ. 바다이야기 사건을 보는 시각과 본 연구의 분석틀

바다이야기 사건을 이해하는 시각은 크게 세 가지[5] 정도로 파악된다. 우선, 바다이야기 사태를 권력형 비리로 파악하려는 정치권의 시도가 있었다. 정치권은 바다이야기를 권력형 비리로 규정할 것인가 말 것인가부터 여당과 야당 간에 말씨름하기에 정신이 없었고, 언론은 이를 되받아 의혹을 증폭시키기에 바빴다. 영상물등급위원회 심의 과정에서의 로비 의혹, 노무현 대통령 조카 노지원의 개입 여부, 상품권 업체에 청와대 행정관의 지분 참여 및 개입 의혹, 상품권 총판 관련 조폭 개입 여부, 유진룡 전 문화관광부 경질 등과 관련된 의혹이 제기되었다.

하지만, 열린우리당 김재홍 의원을 게임업자로부터 뇌물을 받은 혐의로 불구속 기소한 것을 제외하고는 권력형 비리의 핵심으로 지목되었던 열린우리당 조성래 의원, 당시 문화부장관 정동채 열린우리당 의원, 노무현 대통령 조카 노지원, 한나라당 박형준 의원은 모두 무혐의 처리를 받는 것으로 결론지어졌다.

두 번째 시각은 바다이야기 사건을 국가·재정수입을 확대하기 위하여 도박산업을 법적으로 허용하는 과정에서 카지노 자본주의의 폐해가 드러난 사태로 보는 것이다. 현대경제연구원이 2006년 9월에 펴낸 보고서인 「카지노 자본주의의 폐해」가 이러한 입장을 대변하는데, 이 시각에 따르면 바다이야기는 정부와 개인 모두가 장기적 고려 없이 단기적인 투자 및 고용 증대에만 집착하는 소위 천민자본주의의 대표적 사례로 간주된다. 이 보고서는 장기적인 측면에서 사행성 게임은 기대와는 달리 실업 유발 효과가 압도적이고, 부정부패와 지하경제를 악화시키며, 소득 양극화 및 도박 중독자 양산으로 인한 막대한 사회적 비용을 초래한다고 지적하고 있다. 〈표 3〉은 2005년 기준 우리나라 5대 사행산업별 실업유발 정도를 보여주고 있다.

마지막으로, 정책실패를 분석하는 가장 대표적인 방법인 정책과정(특히, 정책결정 및 정책집행)에 대한 분석을 통해 바다이야기 사건을 이해하는 시각이

---

5) 최종렬(2007) "무조건적 소모의 사회: 바다이야기를 중심으로", 한국사회이론학회.

있다. 참여연대가 2006년에 발간한 바다이야기 관련 도박게임사태 책임 규명 보고서는 도박게임 사태는 정책결정과 집행, 사후 대응 등에 걸친 정부의 총체적인 시스템 오류 및 정책 실패에 따른 결과라고 규정하여, 그 결과로 인한 책임소재에 대해서 구체적으로 지적하였다. 또한 김정오·김창수(2008)는 사행성 게임물과 과잉규제의 역설이라는 시각에서 게임 산업을 양성하기 위해서 사행성을 부가한 정책이 역설적으로 사행성을 음성화시키면서 게임 산업까지 위축시킨 과정을 정책집행이론과 규제정치이론에 근거하여 분석했다.

표 3 5대 사행산업과 실업유발 정도[6][7]

구 분	연간 이용객수	유발실업자수(A)	유발취업자수(B)	순취업자수(B-A)
경마	16,185,000	44,342	58,021	+13,679
경륜	5,939,145	16,271	21,169	+4,898
경정	1,908,408	5,299	4,977	-252
내국인 카지노	1,852,582	5,076	33,362	+28,286
사행성 게임장	51,861,989	142,088	86,832	-55,256
합 계	77,747,124	213,006	204,361	-8,645

자료: 한국마사회, 국민체육진흥공단, 강원랜드 등.

이러한 선행연구들과 분석 시각들(특히, 정책과정에 대한 분석 시각)을 기반으로 본 연구는 바다이야기라는 사행성 게임 관리 정책이 실패라고 일컬어지는 원인들을 쟁점별로 그리고 쟁점에 관련된 행위자들을 중심으로 분석함으로써 바다이야기라는 사행성 게임 정책은 비록 실패했지만 추후 성공적인 사행성 게임 관련 정책을 실현하기 위해 유용한 시사점을 학습할 수 있을 것인지 알아보고자 한다.

---

6) 출처: 현대경제연구원, "카지노 자본주의의 폐해", 2006년 9월.

7) 경륜은 광명 경륜장의 매출 및 입장객수, 창원, 부산, 경륜장의 매출액 등을 근거로 총 연간 이용객수를 추정함. 사행성 게임장은 타 사행 산업의 총매출 대비 총 입장객수 비율을 기준으로 추정함. 복권 부분이 제외된 이유는 사행행위 이용 시간이 매우 짧은 특성을 고려함. 실업자수는 연간 이용객수를 365일로 나눈 것으로, 1년 내내 실업 상태에 있고, 사행 산업을 연중 내내 이용하는 인원의 의미로 이해할 수 있음.

우선 바다이야기 사태를 둘러싼 중요 쟁점들을 기존 연구보고서와 신문 기사 등을 통해 분석해 보았다. 2006년 발간된 참여연대의 도박게임사태 책임규명 보고서는 바다이야기의 원인이 되는 쟁점으로 성인오락실 등록제 전환 등 게임산업 관련 규제완화, 도박게임 진흥정책, 게임 경품에 상품권 추가, 상품권 규제관련 정책오류(인증제와 지정제 등), 게임 심의 기준 완화 및 부실 검사라는 다섯 가지를 들고 있다.

한 분석 기사[8]는 사행성 여부에 대한 자의적 심사, 상품권을 경품으로 제공하는 것 허용, 부처 간 관할권 다툼을 쟁점으로 지적하고 있고, 또 다른 분석 기사[9]는 영상물등급위원회의 비전문성과 규제완화명목으로 인한 영등위의 무력화, 성인오락실의 등록제 실시, 상품권의 오락실 경품으로의 사용 허용, 국회의 관련법 심의 해태를 정책실패의 원인으로 지목하고 있다.

2006년 발간된 열린우리당 바다이야기 사건 진상 조사 보고서는 사태의 원인을 다음의 다섯 가지 — 게임장 인허가 제도의 변화, 경품용 상품권 제도 도입, 게임기 심의 및 사후관리 미흡, 불법 사행성 게임장 단속 부실, 지자체, 언론, 국회의 방조 — 로 분석하였다.

이상의 기존 연구보고서나 분석기사로부터 게임 산업 진흥 정책, 게임장의 등록제 실시, 사행성 게임 등급 부실 심사, 게임의 경품으로 상품권 사용 가능, 부처 간 관할권 다툼, 국회 및 감사원 등의 임무 해태를 쟁점이 되는 정책 실패 원인으로 선정하였다. 그리고 추가적으로 사행성 게임 정책에 대한 컨트롤 타워 부재를 바다이야기 사태 발생 후의 악화 원인으로 고려하고자 한다.

〈그림 1〉[10]은 사행성 게임물의 규제 및 관리와 관련된 다양한 행위자들과 그들의 책임을 보여주고 있다. 게임산업 진흥책임과 게임업소의 경품취급 관련 권한을 보유한 문화관광부, 게임물의 등급 분류를 책임지는 영상물등급위원회, 경품용 상품권 지정을 맡고 있는 한국게임산업개발원, 게임산업 관련 법률을 제정하는 국회, 그리고 사행행위 영업허가 또는 불법영업 제재 등을

---

8) 전자신문 칼럼 "바다이야기와 밥그릇 싸움" 2006년 8월 31일.
9) MBC 방송기사. 2006년 8월 18일. http://imnews.imbc.com/20dbnews/history/2006/08,1, list1,18.html
10) 감사원 감사결과처분요구서 — 사행성 게임물 규제/관리 실태(2007. 6)를 기초로 재구성.

담당하는 경찰이나 지자체 등이 사행성 게임물을 둘러싼 행위자들이다.

위에서 선정한 원인이 되는 쟁점별로 관련 행위자들을 중심으로 정리하면 〈표 4〉와 같다. 〈표 4〉에 제시되어 있는 바다이야기 관련 정책 실패의 여섯 가지 원인 중 경품용 상품권 사용 허용과 사행성 게임의 등급 부실 심사가 가장 핵심적인 원인들이므로 여기에 대해 보다 상세히 분석을 하기로 한다.

그림 1 사행성 게임물 규제 및 관리 체계

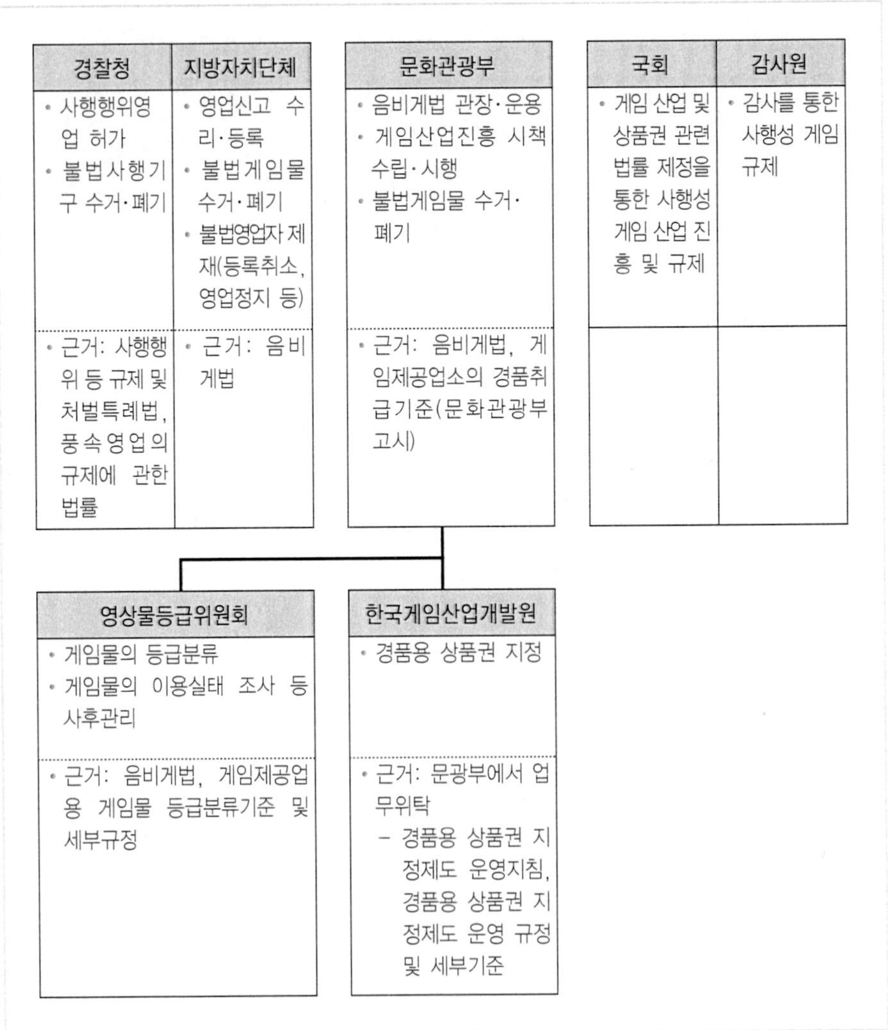

경찰청	지방자치단체	문화관광부	국회	감사원
• 사행행위영업 허가 • 불법사행기구 수거·폐기	• 영업신고 수리·등록 • 불법게임물 수거·폐기 • 불법영업자 제재(등록취소, 영업정지 등)	• 음비게법 관장·운용 • 게임산업진흥 시책 수립·시행 • 불법게임물 수거·폐기	• 게임 산업 및 상품권 관련 법률 제정을 통한 사행성 게임 산업 진흥 및 규제	• 감사를 통한 사행성 게임 규제
• 근거: 사행행위 등 규제 및 처벌특례법, 풍속 영업의 규제에 관한 법률	• 근거: 음비게법	• 근거: 음비게법, 게임제공업소의 경품취급기준(문화관광부 고시)		

영상물등급위원회	한국게임산업개발원
• 게임물의 등급분류 • 게임물의 이용실태 조사 등 사후관리	• 경품용 상품권 지정
• 근거: 음비게법, 게임제공업용 게임물 등급분류기준 및 세부규정	• 근거: 문광부에서 업무위탁 　– 경품용 상품권 지정제도 운영지침, 경품용 상품권 지정제도 운영 규정 및 세부기준

출처: 차동완(2001).

표 4 정책실패의 원인 쟁점과 관련 행위자

원인 쟁점	관련 행위자
게임산업 진흥 정책과 규제 완화(예: 게임장의 등록제 전환)	문화관광부, 국회, 규제개혁위원회
경품용 상품권 사용 허용	문화관광부, 국회, 한국게임산업개발원
사행성 게임 등급 부실 심사	영상물등급위원회
부처 간 관할권 다툼	문화관광부(vs. 정보통신부, 방송위원회, 산업자원부)
국회, 감사원, 경찰, 지자체 등의 임무 해태	국회, 감사원, 검찰, 경찰, 지자체
사행성 게임 정책에 대한 컨트롤 타워 부재	청와대

Ⅲ. 쟁점과 행위자를 통한 바다이야기 사태의 원인 분석

1. 원인 1: 게임산업 진흥정책과 규제완화정책

게임산업은 세계적 경쟁력을 가지고 있는 국내 최대 문화산업으로서 집중지원의 필요성이 상존하는 분야인데, 세계시장에서 차지하는 게임산업의 비중과 국내 게임산업의 위상을 고려할 때 게임분야를 국가전략산업으로 특화 육성하여 글로벌 경쟁력을 확보하는 것이 중요하다고 김대중, 노무현 대통령과 당시 문화관광부 장관들은 판단하였다.

즉, 게임산업을 미래 수출산업이라고 보았고 게임산업을 부흥시켜야 한다고 강조했다. 이에 따라 게임산업에 대한 규제보다는 진흥위주로 정책이 이루어져왔다. 이러한 시대적 분위기 속에서 1999년 12월 규제개혁위원회와 문화관광부가 게임산업 육성을 위해 게임산업과 관련된 사전 규제를 완화하기 위해 문화산업 관련 규제개혁방안을 의결하였다.

또한 2000년 말에는 이러한 게임산업 규제개혁 방안을 추진하기 위해 문화관광부와 국회 문화관광위원회가 중심이 되어 성인오락실을 '시도지사 지정제'(허가제)에서 '관할 구청 등록제'로 완화하는 음반비디오및게임물등에관한법률(이하 음비게법) 개정안을 2001년 4월 국회에서 통과시켰다. 즉, 성인용

표 5 국내 게임산업 시장규모 및 전망(2002-2006)[11]   (단위: 억원)

		온라인 게임	모바일 게임	비디오 게임	PC 게임	아케이드 게임	PC방	게임장	복합 유통업소	합 계
2002	규모	4,522	1,004	1,562	1,647	3,778	14,751	6,762	–	34,026
2003	규모	7,541	1,458	2,229	937	3,118	16,912	6,542	650	39,387
	성장률	66.8%	45.2%	42.7%	-43.1%	-17.5%	14.6%	-3.3%	n/a	15.8%
2004	규모	10,935	2,187	2,897	750	2,962	18,265	6,477	878	45,351
	성장률	45%	50%	30%	-20%	-5%	8%	-1%	35%	15%
2005	규모	14,216	3,062	3,476	680	3,051	19,178	6,671	1,098	51,432
	성장률	30%	40%	20%	-9%	3%	5%	3%	25%	13%
2006	규모	17,058	4,138	3,997	660	3,204	19,753	7,001	1,318	0
	성장률	20%	35%	15%	-3%	5%	3%	5%	20%	11%

게임물을 취급하기 위해서는 규정상 원래 시도지사로부터 종합게임장으로 지정받도록 되어 있었는데 이를 개정하여 일반 게임장으로 시군구청에 등록하면 성인용 게임물을 취급할 수 있도록 허용하였다.

그 결과 성인오락실이 급증하여 2002년 10,960개였던 사행성 게임장이 2006년 6월 15,324개로 40% 이상 증가하게 되었다.[12] 즉, 게임산업의 규제완화를 위해 도입한 게임장 등록제가 누구나 일정 요건만 갖추면 성인용 게임장을 개설할 수 있도록 만듦으로써 바다이야기 같은 사행성 게임장이 우후죽순처럼 폭발적으로 증가하는 데 기여하고 말았다. 또한, 성인 오락실 업소의 폭발적 증가는 업소 간 치열한 경쟁을 유발하여 오락실 업주들이 수익을 내기 위해 불법으로 기계를 개/변조하기 시작하면서 상황은 더욱 악화되었다.

물론, 1999년 말 규제개혁위원회와 문화관광부의 게임산업 규제개혁 방안은 규제완화와 동시에 성인용 게임물의 사행성 방지를 위한 대책(게임 심의 및 사후관리 기능 강화, 인터넷 웹사이트 신설 및 모니터 제도 활성화, 게임물 등급 분류 필증의 위변조행위 차단 장치 마련, 관계 기관 협조 체제 구축 및 단속 강화)을 포함하고 있었는데, 그럼에도 불구하고 결과적으로는 이 사행성 방지대책 중 어

---

11) 문화관광부 게임음악산업과, "게임산업현황" 2005년 3월 2일.

12) 열린우리당, '〈바다이야기〉 사건 발생원인 진상 조사보고서', 2006.

느 하나도 제대로 집행된 것이 없는 사태가 발생하고 말았다. 바다이야기 문제의 단초가 된 성인용 사행성 게임장 등록제는 2007년 4월 허가제로 환원되었다.

2. 원인 2: 경품용 상품권 사용 허용

문화관광부는 원칙적으로 상품권 등 환전성이 높은 물품은 사행성을 조장할 수 있다는 이유로 상품권을 게임장의 경품으로 허용할 수 없다는 입장을 견지하였다. 그러나 2002년 월드컵을 맞이하여 관광호텔업계를 중심으로 관광상품권의 경품 허용을 요구하는 목소리가 높아졌고, 이에 문화관광부는 월드컵의 성공적 개최 및 문화산업의 진흥을 위해 2002년 2월 관광상품권 외에 추가적으로 도서 및 문화상품권까지 경품으로 사용할 수 있도록 게임 제공 업소의 경품 취급 기준 고시를 개정하였다. 위에서 언급한 성인용 게임장에 대한 등록제 실시와 경품용으로 상품권 사용을 허용해 준 조치는 바다이야기 같은 사행성 게임산업이 불붙도록 기름을 부은 격이었다.

그 결과 2002년 3,800억원 규모의 성인오락실 시장은 2006년 무려 26조원(05년 8월~06년 6월) 규모의 거대 시장이 되어 버렸다.[13] 또한, 상품권의 누적 발행액은 2006년 7월 말 현재 30조원에 이르고 시중 평균 유통량은 약 7천억 원에 이르는 것으로 보고되고 있다.[14] 다음 〈표 6〉은 한국게임산업개발원이 집계한 상품권의 누적 발행량에 대한 통계이다.

이러한 경품용 상품권 제도는 도입의 타당성을 검토하거나 경찰 혹은 검찰 같은 관계기관의 의견 수렴 없이 추진되었고, 상품권 환전 등의 사행성 방지 대책도 준비하지 않고 진행되었다.[15] 이에 따라 문화관광진흥이라는 당초 도입 취지와는 달리 상품권 인증 및 지정제도 시행과정에서 부실하고 허술한 인증 및 지정 심사 그리고 불법 환전 등의 부작용을 낳았다. 예를 들면, 소위 '딱지'로 불리는 정체불명의 게임장 전용 상품권이 100여 개씩 생겨났고, 이 상품권이 곧바로 현금화되면서 성인오락실은 '돈 놓고 돈 먹는' 식의 사실상

---

13) 한겨레, 정부 양성화가 '돈 먹는 괴물' 키웠다, 2006년 8월 22일.

14) 참여연대, "도박게임 사태 책임 규명 보고서", 참여연대 이슈리포트, 2006년 9월 1일.

15) 감사원. 감사결과처분요구서－사행성 게임물 규제/관리 실태(2007. 6).

표 6 상품권 누적 발행량

월 별	발행량	증 감
2005년 8월	1,008,468매	-
9월	1,658,000매	39.2%
10월	1,712,500매	3.2%
11월	2,119,500매	19.2%
12월	2,457,000매	13.7%
2006년 1월	2,676,000매	8.2%
2월	2,664,500매	0.4%
3월	2,994,632매	11.0%
4월	2,927,750매	2.3%
5월	3,311,000매	11.6%
총계	23,529,350매	

도박장으로 변질되었다.16)

상품권의 높은 환전가능성은 충분히 예상할 수 있었기 때문에 이에 대한 대책을 강구했어야 하는데, 문화관광부는 경품 관련 고시에 게임장 업주가 게임 이용자에게 상품권을 직접 현금으로 교환해 주거나 환전소를 알선하는 경우만 금지하고 있었다.

그 결과 게임장 업주가 다른 사람 명의로 게임장 주변에 독립된 별개의 환전소를 두고 상품권을 환전하는 행위를 규제하지 않음으로써 게임장 주변에는 상품권을 환전하여 주는 환전소가 성행하였고, 이러한 환전소는 게임장 업주와 결탁하여 게임 이용자가 경품으로 획득한 상품권을 현금으로 교환해 준 후 게임 이용자로부터 지급받는 환전수수료(통상 상품권 액면가액의 10% 상당)를 주 수익원으로 하여 영업하고 있으며, 이러한 환전행위로 인하여 게임 이용자의 사행성이 조장되고 게임장이 도박장화 되고 있었다.17) 그리고 이러한 환전소 및 사행성 게임장은 조직 폭력배들과 결탁되어 그 부작용 및 폐해를 더욱 심각하게 만들었다. 〈표 7〉은 연도별 환전소 수의 변화를 보여

---

16) 국민일보, 정책따라 춤추는 오락산업, 2006년 8월 21일.

17) 감사원. 감사결과처분요구서 - 사행성 게임물 규제/관리 실태(2007. 6).

표 7 연도별 환전소(상품권 매매업 사업자) 증가 추이   (단위: 개소)

구 분	2001년	2002년	2003년	2004년	2005년
환전소 수	173	317	539	1,680	4,147

출처: 국세청.

준다.

　이렇게 상품권의 경품용 사용이 큰 문제를 양산하자 경찰, 영상물등급위원회 등 관계기관은 경품용 상품권제를 폐지해 달라고 문화관광부에 요청했으나, 문화관광부는 상품권제 폐지 시 관련 업체 도산으로 상품권 소지자에게 피해가 간다는 궁색한 논리로 2004년 연말 초 상품권 인증제를 추진하였고 불과 3개월 만에 게임산업개발원을 통해 22개의 인증 상품권을 선정해 발표했다.

　하지만 인증 업무를 위탁받은 게임산업개발원은 인증 업무에 대한 충분한 사전 준비 없이 인증제 추진 후 3개월 만에 무리하게 인증심사를 함으로써 자격미달 업체를 인증해 주는 등 졸속 심사로 인증업체 선정 과정에 비리 의혹이 불거지게 되었다.

　이에 따라 2005년 7월 지정제로 변경되었으나, 근본적인 해결책인 상품권의 경품 사용을 폐지하지 않는 이상 당연히 예상되었던 것처럼 지정제 실시 이후에도 〈표 7〉에서 알 수 있듯이 상품권의 누적 발행액은 계속 증가하고 있었고, 지정 상품권의 99.5% 이상이 환전용으로 사용되고 있었다.[18]

　결국 2006년 7월 정부 여당에 의해 경품용 상품권 제도의 전면 폐지가 결정되고, 2007년 4월 경품용 상품권 제도가 공식적으로 폐지되었다.

3. 원인 3: 사행성 게임 등급 부실 심사 및 사후 관리

　원래 게임 심의에 관한 권한은 보건복지부 산하의 한국컴퓨터게임산업중앙회와 한국공연예술진흥협의회가 담당하고 있었는데, 등급 심의와 관련해서 비리가 자주 발생한다는 이유로 1999년 문화관광부 산하 영상물등급위원회

---

18) 감사원. 감사결과처분요구서 – 사행성 게임물 규제/관리 실태(2007. 6).

(영등위)로 심의 권한이 이관되었다. 구 음비게법 제20조[19)20)]의 규정에 따르면 게임제작업체는 게임물의 윤리성, 공공성, 음란성, 사행성 등의 내용에 대해 영등위로부터 등급 분류를 받아서 합격한 경우에만 해당 게임을 유통할 수 있도록 되어 있었다.

〈표 8〉은 바다이야기 게임이 등급 분류를 받은 경과를 보여준다. 문제는 사행성이 이렇게 심각한 바다이야기라는 성인용 게임이 어떻게 영등위의 등급 심사를 통과할 수 있었는가 하는 것에 있다.

표 8　바다이야기 1.1 버전의 등급분류 경과[21)]

일 시	내 용
'04. 12. 28	영등위가 원본 게임물인 바다이야기 1.1 버전을 18세 이용가로 등급 분류함
'04. 12. 31	문광부가 경품고시를 개정하여 사행성 게임물 판단 기준인 4-9-2 룰[22)]을 도입하고 소급적용함
'05. 2. 21	제조사가 바다이야기 1.1 변경 버전 내용 변경 승인 신청함
'05. 3. 8	영등위가 2차 심사시 설명서에 메모리 초기화[23)] 문구 명시 요구함
'05. 3. 14	제조사가 게임 내용 설명서에 메모리 삭제는 언급하지 않고 예시 및 연타기능 관련 문구를 추가로 기재한 보완서류를 제출함
'05. 3. 30	영등위가 내용변경 승인 시에는 「게임내용설명서」를 검토하지 않고 「신청서와 사진 등의 구비서류」만 검토한다는 사실을 공고함
'05. 4. 7	영등위가 4차 심사시 예시·연타기능이 탑재된 채 내용변경 승인함

---

19) 제20조③(영상물등급) 위원회는 사행성이 지나친 것으로서 제2항의 규정에 의한 등급을 부여할 수 없다고 인정하는 게임물에 대하여는 이용불가의 결정을 할 수 있다.

20) 2006. 10. 29.부터 게임물 등급분류 심의업무는 영상물등급위원회에서 신설된 게임물등급위원회로 이관되었고, 기존의 「음반·비디오물 및 게임물에 관한 법률」이 폐지되면서 「게임산업진흥에 관한 법률」이 제정되었다.

21) 감사원 감사결과처분요구서－사행성 게임물 규제/관리 실태(2007. 6)를 재구성.

22) "1회 게임진행 시간이 4초 미만, 1시간 당 게임 이용금액이 9만 원 초과, 1회 경품한도액이 2만 원 초과"하면 사행성 게임물로 간주하는 규정.

23) 사행성을 조장하는 연타 등의 기능을 규제하기 위하여 상품권 배출 후 이용요금창을 제외한 모든 창의 기록사항(표시된 창 및 메모리 된 내용)을 삭제하는 기능.

1) 영등위의 전문성 부족

영등위는 〈표 9〉와 같이 구 「등급분류소위원회 심의절차규정」 제4조의 규정에 따라 게임제작업체가 제출한 등급분류 신청서, 작품 또는 내용설명서, 메인프로그램, 그리고 게임물의 전/후/좌/우면 및 게임진행과정을 보여주는 사진을 근거로 게임물의 내용을 검토하고 등급분류를 하고 있는데, 게임물의 내용 심의 시 게임제작업체로부터 게임물의 프로그램 소스코드(source code) 등을 제출받아 게임 내용을 확인하는 기술 심의는 규제개혁 명목으로 하지 않고 있다.[24] 이는 등급분류소위원회의 전문성 부족과도 연결되는 문제이다.

성인용 게임물은 하드웨어와 소프트웨어가 상호 유기적으로 연동되어 결과물을 산출하는 시스템이다. 따라서 심의과정에서 게임물의 하드웨어, 소프트웨어, 그리고 그 실행과정을 검토할 수 있어야 하므로 기본적으로 게임물 구현 기술에 대한 전문적인 지식이나 소양이 있어야 한다.

하지만, 2004년 6월부터 2006년 9월까지 영등위 소위원회 위원으로 근무한 16명의 전공을 살펴보면, 〈표 9〉와 같이 컴퓨터공학을 전공한 사람 1명을 포함하여 공학을 전공한 위원이 불과 4명밖에 없었고, 나머지 대부분의 위원들은 인문학, 사회과학, 법학 등을 전공한 것으로 나타났다. 즉, 영등위 소위원회 위원들은 게임물의 내용 판단과 관련 없는 분야에 종사하여 게임물 심의에 필요한 전문성이 부족한 실정이었다.

표 9   소위원회 위원 전공 현황

전 공	합 계	인문계열	사회과학계열	법학	공학계열		예체능계열
					컴퓨터 공학	그 외	
위원 수(명)	16	5	2	3	1	3	2

자료: 영상물등급위원회.

---

24) 감사원. 감사결과처분요구서 – 사행성 게임물 규제/관리 실태(2007. 6).

2) 영등위의 허술한 심사

문화관광부가 2004년 말 경품고시를 개정하면서 새로운 4-9-2 룰을 만들자 영등위도 게임제작업체로 하여금 위 경품고시 개정 이전에 등급분류를 받았더라도 이 4-9-2 룰에 맞추어 게임 내용을 변경하여 다시 영등위의 승인을 받도록 하였다. 따라서 원본 바다이야기 1.1 버전이 비록 등급 심사를 받았다 하더라도 이 재승인 과정을 통해 다시 한 번 바다이야기 게임을 걸러낼 기회가 있었는데 영등위의 허술한 심사로 좌절되고 말았다.

〈표 7〉에서 알 수 있듯이 재심 과정에서 내용설명서에 메모리 초기화에 대한 언급이 없고 예시 및 연타 기능 탑재 언급이 있음에도 불구하고 영등위는 2005년 3월 구 등급분류소위원회 심의절차규정 제4조의 내용과는 달리 게임 내용을 변경하여 영등위에 승인 신청하는 경우에는 게임 내용설명서는 고려하지 않고 신청서와 사진 등의 구비서류만으로 심의하기로 〈표 10〉과 같이 공고함으로써 바다이야기 1.1 변경 버전의 내용 변경을 승인하였다.

달리 이야기하면, 영등위 소위원회는 제조업체가 제출한 내용변경 신청서류에 '메모리 초기화' 문구가 명시되어 있지 않아 문제가 있다는 사실을 알고 있었고, 또 바다이야기 게임내용 설명서를 살펴보면 위 게임물에 메모리 기능에 의한 예시/연타기능이 있어 게임 이용자로 하여금 고배당을 기대하게 하여 과도하게 사행성을 조장하는 사행성 게임물임을 알 수 있었는데도 이를 자세하게 검토하지 아니한 채 승인한 셈이었다.[25]

또한, 영등위의 이러한 허술한 심사는 심의위원들이 외압이나 로비로부터 자유로울 수 없는 현실도 일조를 한다는 주장도 있다.[26] 한 전직 영등위 관계자는 "해당 업계 종사자들이 칼로 자해하거나 시너를 자신의 몸에 뿌리는 등 실력 행사를 하는 경우가 적지 않다"고 말했고, 실제 구속 기소된 성인오락기 '황금성' 대표 이모씨는 자신들이 등급분류를 신청한 '극락조' 게임이 이용불가 판정을 받자 2006년 2월 서울 장충동 영등위 사무실에서 게임물 소위 위원 이모(여)씨를 감금하고 "창자를 꺼내 목 졸라 죽이겠다"고 협박한 것으로 밝혀졌다.

---

25) 감사원. 감사결과처분요구서-사행성 게임물 규제/관리 실태(2007. 6).
26) 한국일보, 영등위 심의과정, 설명서/게임기만 보고 통과. 2006년 8월 20일.

표 10 등급분류 및 내용변경 심의 시 구비서류 비교

최초 등급분류 심의 시 구비서류	내용변경 심의 시 구비서류
• 작품 또는 내용설명서 • 메인프로그램(CD-ROM, FD, EP-ROM, PCB 등에 수록한 것을 말함) • 사진(전·후·좌·우면 및 게임진행과정 등 각 2매)	– – • 사진 (게임물외관, 게임진행 등) • 시상표(施賞表), 릴문양 도안, 딥스위치(게임기의 환경설정을 변경할 때 사용하는 스위치)· 셋업 모드 설명서

출처: 영상물등급위원회.

3) 내용변경 승인 후 부실 사후관리

영등위 게임물 단속반은 문화관광부의 요청에 따라 2005년 4월 29일부터 같은 해 4월 30일까지 바다이야기 게임업소 영업실태를 단속하고 보고서를 작성하였다. 이 영업실태보고서는 바다이야기는 메모리 연타 기능이 탑재된 채로 등급 분류되어 유통됨으로써 특정한 예시가 게임화면에 나타나면 최고 2,500,000원 상당의 상품권을 경품으로 제공하고 있고, 게임이 자동으로 진행되는 등 게임의 의미조차 없는 도박기로서, 이를 그대로 둘 경우 '제2의 스크린 경마'와 같은 사회문제가 우려되므로 제도적인 규제가 필요하다고 지적하고 있으며, 이 보고서는 영등위 소위원회 위원들에게 배포하고 브리핑까지 하였다.

이러한 메모리 연타 및 예시 기능이 계속 문제가 되자 영능위는 "예시 및 연타기능이 있는 게임물은 음비게법 제21조 제1항의 규정을 위반한, 즉 등급분류를 받지 않았거나 등급분류 받은 내용과 다르게 제작·유통되는 것"이라는 내용을 같이 공지[27]함으로써 바다이야기에 대한 영등위의 등급분류는 잘못되지 않았고 제작업체가 등급분류 받은 내용과 다르게 유통하고 있는 것이라고 책임을 회피한 채 아무런 제재조치를 하지 않고 그대로 두었다.[28]

영등위에서 등급분류한 게임물에 대하여 영등위가 그 등급분류를 직권취소할 수 있다는 명문화된 규정은 없으나, 행정법의 일반원리[29]에 근거하여

---

27) 2005년 5월 27일에 영등위 인터넷 홈페이지에 공고됨.
28) 감사원. 감사결과처분요구서 – 사행성 게임물 규제/관리 실태(2007. 6).

해당업체에 관련 자료의 제출을 요구할 수 있고, 위반사항의 시정요구를 해당 업체가 이행하지 않을 경우에는 해당 게임물의 등급분류를 직권취소할 수 있다고 할 것이다.[30]

4. 원인 4: 국회, 감사원, 경찰, 지자체 등의 임무 해태

사행성 게임 산업에 대한 규제와 관리를 둘러싼 다양한 관계자들의 작은 업무 해태 행위들이 모여서 바다이야기 사태라는 큰 불행을 야기한 측면이 존재한다. 국회 문화관광위원회(문광위)는 음반 비디오물 및 게임물에 관한 법률과 문화관광부 및 영상물등급위원회를 소관하고 있는데, 2005년 상품권 인증제에 대한 감사청구안을 통과시키지 않아 도박게임 문제를 방조하였고, 2005년 4월 발의된 상품권 폐지 법안을 게임진흥법 논의과정에서 폐기하였으며, 사행성 게임을 도박이 아닌 게임으로 규정한 게임산업진흥법을 통과시켰다. 또한 2005년 4월 이경숙 의원이 도박 총량 규제와 사행성 도박게임의 체계적 관리 감독을 위해 발의한 사행산업통합감독위원회 법안은 문광위 법안 심사소위 일부 의원의 반대로 처리가 미뤄지기도 하였다.[31]

감사원의 경우, 흥사단 같은 시민단체의 사행성 게임에 대한 감사청구 및 상품권 인증제 업체 선정 과정에 대한 감사 청구를 보류하고 검찰 수사가 시작된 그리고 인증제가 지정제로 바뀌고 난 후 늑장 대응으로 책임 규명에 실패했다는 지적을 받고 있다.

또한 검찰 및 경찰은 바다이야기 같은 불법 사행성 게임장에 대한 제때에 적절한 단속을 하지 못했다는 점에서 그리고 지자체는 무분별한 성인 오락실 허가와 사행성 도박게임장 단속에 따른 후속 행정조치 지체로 단속을 유명무실화했다는 점에서 비판을 받고 있다.

물론 2005년 11월 이해찬 총리 재임 시절 사행성 게임 관련 태스크포스

---

29) 행정행위의 근거법이 직권취소에 관한 명시적인 규정을 두고 있는 경우는 거의 없지만, 행정의 법률 적합성의 관점에서 볼 때 행정청에는 별도의 명시적 근거규정 없이도 위법한 행정행위를 스스로 시정할 수 있는 권한이 있다고 봄.

30) 감사원. 감사결과처분요구서–사행성 게임물 규제/관리 실태(2007. 6).

31) 참여연대, "도박게임 사태 책임 규명 보고서", 참여연대 이슈리포트, 2006년 9월 1일.

(TF)가 구성되어 검찰/경찰 단속이 본격화 되어 2006년 7월까지 2천 5백여 명을 구속했지만, 확산되는 도박 광풍을 사회적 위기 징후로 판단하고 접근하기보다는 여러 사회적 일탈 행위 중 하나로 보고 단속에만 치중했고, 제도적 개선책도 근본적인 해법보다는 단편적 수준에 머물렀다는 평가를 받고 있다.[32]

5. 원인 5: 부처 간 관할권 다툼

바다이야기 사태의 원인으로 게임 산업을 둘러싼 관련 부처 간의 관할권 다툼으로 보는 견해도 존재한다.[33] 김대중 정부, 노무현 정부를 거치면서 IT 산업 관련 정책의 관할권을 놓고 문화관광부, 정보통신부, 산업자원부, 행정자치부, 방송위원회 간에 치열한 접전이 벌어지고 있었는데, 그 중심에 문화관광부가 위치했다는 분석이다.

문화관광부는 문제의 아케이드 게임[34]을 놓고 산업자원부와, 게임을 포함한 문화콘텐츠를 놓고 정보통신부와 전선을 형성했고, 통신·방송 융합을 놓고는 방송위원회 및 정보통신부와 치열한 세력 대결 및 관할권 다툼을 펼치고 있는 상황이었다. 즉, 다양한 관련 부처와 게임 산업을 두고 관할권을 선점하려는 시도를 하던 문화관광부가 너무 무리한 시도를 하다가 발생한 사태라는 것이 이 분석의 주장이다. 소위 부처 간 밥그릇 싸움의 부작용으로 바다이야기 사태가 유발되었다는 것이다.

한 언론 보도[35]는 이러한 상황을 다음과 같이 뒷받침하고 있다. 당시 영등위는 게임을 영상물 인가 대상으로 삼고도 철학과 전문성은 부재했는데, 1999년 문화관광부는 이런 영등위에 인력 충원도 하지 않은 채 업무만 떠맡겼다. 당시 근무했던 전 영등위 사무국 직원은 "그때 영등위에서는 능력, 조직도 안 되어서 게임심의 사업을 안 받으려고 했다"며 "하지만 이권 사업이라 억지로 문화부가 떠맡긴 것"이라고 주장했다.

---

32) 연합뉴스, 바다이야기 … 정책실패인가, 시스템 문제인가. 2006년 9월 1일.
33) 전자신문 칼럼 "바다이야기와 밥그릇 싸움" 2006년 8월 31일.
34) 동전, 지폐 또는 이를 대신할 수 있는 유가 증권(코인 등)을 넣고 하는 게임.
35) 한겨레, 정부 양성화가 돈 먹는 괴물 키웠다. 2006년 8월 22일.

6. 원인 6: 사행성 게임 정책에 대한 컨트롤 타워 부재

바다이야기 사태에 대한 대응에 있어 개별 정부 기관들이 따로 움직이며 임기응변식 대응에 머물렀을 뿐, 사회적 위기 징후로 판단하고 종합적으로 지휘하는 컨트롤 타워가 가동되지 않았다는 점이 상황을 더욱 악화시켰다는 지적이 있다.[36]

노무현 대통령 취임 이후 당/정 분리, 국정원장의 대통령 주례보고 폐지, 대통령과 여당 대표의 주례회동 폐지, 관계기관대책회의 등 국정 시스템에서 제왕적 대통령의 권위주의적 색채 및 초법적 기구를 없애고 분권화를 촉진시키는 긍정적인 시도들이 많이 생기기는 했지만, 각 부처 간 소통, 정보 공유, 그리고 민심의 가감 없는 전달이란 측면에서 볼 때 이러한 시도들이 바다이야기 사태와 관련해서 청와대의 컨트롤 타워로서의 종합적 판단 기능에 순기능을 했는지는 다시 한 번 생각해 봐야 할 것이다.

당시 열린우리당 임종석 의원의 지적은 이러한 상황을 잘 반영해 준다. "정책수립의 전문성은 정부가 갖고 있지만 현장민심과 여론전달에서 우위를 갖고 있는 게 여당인데, 청와대가 여당의 의견과 문제제기를 진지하게 경청않고 '다 알고 있다'는 식으로 수비적으로 변명만 하는 것이 현실이다."[37]

Ⅳ. 정책 실패를 통한 학습

참여정부 초대 청와대 비서실장을 지낸 문희상 의원은 "이번 (바다이야기) 사태를 크게 정책실패와 비리의 두 측면으로 나눠볼 수 있는데, 비리는 검경이 조사할 부분이지만, 국정운영시스템의 실패는 바로 정책실패와 직결된 것으로 종합적인 점검이 필요한 부분"이라고 말했다고 한다.[38]

본 연구는 바다이야기 사태와 관련하여 정책 실패 부분에 초점을 두고 정책실패를 초래한 원인들에 대한 기존 논의들을 분석하여 가능한 한 다양한

---

36) 연합뉴스, 바다이야기 ⋯ 정책실패인가, 시스템 문제인가. 2006년 9월 1일.

37) 연합뉴스, 바다이야기 ⋯ 정책실패인가, 시스템 문제인가. 2006년 9월 1일.

38) 연합뉴스, 바다이야기 ⋯ 정책실패인가, 시스템 문제인가. 2006년 9월 1일.

원인들을 논의하는 것을 시도하였다. 故노무현 대통령이 바다이야기 사태에 대해 "도둑이 들려니 개도 안 짖더라"라고 논평한 것 그리고 참여연대 보고서(2006)가 도박게임 사태는 정책결정과 집행, 사후대응 등에 걸친 정부의 총체적인 시스템 오류에 따른 결과이므로 이번 사태의 책임은 정부와 정치권 모두에게 있다라고 지적한 것은 정책 실패라는 것이 어느 한 부분이나 부처의 탓으로 귀결될 수 없는 복합적 성격을 갖는다는 사실을 잘 보여준다.

　　본 연구의 분석 결과도 바다이야기 사태는 사행성 게임장에 관한 규제 및 관리의 주요 책임을 지고 있는 문화관광부와 영상물등급위원회의 허술한 심사와 규제완화 분위기 속에서 국회, 검찰, 경찰, 감사원, 지자체 등 관리/감독을 담당하는 기관들이 경보음을 충실히 울리지 않은 설상가상의 상황에서 발생한 것으로 나타났다. 즉, 사행성 도박이 게임으로 분류되어 성인 오락실 등록제 전환 등 규제가 아니라 진흥하는 방향으로 정책을 결정하고 산업진흥을 명목으로 상품권을 경품에 포함시키는 등의 정책결정 오류는 도박게임 사태를 증폭시켰으며, 사행성 게임 심의 기준 완화 및 부실심사와 관련 기관들의 관리 및 감독 소홀은 바다이야기 사태가 악순환의 과정을 밟는 결과를 초래했다.

　　게임 산업은 그 특성상 산업진흥과 규제의 딜레마가 늘 공존하는 분야이다. 오락실 게임인 아케이드 게임 시장은 2009년 기준 전 세계적으로 278억 달러에 달하고 온라인 게임 시장은 126억 달러에 달하는 등 게임 산업은 거대한 시장임에 틀림없다. 따라서 우리가 개발하지 않으면 세계 및 국내 시장에서 외국 게임들이 주류를 이룰 것이므로 김대중, 노무현 정권이 지향한 것처럼 게임 산업 진흥은 디지털 컨텐츠 산업 육성이라는 측면에서 꼭 필요한 미래 발전 전략이라고 할 수 있을 것이다.

　　하지만 이러한 게임 산업(특히 사행성 게임 산업)의 경우, 인간의 심리 속에 자리 잡고 있는 사행성에 대한 진지한 고려가 반드시 동반되어야 할 것이다. 이렇듯 10여 년 전 우리나라를 도박공화국이라는 광풍 속으로 몰아넣은 바다이야기 사태의 경험은 게임 산업 관련 정책의 경우 인간의 사행성에 대한 고려가 얼마나 중요한가라는 것을 극명하게 보여준 예이다.

　　게임 산업 진흥이라는 명분과 국민의 건강한 삶 유지라는 정책목표가 조화를 잘 이루기 위해서는 게임 산업 진흥의 필요성을 인정하되 이와 동시에,

비록 공공부문이 민간 게임 기업의 기술적 전문성을 따라 가지 못하는 한계를 가지고 있다고 하더라도, 정부는 사행성에 대한 적절한 규제를 위한 다양한 장치들이 가능한 한 아주 정교하게 구성되도록 노력해야 하고 또한 다양한 관련 행위자들이 조화를 이루어 엄격하게 사행성 여부를 관리감독 할 것이 요구된다는 것을 학습할 수 있었다. 특히, 광우병 사건이나 바다이야기 사태 등 우리 사회를 뒤흔든 큰 이슈가 되는 사건이 발생했을 경우 늘 지적되는 점이 컨트롤 타워의 부재라는 것도 염두에 두어야 할 것이다.

최근에 국내 유일의 내국인 카지노인 강원랜드를 벤치마킹하여 많은 지자체들이 내외국인을 위한 카지노를 유치하기 위해 애쓰고 있다는 보도가 있었는데,[39] 대표적인 사행성 관련 게임인 카지노의 경우도 산업진흥과 사행성 규제 사이의 적절한 균형을 유지할 수 있을 것인지가 관건으로 보인다. 사행성이 덜하다고 생각해온 온라인 게임의 경우에도 2011년부터 청소년들의 지나친 온라인 게임 몰입이 사회적 이슈가 되어 정부가 16세 이하의 청소년은 심야시간에 게임을 할 수 없게 하는 셧다운제를 도입한 사실도 게임 산업 진흥이 꼭 필요하다는 주장에도 불구하고 적절한 균형 잡힌 규제를 통해 게임의 사회적 비용이나 폐해를 예방하고 최소화하는 것이 절실하다는 것을 대표적으로 보여준다고 할 것이다.

---

39) 강원일보, 내국인 카지노 강원랜드로 한정해야. 2008년 2월 5일.

참고문헌

김정오, 김창수(2008). "사행성 게임물과 과잉규제의 역설", 「지방정부연구」 제12권 제
    8호.

선정원(2006). "바다이야기와 법령보충규칙의 통제", 「사회과학논총」 제26권.

유병규외 4인(2006). "카지노 자본주의의 폐해: Short-Term Gain but Long-Term
    Pain", 「한국경제주평」 현대경제연구원.

정찬모·유지연·황지연(2007). "온라인 도박의 현황 및 쟁점", 「KISDI 이슈리포트」 정
    보통신정책연구원.

참여연대(2006). "도박게임 사태 책임 규명 보고서", 「참여연대 이슈리포트」.

최종렬(2007). "무조건적 소모의 사회: 바다이야기를 중심으로", 「한국사회이론학회」.

황상연, 장재철(2006). "사행산업과 소비", 「SERI 경제포커스」 삼성경제연구소. 제111권.

제3편

교육정책

두뇌한국(Brain Korea)21사업의 정책 과정 분석: 과정의 실패, 결과의 성공?

서울대학교 행정대학원 교수 _ 권혁주

I. 서 론

세계 각 국가 간의 경쟁이 지식을 기초로 한 고부가가치 산업으로 옮겨 감에 따라 인적자본의 중요성이 더욱 부각되고 있다. 과거 산업사회에서는 자본과 노동이 주된 원동력이었으나, 이제는 지식과 정보를 다양하게 축적한 인적자본이 경제적 가치창출의 핵심적 요소로 작용하기 때문이다. 이에 따라 세계적 수준의 창의적인 고급인력을 양성 및 확보하기 위해 다양한 정부정책이 시행되고 있으며, 그 핵심에는 대학교육이 위치하고 있다. 대학은 새로운 지식을 창출해 내고, 창의적인 고급인재를 양성하는 사회적 역할을 하고 있기 때문이다(신현석, 2009).

이러한 흐름에 맞추어 한국에서도 두뇌한국(Brain Korea 21) 사업(이하 BK21 사업)을 통하여 세계적인 수준의 대학원 육성과 우수한 학문후속 세대 양성을 위하여 석·박사과정생 및 신진연구인력(박사후 연구원 및 계약교수)을 집중적으로 지원하는 학문후속세대 양성 사업을 실시하여 왔다. 이 사업은 1999년 제1단계 BK21 사업(1999-2005)이 시작된 이래 2006년부터 현재까지 제2단계 BK21 사업으로 진행되고 있다. 2012년 사업을 끝으로 2단계 사업이 종료됨에 따라

---

* 이 논문은 한국행정연구, 제19호 3권에 게재된 'BK21 사업의 정책집행분석'(권혁주, 이재성, 동그라미, 문현경 공저)을 정책실패의 차원에서 이론적으로 수정하고 최근자료를 보완한 것이다. 이 논문을 작성하는 데 있어서 많은 도움을 준 서울대 행정대학원의 박혜석에게 감사를 표하며, 논문의 오류는 저자의 책임임을 밝힌다.

사업의 성과에 대해 객관적인 연구는 조금 더 시간을 필요로 한다. 그러나 지난 7년 동안 BK21 사업이 실시된 정책과정에 대한 분석은 가능할 뿐만 아니라 향후 지식 기반 경제를 공고히 하기 위한 정책을 수립하기 위해서 오히려 시급하다고 할 것이다. 이러한 맥락에서 본 연구는 BK21 사업의 정책과정을 중심으로 정책행위자들이 정책과정에서 상호작용을 분석하고 이들이 창출한 정책결과를 1차적 정책성과와 2차적 정책 파급효과를 나누어 분석하고자 한다. 특히 정책결정과정에서 정책목표와 정책수단 간의 불일치가 정책집행에 미치는 영향을 분석하여 정책과정에서 정책의 실패를 지적하고자 한다. 그리고 이러한 정책과정의 실패에 대비하여 정책이 산출한 결과를 조사하고 정책과정의 실패와 정책결과의 성공이라는 주장의 논거를 설명하고 이에 대한 해석과 정책적 함의를 제시하고자 한다.

Ⅱ. 정책과정의 실패에 대한 분석의 틀

1. 정책과정과 정책실패

정책은 국가가 추구하는 공적 가치와 구체적인 목적을 의미하기도 하지만, 일반적으로 그러한 목적을 달성하기 위한 수단을 동시에 내포하고 있다 (권혁주, 2009). 따라서 의도하는 목표를 달성하는 수단과의 사이에 적절한 논리적 일치성(consistency)을 가지고 있어야 한다. 즉 성공적으로 정책목표를 달성하기 위해서는 정책목표와 정책 수단이 같은 방향으로 배열되어야 한다. 이러한 정책논리에 따르면 정책결정과정에서 결정자는 의도하는 목표를 명확히 설정하고 그러한 의도한 결과를 창출할 수 있는 정책수단을 설정하여 정책집행자에게 정확히 전달하여야 한다. 정책집행자는 주어진 목적에 따라 정책수단을 최대한 활용하고, 집행참여자 간의 협조를 통하여 정책이 의도하는 결과를 창출하여야 한다(Lane, 1987). 이러한 조건을 만족시키다면 정책은 성공적인 결과를 산출하게 된다는 주장이다.

반면 정책이 의도한 결과를 달성하지 못하였을 때 정책을 실패한 것이라고 할 수 있다(Lane, 1987). 물론 정책이 의도한 결과를 완전히 달성하지 못하여 의도한 결과와 실제 결과 사이에 상당한 정책오차가 발생하는 경우에 그것을 단순히 정책실패라고 규정하기는 어렵다(김영평, 2012). 이론적인 근거에 입각한 정책목표와 현실에서 창출된 결과가 반드시 일치하기 어렵기 때문이다. 한편 정책은 행정적인 조직과 자원을 투입하여 일차적인 정책결과를 창출하였다고 하더라도 사회가 필요 하는 정책 파급효과(policy impact)를 가져오지 못하는 경우가 있다. 예를 들어 어떤 나라에서 국민의 건강을 증진하기 위해 전염병 예방접종 정책을 실시하였다고 하자. 목표한 바와 같이 일정한 비율의 국민들에게 예방접종을 실시하였지만, 유병률과 기대수명 등과 같이 국민건강에 대한 파급효과가 크지 않게 나타는 경우가 종종 발생한다. 국민건강 증진과 같은 정책의 궁극적인 목표는 단순히 하나의 정책적 결과에 좌우되는 것이 아니라 다양한 변수에 의해 영향을 받기 때문이다. 이같이 정책 외적 요소로 인하여 정책파급효과가 발생하지 못하는 경우에 정책을 실패라고 규정하기 어렵다.

따라서 정책이 실패라고 명확히 규정되는 경우는 예외적이라고 할 수 있다. 그런데 일반적으로 정책이 실패로 규정되는 경우에 그 원인을 찾기 위한 노력이 수행된다. 정책목표와 정책수단의 일관성의 문제, 정책집행에서 행위자 간의 상호작용의 부조화 등에 대해 조사하여 실패의 원인을 찾게 된다. 그렇다면 정책의 일차적 목표를 달성했을 때 정책과정의 문제는 없는 것일까? 정책결정과 정책집행에서 상당한 실패의 요인을 내재하고 있다면 정책결과에 어떠한 영향을 끼치게 되는 것일까? 본 연구는 정책의 일차적인 목표를 달성한 경우에도 정책의 실패요인이 정책과정에 내재되어 있을 수 있다는 이론적 가정을 설정하고, 그러한 경우도 정책실패로 파악해야 한다는 주장을 제기하고 이에 대해 논의하고자 한다. 이를 통하여 명확한 실패가 아닌 경우에도 정책학습을 통하여 정책을 개선하는 노력을 경주하고자 하는 것이다.

2. 분석의 틀

정책이 의도한 결과를 창출하기 위해서는 정책결정과정에서 정책결정자가 명확한 정책목표를 설정하고, 이에 따라 논리적 일관성을 갖는 정책수단을 정하여야 하며, 정책집행과정에서는 정책집행자는 주어진 정책수단을 최대한 활용하고, 집행에 참여한 행위자 간의 협조를 통하여 정책이 의도하는 결과를 창출하여야 한다. 이러한 합리모형에 기초하여 본 연구는 현실에서 전개된 BK21 사업의 정책과정을 분석하고자 한다. 정책결정 과정에서는 특히 BK사업을 결정하면서 나타난 정책목표와 정책수단의 불일치 현상을 밝히고, 그 원인과 결과를 살펴볼 것이다.

한편 정책집행과정에서는 정책행위자의 초점에 맞추어 현장 중심적 접근 방법을 택하고자 한다. 정책집행을 다수의 행위자들 사이에서 발생하는 상호작용으로 이해하고, 집행과정에서 영향을 주고받는 정책행위자들의 인식을 분석할 것이며, 구체적 분석은 '권혁주 외(2010)'의 연구 분석틀을 사용하여 분석하고자 한다.

'집행과정의 행위자'는 집행과정에 참여하는 공식적·비공식적 행위자를 말한다고 할 수 있는데, 특히 BK21사업의 진행과정에서는 정부의 공식적 행위자들과 더불어 교수, 학생, 신진연구인력 등이 집행과정에서의 중심적인 행위자라고 할 수 있다. 이들은 BK21 사업의 참여자로서 BK21 사업으로부터 수혜를 받고 있는 정책대상자이기도 하지만 동시에, 정부가 결정한 사항을 집행하는 정책집행자의 역할도 맡고 있기 때문이다. 즉, BK21 사업의 혜택을 누리는 동시에 여러 가지 정책내용을 실행하는 집행자인 것이다.

〈그림 1〉은 정책집행현장에서 일어나는 정책목표와 정책수단의 불일치

그림 1 정책집행과정에서 발생하는 정책목표와 정책수단의 불일치 구조

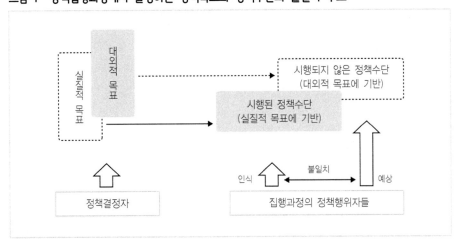

출처: 권혁주 외(2010).

현상이 발생하고 이로 인해 정책집행에서 행위자들이 갖는 예상과 현실인식으로 인한 혼란이 야기하는 정책실패의 현장을 개념적으로 제시하고 있는 분석의 틀이다. 정책결정자는 정책의 실질적 목표가 전면적으로 드러나는 것을 막고 정책의 정당성을 확보하기 위한 대외적 목표를 전면에 내세운다. 이러한 두 목표는 일치하는 경우도 있지만 서로 일치하지 않는 경우도 발생한다. 이 경우 정책행위자들은 대외적 목표를 정책의 실질적 목표로 인식하고 그에 따른 정책수단, 즉 대외적 목표에 따른 수단을 예상하지만, 실제 현실에서 집행되는 정책수단은 본래 실질적 목표에 따른 정책수단이게 된다. 따라서 정책행위자들은 양자간 불일치 현상에 따른 집행현장에서의 혼란과 갈등을 겪게 되고 이는 정책실패의 가능성으로 이어진다. 즉 위 연구는 이러한 정책목표와 정책수단간 불일치 현상을 BK21 사업에 적용하여 분석하려는 것이다.

〈그림 2〉는 이러한 정책 목표와 수단간 불일치에서 나아가 모호한 정책 목표와 집행행위자들에 대한 불완전한 전달에도 불구하고 정책의 1차적 성과가 나타난 경우를 개념적으로 제시하고 있다. 여기서 주목해야 할 점은 두 가지이다. 첫째, 자원 투입으로 나타난 정책의 1차적 성과가 정책이 궁극적으로 추구하는 2차적 성과 산출로 이어지고 있는가 하는 점이다. 둘째, 정책의 2차적 성과가 정책의 일차적 성과에 의해 발생한 것인가 하는 점이다. 그렇지 않을 경우 정책이 의도한 바대로 정책의 일차적 목표를 산출했지만, 실제적으로

그림 2 정책과정에서의 실패와 정책결과

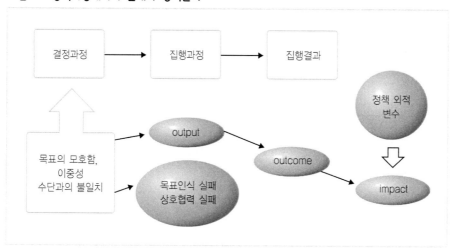

는 사회가 필요로 하는 궁극적인 정책적 파급효과에 기여하지 못하게 되는 낭비적 노력에 불과할 수 있기 때문이다.

Ⅲ. BK21 사업 결정과정에서 정책목표의 변화

BK21 사업은 IMF 경제위기를 극복하고 국가경쟁력을 강화하기 위해 김대중 정부가 교육경쟁력을 확보해야 한다고 인식하면서 시작되었다. 본래 BK21 사업의 최초 아이디어는 김영삼 정부의 대통령 자문기구였던 교육개혁위원회가 연구중심대학의 집중육성과 인재양성의 지방화 체제 구축을 제안하면서 시작되었다. 당시 교육개혁위원회는 고등교육의 체제개선을 통하여 사회적 문제로 제기되었던 사교육비 경감방안을 제시하였고, 김대중 정부가 들어선 이후 1998년 8월 3일 발표된 '국민의 정부 교육개혁의 방향'에서 구체적으로 정책안과 목표가 정해졌다. 그 후 BK21 사업에 대한 기획과 여론 수렴과정을 통해 1999년 6월 4일에 '21세기 지식기반사회 대비 고등인력양성사업 (Brain Korea 21)' 시행계획 공고를 발표함으로써 본격적인 BK21 사업은 진행되었다.[1]

대외적으로 BK21 사업은 '창의적 국제적 수준의 대학원생 및 신진연구인력 양성'을 목표로 하고 있다. 그러나 사업이 처음 기획되는 과정을 보면 정책 목표는 사교육비 경감을 위한 것으로 1단계 BK21 사업의 목표와는 전혀 다른 맥락에서 존재하고 있었다. BK21 사업과 사교육비 경감의 연계는 김대중 대통령 후보자의 선거 공약 중에서 '과외비와 입시난 해소를 통한 열린 교육사회의 실현'으로 제시되었고, 이에 대한 세부 실천계획으로 서울대학교를 연구중심 대학원으로 전환하겠다는 내용이 포함되었다(박부권, 2000). 당시 교육부는 사교육비 증가의 원인이 되고 있는 서울대학교를 학부중심대학에서 탈피한다면 단기적으로는 사교육비 경감으로, 장기적으로는 초·중등교육의 정상화와 대입경쟁의 완화로 이어질 것으로 기대하였다. 소수 대학 중심의 대

---

1) 당시 주요 사업 내용은 세계 수준의 대학원육성사업(과학기술분야, 인문사회분야, 대학원 전용시설 구축 사업)과 지역대학육성사업, 대학원 연구력 제고사업(특화분야, 핵심분야), 학술진흥 사업 등 총 4개 분야로 이루어졌다.

학원 육성이라는 구조조정을 의미하는 것이었다. 결과적으로 대학입시경쟁을 완화하고, 대신 일류 대학원 입시에서 경쟁을 강화한다는 데 초점이 모아졌다(김필동, 2000).

그러나 BK21 사업이 공식 문서화되어 구체적인 정책내용이 정해지면서 '사교육비 경감'과의 연계는 점점 약화되었다. 1998년 8월 3일 '국민의 정부 교육개혁의 방향'이 발표되자 사업의 주요 목표는 연구에 중점을 둔 대학원중심대학(첨단 이공계 중심)과 교육에 중심을 둔 학부중심대학으로의 개편으로 바뀌게 되었다. 특히 김대중 정부의 교육정책의 수립에 커다란 영향력을 행사했던 정책담당자들은 세계 일류수준의 연구중심대학 수립의 필요성을 강조하며 정책의 강조점에 수정을 가하였다. 이렇듯 김대중 정부 출범 이후 짧은 기간 동안에 사업의 기본 취지가 형성되고 주요 내용이 발표되고 이에 대한 수정이 반복되자 이를 비판하는 목소리도 강력히 제기되었다.

첫째, BK21 사업의 원리인 '선택과 집중의 원리'에 대한 재검토를 요구하는 비판이다. 이는 소수의 대학을 집중적으로 지원하여 세계적 수준의 대학을 만든다는 논리에 근거하고 있다. 비록 선정된 사업단의 소속대학을 볼 때, 전국적인 균형을 맞췄다고 판단할 수 있으나, 본래 BK21 사업은 앞에서 언급한 대로 최초의 지원 대상으로 서울대만이 고려되었다. 그러나 전국의 국·공립대 교수협의회와 지방대 교수가 중심이 된 교수단체 등은 BK21 사업이 수도권 소수의 명문 대학만을 연구중심 대학원으로 육성한다면 그 밖의 다른 대학은 발전할 기회를 상실하게 된다고 반발하였다. 이에 대해 정부는 한정된 재원으로 국가 경쟁력 향상에 필요한 분야를 집중 투자하는 것은 불가피한 선택이라고 주장했다(중앙일보, 1998년 9월 8일자; 중앙일보, 1998년 2월 25일자; 중앙일보, 1999년 3월 2일자). 사업을 둘러싼 주요 집단 간의 인식 차이가 커지고 갈등이 깊어짐에 따라, 정부는 일부분에 대한 정책 수정을 실시하게 되었다. 지원대상을 서울대학교 등의 소수 대학에서 다수의 대학이 참여하도록 하는 동시에, 이공계 중심만의 지원에서 인문사회분야, 지역대학육성사업, 학술진흥사업 등으로 지원 사업의 폭을 확대하였다. 이러한 과정에서 BK21 사업은 학문후속세대양성이라는 대외적 목표가 가시적으로 설정되게 되었다.

결과적으로 BK21 사업의 운영원리인 '선택과 집중의 원리'와는 거리가 있으나, 지역적·학문분야 측면에서는 다양성이 고려된 수정안이 확정됨으로써 소수 대학의 지원에 대한 비판이 반영되었다. 그러나 1단계 BK21 대학별 사업단 선정 현황을 살펴보면 학문후속세대 양성이라는 목표는 정책집행의 정당성을 확보하기 위해 제시된 대외적 목표에 지나지 않음을 알 수 있다. 실제로 BK21의 주요 사업인 '세계 수준의 대학원 육성사업(과학기술분야, 인문사회분야 등)'에 속하는 총 68개의 사업단 중 약 65%에 달하는 44개의 사업단이 서울대, 고려대, 성균관대, 한국과기원, 포항공대, 한양대 등 소수 대학에 중점적으로 지원되고 있었다.2) 이는 연구중심대학과 학부 중심의 교육을 기본으로 하는 대학체제의 구조 조정을 위한 BK사업의 실질적 목표가 반영된 것이었다.

둘째, 1단계 BK21 사업은 사업단 수나 지원액 측면을 고려할 때 인문사회분야보다는 '과학기술분야 중심'으로 진행되었다. 총 68개의 사업단 중에서 약 71%에 달하는 48개의 사업단이 과학기술분야에 속해 있었으며, 선정된 대학들도 인문사회보다는 과학기술 분야에 다수의 사업단을 확보하였다. 지원액 측면에서도 인문사회분야는 과학기술분야에 비해서 저조한 지원을 받았다. 정책입안 초기의 BK21 사업은 과학기술분야에 대한 집중적인 육성사업으로 구상되어, 인문사회분야는 과학기술분야의 예산 중 단지 10%만을 지원받았다. 인문사회분야의 사업단에 대해서는 소규모로 지원하고 과학기술분야에 전적으로 집중했다는 것을 의미한다.

이렇게 볼 때 1단계 BK21 사업은 대외적 정책목표인 '학문후속세대 양성' 보다 '선택과 집중의 원리'와 '과학기술분야 중심'의 실질적 정책목표를 달성하기 위한 표면적인 성격을 갖고 있었다. 국가적으로 추진된 1단계 BK21 사업의 긍정적인 성과도 다양하게 나타났지만, 한편으로 한계 또한 나타났다. 다양한 정책적 논쟁을 유발했던 1단계 BK21 사업(1999~2005년)이 마무리 되면서 BK21 사업의 종료가 예상되었지만, 사업을 이끌었던 행위자들, 특히 이해찬 전 교육부 장관이 총리로 임명되면서 2단계 BK21 사업은 계속 진행된다.3) 2단계 사업에서는 과학기술분야와 인문사회분야에 참여하고 있는 사업

---

2) 선택과 집중의 원리는 소수 대학에 적용된 것뿐만 아니라, 선정사업단의 수도권 집중 현상이 두드러졌는데, 1단계 BK21 사업 선정결과를 살펴보면 과학기술 분야의 68%, 인문사회분야의 95%가 수도권 대학으로 선정되었다(신현석 외, 2008).

3) 1단계 BK21 사업의 핵심행위자는 크게 이해찬 당시 교육부 총리와 새교육공동체위원회장수영 대학위원회위원장, 선우중호 前 서울대 총장을 들 수 있다. 특히 당 사업을 주도

단의 소속 대학은 전국적으로 다양해졌고, 과학기술분야 대비 인문사회분야
에 대한 예산도 증가하였다.

Ⅳ. BK21 사업의 정책집행과정과 정책행위자

BK21 사업에 참여하는 정책행위자의 정책목표에 대한 인식과 집행과정
에서 역동적 관계를 살펴보기 위해 권혁주 외(2010)가 2009년 실시한 포커스
그룹 인터뷰 및 개별인터뷰 결과를 활용하기로 한다. 포커스 그룹 인터뷰에는
법학, 정치학, 행정학으로 이루어진 사회 1 계열의 연구자, 박사과정, 석사과
정, 박사수료 등이 참여하였다. 그리고 개별인터뷰는 교수, 학생, 신진 연구인
력 등을 대상으로 진행되었다. 이들 인터뷰에서의 조사 내용은 집행행위자가
사업 목적에 대해 인식하고 있는지 여부와 실제 교육현장에서 사업단의 교육
활동, BK21 사업의 참여과정에서 연구 활동과 각 사업단이 산출하고 있는 성
과에 대한 질문 등으로 구성되었다.

복수의 사업목표의 양립과 정책혼선　　BK21 사업에 참여하고 있는 정책행
위자들은 BK21 사업이 학부중심대학 및 연구중심 대학으로 구조조정을 목적
으로 한 정책이라는 인식과 학문 후속세대 양성을 위한 정책이라는 두 가지
목적에 대해 혼재된 이해관계를 갖고 있었다. 이에 따라 정책행위자는 서로
다른 정책목표를 BK21 사업의 목표로 인식하는 현상이 발생하고 있었다. 이
와 더불어 학생들의 경우에는 BK21 사업 목적에 대한 깊은 인식이 없이 사업
에 참여하여 단기간에 장학금을 받는 것에 그치는 경우도 있었다. 이 같은 불
일치 현상으로 인해 사업에 참여하는 정책행위자 간의 사업참여의 공감을 확
보하지 못하고, 그들 사이에 갈등을 유발하는 경우가 많다는 점이 인터뷰에서
나타나고 있다. 이러한 갈등은 사업의 주도적 역할을 하는 교수들 사이에서도
나타나는 것으로 지적되고 있다.

적으로 이끌었던 이해찬 당시 교육부 장관이 국무총리로 임용되면서 2단계 BK21 사업
(2006-2012)이 지속적으로 유도되는 데 큰 정치적 영향력을 행사하였다. 실제로 이해찬
前 총리는 2009년 10월 서울대 강연에서 자신의 정치생활 중 잘한 것 중 하나로 BK21
사업의 추진을 꼽았다.

사업단 목표의 형해화   BK21 사업의 집행과정에서 제기되는 문제점은 총괄적인 목표 외에도 각각의 사업단이 설정한 목표들이 형해화되고 실질적으로 연구에 커다란 방향을 제시하지 못하여 사업단 연구성과들이 커다란 흐름을 형성하면서 학문적으로 새로운 기여를 하는 시너지 현상을 창출하지 못하고 있다는 점이다. 결과적으로 BK21 사업을 통하여 많은 산출물이 생성되더라도 그것이 학문적 성과물로서 서로 뒷받침되고 발전하는 데 기여하지 못하고 있다는 점이다.

정책수단의 낮은 적합도   사업단의 운영 구조 측면에서 인문사회분야의 연구 성격이 고려되지 않은 획일적인 구조도 문제로 지적될 수 있다. 앞서 사업의 추진과정에서 언급되었듯이, 애초 과학기술분야 중심으로 지원하려다 반대가 커지자, 이를 무마시키고 '학문후속세대 양성'이라는 대외적 목표를 앞세워 결국 인문사회분야까지 지원대상이 확대되었다. 하지만 과학기술분야를 대상으로 설계된 사업단의 운영 구조가 학문분야에 상관없이 모든 사업단에 일률적으로 적용됨으로써 사업 운영의 효율성을 떨어뜨리고 있다. 이를 테면 인문사회분야는 과학기술분야와 달리 공동연구의 필요가 적음에도 상대적으로 많은 학생들을 연구에 참여하고 있다. 그러나 사업에 참여하고 있는 한 교수는 공동연구를 통해 교수와 학생이 학문적 공동체를 형성할 수 있다는 점에서 공동연구의 긍정적 효과를 주장하기도 하였다. 이러한 주장은 학문적 공동체의 형성이 논문 같은 결과물로서만 실현되는 것이 아니라, 중간단계에서 서로 학문을 공유하고 배우고 가르치면서 자연스럽게 만들어진다는 점으로 이해할 수 있다. '학문후속세대 양성'이라는 대외적 목표와 달리 논문과 같은 실적으로만 결과를 평가함으로써 '선택과 집중의 원리'와 통제, 평가 중심의 정책수단이 주를 이루고 있어, 여기에서도 불일치 현상이 존재함을 알 수 있다.

지원과 평가의 불일치   BK21 사업은 참여대학원생에게 안정적인 연구 기회의 확보를 위해서 장학금을 제공하고, 교수는 이들의 도움을 받아 연구와 교육을 하며, 신진연구인력은 박사학위 취득 이후에도 안정적으로 연구에 매진할 수 있도록 인건비를 지원을 받는 점에서 정책행위자 모두에게 지원이 이뤄진다. 그러나 각 대상에 대한 지원 내용과 평가 정도가 상이하여 정책행위자의 목표달성을 위한 동기를 유도하지 못하고 있다. 또한 현장의 정책행위자, 특히 교수의 참여 동기를 높이는 데 방해물로 작용한다는 지적이 있었다. '학문후속세대 양성'이라는 측면에서 석·박사과정생과 신진연구인력은 연구장학금과 인건비를 지원받지만, 교수들은 학생들의 인력 지원, 도서구입비, 회의비, 학술대회 지원비라는 명목으로 최소한의 지원을 받고 있다. 그러나 연차평가를 할 때는 교수 업적이 많은 비중을 차지하기 때문에 책임과 혜택의 대상이 분리된다.

V. 2단계 BK21 사업의 정책성과

1. 사업의 현황

BK21 사업은 1999~2005년의 1단계를 거쳐 현재 2006~2012년, 7년의 기간 동안 2단계 사업이 진행되고 있다. 지원예산은 1단계에서 총 1조 3,421억 원이었던 데 반해 2단계에서는 약 2조 원의 총사업비로, 지원대상은 총 72개 대학 564개 사업단(팀)이며,[4] 지원대학원생은 2만여 명, 신진연구인력 2,800여 명, 참여교수 7,000여 명으로 구성된다. 사업단 평균 지원액은 8.5억 원이며, 사업팀의 경우 평균 1.7억 원이다.[5] 5차연도(2010년)의 사업성과 69개 대학 516개[6]사업단(팀)을 평가한 결과, 전체의 72% 사업단(팀)이 80점 이상을 얻었고, 15개 사업단(팀)이 탈락하였으며, 하위 176개 사업단(팀)은 10~30% 감액되었다.

사업단의 예산 편성 면에서는 참여 대학원생 및 신진연구인력의 지원비가 가장 많은 비중(75~90%)을 차지하고, 해외학회 참석 등 국제협력이나 논문게재와 관련된 비중은 20% 미만으로 인건비 지원에 많은 부분이 할당되고 있었다.

---

4) 3차연도 기준.
5) 한국연구재단, 「BK21 사업 성과사례」. 2010.
6) 2개 사업단(팀)의 협약해지에 따라 총 518개에서 516개 사업단(팀)을 평가함.

표 1 사업단 예산편성 기준 [7]

	지원내용 및 기준액	예산비중
① 대학원생지원비(연구장학금)	석사(월50만)/박사(월90만)	55~60%
② 신진연구인력 지원비(인건비)	박사후과정(월200만)/계약교수(월250만)	20~30%
③ 국제협력 경비	해외학회참석, 해외석학 초빙 등	10% 이내
④ 기타 사업운영 경비	논문게재비, 특허출원비 등	10% 이내

2. BK21사업의 1차적 성과

1) 참여대학원생 총논문수

참여대학원생의 연구력을 나타내는 논문실적은 9,786건에서 15,728건으로 1차연도 대비 60%가 증가하는 양적 성과를 보였다. 인문사회분야만의 학술연구실적 건수만 보아도 참여교수 3,724건, 신진연구인력 696건, 참여대학원생 1,913건으로 1차년도에 비해 각각 13.3%, 47.5%, 136%의 증가율을 나타내는 등 특히 참여대학원생의 논문 성과의 증가폭이 컸다.

그림 3 참여대학원생 논문수 추이 [8]

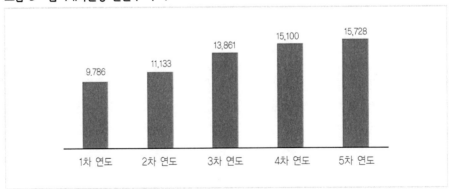

---

7) 한국연구재단, 위 보고서.
8) 한국연구재단, 2단계 연구중심대학 육성(BK21)사업 5차연도 연차평가 결과 보도자료.

표 2 인문사회분야 참여인력별 학술연구실적건수 연도별 추이9)

연 도	참여교수	신진연구인력	참여대학원생
1차연도	3,286	472	810
2차연도	3,984	824	1,462
3차연도	3,771	681	1,618
4차연도	3,840	730	1,775
5차연도	3,724	696	1,913

2) 인력 양성 및 학위취득자 현황

2단계 BK21사업 참여인원은 4차연도까지 꾸준히 증가해왔으나, 5차연도에 갑자기 줄어들었다(〈표 7〉 참고). 참여대학원생의 학위 취득 현황을 보면 2010년 과학기술(기초, 응용), 인문사회 분야 총 9,408명(석사 7,197명, 박사 2,211명)이 학위를 취득하였으나, 이 중 인문사회 분야가 차지하는 비중은 12.3%에 불과했다. 이는 과학기술 분야에 집중하려던 BK21 사업의 초기 의도가 여전히 남아있음을 의미한다(〈표 3〉). 그럼에도 불구하고 인문사회분야 학위 취득자의 변화 중에서 석사 학위 취득자가 2008년 902명에서 2010년 949명으로 5.2% 증가한 데 비해 박사 학위 취득자가 35% 증가한 것은 양적 부분에 있어서 긍정적 변화라고 보여진다.

표 3 '10년도 BK21 사업분야별 학위취득자 현황

구 분	석 사	박 사	합 계
과학기술(기초)	1,203명 (16.7%)	484명 (21.9%)	1,687명 (17.9%)
과학기술(응용)	5,045명 (70.1%)	1,520명 (68.7%)	6,565명 (69.8%)
인문사회 (디자인·영상포함)	949명 (13.2%)	207명 (9.4%)	1,156명 (12.3%)
합 계	7,197명 (100%)	2,211명 (100%)	9,408명 (100%)

---

9) 위와 동일.

표 4 '08년도 BK21 사업분야별 학위취득자 현황(단위: 명/%)

구 분	석 사	박사(*)	합 계
과학기술(기초)	1,202(78%)	340(72)(22%)	1,542(100%)
과학기술(응용)	5,550(85.3%)	959(163)(14.7%)	6,509(100%)
인문사회(디자인·영상포함)	902(85.5%)	153(7)(14.5%)	1,055(100%)
전 체	7,654(84.1%)	1,452(242)(15.9%)	9,106(100%)

*괄호안의 수치는 석·박사 통합과정을 통하여 박사학위를 취득한 참여대학원생 수임.
**자료 출처10)

3) 취업률

BK21사업 참여 대학원생 및 신진연구인력의 전체 취업률은 91.9%로 높으나, 인문사회 분야의 경우 그보다 10%p 가량 낮은 81.5%를 나타냈다. 이와 관련해서 2011년 고등교육기관 취업률12)과 대비하여 보면, 일반대학원의 사회계열 및 공학계열의 취업률은 각각 70.6%, 82.5%였다. 한편 취업률 상위 전공을 소계열로 살펴본 결과, 응용소프트웨어 공학이 91.2%, 전자·전기 공학이 86%, 85.7%를 차지했다. BK21 사업과 관계없이 일반대학원에서의 취업률은 사회계열이 역시 공학계열보다 낮은 편이었으며, 전반적으로 BK21 사업에 참여한 대학원생의 취업률이 높았다. 이러한 취업률의 차이를 전적으로

표 5 '10년도 BK21 사업분야별 취업률 현황13)

구 분	취업대상자(명)	취업자(명)	취업률(%)
과학기술(기초)	1,311	1,184	90.3
과학기술(응용)	5,364	5,042	94
인문사회(디자인·영상포함)	837	682	81.5
전 체	7,512	6,908	91.9

---

10) 위와 동일.
11) 한국연구재단, '11년 고등교육기관 졸업자 취업통계조사결과.
13) 2단계 연구중심대학 육성(BK21)사업 5차연도 연차평가 결과 보도자료.

BK21 사업의 결과로 보기는 어렵다. 예를 들어 BK21 사업에 참여하고 있는 대학들이 소위 말하는 일류 대학이기 때문에 취업률이 더 높게 나타날 수도 있기 때문이다.

4) 교원 수 및 학생 수

5차연도 BK21사업에 참여한 대학은 69개로 국·공립대 23개, 사립대 46개이며, 2011년 현재 전임교원 확보율은 67.2%에 달한다. BK21사업 참여대학의 교원 수, 전임교원 수, 학생 수, 교원 1인당 학생 수, 전임교원 확보율이 모두 점차 개선된 점은 사업의 긍정적인 양적 성과라 할 수 있다.

표 6 BK21 참여 대학의 교원 수 및 학생 수* (단위: 명, %)

구 분	교원 수 (겸임,초빙포함)	전임 교원 수	학생 수 (학부생/대학원생)	교원1인당 학생 수	전임교원 확보율
2007년(73개대)	38,482	34,115	1,199,829	31.18	62.3%
2008년(73개대)	40,079	35,455	1,212,067	30.24	64.2%
2009년(72개대)	40,690	35,939	1,217,261	29.92	65.0%
2010년(70개대)	41,474	36,912	1,229,459	29.64	66.0%
2011년(69개대)	44,510	37,125	1,244,116	27.95	67.2%

* BK21 사업 참여대학에 대한 KEDI 자료를 바탕으로 산출, 교원 및 학생 수는 해당년도 4월 1일 기준.

〈표 7〉은 5차연도(2010) 총량성과를 종합적으로 보여준다. 5차연도 주요 교육·연구 성과로는 참여 대학원생의 연구실적이 향상(4차연도 대비 총 논문건수 4.2% 증가, 과학기술분야 논문 1건당 IF(피인용지수) 1.8% 증가)되고 박사학위 취득자가 전년대비 22% 증가한 점이다. 이에 비해 참여교수와 신진연구인력의 논문 수는 감소하였다. 이는 4차연도 이후 일부 사업단이 탈락하여 5차연도에 참여인원의 수가 감소하였기 때문이다.

표 7 2단계 BK21 사업 5차연도('10) 총량 성과[14]

구 분			'06연도 (1차연도)	'07연도 (2차연도)	'08연도 (3차연도)	'09연도 (4차연도)	'10연도 (5차연도)	4차연도와 비교
연구 성과	논문 (총건수)	참여교수	23,704건	24,140건	25,999건	26,731건	26,341건	1.5% 감*
		참여대 학원생	9,786건	11,133건	13,861건	15,100건	15,728건	4.2% 증
		신진연구 인력	2,091건	3,392건	3,492건	3,284건	3,053건	7.0% 감*
	논문 1건당 IF (과기분야)	참여교수	2.17	2.46	2.51	2.69	2.80	4.1% 증
		참여대 학원생	2.08	2.43	2.50	2.66	2.71	1.8% 증
		신진연구 인력	2.32	2.57	2.50	2.80	2.71	3.2% 감
산학 협력	정부·산업체 연구비 수주액		9,931억원	11,445억원	13,343억원	13,934억원	15,494억원	11.2% 증
인력 양성	석·박사 과정 참여자수		35,476명	37,871명	38,118명	39,547명	32,971명	16.6% 감
	석·박사 학위배출수		8,629명	7,832명	9,106명	9,756명	9,408명	3.6% 감

* '09년 대비 참여교수수 감소('09년 7,167명 → '10년 6,768명) 신진연구인력 감소('09년 2,607 명 → '10년 2,438명).

3. BK21사업의 2차적 성과

1) 논문 1건당 피인용지수(IF: Impact Factor)

논문 발표 수가 양적 지표라면 논문에 대한 피인용지수는 질적 지표에 해당하며, 인문사회 분야에서 국제저명학술지인 A&HCI, SSCI 등에 등재된 논문이 인용될수록 사업의 2차적 성과가 높다고 할 수 있을 것이다.[15] 국가 별 비교에서 한국은 연도별로 보았을 때 2000년 이후 점차 피인용지수가 증 가하고 있는 추세이다(〈그림 4〉). 그럼에도 「2011년 피인용 상위 1% 논문실적 비교분석 보고서」[16]에 따르면, 미국은 56,026편으로 가장 많은 피인용 상위

14) 표 5, 6, 7의 출처는 위와 동일.

15) 한국연구재단 보고서 상의 총량성과에는 과학기술분야의 IF지수 중심으로 나타나 있어 인문사회 또는 사회과학 분야에 대한 IF 지수를 파악해볼 필요가 있었다.

16) 피인용 상위 1% 논문 국제비교에서 한국의 저자에 의해 2000~2010년 발표된 전체 SCI

그림 4 한국의 연도별 피인용 상위 1% 논문 점유율 추이

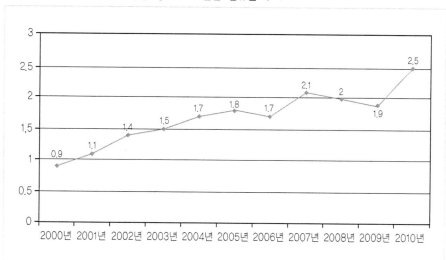

자료: 한국연구재단, 2011년 피인용 상위1% 논문실적 비교분석 보고서, 2011.

1% 논문을 발표했으며, 점유율은 56.9%에 달하는 것으로 나타난 반면 한국은 총 1668편으로 세계 16위 수준에 점유율은 0.6%로 평균인 1%에 미치지 못하였다(〈표 9〉).

　　한국은 전체 SCI 논문에 대한 평균 점유율이 2.7%이고, 피인용 상위1% 논문에 대한 평균 점유율은 1.7%이다. 특히 미국의 경우에 전체 SCI 논문과 상위1% 논문 모두 전 분야에 걸쳐 균형적 실적을 보이는 반면에, 한국의 경우 분야별로 살펴볼 때, 재료과학(7위), 공학(11위), 화학(12위), 물리학(13위) 등에서 많은 피인용 상위 1%논문을 발표하고 있음에도 불구하고, 사회과학 분야는 상대적으로 낮은 순위(26위)에 머물고 있었다(〈표 8〉).17)

　　논문 266,682편 중 0.6%가 피인용 상위 1% 논문이다.

17) 한국연구재단, 2011년 피인용 상위 1% 논문실적 비교분석 보고서, 2011.

표 8 분야별 피인용 상위 1% 논문 수 국가 순위(2000~2010)

순 위	사회과학 일반	논문수	순 위	공 학	논문수
1	미국	2,890건	1	미국	3,254건
2	영국	698건	2	중국	1,035건
3	캐나다	281건	3	영국	657건
4	네덜란드	219건	4	독일	591건
5	호주	209건	5	캐나다	433건
6	독일	184건	6	프랑스	432건
7	스웨덴	94건	7	일본	385건
26	한국	16건	11	한국	247건

자료: 한국연구재단, 2011년 피인용 상위 1% 논문실적 비교분석 보고서, 2011.

표 9 국가별 피인용 상위 1% 논문 수 및 점유율

국 가	피인용 상위 1% (2000~2010 게재)		전체논문 (2000~2010 게재)		1% 논문 비중
	순 위	점유율	순 위	점유율	
전체		100%		100%	1.0%
미국	1	56.9%	1	30.8%	1.8%
영국	2	14.7%	2	8.7%	1.7%
독일	3	11.2%	4	7.9%	1.4%
프랑스	4	7.1%	6	5.6%	1.2%
캐나다	5	6.5%	7	4.5%	1.4%
일본	6	5.8%	3	7.9%	0.7%
중국	7	5.3%	5	7.6%	0.7%
이탈리아	8	4.9%	8	4.3%	1.1%
네덜란드	9	4.6%	14	2.5%	1.8%
스위스	10	4.1%	17	1.8%	2.3%
호주	11	3.9%	10	3.0%	1.3%
스페인	12	3.4%	9	3.3%	1.0%
스웨덴	13	2.7%	16	1.8%	1.5%
벨기에	14	2.1%	21	1.4%	1.5%
덴마크	15	1.8%	23	1.0%	1.8%
한국	16	1.7%	13	2.7%	0.6%

자료: 한국연구재단, 2011년 피인용 상위 1% 논문실적 비교분석 보고서, 2011.

본 연구가 사회1계열에 초점을 맞추고 있다는 점에서 이 분야의 피인용
지수를 살펴보면, 우선 국가별 비교에서 한국이 차지하는 비율(0.6%)이 매우
작다는 점을 지적할 수 있다. 또한 한국 최고 피인용지수 상위 10위 논문[18]
(부록 참조) 중에서 사회과학 분야의 논문이 존재하지 않는 점도 지적할 수 있
다. 국가별 분야별 피인용 상위 1% 논문의 점유율을 나타낸 표(〈표 9〉)를 보
면, 한국은 전 분야에서 상위 1% 논문 중에는 1.7%의 비중을, 전체 논문 점
유율에서는 2.7%를 차지하면서 같은 아시아 국가인 일본, 중국보다 낮았다.
사회과학 일반 분야에서는 상위 1%에 해당되는 논문수가 16개로 0.4%의 점
유율을 차지하며, 전체 논문수는 3,477건, 점유율 0.8%를 나타냈는데 이는 같
은 아시아 국가인 일본, 중국의 경우와 비슷하다. 그러나, 사회과학을 제외한
다른 분야에서는 오히려 일본, 중국이 한국보다도 논문수와 점유율이 더 높다
는 점에서 한국의 사회과학 분야의 질적 성과를 제고해야 할 필요성이 제기
된다.[19]

그림 5 한국과 일본의 SSCI 게재 논문 수 및 인용횟수

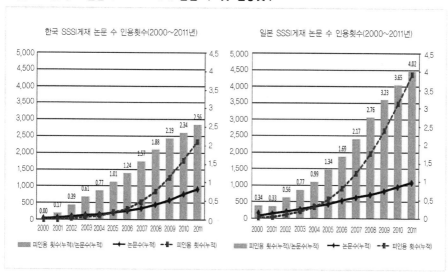

출처: Web of Science.

---

18) 한국연구재단, 2011년 피인용 상위 1% 논문실적 비교분석 보고서, 2011.

19) 피인용지수는 피인용연구의 질적 수준뿐만 아니라 인용자의 연구관심이 증가함에 따라
상승할 수 있다. 예를 들어 일본에 대한 전세계의 사회과학적 관심이 높아 평균적으로
더 높은 피인용지수가 산출될 수 있다. 그러나 최근의 일본에 대한 관심이 한국에 대한

그림 6 한국, 일본 SSCI 논문 1편당 피인용 횟수 비교(2000-2011년)

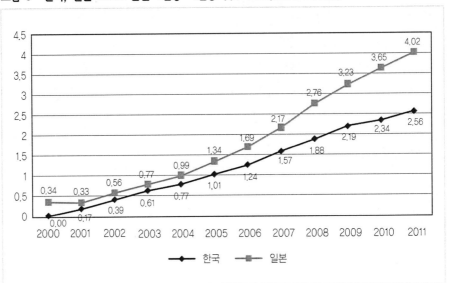

출처: Web of Science.

총논문수는 일본과 한국이 1,000편 내외로 양적 성과는 비슷한 수준이었으나, 논문의 질적 성과를 나타내는 지표라고 할 수 있는 총피인용 횟수 및 논문 1건당 피인용 횟수에서 그 증가폭이 컸다. 즉 2001~2011년 기간의 증가폭을 계산하였을 때,[20] 총피인용 횟수의 증가폭이 일본은 4,326인 반면 한국은 2,332였으며, 논문 1건당 피인용 횟수의 증가폭 역시 일본이 3.69로 한국의 2.38보다 높았다.

다만, 긍정적이라고 할 것은 한국의 피인용 횟수 및 논문 1건당 피인용 횟수의 증가속도는 일본보다 높았다는 점이다. 2001~2011년 기간의 증가율을 살펴보면 일본의 경우 104배로 증가한 반면 한국의 경우 292.5배였으며, 논문 1건당 피인용 횟수 역시 일본이 11배 정도였던 데에 비해 한국의 경우 14배로 증가한 수치를 보였다. 그러나 이는 2000년대 초기 한국의 논문 피인용 횟수 및 논문 1편당 피인용횟수의 수치가 매우 낮았던 데에서 비롯한 바가 크다. 〈그림 6〉은 한국과 일본의 사회1계열 SSCI 논문 1건당 피인용 횟수

관심보다 급격히 상승되었다고 볼 특별한 이유가 없으므로 최근 한국보다 일본의 피인용 지수가 급격히 상승하는 것은 연구의 질적 수준과 관련이 있다고 보인다.

20) 2000년 한국의 피인용 횟수가 0인 점을 고려하였다.

만을 비교한 그래프이다.

〈그림 6〉에서 일본과 한국의 논문 1편당 피인용 횟수의 차이는 점차 커지고 있음을 확인할 수 있으며, 그 최근 증가율의 추이[21] 또한 일본이 한국을 앞서고 있음을 알 수 있다. 일본의 COE프로그램에 소요된 재원의 크기가 한국의 1단계 소요비용과 비슷한 점을 감안할 때,[22] 이는 한국의 BK21 사업의 효과성을 위한 노력이 촉구되어야 한다고 본다.

2) 참여 대학원생들의 진로

(1) BK21사업 참여대학원생을 대상으로 하는 서베이

BK21 사업의 질적 성과로서 학문 후속 세대 양성이라는 2차적 질적 성과를 알아보기 위해, 본 연구는 3차연도 BK21 사업에 참여한 대학원생을 대상으로 설문조사를 실시하였다. 이 조사는 2008년 졸업생을 기준으로 3년이 경과한 시점에서 실시하여 BK21 사업에 참여하였던 사회1계열 졸업생들의 지난 3년의 경험을 조사대상으로 삼았다. 응답을 완성한 인원은 총 64명이었으며, 대상자들에게 BK21사업의 효과성 분석이라는 설문조사의 목적을 공지하였다. 설문 문항은 총 25개였으며(기초 및 세부 문항 포함) 그 내용은 참여 당시 사업목적을 알고 있었는지 여부, BK21 사업에의 참여가 자신의 진로에 영향을 미쳤는지 여부, 참여 후 석사 및 박사 학위 취득 여부, 학술대회 참여 정도, 졸업 후 진로 현황 등으로 구성되었다(부록 3 참조).

(2) BK21사업 지원을 받은 3차연도 참여 대학원생들의 진로 현황

석사, 석사수료, 박사, 신진연구인력 총 72명 중 64명의 응답 완료자를 대상으로 분석한 결과 설문 대상자는 석사 35명, 석사 수료 2명, 박사 24명, 신진연구인력 3명 등으로 구성되었으며, 이 중 학문후속세대로서 진로를 밟

---

21) **표 10 일본과 한국의 논문 1편당 피인용 횟수의 연도별 증가율(%)**

	01-02	02-03	03-04	04-05	05-06	06-07	07-08	08-09	09-10	10-11
일본	69	37	28	35	26	28	27	17	13	10
한국	129	56	26	31	22	26	19	16	6	9

☞ 2003년 이후, 일본의 증가율은 항상 한국을 상회함.

22) 신현석외, 「한국·일본·중국의 고급인력양성정책 현황 비교 연구인력개발연구」 Vol. 10, No. 1, pp. 91-122. 2008.에서 간접 도출.

은 경우가 29명으로 45.31%를 차지했다. 특히 석사과정 중 박사진학이 35명 중 14명으로 절반 이하(40%)였고, 15명(42.86%)이 기타 기관이나 연구원으로 취업하였다. 박사과정 중에서 기타 기관에 취업한 비중은 약 16.6%(24명 중 4명) 이었으며, 대부분 연구원이나 시간강사, 신진연구인력이 되었다. 신진연구인력 3명 중 교수 임용이 된 사람은 1명(33.3%)이었으며, 시간강사는 자기학교로 된 경우가 100%(1명)였다. 그 외 현재 소속 없는 경우는 석사 중 4명(무직)이었으며, 석사 중에서 박사 진학시 동대학원으로 진학한 경우가 10명, 외국 대학에 진학한 경우가 3명이었다. 연구소에 취업하는 경우 자대 연구소에 4명, 기타 연구소에 4명이었다.

표 11 BK21사업 3차연도 참여 대학원생 진로 현황

조사대상 총수	석사과정 35명	석사 수료 2명	박사과정 24명	신진연구인력 3명	총 64명
기타 및 취업	16명		4명		20명[23]
석사 유지	4명			1명[24]	5명
박사 진학	14명	2명	9명	1명	26명
연구원	1명		8명		9명
교수				1명	1명
시간강사			1명		1명
신진연구인력			2명		2명
학문후속세대로의 진로	15명	2명	11명	1명	29명

(3) 서베이 분석 결과

대부분의 석사과정 또는 석사 수료생, 그리고 박사과정의 대학원생들은 학문적 진로를 택한 경우가 많았으며, 취업한 사람의 비중은 약 30% 정도였다. 또한 전자의 경우 대부분 BK21 사업에의 참여가 자신들의 진로에 도움이 되었다고 응답하였다.

---

23) 무직 포함.

24) 이 1인은 조사표에서 신진연구인력이었던 자가 석사 과정으로 진입하였다고 나타나는데, 해석상 배제하는 편이 나을 것으로 보인다.

석사과정에서 박사과정으로의 진학은 대부분 동대학원으로 진학한 경우가 많았다는 점에서 석사로 입학하는 대학원이 학문적으로 크게 영향을 미친다는 점을 알 수 있었으며, 특히 설문조사에 응답한 학생들 중 비서울대 학생들의 경우에서 석사학위 취득 후 외국 대학으로 가는 경우가 많았다. 이는 서울대 대학원이 아닌 학교의 경우 학문적 진로에 있어서 외국 대학으로의 유학이 중요한 요인으로 작용하고 있다는 단면을 보여주기도 한다.

취업 인원 16명[25]을 제외하고는 박사 진학, 연구원, 교수, 시간강사 그리고 신진연구인력 등으로 나아간 점에서 BK21사업이 어느 정도 양적 성과를 가졌다고 볼 수 있지만, 중요하게 생각되어야 하는 것은 그 질적 측면일 것이다. 박사 진학은 대부분 동대학원이었지만, 교수로 임용된 경우 서울대 박사학위 취득 후 중국 소재 대학으로 가게 된 점(1명, 100%)으로 보아 국내의 우수 대학에 취업한 경우가 관찰되지 않았으며, 이에 따라 사업의 효과성에 있어서 결론을 내리기 어렵다.

석사들의 취업기관 및 기타 진로를 보더라도 위원회, 로스쿨 재학, 교직원, 건설사, 국회사무처, 한국국제기아대책기구, OECD, 한국은행, NHN, 리서치회사 등이었고, 박사들의 경우 역시 금융기관, 국회, 학교 교직원 등으로 BK21 사업이 지향하는 학문적 후속세대 양성 또는 국제적 인력 양성 등과는 거리가 먼 것으로 보인다. 또한 석사 학위를 취득하고도 현재 무직인 경우도 6%(4명)나 존재하였다. 결국 참여 학생들의 주관적 측면에서는 전반적으로 BK21 사업이 자신들의 진로에 도움이 되었다고 인식하고 있지만, 실제 학문적 진로 및 학문 후속세대 양성과 그 질적 효과성 측면에서는 아직 그 최종 목표달성이 미흡하다고 할 수 있다.

4. 소결: 정책의 일차적 성과와 이차적 파급효과의 괴리

본 연구의 선행 연구에서 논의한 바와 같이, 정책목표와 수단간 불일치는 정책집행 행위자들의 정책 목표와 수단에 있어서 혼란을 가져와 정책 실패의 가능성으로 이어진다고 하였다. 2단계 BK21 사업의 집행 성과 분석에

---

25) 기타 및 취업 20명 중 4명이 무직임.

따르면, 참여 대학원생들의 총논문수, 학위배출수, 참여대학 교원수 등 양적 성과, 즉 1차적 성과는 향상되었음을 알 수 있다. 그러나 이러한 양적 성과에도 불구하고 BK21 사업이 과연 2차적 파급효과 역시 긍정적인가에 대해서는 아직 그렇지 못하다고 할 수 있다. 그렇다면, 정책과정상 문제, 즉 정책결정과 정책집행에서 본 사업이 실패의 요인을 내재하고 있는지의 논의와 정책결과에 대한 해석이 필요하다고 본다. 즉 1차적 성과가 긍정적인 경우라도 2차적 파급효과의 실패가능성의 점검이 필요하다는 것이다. 특히 사업의 효과가 장기적으로 나타나는 사업의 경우에 더욱 그러한 필요성이 크다고 할 것이다.

선행연구에서 집행행위자들과의 인터뷰를 통해 얻은 BK21 사업의 문제점은 우선 목표의 이중성(대외적 목표와 실질적 목표) 및 모호함과 그러한 목표의 낮은 전달성이었으며, 수단에 있어서는 성과지표가 논문수, 해외경험, 학술대회 경험 등 양적 성과지표 위주라는 점이다. 주목할 점은 이러한 양적 성과가 과연 참여대학원생 및 신진연구인력들의 학문적 진로로 이어지는가 하는 것인데 이는 그들에 대한 장기 추적조사 또는 대규모 표본으로 개별인터뷰를 통해 일반화되어야 할 것이지만 본 연구의 소규모 설문조사에 따르면 그 성과가 뚜렷이 나타나지 않은 것으로 보인다. 둘째는 그렇다면 과연 질적 성과지표는 존재하고 있는가 하는 것이다. 현재 BK21 사업에 대한 성과 지표 중에서 본 연구가 채택하고 있는 논문 피인용지수(IF) 외에 과연 참여대학원생 및 신진연구인력들의 학문후속세대 양성의 목표달성을 측정할 만한 질적 지표는 무엇이며, 그것이 존재하는가 하는 점이다. 만약 이러한 점이 결여되어있다면, 현재 1차적 성과가 나타났다고 하더라도 그것은 단기에 양적 투입에 따른 표면적 성과일 뿐 장기적인 정책 파급효과는 부정적으로 나타날 가능성이 존재한다.

Ⅵ. 결 론

1. 정책과정의 실패와 정책

정책성과는 인력과 자원의 투입에 의한 일차적 성과로 나타난다. 본 연구의 대상인 BK21 사업의 경우 석, 박사 학생 및 교수의 연구 논문, 학술대회 개최 등이 그것이다. 이러한 일차적 성과를 산출하기 위해 정책집행에 참여하는 행위자들은 많은 노력을 기울인다. 따라서 이러한 일차적 산출을 정책의 성과로 이해하고 정책을 평가하는 것도 당연하다. 그러나 정책이 추구하는 궁극적인 목적은 이차적인 정책적 파급효과에 있기 때문에 정책을 평가하는 데 있어서 이차적인 효과에 대해 고려해야 한다. 그럼에도 불구하고 이차적인 효과에 영향을 끼치는 변수는 정책의 일차적인 효과 외에도 다양한 요인이 존재하기 때문에 이를 단순히 평가에 반영하는 것은 적절하지 않은 측면도 있다.

　　본 연구가 검토한 BK21 사업은 외형적인 일차적 성과는 매년 꾸준히 창출되고 누적되고 있는 것이 사실이다. 이러한 결과는 정책결정 과정에서 발생한 정책 목표의 모호성, 목표와 수단의 불일치와 더불어 이로 인한 집행과정에서 행위자 간의 목표에 대한 상이한 이해와 상호협력의 부족 등 정책과정의 실패가 내재되어 있는 상황에서 창출된 것이다. 이러한 정책현상에 대해 두 가지 관점에서 이해될 수 있다. 첫째, 정책과정의 실패에도 불구하고 정책의 일차적 산출은 지속적으로 창출되었으므로 정책은 성공적이었다고 보는 것이다. 논문의 피인용 횟수 등과 같은 정책의 2차적 파급효과의 경우에도 지속적으로 상승하고 있으므로 이 점에 있어서도 크게 실패라고 보기 어렵다는 것이다. 두 번째 이해는 정책의 실질적 효과는 거의 없다고 보는 관점이다. BK2 사업을 통해 투입된 인적 자원과 재원이 아니더라도 정책의 2차적 파급효과에 해당되는 변화가 발생했을 가능성을 배재할 수 없기 때문이다. 예를 들어 BK21 사업을 실시하지 않았더라도 정책적 파급효과인 논문당 피인용 횟수는 현재와 같은 수준에서 증가했을 수 있다. 이를 반증하는 것이 BK21 사업을 실시한 상황에서 한국과 일본의 사회과학 논문당 피인용 횟수의 격차가 점점 더 벌어지고 있다는 것이다. 물론 BK21 사업을 실시하지 않았다면 이러한 격차는 더욱 컸을 것이라고 반론을 제기할 수도 있을 것이다. 그러나, 〈표 10〉에서 본 바와 같이 비슷한 시기 비슷한 규모의 재원을 투자한 일본의 경우보다 항상 피인용 횟수 증가율이 적은 점을 고려하면, 사업 실시가 반드시 효과적이었다고 볼 수는 없다. 다시 말하면, 결과적으로 정책의 일차적 산출인 외형적 성과에도 불구하고 BK21 사업이 학문발전과 학문후속세대 양성이라는 궁극적인 목표에 크게 기여하지 못했다고 볼 수도 있다. 이러한 두 가지 해석을 기준으로 다양한 주장이 가능하지만 본 연구는 후자의 해석이 타당하다고 판단하며, 이러한 문제점을 개선하기 위해 사회과학 분야를 중심으로 다음과 같은 정책적 제언을 제시하고자 한다.

2. 정책적 제언

1) 사회과학분야 논문의 질적 성과 제고

2단계 BK21사업의 집행성과를 분석한 결과 양적 성과 면에서는 향상되는 결과를 보였으나, 2차적 성과라고 할 수 있는 질적 지표에 있어서는 특히 사회과학 분야에서 IF(피인용지수)가 낮은 편임을 알 수 있었다. 피인용상위 1% 논문실적을 국가별로 비교한 보고서에서 미국은 56.9%의 점유율로 1위인데 반해 한국은 0.6%의 점유율을 보였으며, 특히 재료과학, 공학, 화학 등 과학기술 분야보다 사회과학분야의 순위가 상대적으로 낮았다. 이러한 사회과학 분야의 피인용 성과가 낮은 것이 사회과학 분야의 학문적 특성 때문인지 집행 수단의 문제인지 고려해 보아야 하겠지만, 국가별 분야별 피인용 지수를 비교한 분석에서 동일한 분야의 다른 국가의 피인용 지수에 비해서도 아주 낮은 편임을 부인할 수 없다. 사회과학 연구의 특성상 피인용 지수가 단기간에 정책적 노력만으로 상승하기는 어렵지만, 현재와 같이 양적인 편수 위주보다 질적인 수준을 제고하는 노력이 더욱 강화되어야 할 것이다.

2) 국제 협력 연구의 고려

한국연구재단의 「2011년 피인용 상위 1% 논문실적 비교분석 보고서」에 따르면, 피인용 상위 1% 논문의 국제 협력연구 비율은 2000년 24.7%에서 2010년 31.7%로 매년 증가하고 있으며(〈표 12〉), 한국의 피인용 상위 1% 논문 중 국제협력 논문 비율은 55.6%로 세계평균(30.6%)보다 높은 수준이다(〈표 13〉). 그러나, 국내 기관 간의 협력 논문 비율은 31.8%인 것으로 보아 한국의 상위 1% 논문은 국제 협력연구의 영향이 더 큰 것으로 보고 있다.[26] 또한 한국, 중국, 일본 등 아시아권 국가의 경우 유럽 국가에 비해 낮은 비율을 보이

---

26) 한국연구재단, 2011년 피인용 상위 1% 논문 현황 분석, 2011.

그림 7 연도별 피인용 상위 1% 논문 국제 협력연구 비율　　　　　(단위: %)

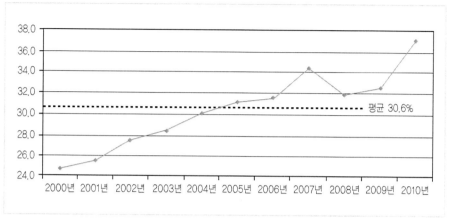

자료: 한국연구재단, 2011년 피인용 상위 1% 논문실적 비교분석 보고서, 2011.

고 있으며, 국제 협력 연구 논문의 피인용 수가 단독 논문의 평균 피인용 수
보다 평균 12.% 높은 현황이다. 물론, 사회과학 일반 분야에 있어서는 이러한
국제협력 연구 논문의 피인용 수의 높은 정도가 적은 것이 사실이지만, 대부
분의 연도에서 단독 연구에서보다 협력연구에 있어서 피인용 수가 높다는 점
을 볼 때, 한국의 사회과학 분야 논문의 질적 지표를 향상시키는 데 있어서
단기적으로나마 해외우수 연구자 및 기관과의 국제협력연구의 확대해야 할
것으로 판단된다.

표 12 국가별 피인용 상위 1% 논문의 국제 협력연구 비율　　　　(단위: %)

국 가	한 국	미 국	영 국	독 일	프랑스	캐나다	일 본	중 국
국제협력비율 (%)	55.6%	33.9%	67.8%	66.4%	71.0%	69.0%	49.1%	46.8%

국 가	이탈리아	네덜란드	스위스	호 주	스페인	스웨덴	벨기에	덴마크
국제협력비율 (%)	74.4%	69.4%	74.9%	69.1%	69.6%	78.2%	79.0%	74.1%

자료: 한국연구재단, 2011년 피인용 상위 1% 논문실적 비교분석 보고서, 2011.

3) 지원대상자 선발 개선과 지원수준의 현실화

지원 대상자 선정에 있어서 BK21 사업이 학문후속 세대 양성이라는 점에서 볼 때 사업의 지원대상자를 박사과정을 중심으로 지원해야 할 것이다. 그리고 석사과정의 경우에는 학문적 진로에 대해 명확한 계획을 수립한 학생들을 중심으로 지원될 수 있도록 하는 제도적 보완이 필요하다. 학생을 선발함에 있어서도 현재와 같이 사업단에서 참여교수의 지도학생을 중심으로 선발하는 형식이 아니라 학생 스스로가 지원하고 이에 대해 객관적인 심사과정을 거쳐 선발하는 것이 바람직하다고 보인다. 이러한 과정을 거쳐 학생 스스로 학문 후속세대로서 경로를 밟아나간다는 책임성과 자부심을 가질 수 있기 때문이다. 사회과학 분야의 경우 학문후속세대를 수적으로 많이 선발하기보다 소수의 우수학생을 참여대학원생으로 선발하여 지원하는 것이 필요하며, 이를 통해 보다 안정적이고 내실 있는 학문 활동을 (특히 박사과정) 참여자에게 보장할 수 있을 것이다. 이러한 지원이 있을 때 해외로 유학을 가려는 우수한 인재들을 국내 대학으로도 유치할 수 있을 것이며 결과적으로 각각의 사업단도 세계적 경쟁력을 확보하는 데 훨씬 유리한 입장에 서게 될 것이다.

4) 참여대학원생의 진로

3차연도 BK21사업 참여 대학원생들을 대상으로 한 서베이 조사에서 살펴본 바와 같이, BK21 사업의 지원을 받으며 석사과정 및 학위를 취득하고도 현재 무직인 경우와 특별히 관련이 없는 기관에 취업한 비중도 컸다는 점(약 30%)에서, BK21사업 및 2차적인 정책 효과가 뚜렷이 나타나지 않고 있다고 보인다. 학문후속세대 양성 및 국제적 인력 양성을 위한 사업의 목표를 달성하고 그 효과성을 높이기 위해서는, 결과적으로 본 사업에 참여한 대학원생들이 학문적으로 학계에 많이 나아가고 학문적 업적을 쌓으며, 결과적으로 국내 및 해외의 유수한 대학에 교수로 임용되는 사례가 늘어나야 할 것이다. 졸업 후 진로 현황에 관한 본 서베이 결과로는 그러한 양상이 크게 나타나지 않는 바, 이를 개선하기 위한 제도 개선이 마련되어야 할 것이다. 석사학위 및 박사학위를 취득하고도 무직 또는 취업을 하게 되는 근본적 요인은 학문적 시장이 협소하기 때문에 경쟁이 치열하고 따라서 현실적인 선택을 하게 되기 때문이다. 또한 국내 박사보다는 해외 박사 출신들의 학문 시장 경쟁력이 높다는 점에서 국내의 박사학위가 불리한 상황에 직면하기도 한다. 따라서 국내 박사들의 학문적 시장의 확대가 필요하고, 그들이 해외 박사들에 대해 경쟁력을 갖출 수 있도록 학내의 제도적 프로그램 확충이 필요하다. 이는 석사 과정생들에게 박사 진학으로의 제도적 유인으로 작용할 수도 있을 것이다. 교수 임용에 있어 특히 해외 유수 대학에 임용될 수 있는 제도적 발판이 마련되어야 할 것인데, 이는 학생들 개인들의 학문적 업적 및 능력의 제고뿐 아니라 이를 지원해 줄 대학원 자체의 프로그램과도 연계된다. 학문적 후속세대 양성이라는 BK21 사업의 진정한 효과성을 제고하기 위해서는 학문 연구 외에도 대학원으로 진학한 인재들에게 필요한 다양한 양성 프로그램도 개발해야 할 것이다.

참고문헌

권혁주(2009). "정책수단의 정치적 성격: 사회정책을 중심으로", 「한국행정논집」 제21
　호 제4권.

권혁주 외(2010). "BK21 사업의 정책집행분석: 현장정책행위자를 중심으로", 「서울행정
　학회」 학술대회 발표논문집.

교육과학기술부(2009). 「2단계 BK21 사업 3차년도 연차평가 결과」 보도자료.

교육과학기술부(2009). 「2단계 BK21 사업 중간평가 결과 발표」 보도자료.

김영평(2012). "정책실패와 정책혁신: 대위법의 관계인가? 대체법의 관계인가?", 한국정
　책지식센터> 제599회 「정책 & 지식」포럼.

김병주(2007). "BK21사업 재정지원 정책의 정치학", 「교육정치학연구」 14(1): 29~49

김필동(2000). "전환기 한국 지식정책의 현주소", 「경제와 사회」 2000년 여름호.

신현석·노명순·엄준용·최보윤·김정은(2008). "한국·일본·중국의 고급인력양성정책
　현황 비교", 「인력개발연구」 10(1): 91~122.

최종원(1998). "정책집행연구의 이론적 틀에 대한 비판적 고찰", 「한국정책학회보」
　7(1): 173~206.

한국연구재단(2010). 「BK21 사업 성과사례」.

한국연구재단(2011). 「2011년 피인용 상위1% 논문실적 비교분석 보고서」.

한국연구재단(2011). 「2단계 연구중심대학 육성(BK21)사업 5차년도 연차평가 결과」 보
　도자료.

한국연구재단(2012). '11년 고등교육기관 졸업자 취업통계조사'결과.

한국학술진흥재단(2008). 2단계 BK21사업 정책포럼 발표 자료.

Lane, J. (1987). "Implementation, accountability and trust", *European Journal of
　Political Research*. 15(5): 527~546.

BK21–Nuri Committee 홈페이지(http://bnc.krf.or.kr).

Web of Science.(Thomson Reuters 사에서 발행하는 인용정보제공 데이터베이스).

중앙일보 1999년 2월 25일자 4면(정치) 기사: 대학 학사관리 대폭강화 등 교육부 올 업
　무계획 발표.

중앙일보 1999년 3월 2일자 26면(사회) 기사: 취임 1년 이해찬 장관 개혁 청사진.

한국연구재단 홈페이지(http://www.nrf.re.kr/html/kr/business).

부록 1 한국 최고 피인용수 상위 10위 목록(2000~2010)

순위	게재연도	학술지명	논문명	한국인저자	논문유형	분야별	피인용	한국인저자역할
1	2004	PHYSICS LETTERS B	REVIEW OF PARTICLE PHYSICS	권영준/연세대	Review	물리학	3,107	공저자
2	2006	JOURNAL OF PHYSICS G-NUCLEAR AND PARTICLE PHYSICS	REVIEW OF PARTICLE PHYSICS	권영준/연세대	Article	물리학	3,002	공저자
3	2008	PHYSICS LETTERS B	REVIEW OF PARTICLE PHYSICS	권영준/연세대	Review	물리학	2,546	공저자
4	2003	NATURE	RETICULAR SYNTHESIS AND THE DESIGN OF NEW MATERALS	채희권/한국외대(현:서울대)	Review	화학	2,065	공저자
5	2000	NATURE	A HOMOCHIRAL METAL-ORGANIC POROUS MATERIAL FOR ENANTIOSELECTIVE SEPARATION AND CATALYSIS	김기문 외 6인/포항공대	Article	화학	1,656	주저자
6	2000	ENVIRONMENTAL AND MOLECULAR MUTAGENESIS	SINGLE CELL GEL/COMET ASSAY: GUIDELINES IN VITRO AND IN VIVO GENETIC TOXICOLOGY TESTING	류재천/KIST	Proceedings Paper	분자생물/유전학	1,193	공저자
7	2001	NATURE	ORDERED NANOPOROUS ARRAYS OF CARBON SUPPORTING HIGH DISPERSIONS OF PLATINUM NANOPARTICLES	유룡 외 4인/KAIST	Article	화학	947	주저자
8	2003	NATURE	THE NUCLEAR RNASE Ⅲ DROSHA INTTIATES MICRORNA PROCESSING	김빛내리 외 8인/서울대 등	Article	분자생물/유전학	928	주저자
9	2005	NATURE	THE MAP-BASED SEQUENCE OF THE RICE GENOME	김호일 외 1인/서울대 등	Article	식물/동물과학	852	공저자
10	2000	JOURNAL OF THE AMERICAN CHEMICAL SOCIETY	SYNTHESIS OF NEW, NANOPOROUS CARBON WITH HEXAGONALLY ORDERED MESOSTRUCTURE	전신애 외 7인/KAIST	Article	화학	808	주저자

부록 2   전문대학, 대학, 일반대학원의 취업 현황(2010-2011)

〈대계열별 취업현황 및 졸업현황〉

(단위: 명, %, %p)

구 분	2010년				2011년				전년대비 증감	
	취업률	진학률	취업자	진학자	취업률	진학률	취업자	진학자	취업률	진학률
전문대학	55.6	3.6	97,717	6,929	60.7	3.6	105,589	6,838	5.1	0
인문계열	48.0	7.5	3,455	618	51.1	7.5	3,437	577	3.1	0
사회계열	57.0	3.7	31,543	2,241	59.7	4.0	31,559	2,346	2.7	0.3
교육계열	74.1	1.7	6,637	155	78.3	1.9	7,100	181	4.2	0.2
공학계열	60.6	3.3	23,439	1,368	66.7	2.8	26,378	1,181	6.1	△0.5
자연계열	48.6	3.4	5,931	438	54.5	3.2	6,828	433	5.9	△0.2
의약계열	68.1	1.7	16,297	430	72.6	1.7	17,979	441	4.5	0
예체능계열	35.3	5.2	10,415	1,679	43.1	5.3	12,308	1,679	7.8	0.1
대학	51.9	8.9	129,130	24,879	54.5	8.4	140,201	24,575	2.6	△0.5
인문계열	43.6	9.9	13,904	3,648	46.3	9.1	14,444	3,437	2.7	△0.8
사회계열	51.9	3.5	38,956	2,829	53.5	3.2	42,426	2,780	1.6	△0.3
교육계열	39.1	4.1	6,147	689	43.5	4.6	6,549	762	4.4	0.5
공학계열	63.8	12.3	36,293	8,093	66.9	11.3	40,599	7,869	3.1	△1.0
자연계열	49.9	18.2	14,200	6,411	51.3	18.0	14,775	6,438	1.4	△0.2
의약계열	73.9	4.1	9,529	563	76.7	4.2	10,593	616	2.8	0.1
예체능계열	36.3	8.5	10,101	2,646	37.8	8.3	10,815	2,673	1.5	△0.2
일반대학원	70.7	8.5	24,054	3,479	72.1	7.8	25,160	3,346	1.4	△0.7
인문계열	43.3	13.8	1,268	546	44.5	11.6	1,102	458	1.2	△2.2
사회계열	68.4	6.4	3,389	423	70.6	5.8	3,683	400	2.2	△0.6
교육계열	68.6	5.7	1,212	112	72.3	4.5	1,374	98	3.7	△1.2
공학계열	82.3	9.5	8,402	1,173	82.5	9.1	9,159	1,210	0.2	△0.4
자연계열	69.2	11.4	4,247	858	69.6	10.4	4,379	802	0.4	△1.0
의약계열	86.9	3.7	4,550	207	86.7	3.9	4,539	220	△0.2	0.2
예체능계열	35.5	5.1	986	160	34.3	5.2	924	158	△1.2	0.1

출처: 교육과학기술부, 대학 계열별 취업률 보도자료, 2011.

부록 3 설문 내용

인문사회 분야 사회1계열 8개 사업단 참여 대학원생에 대한 서베이

1. BK사업의 지원을 받은 기간은 얼마인가?
2. BK21 사업은 학문후속세대 양성을 목적으로 하고 있다. 이러한 BK21 사업 목적을 사업 참여 당시 알고 있었는가?
3. BK 사업의 참여가 현재 자신의 진로에 도움이 되었다고 생각하는가?
4. BK 의 지원내용 가운데 본인에게 가장 도움이 되었다고 생각되는 것은 무엇인가?
5. 대학원 교육과정
    5-1. BK21 사업 참여 당시 석박사생인 경우, 대학원의 교육 과정은 이후 진 학에 도움이 된다고 생각하는가?
    5-2. BK21 사업 참여 당시 신진연구인력인 경우, 대학원의 연수과정은 자신의 학문적 진로에 도움이 된다고 생각하는가?
    5-3. BK사업 참여시 교수학생비율은 적절한가?
6. BK 21 지원을 받은 이래로, 2012년 현재 학위를 취득했는가?
7. 학술지 논문게재 및 학술대회발표
    7-1. BK21 지원기간 중 학술지에 논문 게재 편수는 몇 편인가?
    7-2. BK21 지원기간 중 학술대회에 발표한 경우는 몇 번인가?
    7-3. 학술지 게재 및 학술대회 경험이 BK21사업단 참여 이후 자신의 진로에 영향을 미쳤다고 생각하는가?
8. 대학원 교육의 국제화
8-1. BK21 사업 참여기간에 해외연수 경험이 있는가?
8-2. 해외연수의 질은 참여대학원생의 국제적 경쟁력 확보에 실질적인 도움이 된다고 생각하는가?
9. 자체평가
    9-1. 사업단에 대해 소속 대학의 자체평가 시스템이 적절히 구축되어 있다고 생각하는가?
    9-2. 사업단에 대해 소속 대학의 자체평가 내용은 적절하다고 생각하는가?
10. BK21사업이 학문적 후속세대 양성이라는 정책 목표를 효과적으로 달성하는 데 기여했다고 생각하는가?

지위경쟁과 사교육비 대책

연세대학교 행정학과 교수 _ 하연섭

〈요 약〉

우리나라의 사교육 현상은 교육영역 내부의 문제가 아니다. 교육이 절대적 차원뿐만 아니라 상대적 차원을 지니고 있고, 상대적 차원 때문에 교육을 통한 지위경쟁이 나타나는 것이며, 이러한 지위경쟁은 다시 일반 숙련 위주의 교육·훈련시스템 때문에 더욱 심화되는 것이다. 그리고 일반 숙련은 개별 노동자의 입장에서는 사회적 안전망이 확보되지 않은 상태에서 고용 및 임금 리스크를 최소화하기 위한 합리적인 선택인 것이다. 본질적으로 사교육비는 공교육의 부족한 점을 보완하기 위한 것이라기보다는 지위재를 확보하기 위한 상대적 경쟁에서 우위를 점하기 위한 노력의 산물이기 때문에, 대학교육의 지위재적 특성이 강화되는 한 이에 접근하기 위한 노력의 산물인 사교육비가 감소될 것으로 예상하기는 힘들다.

우리나라 사교육을 둘러싼 제도적 맥락과 정치·경제적 환경 요인을 무시한 상태에서 사교육비 대책을 교육영역 내부에서 찾는 한 사교육비 대책은 기대한 효과를 거두기 어렵다. 교육영역을 다른 정치·경제·사회영역과 완전히 분리시켜 놓은 상태에서 문제의 원인을 진단하기 때문에 잘못된 처방이 나오게 되는 것이다.

키워드: 사교육비, 지위재, 지위경쟁

---

* 이 글의 Ⅲ과 Ⅳ의 내용은 "안병영·하연섭(2015). 5.31 교육개혁 그리고 20년 (서울: 다산출판사)의 제9장 제2절"에 포함된 내용이다.

Ⅰ. 서 론

2012년 서울대 한국정책지식센터의 조사에 의하면 우리나라 사람들은 부동산정책에 이어 정부의 사교육비 경감대책을 가장 실패한 정책이라고 보고 있다. 역대 거의 모든 정권은 과외 축소 혹은 사교육비 경감을 주요 정책목표로 내걸었었고, 역대 거의 모든 교육부 수장들도 사교육비 대책에 명운을 걸었다고 해도 그리 지나친 표현은 아니다. 그러나 정부의 대책을 비웃기라도 하듯 사교육은 계속해서 팽창해 온 것이 현실이다.

그렇다면 사교육비 경감대책이 소기의 성과를 내지 못하는 이유는 무엇인가? 과외를 단속하고 과외비를 축소시켜야 할 정부의 집행메커니즘에 문제가 있는 것인가? 아니면 사교육비 대책이라고 내어 놓은 정부의 정책설계에 문제가 있는 것인가? 혹은 우리나라 사람들은 아예 문화적으로 과외에 경도되어 있어 아무런 대책이 없는 것인가? 아니면 정부의 조급증이 문제를 악화시키는 것인가?

이 글에서는 사교육비는 현상적으로 교육영역에서 나타나는 문제이지만, 그 원인은 교육영역을 넘어 한국 자본주의의 구성요소가 결합되는 방식에서 찾아야 한다고 주장한다. 원인은 교육영역 밖에 있는데 문제의 해법은 교육영역에서 찾고 있고, 해결을 위해서는 장기간이 소요되는 문제임에도 불구하고 항상 단기적인 처방에만 매달리기 때문에 문제가 해결되기는커녕 문제가 더욱 악화되고 있는 것이다. 이런 현상이 나타나는 근본 원인은 교육이 갖는 지위재(positional good)의 특성을 이해하지 못하기 때문이다.

이 글은 다음과 같이 구성되어 있다. 먼저 제2장에서는 사교육비의 현황을 통계청에서 발표한 사교육비조사 보고서를 중심으로 살펴본다. 제3장에서는 지위재와 지위경쟁의 개념을 소개하고 교육이 갖는 지위재적 특성을 이해하지 못한 데서 나타난 정책적 오류와 그로부터 연원한 사교육비 팽창 현상을 설명한다. 제4장에서는 왜 우리나라에서 교육을 둘러싼 지위경쟁이 심할수밖에 없는지를 자본주의 다양성 논의의 개념을 중심으로 설명한다. 끝으로, 제5장에서는 논의를 정리하고 결론을 맺는다.

Ⅱ. 사교육비 현황

일반적으로 사교육은 정규학교 교육과정에서 제공하는 공교육을 제외한 모든 교육서비스로 정의할 수 있으나, 우리나라에서 관심을 갖는 사교육비는 초·중·고교생을 대상으로 학교 밖에서 이루어지는 개인과외, 그룹과외, 학원수강, 방문학습지, 인터넷·통신 강의 등으로 정의된다(통계청의 사교육비조사 보고서에서의 사교육의 정의).

표 1 사교육비 현황

구 분	2007년	2008년	전년비(차)	2009년	전년비(차)	2010년	전년비(차)	2011년	전년비(차)
1인당 월평균 사교육비(만원,%)	22.2	23.3	5.0	24.2	3.9	24.0	-0.8	24.0	0.0
사교육 참여율(%,%p)	77.0	75.1	-1.9	75.0	-0.1	73.6	-1.4	71.7	-1.9
사교육비 총액(조원,%)	20.0	20.9	4.3	21.6	3.4	20.9	-3.5	20.1	-3.6

자료: 통계청 (2011). 2011년 사교육비조사 보고서.

그림 1 사교육비 총액규모 및 1인당 월평균사교육비

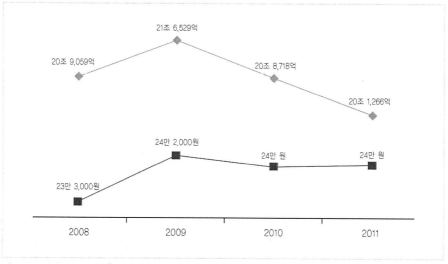

자료: 통계청. (2011). 「2011년 사교육비조사 보고서」.

　　우리나라 학생들의 사교육 참여율은 2011년 71.7%로 나타나고 있는데, 이 비율은 2007년 이후 꾸준히 줄어들고 있다. 사교육비 총액은 2007년 20조 원, 2008년 20.9조 원, 2009년 21.6조 원으로 꾸준히 증가하다가 2010년 20.9 조 원, 2011년 20.1조 원으로 줄어드는 양상을 보이고 있다. 사교육비 총액이 2010년에는 전년 대비 3.5%, 2011년에는 전년 대비 3.6%가 줄고 있는데, 이러한 감소경향에 근거하여 교육당국은 사교육비 경감대책이 효과를 발휘하고 있다고 대대적으로 홍보하고 있다. 그런데 이러한 교육당국의 홍보에 대한 학부모와 일반 국민들의 반응은 매우 차갑다. 사실, 최근 2년간 나타난 사교육비 총액의 감소현상은 다른 요인이 아니라 학생 수 감소에 전적으로 의존하고 있기 때문이다. 그래서 1인당 사교육비는 최근 2년간 전혀 변화가 없음을 볼 수 있다(〈표 1〉 및 〈그림 1〉 참조).

　　교육당국의 줄기찬 노력에도 불구하고 우리나라 초·중·고교생들의 사교육 참여율과 1인당 사교육비는 세계에서 유례를 찾기 어려울 정도로 높다. 〈그림 2〉는 2009년에 OECD에서 15세 학생들을 대상으로 사교육 참여율을 조사한 결과이다. 조사 대상 모든 과목에서 우리나라 학생들의 사교육 참여율은 OECD 평균에 비해 월등히 높음을 볼 수 있다.

　　통계청의 2011년 사교육비 조사결과를 중심으로 우리나라 사교육의 실태를 보면 몇 가지 주목할 만한 현상이 나타난다. 2011년 학생 1인당 월평균 사교육비를 참여유형별로 보면, 학원수강이 43.4%로 가장 높고, 방문학습지

그림 2　15세 학생이 방과 후에 사교육을 받는 비율(2009년 주당 수업시간)

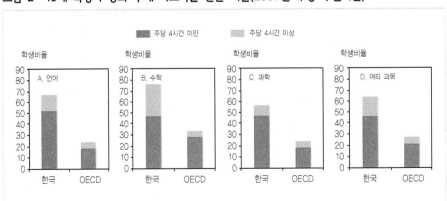

자료: OECD. (2010). PISA 2009 Results: What Students Know and Can Do, Vol. 1.

(16.6%), 그룹과외(11.1%), 개인과외(10.6%), 인터넷 수강(3.0%) 순으로 나타났
다(〈표 2〉 참조). 그런데 여기서 눈여겨보아야 할 것이 2010년에 비해 방문학
습지, 그룹과외, 인터넷 수강, 학원수강의 참여율은 줄어들었지만, 개인과외
는 전혀 줄지 않았다는 것이다. 이는 참여유형별 사교육비지출에도 그대로 나
타난다. 1인당 월평균 사교육비가 2010년에 비해 방문학습지는 18.8% 감소한
반면, 개인과외는 3.1% 증가하였으며, 학원수강과 그룹과외, 인터넷 수강은
전년도와 동일한 수준을 유지한 것으로 나타났다. 개인과외를 통한 사교육비
증가추세는 최근 몇 년간 나타나는 추세로서, 이는 사교육의 양극화 현상과
무관하지 않다.

표 2 일반교과 참여유형별 학생 1인당 월평균 사교육비 및 참여율

구 분	2010년	전년비	2011년	전년비	초등	중학교	고등	일반고
사교육비(만원, %)	24.0	-0.8	24.0	0.0	24.1	26.2	21.8	25.9
− 일반교과	19.5	-1.0	19.3	-1.0	16.8	24.3	18.5	22.6
개인과외	3.2	-3.0	3.3	3.1	1.4	4.0	5.8	7.1
그룹과외	2.2	4.8	2.2	0.0	1.8	2.6	2.3	2.8
학원수강	12.2	0.0	12.2	0.0	10.9	16.8	9.9	12.1
방문학습지	1.6	-5.9	1.3	-18.8	2.5	0.7	0.1	0.1
인터넷·통신	0.3	0.0	0.3	0.0	0.1	0.3	0.4	0.5
참 여 율(%, %p)	73.6	-1.4	71.7	-1.9	84.6	71.0	51.6	58.7
− 일반교과	64.8	-1.4	61.6	-3.2	70.0	66.6	43.1	51.8
개인과외	10.6	-0.4	10.6	0.0	7.6	12.4	13.6	16.3
그룹과외	11.7	0.0	11.1	-0.6	14.0	10.3	7.3	8.9
학원수강	45.5	-1.4	43.4	-2.1	47.8	52.0	27.8	33.8
방문학습지	19.5	-1.8	16.6	-2.9	30.3	8.9	1.1	1.2
인터넷·통신	3.7	0.0	3.0	-0.7	2.4	3.3	3.8	4.7

자료: 통계청. (2011). 「2011년 사교육비조사 보고서」.

놀랄 일은 아니지만, 사교육비는 소득계층별로 상당한 차이가 있다. 통계
청의 조사결과에 따르면, 가구의 소득수준이 높을수록 학생 1인당 월평균 사
교육비 지출액이 많고 사교육 참여율도 높다(〈그림 3〉 참조). 2011년 월평균
소득이 700만 원 이상인 가구에서는 학생 1인당 사교육비로 44만 원을 지출

그림 3 가구소득 수준별 사교육비 및 참여율(2011년)

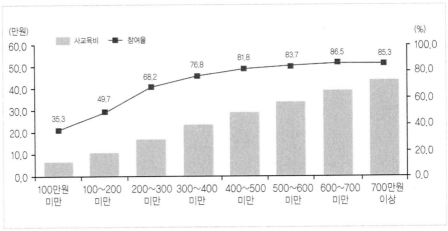

자료: 통계청. (2011). 「2011년 사교육비조사 보고서」.

한 반면, 100만 원 미만인 가구는 월 평균 6만 8천 원을 지출했다. 사교육 참여율도 월평균 소득이 700만 원 이상인 가구의 경우에는 85.3%인 반면, 100만 원 미만인 가구는 35.3%로 나타났다. 가구소득에 따른 사교육비 지출 패턴과 사교육 참여 패턴을 종합해 보면, 고소득층은 절대 다수가 고액의 사교육을 받고 있는 반면, 저소득층은 약 1/3 정도만이 소액의 사교육을 받고 있는 것이다.

사교육비는 소득계층별로 차이가 날 뿐 아니라 지역별로도 상당한 격차를 보이고 있다. 〈그림 4〉에서 볼 수 있듯이, 월평균 사교육비를 권역별로 보면, 2011년의 경우 서울이 32만 8천 원으로 가장 많고, 중소도시(24만 3천 원), 광역시(22만 3천 원), 읍면지역(16만 원) 순으로 나타나고 있다. 사교육 참여율도 서울이 77.0%로 가장 높고, 읍면지역이 64.0%로 가장 낮게 나타나고 있다. 사교육 참여율에서 보면 서울이 읍면지역에 비해 13.0%p 정도 높게 나타나지만, 1인당 평균 사교육비 지출은 서울과 읍면지역이 2배 이상 차이가 나는 것을 볼 수 있다.

사교육을 받는 학생 중 월평균 사교육비를 20~30만원 지출한 학생이 16.0%로 가장 많으며, 50만 원 이상 지출한 학생은 12.6%이고 10만 원 미만 지출한 학생은 9.3%로 나타났다. 지역별로 보면, 50만 원 이상 지출 학생이

그림 4 권역별 사교육비 및 참여율

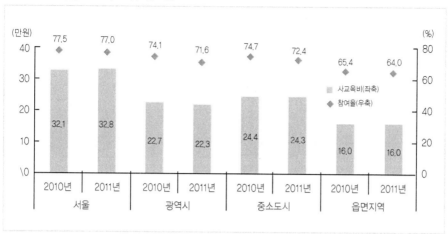

자료: 통계청. (2011). 「2011년 사교육비조사 보고서」.

서울은 23.1%인 반면, 읍면지역은 3.7%에 불과했다(〈표 3〉 참조). 사교육이 대
학진학과 미래소득에 중요한 영향을 미친다는 점을 고려할 때, 소득수준과 주
거지역에 따른 사교육의 양극화는 소득과 사회적 지위의 양극화를 고착화시
킬 수 있는 위험성이 있다.

표 3 학생 1인당 월평균 사교육비 지출금액별 참여학생 비율(%, %p)

구 분		계	받지 않음	10만원 미 만	10~20 만원 미만	20~30 만원 미만	30~40 만원 미만	40~50 만원 미만	50만원 이 상
전 체	2010년	100.0	26.4	9.4	14.8	17.1	12.6	7.7	12.1
	전년차	–	1.4	-0.3	-0.2	-1.0	-0.3	0.2	0.3
	2011년	100.0	28.3	9.3	13.8	16.0	12.3	7.7	12.6
	전년차	–	1.9	-0.1	-1.0	-1.1	-0.3	0.0	0.5
지 역	서 울	100.0	23.0	7.3	11.5	12.8	12.6	9.7	23.1
	광 역 시	100.0	28.4	10.3	14.5	16.5	12.8	7.5	10.1
	중소도시	100.0	27.6	8.9	13.2	16.3	12.8	8.3	13.1
	읍면지역	100.0	36.0	11.1	17.0	17.8	9.9	4.5	3.7

자료: 통계청. (2011). 「2011년 사교육비조사 보고서」.

이러한 문제에도 불구하고 그동안 추진되었던 사교육비 경감대책이 제대로 효과를 발휘하지 못한 이유는 무엇보다도 문제의 원인에 대한 진단과 정책의 부조화에서 찾을 수 있을 것이다. 2011년 사교육 의식결과를 보면 얼마나 사교육에 대한 원인 진단과 정책의 부조화가 여실히 드러나고 있다.

2011년 사교육 의식조사는 전국 초·중·고 1,081개교의 학생 및 학부모 약 80,500명을 대상으로 이루어졌는데, 이 중 사교육 증가원인과 사교육 감소에 효과적인 정책에 대한 설문은 학부모들만을 대상으로 이루어졌다. 〈표 4〉에서 볼 수 있듯이, 응답자들(학부모들)은 사교육을 증가시키는 가장 중요한 원인으로 '취업 등에 있어 출신 대학이 중요하기 때문'과 '특목고, 대학 등 주요입시에서 점수 위주로 학생을 선발하기 때문'이라고 응답했고, 그 다음으로 '대학 서열화 구조가 심각하기 때문,' '부모세대의 전반적인 학력상승, 저출산 등 자녀에 대한 기대치 상승 때문,' '사교육이 보편화되어 있어 사교육에 참여하지 않으면 불안하기 때문' 순으로 응답했다.

표 4 사교육 증가원인 우선순위(단위: 5점 척도)(학부모 대상 설문)

순위	내 용	점수
1	취업 등에 있어 출신 대학이 중요하기 때문	4.21
2	특목고, 대학 등 주요 입시에서 점수 위주로 학생을 선발하기 때문	4.17
3	대학 서열화 구조가 심각하기 때문	4.11
4	부모세대의 전반적인 학력상승, 저출산 등 자녀에 대한 기대치 상승 때문	3.97
5	사교육이 보편화 되어 있어 사교육에 참여하지 않으면 불안하기 때문	3.68
6	학교교육만으로는 자녀의 특기적성을 제대로 키워주기 어려워서	3.65
7	과거에 비해 국민경제수준이 높아졌기 때문에	3.58
8	학교에서 자녀 학습관리를 개별적으로 잘해주지 못해서	3.32
9	학교에서 이뤄지는 진학준비, 상담, 정보제공이 부족해서	3.24
10	학교에서 수준별 수업이 제대로 이루어지지 않아서	3.22
11	학교시험이 학교에서 실제 배우는 내용보다 어렵게 출제되어서	2.96
12	학교의 학습분위기, 학습시설 등이 좋지 않아서	2.75

자료: 통계청. (2011). 「2011년 사교육비조사 보고서」.

그런데 이에 대응하는 정책에 대한 질문을 보면 학부모가 지적한 원인과는 무관한 정책들이 나열되어 있다. 즉, 〈표 5〉에서 볼 수 있는 것처럼 사교육비 감소 효과가 있을 것으로 생각하는 정책에 대한 답변에서 응답자들은 가장 효과적인 정책으로 '수학교육 선진화'라고 응답하고 그 외에 '학생 및 학부모 인식전환 및 정보제공 강화', '창의·인성교육 강화' 등을 효과가 높은 정책으로 응답했다. 거의 동문서답에 가까운 원인 진단과 정책이 제시된 이유는 설문 자체가 그렇게 구성되어 있기 때문이다. 즉, 사교육의 번창 원인으로 1~5 순위에 해당하는 것이 지위경쟁(1번과 3번), 학교신화의 붕괴(4번), 지위경쟁에서의 불안감(5번), 그리고 입시제도의 문제(2번)를 지적하고 있지만, 이에 대한 대책은 '정책'을 묻는 설문 문항에서 모조리 빠져 있기 때문이다. 이렇게 설문이 구성된 근본적인 이유는 사실 1, 3, 5번에 대한 대책은 교육과학기술부에서 세울 수 없는 대책이기 때문이다.

표 5 사교육 감소효과가 있을 것으로 생각하는 정책 순위(단위: 5점 척도)(학부모 대상 설문)

순 위	내 용	점 수
1	수학교육 선진화	4.00
2	학생 및 학부모 인식 전환 및 정보제공 강화	3.86
3	창의 인성교육 강화	3.84
4	영어 공교육 강화	3.83
4	다양하고 좋은 학교 확산	3.83
6	기초학력 부진학생 책임지도	3.79
6	영어 수학교실 등 과목선용교실 운영	3.79
6	학원비 안정화	3.79
9	EBS-수능 연계 출제	3.73
10	온라인 교육콘텐츠 활용	3.70
11	직업교육 및 진로지도 강화	3.60
11	학교정보 공시제 실시	3.60
13	교원 평가제도 실시	3.58
14	방과후 학교 프로그램 활성화	3.47
15	정규 수업에서 수준별 이동수업 실시	3.46

자료: 통계청. (2011). 「2011년 사교육비조사 보고서」.

이 문제는 2009년과 2012년에 교육과학기술부에서 발표한 사교육비 경감대책을 보면 더욱 뚜렷이 드러난다. 〈표 6〉과 〈표 7〉은 2009년과 2010년에 교육과학기술부가 발표한 사교육비 경감대책의 주요 내용을 보여주고 있는데, 대책 중 설문조사에서 학부모가 언급한 가장 중요한 원인에 대한 대책이 거의 모두 빠져 있음을 볼 수 있다.

표 6 2009년 사교육비 경감대책의 주요 내용

구 분	내 용
공교육 내실화 지속 추진	• 학교자율화 확대 • 교과교실제 도입 • 교원능력개발평가제 도입 • 학업성취도 평가 개선 및 학력향상 중점학교 지원 • 영어교육의 질 제고 및 격차 해소
학생·학부모가 바라는 선진형 입학전형 정착	• 대입전형의 선진화 및 입학사정관제 내실화 • 특목고 입시제도 개선 • 과학올림피아드 및 영재교육 대상자 선발방식 개선 • 기출문제 공개로 내신 사교육 경감
사교육 대체 서비스 강화	• 사교육없는 학교 프로젝트 추진 • 방과후학교 교육 서비스 강화 • EBS 수능강의 서비스 품질 제고
학원운영의 효율적 관리	• 학원 교습시간을 시·도 자율로 단축 운영토록 유도 • 온라인 교육기관의 수강료 제한 • 학원운영의 투명성 강화 • 불법·편법 운영학원의 효율적 관리
사교육비 경감을 위한 제도·문화적 인프라 구축	• 시·교육청 및 교과부의 책무성 강화 • 학부모 인식 전환 및 정보제공 강화

사교육비 대책이 효과를 가지기 어려운 가장 큰 이유는 바로 이 부조화에서 찾을 수 있다. 사교육비를 팽창시키는 주된 원인은 교육 내부에 있는 것이 아니다. 그럼에도 불구하고 사교육비에 대한 대책을 교육 내부에서만 찾고 있는 것이 현실이다. 즉 정책의 성공을 기대하기 어렵게 되어 있는 것이다. 그렇다면 사교육이 번창하는 이유, 사교육비가 줄어들지 않는 이유는 무엇인가? 이 글에서는 그 원인을 지위재를 차지하기 위한 지위경쟁(positional competition)으로 진단한다.

지위경쟁이 우리 사회에서만 나타나는 독특한 현상은 아니지만, 다른 나

표 7 2012년 사교육비 경감대책의 주요 내용

구 분	내 용
수요자 중심 방과후학교 운영	• 철저한 수요자 중심의 방과후학교 운영 • 사회의 우수 자원을 활용한 방과후학교 프로그램 다양화 • 초등학교 돌봄교실 운영 확대를 통한 돌봄 사교육 수요 해소 • 방과후학교 자유수강권 지원 확대 등 수강료 부담 완화 • 방과후학교 지원·관리 체제 정비
사교육 수요가 높은 과목에 대한 맞춤형 대책	• 'EBSm' 구축 등 수학 사교육비 경감 • 'EBSe' 등을 활용한 상시 영어학습환경 구축 • 언론사 참여 방과후학교를 포함한 다양한 논술교육 　프로그램 제공
신규 사교육 유발 우려에 대한 선제적 대응	• 연습 프로그램과 정보 제공을 통한 NEAT 대비 사교육 해소 • 주5일수업제 시행에 대한 다양한 체험활동 지원
학생·학부모 대상 정보 제공 강화	• 공신력 있는 기관 및 언론사와 연계하여 입시와 학습법 정보 제공 • 학교 및 다양한 통로를 활용한 진로·진학 정보 제공
'공교육 강화–사교육 경감 선순환 방안' 지속 추진	• EBS 수능 연계 지속 및 EBS 강의 질 제고 • 학원운영의 투명성 강화와 학원비 안정화 • 고교입시 자기주도 학습전형 현장 정착

라에 비해 우리 사회에서 지위경쟁이 유독 심하게 나타나는 이유는 무엇인가? 사교육의 근본원인은 일반 숙련 위주의 교육과 훈련시스템에서 비롯되는 것이고, 이러한 교육과 훈련시스템은 근본적으로 한국 자본주의의 독특성에서 연원하는 것이다. 결국 우리나라 사교육은 단순히 교육영역의 문제가 아니며 한국 경제·사회의 모든 문제가 농축되어 표현되는 장(場)에 불과할 뿐이다. 본질적으로 교육 그 자체에 근본원인이 있지 않은 사교육 문제를 치유하기 위해 교육에만 초점을 맞추기 때문에 사교육 대책은 실패할 수밖에 없는 것이다. 또한 교육영역에만 초점을 맞추어 문제를 진단하기 때문에 잘못된 처방이 나오는 악순환이 계속되는 것이다.

Ⅲ. 지위재로서의 교육과 지위경쟁

1. 지위재와 지위경쟁

Hood(1994)에 의하면 경제발전 수준이 낮은 단계에서는 공공재의 공급이 매우 부족하지만 경제발전이 어느 수준에 오르게 되면 정부의 역할이 커지면서 공공재 공급이 늘어난다고 한다. 개발도상국에서 치안, 소방, 교육 등의 사회서비스가 턱없이 부족하지만 어느 정도 경제성장이 이루어지면 사회를 유지·발전시키는 데 필수적인 공공재 공급이 증가하는 현상을 어렵지 않게 볼 수 있다.

그런데 공공재 공급이 어느 정도 보편적으로 이루어지고 나면 사람들은 자신의 욕구(needs)를 더 잘 반영하는 동시에 남과 자신을 구별해줄 수 있는 재화에 대한 소비를 증가시키는 경향이 있다. 보편적으로 제공되는 치안서비스에 만족하지 못하고 사설 치안업체의 서비스를 구입하는 현상이 예가 될 수 있을 것이다. 소비를 통해 다른 사람과 자신을 구별해 줄 수 있는 재화를 지위재라고 부른다. 사실, 지위재는 단순히 공공재에서만 나타나는 것이 아니라 거의 모든 재화에서 나타나는 현상이다. 몸을 보호하는 의복의 본질적인 기능을 넘어 사람의 지위를 나타내주는 명품에 투자하는 이유도 바로 명품의류가 지위재의 역할을 하기 때문이다.

지위재의 개념을 정립한 Hirsch(1976)에 따르면 일반적으로 가계소득이 증가하면 할수록 지위재에 대해 더 많은 지출이 이루어지는 경향이 있다고 한다. 흥미 있는 사실은 교육이 지위재의 성격을 갖고 있다는 점이다. 가계소득이 증가하면 교육에 대한 투자가 증가하는 경향을 보이는데, 문제는 교육으로부터 얻는 효용이 단순히 내가 교육에 얼마만큼 투자했는가에 의해서뿐만 아니라 다른 사람들이 얼마나 투자했는가에 좌우된다는 사실이다.

제한된 지위재에 대한 초과수요가 존재할 경우 이를 해소하는 여과장치가 필요한데, 이것이 바로 선별(screening) 과정이다. 지위재는 기본적으로 희소성을 전제로 하는 것이므로, 교육과 관련된 희소한 가치를 배분하는 선별과정은 두 가지 차원에서 나타나게 된다. 먼저, 좋은 학교에 대한 수요가 좋은 학교의 공급을 초과할 경우 학생의 선발과정에서 선별기능이 강화된다. 좋은 학교에 가기 위해 모두가 투자를 늘리더라도, 투자의 결과는 투자의 절대규모에 의존하는 것이 아니라 상대적 규모에 크게 의존한다. 두 번째는 좋은 직업을 갖기 위한 교육에 대한 투자가 좋은 교육을 필요로 하는 직업의 증가속도보다 빠를 경우, 고용주(혹은 기업)는 선별과정을 강화하게 된다. 입학－취업을 위한 지위경쟁 때문에 교육에 대한 투자(주로 사적인 투자)가 증가할 수밖에 없는 것이다. 교육이 지위재의 성격을 갖기 때문에 교육에 대한 투자가 늘어난다고 해서 교육을 둘러싼 경쟁이 약화되는 것이 아니라 오히려 격화되는 역설적 현상이 발생한다. 다시 말해서, 한 사람의 성취 향상이 다른 사람의 상대적 지위를 약화시키는 것을 피할 수 없게 되는 것이다.

2. 지위경쟁과 '공교육 실패의 신화'

교육이 갖는 지위재로서의 의미를 제대로 이해하지 못하면서 나타나는 현상이 우리 사회에 만연한 '공교육 실패의 신화'이다. 우리 사회에서는 사교육이 번창하는 원인으로 공교육의 실패를 드는 데 주저하지 않는다. 공교육이 실패했기 때문에 이를 대체하기 위한 사교육이 발달하고 있다는 것이다. 매우 명쾌한 논리이다. 그러나 이러한 진단은 교육이 갖는 두 가지 차원을 구별하지 못하는 데서 오는 오류이다.

교육은 절대적 차원과 상대적 차원의 양면성을 지니고 있다. 교육이 갖는 절대적 차원이란 교육적 노력에 의해 학생의 수준이 향상되는 것을 의미한다. 공교육 질의 향상은 이러한 절대적 차원을 지칭하는 개념이다. 교육이 갖는 상대적 차원이란 교육을 받는 사람들 간 상대적 차이가 나기 마련인 현상을 의미한다. 교육이 갖는 이러한 상대적 차원 때문에 교육을 통해 보다 유리한 지위를 차지하려는 이른바 지위경쟁이 필연적으로 생겨나는 것이다. 공교육이 보편화되고 공교육 질의 향상이 추구되는 데도 불구하고(혹은 바로 이 이유 때문에) 개인 간 지위경쟁은 더욱 심해지는 것이다. 아무리 전체적인 교육의 질이 높아진다 하더라도 한 사람이 교육을 통해 얻을 수 있는 편익의 정도는 다른 사람과 비교되는 상대적 지위(relative position)에 좌우될 수밖에 없다(하연섭, 2005).

우리 사회에서 사교육이 나타나는 근본적인 원인은 바로 지위경쟁 때문이다. 공교육의 질이 절대적인 차원에서 세계 최고 수준을 자랑한다 하더라도 지위경쟁이 존재하는 한, 지위경쟁에서 이기기 위한 사교육에 대한 수요는 끊임없이 생겨날 수밖에 없다. 다시 말해서, 공교육의 절대적인 질이 낮아서가 아니라 교육의 결과에 대한 상대적 지위 싸움 때문에 사교육이 번창하고 있는 데도 불구하고, 우리 사회는 사교육이 존재하는 현상 그 자체가 바로 공교육이 실패하고 있음을 보여주는 징표라고 해석하고 있다. 이 상태에서는 공교육에 아무리 투자하고 공교육의 질을 아무리 높이더라도, 공교육은 지속적으로 실패하고 있다는 진단을 받을 수밖에 없다.

그런데 문제는 이러한 잘못된 진단이 신화로만 그치는 것이 아니라 이것이 정책으로 직결되고 있다는 점에 있다. 즉, 공교육의 질이 낮아서 사교육이 번창하고 있으므로 계속해서 공교육에 대한 투자를 늘려야 한다는 것이다. '교사의 질이 교육의 질을 좌우'하므로 교사를 지속적으로 늘려야 하고, 교사의 처우도 개선해야 하고, 초중등 단계에 지속적으로 투자를 더 늘려야 할 뿐만 아니라 공교육 정상화를 위한 연구도 늘어나야 하며, 이를 위한 여건도 조성해 주어야 한다. 그야말로 공교육 실패의 신화를 둘러싼 강력한 카르텔이 형성되어 있는 것이다. 사교육과 공교육이 표면적으로 적대적인 관계인 것처럼 보이지만, '공교육 실패의 신화'를 통해 실질적으로는 암묵적인 공생관계가 형성되어 있다고 할 수 있다. 학부모의 입장에서는 실패한 공교육을 살리기 위해 필요한 투자재원 마련을 위한 부담이 늘어나고(혹은 다른 부문에 대한 지출 축소를 감내해야 하고), 다른 한편으로는 지위경쟁에서 이기기 위한 사교육비 지출을 지속할 수밖에 없는 최악의 상황이 연출되고 있는 셈이다.

3. '자율과 경쟁의 신화'와 사교육비

공교육의 부실이 사교육의 주원인이라고 판단하면, 공교육의 질 저하를 막을 수 있는 대책이 필요하며 이러한 대책은 공교육 질 저하의 원인을 밝히는 데서부터 출발한다. 우리 사회에서는 공교육 질 저하의 원인을 크게 세 군데에서 찾는 경향이 있다. 첫째, 오랜 관치로 말미암아 우리나라 학교가 자율성이 없기 때문에, 공교육의 질 저하가 초래되었다는 것이다. 둘째, 학교 간

경쟁이 없었기 때문에 공교육의 질 저하가 나타났다는 것이다. 셋째, 한 줄 세우기 교육 때문에 단선적인 경쟁이 생겼으므로 학생의 특성을 살릴 수 있는 여러 줄 세우기로 교육과정을 바꾸면 공교육이 살아날 것으로 본다. 이렇게 문제의 원인을 정의하면 문제의 해답은 매우 간단하다. 학교의 자율성을 신장하고 학교 간 경쟁을 불러일으키는 동시에 여러 줄 세우기를 시도하면 된다. 따라서 '자율과 경쟁'이 공교육 부활을 위한 모토가 되는 것이다. 그래서 만들어지는 것이 외국어고, 국제고, 자율형 사립고와 같은 특수형태의 학교이며, 학교선택제와 입학사정관제 같은 학생과 학교의 자율을 신장할 수 있는 입시 제도를 만드는 것이다.

그런데 사회적 지위를 누릴 수 있는 혹은 비슷한 소득을 누릴 수 있는 길이 여러 갈래 있다면 그래서 지위경쟁이 여러 측면에서 나타날 수 있는 가능성이 있다면 이러한 정책들이 기대하는 효과를 낼 수도 있을 것이다. 그런데 문제는 지위경쟁이 단선적으로 이루어지는 상황에서의 '자율과 경쟁' 그리고 '여러 줄 세우기' 실험은 '지위경쟁을 위한 자율', '지위경쟁을 위한 경쟁 심화,' 그리고 '단선적인 지위경쟁에서 이길 수 있는 수단의 다양화'로 귀결될 수밖에 없다는 데에 있다.

그리고 이러한 현상은 두 가지 문제를 추가적으로 야기한다.

첫째, 지위경쟁이 치열한 사회에서의 사교육의 원인은 지위경쟁에서 이기기 위한 노력이 아니라 지위경쟁에서 뒤처지지 않기 위한 몸부림이다. 지위경쟁에서 앞서 나가기 위한 투자가 아니라 남들도 다 하고 있으므로 지위경쟁에서 뒤처지지 않기 위해 어쩔 수 없이 해야 하는 방어적 지출(defensive expenditure)로 사교육비가 지출되고 있는 것이다(Brown, et al., 2011: 12). 이제 경쟁이 다양한 국면에서 이루어지면, 다양한 국면에서 뒤처지지 않기 위한 몸부림이 동시다발적으로 일어나야 한다. 교과목뿐만 아니라 특기적성 영역, 외국어, 논술, 심지어 면접을 위한 사교육까지 번창할 수밖에 없는 이유이다.

둘째, 공교육 정상화를 위한 '자율과 경쟁'은 거의 모든 단계의 학교에서 경쟁을 촉발시키므로 경쟁의 시기를 앞당길 뿐이다. 이것이 고등학교 단계에서의 사교육 참여율보다 중학교 단계에서 참여율이 더 높은 중요한 이유 중의 하나라고 할 수 있다.

결국, 사교육이 번창할 수밖에 없는 정책을 만들어 놓고 사교육비를 줄여야 하는 아이러니가 나타나는 것이다. 바로 정책 간 충돌과 갈등 때문에 사교육대책이 실패할 수밖에 없는 것이다.

4. 대학교육의 팽창과 지위경쟁

고등교육이 갖는 지위재적 특성 때문에 대학의 문호를 대폭 개방한다 하더라도 지위경쟁을 약화시키기 어렵고 오히려 더 심화시키는 역설적 현상이 나타난다. 우리나라에서 고등교육의 급팽창은 여러 가지 요인에 기인하는 것이지만, 대학졸업자의 임금상승 억제라는 기업의 이해관계와 대학정원의 확대를 통한 사교육비 경감이라는 정부의 정책의지가 절묘하게 결합된 것이 주된 원인이라고 할 수 있다.

교육의 질이 동질적(homogeneous)이라면 고등교육의 팽창을 통해 사교육비 문제를 해결할 수 있었을 것이다. 문제는 교육의 결과가 동질적이지 않고, 교육이 지위재로서의 의미를 지니고 있다는 데에 있다. 무엇보다도 대학교육이 팽창함에 따라 명문대학이 갖는 상대적 희소성은 더 강화되는 역설적인 현상이 나타난 것이다. 이는 전체적인 주택공급을 늘리더라도 전체 주택시장에서 차지하는 강남 아파트의 비율이 더 줄어들어 강남의 아파트의 상대적 가격이 오히려 더 올라가는 현상과 동일한 것이다.

대학교육의 절대 규모는 늘어나지만 명문대학은 상대적으로 더 희소해져서 프리미엄이 상승하는 현상은 곧 바로 대학교육을 원하는 동시에 이에 소요되는 비용을 지불할 수 있는 중산층은 늘어나지만 중산층이 내부 분화되는 현상으로 연결된다. 교육을 통한 중산층의 내부 분화 현상은 곧 교육을 통해 지위를 확보하겠다는 경쟁뿐만 아니라 교육으로 인해 지위를 잃어서는 안 된다는 경쟁으로 연결된다. 결국 이기기 위한 경쟁뿐만 아니라 지지 않겠다는 경쟁으로 인하여, 사교육비가 갖는 방어적 지출의 의미가 더욱 커지는 것이다.

5. 풍요의 역설과 '학교 신화'의 붕괴

지위경쟁은 본질적으로 교육받을 기회가 많아지고 교육의 질이 높아지는

데도 불구하고, 한 사람이 교육을 통해 얻을 수 있는 사회적 가치의 수준은 항상 다른 사람과 비교되는 상대적 지위에 따라 달라지기 때문에 나타나는 현상이다. Hirsch(1976)가 표현한 대로 이러한 '풍요의 역설(paradox of affluence)'은 다른 측면에서도 나타난다. 경제발전의 초기 단계에서는 어느 사회에서나 일반적으로 교사의 교육과 문화 수준이 일반 학부모의 수준보다 높기 때문에 교사는 존경의 대상이며 상당한 권위를 행사한다. 그러나 교육과 경제발전의 결과 일반 학부모들의 수준이 올라가면 학부모들이 교육에 익숙해질 뿐만 아니라 교원의 수준과 맞먹거나 능가하는 경우가 생긴다. 학부모들의 학력 상승으로 말미암아 학교와 교사에 대한 무조건적 믿음이 약화되는 것이다. 이에 더하여 지식을 얻을 수 있는 원천이 단순히 학교에만 국한되지 않고 인터넷 등을 통해 다양한 지식을 얻을 수 있게 되면 학습과 지식 전수에 대한 학교의 독점적 지위가 약화될 수밖에 없다. 이것이 곧 학교 신화(school mystique)의 붕괴이다(하연섭, 2005). 학교 신화의 붕괴는 공교육에 대한 신뢰를 약화시키고 사교육을 부추기는 또 다른 요인이다. 학교신화의 붕괴는 교육이 실패해서가 아니라 성공했기 때문에 나타나는 역설이다.

학교 신화의 붕괴에 대처하기 위해서는 교사의 질이 높아져야 할 뿐만 아니라 교원의 책무성이 훨씬 강화되어야 한다. 사회의 불확실성과 복잡성의 증가, 지식습득의 대안적 방법 증가, 교육방식의 다양화 등의 변화에 대처하기 위해서는 교사의 전문성 향상과 책무성 제고가 최우선 과제가 된다. 이것이 효과적으로 이루어지지 않을 경우 학부모들의 대안적 학습기회에 대한 탐색이 계속해서 이루어지게 될 것이다(OECD, 2001). 교원양성, 교원능력개발, 교원평가시스템이 획기적으로 변해서 교원의 책무성이 확보되지 않는 한 학교신화의 붕괴는 막을 수 없으며, 이는 사교육의 팽창으로 연결될 수밖에 없다.

Ⅳ. 한국 자본주의와 지위경쟁

1. 일반 숙련체제와 지위경쟁

교육이 갖는 지위재적 특징은 어느 사회에서나 나타나지만, 유독 우리 사회에서 지위경쟁이 심화되고 그 결과 사교육이 팽창하는 원인은 무엇인가? 우리나라에서 사교육에 대한 수요가 지속되고 교육을 통한 지위경쟁이 심화되는 근본적인 원인은 개인들이 일반 숙련을 강력히 선호하기 때문이다. 숙련은 크게 어느 직종 혹은 어느 기업에서나 활용할 수 있는 일반 숙련(general skills)과 특정 산업 혹은 특정 기업에서만 활용할 수 있는 특정 숙련(specific skills)으로 대별할 수 있다. 특정 숙련은 다시 활용 범위가 특정 산업에만 국한되는 산업특정적 숙련(industry-specific skills)과 특정 기업에만 국한되는 기업특정적 숙련(firm-specific skills)으로 나눌 수 있다.

개별 기업의 입장에서는 기업이 요구하는 전문기술을 갖춘 기업특정적 숙련 혹은 산업특정적 숙련을 당연히 선호한다. 그러나 개별 노동자의 선택은 이보다 훨씬 복잡하다. 개별 노동자의 입장에서는 고용이나 임금의 불안정성이 제거되지 않는 한 특정 숙련에 대한 투자는 무모한 것이다. 다시 말해서, 기업은 자신의 요구에 근접하는 숙련을 더 선호하지만, 개별 노동자의 입장에서는 일반 숙련에 투자하는 것이 훨씬 합리적이라는 것이다(하연섭, 2011; Crouch, et al., 2001). 각 개인이 기업이나 산업이 원하는 특정 숙련에 투자할 수 있도록 하기 위해서는 고용불안 해소가 필수적이다. 고용불안 해소를 위해서는 적극적 노동시장정책(active labor market policy)과 복지제도 등 사회적 안전망이 갖추어질 필요가 있다. 특정 숙련이 발달되어 있는 북유럽국가와 독일 등에서 이러한 정책이 발달되어 있는 것은 결코 우연이 아니다(Estevez-Abe, et al. 2001; Iversen & Soskice, 2001; Iversen, 2005).

학교에서 직업세계로의 전이(from-school-to-work transition)가 효과적으로 이루어지는 특정 숙련체제와는 달리 일반 숙련을 중시하는 경제에서는 '전문적 기능에 대한 인증'이 아니라 '일반 능력에 대한 인증'이 중요해지며, 이는 곧 개인능력의 지표로서 학교의 졸업장이 중요해짐을 의미한다. 상급 학교의 졸업장은 일반 능력이 상승하고 있음을, 그 중에서도 명문학교의 졸업장은 우수한 능력의 소유자라는 것을 증명하는 징표가 된다. 그 결과 특정 숙련을 중시하는 경제에 비해 일반 숙련을 중시하는 경제에서는 대학 졸업자의 임금 프리미엄이 매우 커진다. 그리고 이는 다시 일반대학, 특히 명문대학의 지위재적 속성을 강화시킨다.

2. 대학과 기업의 '뽑는 경쟁'과 사교육

지위재로서의 대학의 면모가 강화되면 학생들 간에는 좋은 대학에 들어가기 위한 경쟁이 치열해진다. 그런데 이러한 지위경쟁이 학생 간에만 나타나는 것이 아니라 대학 상호 간에도 나타나는 데에 주목할 필요가 있다. 특정 숙련이 아니라 일반 숙련을 대학에서 가르치기 때문에 애당초 제대로 학습할 수 있는 능력을 갖춘 입학생을 뽑아야 좋은 졸업생을 길러낼 수 있다. 따라서 대학의 명성이 대학 졸업 후의 성과보다는 어떤 학생을 뽑는가에 좌우되는 현상이 발생한다(하연섭, 2011). 졸업생의 수준이 아니라 입학생의 수준이 대학의 지위를 결정하는 한, 대학의 상품가치는 입학생으로부터 나오기 때문에 대학은 입학과정에서 보다 우수한 학생을 뽑기 위한 치열한 경쟁에 돌입할 수밖에 없는 것이다. '가르치는 경쟁'이 아니라 '뽑는 경쟁'에 우리나라 대학들이 목을 매는 이유이다. 이러한 경쟁을 위한 최적의 수단이 입학과정에서의 자율성 확보이며, 이것이 곧 우리나라에서 이른바 3불 폐지 주장으로 나타나는 것이다.

기업의 행태도 대학과 크게 다르지 않다. 일반 숙련 중심이기 때문에 기업이 신규인력을 채용할 때 정보획득비용과 거래비용을 줄이는 가장 손쉬운 방법은 일반적 능력의 바로미터라 할 수 있는 출신대학을 중심으로 학생을 선발하는 것이다. 따라서 명문대학 입학 그 자체가 좋은 직장에 들어가기 위한 첩경이 되는 것이다. 결국 개별 학생의 입장에서는 명문대학에 입학하는가의 여부가 인생의 경로를 결정짓는 중대한 분기점(critical junctures)이 되는 것이다. 이것이 대학 서열화의 가장 중요한 원인이다. 그런데 이러한 분기점에서 유리한 위치를 차지할 수 있는 준비시기를 앞당길수록 경쟁에서 유리한 위치를 차지할 수 있다는 믿음이 이른바 '선행학습'을 부추기는 것이다. 자율화란 명목으로 분기점을 앞당길수록 이 경향은 더욱 심화될 수밖에 없다.

3. 경제의 양극화와 지위경쟁

일반 숙련 중심이면서 사회적 보호가 제대로 이루어지지 않은 상태에서 대기업의 특권적 지위가 강화되고 경제의 양극화가 심화되면 지위경쟁은 더욱 심해질 수밖에 없다. 이렇게 되면 교육영역에서는 직업계 학교가, 경제영역에서는 중소기업이 이류로 내몰린다. 전문계 고등학교와 전문대학은 차선의 선택일 수밖에 없으며, 지위경쟁에서 밀려난 낙오자들의 집합소로 낙인찍히게 된다. 전문계 고교와 전문대학의 허약성은 중급숙련(intermediate skills)의 부족으로 나타나며, 이는 중소기업 부문의 허약성의 원인인 동시에 결과이기도 하다. 중급숙련의 부족이 중소기업의 어려움을 가중시킨다면, 동시에 허약한 중소기업부문이 중급숙련에 대한 투자를 위축시키는 요인이 되는 것이다.

대기업과 중소기업 간 격차에 따라 자연히 중산층 이상의 자녀들은 직업교육이나 기술교육을 회피하고 고등교육을 이수하려는 유인을 갖게 되었고, 그 결과가 고등교육의 과잉팽창과 청년실업으로 나타나고 있는 것이다(하연섭, 2011). 경제의 양극화, 대학교육의 팽창, 청년실업, 사교육의 팽창은 결코 분리된 현상이 아니다. 일반 숙련 중심으로 교육과 경제의 무게중심이 갈 수밖에 없는 구조하에서 상호 연결된 현상일 뿐인 것이다.

그런데 세계화와 지식경제로의 전환에 따라 일반 숙련에 대한 수요가 더욱 늘어남으로써 지위경쟁이 더욱 심화될 수 있다는 데에 문제의 심각성이 있다. 기업 환경 변화의 속도가 빨라짐에 따라 유연성과 적응성을 갖춘 인재에 대한 기업의 수요가 더욱 증가하게 되었고, 서비스 스킬과 의사소통 능력을 갖춘 인재의 중요성이 증가하고 있다. 이러한 변화는 고용주들로 하여금 신입직원을 충원함에 있어 지속적으로 학습할 수 있는 능력을 갖추고 있는지 그리고 협력할 수 있는 능력, 의사소통할 수 있는 능력, 다른 사람의 지시를 따를 수 있는 능력 등을 의미하는 사회적 기술(social skills)을 갖추고 있는지에 주목하게 만들었다고 할 수 있다. 이러한 능력들은 주로 일반적인 교육(general education)을 통해 습득할 수 있는 능력이다(하연섭, 2005).

V. 결 론

우리나라의 사교육 현상은 교육영역 내부의 문제가 아니다. 교육은 절대적 차원뿐만 아니라 상대적 차원을 지니고 있는데, 상대적 차원 때문에 교육을 통한 지위경쟁이 나타나는 것이며, 이러한 지위경쟁은 다시 일반 숙련 위주의 교육·훈련시스템 때문에 더욱 심화되는 것이다. 그리고 일반 숙련은 개별 노동자의 입장에서는 사회적 안전망이 확보되지 않은 상태에서 고용 및 임금 리스크를 최소화하기 위한 합리적 선택이라는 점을 인식할 필요가 있다. 본질적으로 사교육비는 공교육의 부족한 점을 보완하기 위한 것이라기보다는 지위재를 확보하기 위한 상대적 경쟁에서 우위를 점하기 위한 노력의 산물이기 때문에, 대학교육의 지위재적 특성이 강화되는 한 이에 접근하기 위한 노력의 산물인 사교육비가 감소될 것으로 예상하기는 힘들다(하연섭, 2005).

좋은 직장, 높은 소득, 좋은 학교 졸업장은 모두 지위재이다. 대학의 명성과 서열이 학생의 능력차를 반영하는 것으로 간주되는 한, 그리고 출신 대학의 서열이 직업세계에서의 성공에 결정적인 영향을 미치는 한, 교육을 통한 지위경쟁은 지속될 수밖에 없다. 승자독식 경쟁(winner-takes-all competition)이 이루어지는 한 교육을 둘러싼 방어적 지출이 줄어들 가능성은 없다. 교육경쟁에서 뒤지고 고용경쟁에서 뒤진 개인이 보호받을 수 있는 장치가 없는 한 교육경쟁에 무한 투자를 할 수밖에 없는 것이다. 신자유주의적 경제 논리가 강화되고 교육에 있어서도 시장 논리가 들어오게 되면 지위경쟁은 심화될 수밖에 없다.

우리나라 사교육을 둘러싼 제도적 맥락과 정치·경제적 환경 요인을 무시한 상태에서 사교육비 대책을 교육영역 내부에서 찾는 한 사교육비 대책은 기대한 효과를 거두기 어렵다. 불법과외단속, 학원비 인상 억제 등 교육공무원들의 줄기찬 노력을 폄하하자는 것이 아니다. 교육영역을 다른 정치·경제·사회 영역과 완전히 분리시켜 놓은 상태에서 문제의 원인을 진단하기 때문에 잘못된 처방이 나온다는 것이다.

일반 숙련 일변도에서 특정 숙련이 중시되는 경제구조로 전환해 가는 것이 사교육을 줄이는 가장 효과적인 방법이다. 특정 숙련에 대한 투자는 적절한 사회적 보호(social protection)가 전제조건이다. 단순히 유연한 노동시장보다는 이른바 유연안전성(flexicurity)이 필요하다. 사교육 현상은 우리나라에서 기업구조-복지제도-교육과 숙련형성체제-산업정책이 결합된 방식 때문에 생겨나는 현상이다. 사교육 문제에 대한 보다 폭넓은 시각의 접근이 필요한 이유이다.

참고문헌

김혜숙(2005). "지식·정보화시대에 있어서 초·중등학교의 미래", 「IT기반 미래국가 발전전략 연구 최종보고서」 정보통신정책연구원.

교육과학기술부(2011). 「11년 사교육비조사 결과 분석」.

_____(2012). 「2012년 사교육비 경감대책」

오마이뉴스(2010). "사교육비 경감대책, 오히려 서울 사교육비 부추겼다." 2010. 3. 4.

통계청(2011). 「2011년 사교육비조사 보고서」.

하연섭(2011). 「제도분석: 이론과 쟁점」 제2판. 서울: 다산출판사.

_____(2005). 「지식·정보화 사회와 교육의 미래」. 21세기 한국 메가트렌드 시리즈 III. 과천: 정보통신정책연구원.

OECD(2011). 「한국의 성장과 사회통합을 위한 틀(Framework)」.

Ashton, D. and Francis G. (1996). *Education, Training and the Global Economy*, Cheltenham: Edward Elgar.

Brown, P. (2001). "Globalization and the Political Economy of High Skills." in Phillip Brown, Andy Green, and Hugh Lauder (eds.), *High Skills: Globalization, Competitiveness, and Skill Formation*, pp. 235~262. New York: Oxford University Press.

_____. (2001). "Skill Formation in the Twenty–First Century", in Phillip Brown, Andy Green, and Hugh Lauder (eds.), *High Skills: Globalization, Competitiveness, and Skill Formation*, pp. 1~55. New York: Oxford University Press.

_____, Hugh L., and David A. (2011). *The Global Auction: The Broken Promises of Education, Jobs, and Incomes*, Oxford: Oxford University Press.

Busemeyer, M. R. (2009). "Asset Specificity, Institutional Complementarities and the Varieties of Skill Regimes in Coordinated Market Economies." *Socio–Economic Review.* 7(3): 375~406

Crouch, C., David F., Mark S. (2001). *Are Skills the Answer? The Political Economy of Skill Creation in Advanced Industrial Countries*, New York: Oxford University Press.

Estevez–Abe, M., Torben, I., and David S. (2001). "Social Protection and the Formation of Skills: A Reinterpretation of the Welfare State", in Peter A. Hall and

David Soskice (eds.), *Varieties of Capitalism: The Institutional Foundations of Comparative Advantage*, pp. 145~183. New York: Oxford University Press.

Green, A. (2001). "Models of High Skills in National Competition Strategies", in Phillip Brown, Andy Green, and Hugh Lauder (eds.), *High Skills: Globalization, Competitiveness, and Skill Formation*, pp. 56~160. New York: Oxford University Press.

Hirsch, F. (1976). *Social Limits to Growth*, London: Routledge & Kegan Paul.

Hood, C. (1994). *Explaining Economic Policy Reversals*, Buckingham: Open University Press.

Iversen, T. (2005). *Capitalism, Democracy and Welfare: The Changing Nature of Production, Elections, and Social Protection in Modern Capitalism*, Cambridge, MA: Harvard University Press.

_____ and John D. S. (2008). "Partisan Politics, the Welfare State, and Three Worlds of Human Capital Formation", *Comparative Political Studies*. 41(4/5): 600~637.

OECD. (2001). What Schools for the Future?, Paris: OECD.

Riain, S. (2011). "Human Capital Formation Regimes: States, Markets, and Human Capital in an Era of Globalization", in Burton-Jones Alan and J. -C. Spender (eds.), *The Oxford Handbook of Human Capital*, pp. 588~617. Oxford: Oxford University Press.

찾아보기

저자약력

임 도 빈
(현) 서울대학교 행정대학원 교수
한국행정학회 회장
정부경쟁력연구센터 소장
한국행정연구소 소장
프랑스 파리정치대학원(I.E.P. de Paris) 박사

고 길 곤
(현) 서울대학교 행정대학원 부교수
AJPS(Asian Journal of Political Science) 책임편집위원
싱가폴 국립대학교 조교수
미국 피츠버그대학교 정책대학원 박사

구 민 교
(현) 서울대학교 행정대학원 부교수
외교부 자체평가위원회 위원
행정자치부 정책자문위원회 지방재정세제분과 위원
연세대학교 행정학과 조교수
미국 USC School of International Relations, 포닥 연구원 및 전임강사
미국 University of California, Berkeley 정치학 박사

권 혁 주
(현) 서울대학교 행정대학원 교수
한국행정학회 한국행정학보 편집위원장
성균관대학교 부교수
Research Coordinator, UN Research Institute for Social Development
옥스퍼드대학교 정치학(사회정책) 박사

변 창 흠
(현) 세종대학교 행정학과 교수
서울특별시 SH공사 사장
한국도시연구소 소장
한국공간환경학회 부회장
서울연구원 부연구위원
서울특별시 SH공사 선임연구원
서울대학교 대학원 환경계획학과 행정학 박사

엄 석 진
(현) 서울대학교 행정대학원 부교수
순천향대학교 행정학과 전임강사
한국행정연구원 초청연구원
서울대학교 행정대학원 행정학 박사

이 수 영
(현) 서울대학교 행정대학원 부교수
한국외대 행정학과 전임강사
미국 조지아대학교 행정학 박사

이 종 수
(현) 연세대학교 행정학과 교수
헌법재판소 제도개선위원회 위원
행정자치부 자체평가위원
국민권익위원회 자체평가위원
University of Sheffield 박사

이 혁 우
(현) 배재대학교 행정학과 교수
대통령직속 규제개혁위원회 비용전문위원
문화재청/관세청/특허청/충청남도 규제개혁위원회 위원
기획재정부 보조사업평가단 평가위원
대전광역시 지방교육재정계획심의위원회 위원
서울대학교 행정대학원 행정학 박사

조 선 일
(현) 순천대학교 행정학과 교수
한국조직학회보 편집위원장, 부회장
한국인사행정학회보 편집위원장, 부회장
서울행정학회 부회장
서울대학교 행정대학원 행정학 박사

하 연 섭
(현) 연세대학교 행정학과 교수
교육부총리 정책보좌관
미국 인디애나대 정책학 박사

실패한 정책들 정책학습의 관점에서

초판발행	2015년 9월 30일
중판발행	2022년 6월 30일
엮은이	임도빈 외
펴낸이	안종만·안상준
편 집	전채린
기획/마케팅	손준호
표지디자인	홍실비아
제 작	고철민·조영환
펴낸곳	(주) **박영사**

서울특별시 금천구 가산디지털2로 53, 210호(가산동, 한라시그마밸리)
등록 1959. 3. 11. 제300-1959-1호(倫)

전 화	02)733-6771
f a x	02)736-4818
e-mail	pys@pybook.co.kr
homepage	www.pybook.co.kr
ISBN	979-11-303-0208-9 93350

정 가   24,000원